Revista de Direito Tributário

118

MALHEIROS EDITORES

Revista de Direito Tributário

Publicada sob os auspícios do
Instituto Geraldo Ataliba – IDEPE – Instituto Internacional de Direito Público e Empresarial

ISS 0102-7956

REVISTA DE DIREITO TRIBUTÁRIO
Publicação trimestral de
MALHEIROS EDITORES LTDA.
Rua Paes de Araújo, 29, 17º andar, conj. 171
CEP 04531-940 – São Paulo, SP – Brasil
Tel. (11) 3078-7205
Fax. (11) 3168-5495
Diretor responsável: Álvaro Malheiros
Diretora: Suzana Fleury Malheiros

Assinaturas e comercialização:
CATAVENTO DISTRIBUIDORA
DE LIVROS S.A.
Rua Conselheiro Ramalho, 928
CEP 01325-000 – São Paulo, SP – Brasil
Tel. (11) 3289-0811 – Fax. (11) 3251-3756
Supervisão Gráfica: Vânia Lúcia Amato
Editoração Eletrônica: Cicacor Editorial
Impressão: Paym Gráfica e Editora Ltda.

SUMÁRIO

CADERNOS DE DIREITO TRIBUTÁRIO

AS DECISÕES DO CARF E A EXTINÇÃO DO CRÉDITO TRIBUTÁRIO 7
– Paulo de Barros Carvalho

A EXTRAFISCALIDADE DA LEI 12.715/2012 E A CAPACIDADE CONTRIBUTIVA: A CONVIVÊNCIA DO LOBO E DO CORDEIRO? 18
– José Roberto Vieira

LA "AMNISTIA FISCAL" EN ESPAÑA. LA DECLARACIÓN TRIBUTARIA ESPECIAL DE 2012 43
– Luis Manuel Alonso González

OPÇÃO DE COMPRA DE AÇÕES (*STOCK OPTIONS*), PARTICIPAÇÃO NOS LUCROS E RESULTADOS (PLR) E REMUNERAÇÃO DE EXECUTIVOS: ASPECTOS CONTROVERSOS 58
– Elidie Palma Bifano

OS INSTITUTOS DA PRESCRIÇÃO E DECADÊNCIA DO DIREITO TRIBUTÁRIO NAS EXECUÇÕES DE CONTRIBUIÇÕES PREVIDENCIÁRIAS NA JUSTIÇA DO TRABALHO 69
– Robson Maia Lins

CRISE NA CLASSIFICAÇÃO DOS TRIBUTOS 81
– Fernando Gomes Favacho

ESTUDOS E COMENTÁRIOS

TAXA DE OCUPAÇÃO DE TERRENO DE MARINHA: UM IMPOSTO RESIDUAL 92
– Michel Haber Neto e Rodrigo Leal Griz

A RESPONSABILIDADE POR INFRAÇÕES NO CÓDIGO TRIBUTÁRIO NACIONAL 104
– Maria Ângela Lopes Paulino

O DEVER INSTRUMENTAL INFORMATIZADO E A DENÚNCIA ESPONTÂNEA 120
– Andréia Fogaça Maricato

O PRINCÍPIO DA VINCULAÇÃO FÍSICA NO *DRAWBACK* SUSPENSÃO 137
– Beatriz Veríssimo de Sena

COMPETÊNCIA TRIBUTÁRIA E SUAS IMPLICAÇÕES NA DELIMITAÇÃO DO PODER DE INSTITUIÇÃO DE DEVERES INSTRUMENTAIS TRIBUTÁRIOS....... 149
– Caio Augusto Takano

REFLEXOS E EFEITOS DO PARÁGRAFO ÚNICO DO ART. 116 DO CÓDIGO TRIBUTÁRIO NACIONAL NO SISTEMA JURÍDICO TRIBUTÁRIO BRASILEIRO.... 166
– Caio Cesar Nader Quintella

O MODAL DEÔNTICO NA NORMA DE COMPETÊNCIA TRIBUTÁRIA................ 180
– Carlos Augusto Daniel Neto

O CHAMADO CRÉDITO PRESUMIDO DE IPI (PIS E COFINS) E AS ILEGÍTIMAS RESTRIÇÕES DO FISCO........ 200
– Edilson Jair Casagrande

A JURISDIÇÃO NO PROCESSO ADMINISTRATIVO TRIBUTÁRIO........ 214
– Luciano de Almeida Pereira

A COMPENSAÇÃO DE OFÍCIO E O DEVIDO PROCESSO LEGAL........ 221
– Luiz Rogério Sawaya Batista

OS BENEFÍCIOS DO ICMS-IMPORTAÇÃO NO ESTADO DE SANTA CATARINA: (IN)CONSTITUCIONALIDADE E FRAUDE À JURISDIÇÃO........ 235
– Melina de Souza Rocha Lukic

ANÁLISE DA SOLUÇÃO DE CONSULTA EDITADA PELA COORDENAÇÃO-GERAL DO SISTEMA DE TRIBUTAÇÃO INTERNA N. 15/2011 – OPÇÃO PELO REGIME DE CAIXA OU COMPETÊNCIA........ 246
– Thiago Ferreira Catunda

VALIDADE E DIREITOS *ANTIDUMPING*........ 254
– Leoncio Ogando Dacal

A INTERPRETAÇÃO DO DIREITO, AS PRETENSAS LEIS INTERPRETATIVAS, A LEI COMPLEMENTAR 118/2005 E A SOLUÇÃO ADOTADA PELOS TRIBUNAIS SUPERIORES........ 263
– Henrique Cavalheiro Ricci

Revista de Direito Tributário

CADERNOS DE DIREITO TRIBUTÁRIO

Fundador: Rubens Gomes de Sousa (†)

CADERNOS DE DIREITO TRIBUTÁRIO

AS DECISÕES DO CARF E A EXTINÇÃO DO CRÉDITO TRIBUTÁRIO

PAULO DE BARROS CARVALHO

Professor Emérito e Titular da PUC/SP e da USP.
Advogado.

1. Sobre o tema. 2. O primado da certeza do direito e a importância do intérprete na compreensão dos textos jurídicos. 3. O surgimento do crédito tributário e o papel do lançamento tributário. 4. O procedimento administrativo e o controle de legalidade do lançamento. 5. Decisão administrativa irreformável como modo de extinção da obrigação tributária. 6. As condições da ação no Direito positivo brasileiro e os requisitos para o processamento de ação popular. 7. Conclusões.

1. Sobre o tema

O estudo dos escritos do Professor Lourival Vilanova têm-me trazido sempre lições muito fecundas. Uma delas, que tomo como diretriz em minhas atividades de Professor e Advogado é a de que, no saber jurídico, não se pode sustentar separação entre teoria e prática. Para o Professor pernambucano, o jurista *é o ponto de intersecção entre a teoria e a prática, entre a ciência e a experiência*. Pontes de Miranda já dissera, em seu *O Problema Fundamental do Conhecimento*, que teoria e prática hão de convergir no processo cognoscente de todo e qualquer objeto, não sendo admissível afirmar o conhecimento apenas pelo exame de suas manifestações práticas, como também somente por sua dimensão teórica. Quem assim o faz desconhece a matéria de que se ocupa.

Ora, justamente porque é o ponto de intersecção, conjugando teoria e prática, ciência e experiência, o jurista volta-se ao mundo circundante categorizando os fenômenos sociais com os instrumentos próprios da linguagem das normas. Para bem desempenhar sua tarefa, portanto, não basta ao bom jurista o estudo teórico: é preciso que ele atente aos dados incessantemente oferecidos pelo fluxo contínuo e heterogêneo da facticidade jurídica, pois são esses fatos que dão forma ao objeto a ser descrito pela teoria.

Tais reflexões acudiram-me à mente ao travar contato com a notícia de que haviam sido propostas várias ações populares contra decisões do Conselho Administrativo de Recursos Fiscais (CARF), proferidas favoravelmente a certos contribuintes. As peças iniciais que veiculavam os pedidos, todas ajuizadas pela mesma pessoa, têm estruturas e conteúdos muito assemelhados: em seu polo passivo figuram a União Federal, os contribuintes beneficiados e até mesmo os conselheiros que participaram das respectivas sessões de julgamento. Como fundamento para o pedido traz de volta toda a discussão sobre a higidez do lançamento, questionando, assim, a própria atribuição de competência legalmente feita ao CARF para anular esse ato administrativo e, consequentemente, extinguir a obrigação tributária. Ao fazê-lo, afirma a autora, estaria o Conselho praticando grave "omissão arrecadatória causadora de lesão ao patrimônio público federal". Deve notar-se, ainda, que não há, no teor das peças divulgadas, qualquer referência à existência de fraude, simulação ou da prática de qualquer atividade dolosa pelo contribuinte, pela União ou pelos conselheiros que pudessem viciar o procedimento administrativo julgador. Verifica-se, apenas, o ataque direto à competência outorgada ao Conselho.

A medida causou impacto no meio jurídico e teve significativa repercussão na imprensa, que, rapidamente, divulgou não apenas o teor das demandas, expondo seus argumentos, como também se apressou em anunciar as primeiras decisões da Justiça Federal, reconhecendo a inexistência das condições da ação e, por isso, extinguindo os processos sem o exame de mérito.

Ao tomar ciência desses acontecimentos e com o objetivo de confrontar os dados oferecidos pela experiência com as categorias propostas pelas teorias jurídicas mais avançadas, decidi submeter o assunto aos rigores do padrão científico, a fim de verificar a admissibilidade ou não da iniciativa popular.

Dessa maneira, para imprimir substância ao estudo e poder chegar a conclusões consistentes, penso que será oportuno tratar, inicialmente, do sobreprincípio da certeza do direito, compreendendo a maneira com que esse valor impregna todo o ordenamento jurídico e comparece em meio aos mecanismos de controle da interpretação das autoridades. Nesse passo, parece-me oportuno emitir algumas palavras sobre a instalação da obrigação tributária por meio da atividade administrativa denominada "lançamento". Servirão tais dizeres para introduzir tópico que descreve o procedimento administrativo tributário instalado com a impugnação do ato administrativo, tomado como instrumento de controle da legalidade, mecanismo para a concretização dos valores da certeza do direito e da segurança jurídica. Feito um retrato da tarefa desempenhada pelo Conselho, será possível, então, passar ao exame do efeito de suas decisões e, em seguida, avaliar se o ordenamento jurídico brasileiro permite o reexame de lançamento anulado pelo CARF por meio de ação popular proposta na forma em que se deu com aquelas peças que ganharam os noticiários.

2. O primado da certeza do Direito e a importância do intérprete na compreensão dos textos jurídicos

Tenho considerado o direito como corpo linguístico que se manifesta sob a forma de textos, vertidos sobre a região material das condutas intersubjetivas, em função prescritiva e cujo produto interpretativo é denominado *norma jurídica*. Dessa singela definição já se podem entrever dois importantes traços impressos no âmbito de todo e qualquer ordenamento: (1) tem o direito finalidade de prescrever condutas aos sujeitos, atuando no propósito de estabilizar as expectativas dos destinatários e de imprimir estabilidade às relações interpessoais; e (2) cabe ao intérprete o papel de protagonista na construção de sentido das regras que compõem dado ordenamento, pois é ele que adjudica conteúdo à mensagem legislada, para compreender o comando jurídico e dirigir as condutas intersubjetivas.

A tomada de consciência com relação a esses aspectos fundamentais é momento de grande relevância no processo de compreensão do sistema do direito positivo brasileiro. Isso porque o bom sucesso de um ordenamento dependerá do quão bem se desenvolva a comunicação de suas normas: devem ser elas transmitidas de maneira que evite, ao máximo, a incerteza de suas diretivas, garantindo que os destinatários das prescrições saibam, precisamente, a conduta que a eles é permitida, proibida ou obrigada. A esse *valor*, que se manifesta em todo e qualquer enunciado que mostre a preferência em favor da objetividade, uniformidade e efetividade da transmissão das prescrições jurídicas, tenho chamado de *sobreprincípio da certeza do direito*.

Por outro lado, a multiplicidade crescente e infindável de aspectos com que se manifesta o real, exige dos sujeitos competentes acentuado esforço para produzir novos documentos normativos aptos a regular as condutas intersubjetivas, dirigindo-as em conformidade aos anseios da sociedade que se pretende disciplinar. Esse processo costuma vir associado ao incremento do número de sujeitos credenciados para produzir ordens jurídicas e, logo, da quantidade de agentes habilitados a interpretar – autenticamente, como dizia Kelsen – e inserir novas normas no sistema.

De ver está que o aumento dos focos ejetores de normas contribui para que também seja maior o número de intérpretes autorizados e, por conseguinte, de interpretações acatadas pelo sistema como legítimas. Tal pluralidade de sentidos construídos que aparece como sintoma da crescente e irreversível complexidade da vida social, mostra-se verdadeiro obstáculo à pretensão de objetividade e clareza que deve ter o direito para cumprir sua função de ordenar a conduta de seus destinatários.

Nutro a convicção de que a inserção do valor *certeza jurídica* em um ordenamento qualquer dá-se como decorrência da própria função do direito: para que possa regular as situações aliorrelativas, devem as autoridades competentes exprimir seus comandos de maneira uniforme e objetiva, garantindo a previsibilidade e a estabilidade das diretivas em coerência com aquilo que se prescrevera nas normas já estabelecidas.

Se, no entanto, é razoável afirmar que essa estimativa está presente em toda ordem jurídica, não se pode asseverar que a certeza do direito assumirá a mesma forma também em todas elas, pois infinitas são as modalidades segundo as quais se torna possível outorgar objetividade a esse princípio.

No ordenamento jurídico brasileiro percebe-se a preocupação para com esse valor a cada enunciado que, implícita ou explicitamente, sugere a preferência pelo emprego de instrumentos que contribuam para a objetividade e clareza de suas prescrições. É esse o timbre que advém da leitura de expedientes como o princípio da legalidade, o duplo grau de jurisdição, o primado da segurança jurídica, dentre outros tantos mais recentes, como a criação dos regimes de súmulas vinculantes e recursos repetitivos. Todas essas medidas têm como veio condutor a preferência pela previsibilidade, uniformidade e estabilidade no produto da interpretação e aplicação das normas, servindo como mecanismo para que se possa conferir *certeza* ao destinatário quanto ao sentido dado aos comandos jurídicos, firmando-se o que dele se espera como conduta *conforme ao direito*.

Importa chamar atenção para a circunstância de que essa certeza a que me refiro é de interesse não apenas do indivíduo sujeito ao cumprimento da conduta prescrita, mas também – e especialmente – da pessoa que emite essas ordens e pretende vê-las cumpridas. Sem que seja conferida certeza ao teor da mensagem produzida pela autoridade jurídica, não haverá entendimento e não se aperfeiçoarão as condições para que atinja o direito aquele mínimo de eficácia de que já falava Kelsen.

É por isso que os princípios da certeza do direito e da segurança jurídica espraiam-se por todo o ordenamento, na qualidade de vigas-mestras que sustentam o sistema. Seus efeitos irradiam-se, inclusive, pelos processos administrativos tributários, concretizando-se mediante a observância ao devido processo legal, assegurado pelo art. 5º, LV, da Constituição da República. Este realiza o sobreprincípio da segurança jurídica na medida em que o modo de seu processamento e os limites às suas decisões encontram-se integralmente prescritos na legislação ordinária. Dá também objetividade ao valor da certeza do direito, pois atua como mecanismo de controle das interpretações do ordenamento que são construídas pelos muitos sujeitos competentes para lavrar lançamentos tributários, expurgando aquelas consideradas dissonantes das orientações do sistema, fazendo-o sempre em concordância com as disposições legais.

3. O surgimento do crédito tributário e o papel do lançamento tributário

Pois bem, apontados os vetores axiológicos que devem instruir o fluxo do percurso interpretativo na compreensão do papel reservado pelo direito às instâncias do procedimento administrativo fiscal desempenhado no CARF, convém ainda esboçar algumas palavras sobre o surgimento do crédito tributário e as modalidades de normas individuais e concretas que se ocupam de sua constituição. Tal instante do discurso tem o propósito de trazer ao centro da discussão algumas características dessas normas que apresentam relevância para a justificação de um mecanismo administrativo de controle de sua legalidade.

Tomemos o crédito tributário em sua acepção estrita, vale dizer, como direito subjetivo do sujeito ativo, ao qual se contrapõe o débito tributário, entendido como dever jurídico do sujeito passivo. Como elemento indissociável da obrigação tributária, o crédito de que falamos surge no mundo jurídico no exato instante em que se opera o fenômeno da incidência, com a aplicação da regra-matriz do tributo. Isso porque, como já assinalei linhas acima, antes do relato em linguagem competente, com emissão de norma individual e concreta, não há que se falar em fato jurídico tributário e na respectiva obrigação.

Aliás, cogitar de incidência, nesse domínio, implica pressupor a linguagem das autoridades competentes projetando-se sobre o campo material das condutas intersubjetivas, para objetivá-las deonticamente. É desse modo que atua o direito, vertendo-se sobre os comportamentos humanos.

As unidades normativas descrevem ocorrências, colhidas no ambiente social, e atrelam ao acontecimento efetivo desses eventos o nascimento de uma relação jurídica entre dois ou mais sujeitos de direito. Na instância normativa, tratando-se de regras gerais e abstratas, temos a previsão hipotética implicando a prescrição de um *vinculum juris*; no plano da realidade, um enunciado factual que se quadra na classe da hipótese e o surgimento de um liame correspondente, com a especificação das pessoas e da conduta, bem como do objeto dessa conduta.

Agora, é importante dizer que não se dará a incidência se não houver um ser humano fazendo a subsunção e promovendo a implicação que o preceito normativo determina. As normas não incidem por força própria. Numa visão antropocêntrica, requerem o homem, como elemento intercalar, movimentando as estruturas do direito, extraindo de normas gerais e abstratas outras regras, gerais e abstratas, gerais e concretas, individuais e abstratas, ou individuais e concretas.

Desse modo, conclui-se que o crédito tributário só nasce com sua formalização, que é o ato de aplicação da regra-matriz de incidência. Formalizar o crédito tributário significa verter em linguagem jurídica competente o fato e a respectiva relação tributária, objetivando o sujeito ativo, o sujeito passivo e o objeto da prestação, no bojo de norma individual e concreta. Essa é a configuração linguística hábil para constituir fatos e relações jurídicas, sendo o veículo apropriado à sua introdução no ordenamento.

Cumpre assinalar que a formalização do crédito tributário pode ser feita tanto pela autoridade administrativa, por meio do lançamento tributário (art. 142, do CTN), quanto pelo próprio contribuinte, em cumprimento a normas que prescrevem deveres instrumentais (art. 150, do CTN). Cabe à autoridade administrativa ou ao contribuinte, conforme o caso, aplicar a norma geral e abstrata, produzindo norma individual e concreta, nela especificando os elementos do fato e da obrigação tributária, com o que fará surgir o correspondente crédito fiscal. Para os fins deste estudo, dediquemos nossa atenção à primeira dessas modalidades: constituição do crédito tributário pela autoridade administrativa.

Se celebrado pelo Poder Público, mediante iniciativa que a lei prevê, seja de modo originário, seja em caráter substitutivo daquele que o contribuinte não fez em tempo hábil, utilizaremos o nome "lançamento" referindo-se, assim, não apenas aos documentos que já costumam carregar essa alcunha, mas também àqueles insertos em meio às prescrições veiculadas por autos de infração e imposição de multa.

Prescreve o art. 142 do Código Tributário Nacional que "*compete privativamente à autoridade administrativa constituir o crédito tributário pelo lançamento*", podendo ser realizado (i) com base na declaração do sujeito passivo ou de terceiro que contenha informações sobre matéria de fato, indispensáveis à realização daquele ato administrativo; ou (ii) de ofício, quando ausente ou incorreta a norma individual e concreta cuja emissão incumbia ao próprio sujeito passivo (arts. 147 e 149 do CTN).

Entre as decisões tomadas pelo legislador brasileiro no campo da percussão tributária, releva acentuar o caráter privativo da realização do lançamento para as autoridades administrativas.[1] Ao concretizar tal ato, aplica-se a regra-matriz de incidência tributária, emitindo norma individual e concreta que objetiva a incidência, constituindo o fato jurídico tributário e o correspondente vínculo obrigacional.

Por isso mesmo, considero o lançamento como ato administrativo, da categoria dos simples, constitutivos ou modificativos e vinculados, mediante o qual se insere na ordem jurídica brasileira u'a norma individual e concreta, que tem como antecedente o fato jurídico tributário e, como consequente, a formalização do vínculo obrigacional, pela identificação dos sujeitos ativo e passivo, a determinação do objeto da prestação, formado pela base de cálculo e correspondente alíquota, bem como pelo estabelecimento dos termos espaço-temporais em que o crédito há de ser exigido. A natureza constitutiva do lançamento tributário decorre do fato de que, não obstante seu antecedente se caracterize pela declaração do acontecimento do evento previsto na hipótese da norma geral e abstrata, esse relato constitui o fato jurídico tributário. O enunciado projeta-se para o passado, recolhe os vestígios do evento e, ao descrevê-lo, constitui-se como fato jurídico tributário. No consequente da norma individual e concreta, por sua vez, o enunciado relacional institui uma relação jurídica de cunho patrimonial, perfeitamente individualizada quanto aos termos-sujeitos e quanto à conduta-prestação, que é seu objeto. Temos, aí, outro enunciado, de índole relacional, constituindo, no hemisfério jurídico, um direito subjetivo e um dever jurídico que, até então, inexistiam.

No rol das características do lançamento tributário está a *manifestação de vontade do Estado*, sempre decorrente de disposições *ex lege*, expresso, de maneira individual,

1. Intuindo, contudo, que isso não seria possível, porque a experiência jurídica efetiva revela o empenho dos administrados, editando, também, normas individuais e concretas no âmbito dos tributos, aquele mesmo legislador determinou que essa atividade do sujeito passivo, bem como seu produto, serão "lançamentos por homologação", uma vez que ficam sujeitos ao controle do Poder Tributante. E dar-se-á esse controle por atos de homologação, quer na forma expressa, praticada por agentes investidos de competência específica, quer na modalidade tácita.

concreta, pessoal, para a consecução de seu fim, de criação de utilidade pública, de modo direto e imediato, tudo, é óbvio, para produzir efeitos de direito.

4. O procedimento administrativo e o controle de legalidade do lançamento

Tem-se por *procedimento administrativo* a conjugação de atos e termos, organizados harmonicamente, para a obtenção de resultado que se substancia em ato expressivo e final da vontade do Estado, enquanto Poder Público, no desempenho de suas funções. Interessa-nos aludir a uma forma precisa de procedimento administrativo, qual seja, a do procedimento administrativo tributário, que tem como conteúdo a discussão do ato de lançamento, ou do ato de imposição de penalidade.

Cumpre acentuar que tal procedimento apresenta-se como sistema de controle de legalidade dos atos administrativos e é assegurado pelo art. 5º, LV, da Constituição da República. A decisão de primeira instância exerce o primeiro controle; o acórdão do tribunal administrativo visa, também, à verificação da validade do ato exarado pela autoridade recorrida; e, às vezes, câmaras superiores exercitam a análise da legalidade do próprio acórdão expedido pelo órgão colegial.

Se atinarmos à lição categórica de Seabra Fagundes,[2] mediante a qual administrar é aplicar a lei de ofício, poderemos reconhecer nessa atividade, de rigoroso e sistemático controle da legalidade, um signo expressivo da função administrativa, exercitada na plenitude de seu conteúdo existencial.

Do quanto se disse, até aqui, já é possível apontar conclusão de grande relevância: o procedimento administrativo tributário compõe-se de uma sucessão de atos tendentes a exercitar o controle de juridicidade do lançamento, da imposição de multa, da notificação de qualquer deles ou de ambos, a fim de que a atividade desenvolvida pela Administração Pública atinja seu objetivo último: concretizar o primado da certeza do direito por meio da exata e fiel aplicação da lei tributária.

Desse modo, sempre que pairar dúvida sobre o teor de juridicidade do lançamento, caberá ao sujeito passivo impugnar o ato, suscitando aquele controle. Desencadeará, assim, uma série de outros atos e termos, propiciando ensejo para a decisão de primeira instância, que nada mais é que a manifestação acerca da compatibilidade do ato praticado para com as prescrições do ordenamento, manifestação esta emanada por um órgão superior à autoridade competente para realizar o ato de lançamento. Insatisfeitas quaisquer das partes, o particular ou a autoridade fiscal lançadora podem interpor recurso da decisão expedida pelo órgão *a quo*, provocando, novamente, um controle de legalidade, agora mais especializado, e cercado de prerrogativas mais solenes e importantes: a deliberação de um órgão colegial, de estrutura paritária, como é o caso do Conselho Administrativo de Recursos Fiscais.

A necessidade de ser exercido o controle decorre do fato de que, apesar de a atividade administrativa trazer ínsita a presunção (*juris tantum*) de legitimidade, cabe ao Fisco, a requerimento do contribuinte, examinar o assunto com maior minúcia, para apurar sua conformação aos critérios fixados em lei. Tudo, para que sejam respeitados os direitos e garantias fundamentais assegurados ao sujeito passivo da relação tributária.

O poder que tem a Administração para reexaminar seus atos é reconhecido pelo Egrégio Supremo Tribunal Federal, que, acerca do tema, na esteira do que preconiza o art. 53 da Lei n. 9.784/1999, editou a Súmula n. 473: "A administração pode anular seus próprios atos, eivados de vícios que os tornem ilegais, porque deles não se originam direitos, ou revogá-los, por motivo de conveniência ou oportunidade, respeitados os direitos

2. *O Controle dos Atos Administrativos pelo Poder Judiciário*, Rio de Janeiro, Forense, 1967.

adquiridos e ressalvada, em todos os casos, a apreciação judicial".

Referida Súmula abrange os atos administrativos genéricos, devendo ser respeitadas, obviamente, as particularidades jurídicas inerentes a cada modalidade específica integrante dessa categoria de atos. No âmbito tributário, por exemplo, é inadmissível falar-se em revogação do ato de lançamento, fundamentada em razões de conveniência ou oportunidade, pois uma de suas características é a "vinculação". O respectivo controle deve consistir, portanto, no exame da legalidade, de modo que o ato jurídico administrativo de lançamento será nulo se veiculado sem observância de algum pressuposto normativo (*v.g.*, caso o fato jurídico tributário não tenha ocorrido ou o sujeito passivo indicado for diverso daquele que deveria integrar a obrigação tributária).

Os caminhos pelos quais essa anulação pode ser desencadeada encontram-se no art. 145 do Código Tributário Nacional, sendo autorizada nas hipóteses em que haja (i) impugnação do sujeito passivo; (ii) recurso de ofício; ou (iii) iniciativa de ofício da autoridade administrativa, nos casos previstos no art. 149 daquele Diploma normativo. Verificados vícios no ato administrativo de lançamento, a autoridade fazendária não só pode, como *deve* proceder à sua anulação, no exercício do já referido controle de legalidade.

5. Decisão administrativa irreformável como modo de extinção da obrigação tributária

Ultrapassada toda a fase de controle de legalidade do ato administrativo de lançamento, este se torna, nas palavras de Alberto Xavier,[3] *irrevisível* ou *imodificável* pela Administração. Trata-se de preclusão processual, que garante estabilidade às relações Estado-contribuinte, limitando o poder de reexame da situação definitivamente julgada em processo administrativo tributário: (i) preclusão interna, impedindo a reapreciação do ato no próprio procedimento em que foi praticado; e (ii) preclusão externa, inviabilizando novo julgamento em processo ulterior e distinto, de natureza administrativa ou judicial.

Por isso mesmo, a decisão administrativa irreformável (equivale a dizer, aquela da qual não cabe mais recurso aos órgãos da Administração) é posta como causa extintiva do crédito tributário, consoante o item IX, do art. 156, do Código Tributário Nacional.

O ato administrativo irreformável que favorece o sujeito passivo, e, desse modo, extingue o crédito tributário, pode consistir na negação da existência do vínculo que se supunha instalado, como também decretar a anulação do lançamento. Quanto à primeira hipótese, considera-se que o fato jurídico tributário e a correlativa obrigação foram constituídos pela linguagem que o sistema do direito positivo dá por competente, verificando-se uma linguagem de sobrenível que a desconstituiu, juridicamente. No que diz respeito à situação da decisão administrativa irreformável que ataca vícios de constituição do crédito, anulando-o, sem ingressar no mérito, o entendimento administrativo volta-se para a ilegalidade do ato de lançamento. Em ambas as hipóteses, há extinção do crédito tributário.

Ora, quando um órgão administrativo decide qualquer litígio entre o particular e a Administração Pública, é o próprio Estado que está manifestando sua vontade. Essa decisão tem efeito vinculante para a própria administração, acarretando duas consequências: "*a insuscetibilidade da revisão judicial desses atos por iniciativa da própria Administração e o dever de execução daquelas decisões*".[4]

A decisão terminativa do processo administrativo tributário é definitiva para o ente tributante, pois consiste no ato final do con-

3. *Do Lançamento – Teoria Geral do Ato, do Procedimento e do Processo Tributário*, Rio de Janeiro, Forense, 1997, p. 268.

4. Alberto Xavier, ob. cit., p. 320.

trole de legalidade do lançamento, pelo qual a Administração, exercendo competência privativa legalmente fixada, examina aquele ato administrativo, decidindo mantê-lo ou não. Disso decorre que a decisão administrativa favorável ao contribuinte, que reconhece a inexistência do débito tributário, não consiste em mera reforma do lançamento, mas em verdadeira anulação da norma individual e concreta introduzida no ordenamento por aquele ato. Com essa espécie de decisão, o lançamento extingue-se, deixa de existir.

Essa, por si só, já configura uma das razões pelas quais o Judiciário não pode reformar a decisão administrativa extintiva do crédito tributário: não compete ao Judiciário "lançar" tributos. O "não lançamento" pela Administração não pode ser substituído pelo "lançamento" do Judiciário.

Ademais, se o ordenamento jurídico atribui a determinados órgãos o poder de julgar conflitos entre a Administração e o contribuinte, cabe a esses órgãos manifestarem a vontade da própria Administração, naquilo que julgam.

No que diz respeito ao processo administrativo federal, há disposição legal expressa nesse sentido. Nos termos do art. 42, do Decreto n. 70.235/1972, a decisão contrária à Fazenda Nacional e, portanto, favorável ao sujeito passivo, é definitiva, adquirindo a qualidade de uma verdadeira "coisa julgada formal" no sentido de que não se admite que qualquer sujeito, inconformado com a apreciação feita pelos órgãos de autocontrole administrativo, vá em busca de socorro judicial, no intuito de anular decisão desses órgãos.

Além disso, não se pode olvidar que, uma vez desconstituído o lançamento por decisão administrativa, é impossível sua reconstituição judicial. O art. 142, repito, não admite "lançamento judicial", ou seja, reconstituição do crédito tributário pelo poder Judiciário.

A anulação, pelo Poder Judiciário, de decisão do Conselho Administrativo de Recursos Fiscais, com a consequente (re) constituição de crédito tributário extinto em processo administrativo, feriria, também, os princípios da segurança jurídica e da certeza do direito, a que aludi no início desde texto.

Os atos administrativos são, por sua própria natureza, susceptíveis de revisão. Mas a revisão não é uma possibilidade permanentemente aberta e ao alcance de qualquer um. Na verdade, ela deve ser exercida segundo as normas legais aplicáveis e no tempo estipulado pela lei. Assim, quando as normas legais preveem recursos voluntários, especiais e de ofício, como meios para revisão de pronunciamentos anteriores, e atribui seu julgamento à competência de determinado órgão, esgota o elenco de medidas administrativas que são necessárias para a obtenção do definitivo ato da Administração Pública em torno do assunto, após o que preclui a possibilidade de reabrir a questão por qualquer meio.

Quando o Conselho Administrativo de Recursos Fiscais cancela um lançamento, reconhece a inexistência da obrigação tributária assim como formalizada na instância inferior. Sendo esse um órgão julgador administrativo da esfera federal, sua manifestação implica afirmação do próprio credor acerca da inexigibilidade de valores a título de tributo, feito no âmbito de procedimento próprio, com suporte em disposições legais vigentes. Se a lei não dá respaldo à constituição do crédito, conforme a própria Administração tenha certificado, descabe qualquer tentativa de rever, em Juízo, o resultado de tais atos.

6. As condições da ação no Direito positivo brasileiro e os requisitos para o processamento de ação popular

As chamadas "condições da ação" consistem nos requisitos necessários ao exercício do direito de ação, voltado à obtenção da prestação jurisdicional do Estado. São três esses requisitos: (i) interesse de agir; (ii) legitimidade; e (iii) possibilidade jurídica do pedido.

O interesse de agir ou interesse processual é aquele que leva alguém a procurar uma solução judicial para que possa ver satisfeita sua pretensão.

Verifica-se quando presente um obstáculo impeditivo do gozo de determinado direito, sendo caracterizado pela necessidade e utilidade do provimento jurisdicional, ou seja, a *necessidade* da realização do processo e a *adequação* do provimento jurisdicional tutelado.

A legitimidade *ad causam* é a atribuição, pela lei, do direito de demandar, de propor ação. É a qualidade para estar em juízo, em relação a determinado conflito trazido ao exame do magistrado.

Normalmente, a legitimação para a causa pertence ao possível titular do direito material, posto que, nos termos do art. 6º, do Código de Processo Civil, a ninguém é permitido pleitear, em nome próprio, direito alheio. Esse mesmo dispositivo, porém, traz uma ressalva (*salvo quando autorizado por lei*), possibilitando hipóteses de "legitimidade extraordinária", em que uma pessoa é, em caráter excepcional, autorizada a estar em juízo no interesse de outrem. Para tanto, porém, é imprescindível expressa prescrição legal.

A possibilidade jurídica do pedido consiste na existência, no sistema do direito positivo, de normas que fundamentem a pretensão buscada, bem como a ausência de prescrições impeditivas da concessão do provimento jurisdicional pleiteado. Nas palavras de Arruda Alvim,[5] "*ninguém pode intentar uma ação, sem que essa providência esteja, em tese, prevista, ou que a ela óbice não haja, no ordenamento jurídico*". Pode ser definida, ainda, como a compatibilidade entre a demanda e a ordem jurídica nacional. Havendo algum conflito entre a ação proposta e as normas que integram o direito positivo brasileiro, inexistirá possibilidade jurídica do pedido e, consequentemente, deverá ser extinto o processo sem julgamento do mérito, por carência de ação.

Referida compatibilidade, esclarece Cândido Rangel Dinamarco,[6] deve dar-se em relação ao pedido e à causa de pedir: "O *petitum* é juridicamente impossível quando se choca com preceitos de direito material, de modo que jamais poderá ser atendido, independentemente dos fatos e das circunstâncias do caso concreto (pedir o desligamento de um Estado da Federação). A *causa petendi* gera a impossibilidade da demanda quando a ordem jurídica nega que fatos como os alegados pelo autor possam gerar direitos (pedir a condenação com fundamento em dívida de jogo)".

Tecidos esses esclarecimentos a respeito das condições da ação, salta aos olhos a impossibilidade do emprego de Ação Popular para fins de anular decisão proferida pelo Conselho Administrativo de Recursos Fiscais.

Não obstante o caráter de extrema especialidade que envolve a ação popular, sua admissibilidade também está condicionada ao preenchimento das "condições da ação". Vejamos, então, como os conceitos estabelecidos se amoldam às peculiaridades da ação popular, identificando os requisitos necessários ao seu exercício.

O Texto Constitucional, em seu art. 5º, inciso LXXIII, assegura, a qualquer cidadão brasileiro, o exercício da ação popular, *quando verifique a existência de ato nulo ou anulável de que tenha decorrido ou possa decorrer dano ao patrimônio público ou de entidade de que o Estado participe, à moralidade administrativa, ao meio ambiente e ao patrimônio histórico e cultural.* Sua regulamentação deu-se pela Lei n. 4.717/1965 que, mesmo anterior à atual Carta Magna, foi por ela recepcionada, sendo válida e vigente. Trata-se, portanto, de expediente previsto pelo constituinte e devidamente regulamentado, dispondo sobre o pedido de desconstituição do ato praticado em detrimento do patrimônio público ou de recomposição do patrimônio lesado (no caso de ação popular corretiva).

5. *Manual de Direito Processual Civil*, vol. 1, 5ª ed., São Paulo, Ed. RT, 1996, p. 342.

6. *Instituições de Direito Processual Civil*, vol. 2, 2ª ed., São Paulo, Malheiros Editores, 2002, p. 301.

Consoante essa linha de raciocínio, será carente de ação o autor, por impossibilidade jurídica do pedido, quando a ação popular proposta não indicar a lesão ocasionada pelo ato impugnado ou vício que o macule, pois nesse caso não haveria que se falar em anulação do ato ou correção da lesão. Posto isso, e considerando as particularidades da situação examinada, em que o CARF anulou lançamentos tributários, com a consequente extinção dos créditos neles consignados, em estrito cumprimento das atribuições que lhe foram legalmente estipuladas, não se verificou qualquer lesão ao patrimônio público. Não se trata de "dispensa arrecadatória", contrária aos interesses do Erário. Tem-se, nessa hipótese, aplicação da lei, que confere ao citado órgão a competência para revisar os atos administrativos lavrados contra os contribuintes.

O interesse de agir, consistindo na necessidade do uso das vias judiciais para a satisfação da pretensão, é verificado, no âmbito da ação popular, pela necessidade do provimento judicial para que o cidadão possa salvaguardar o patrimônio público lesado ou ameaçado de lesão por atos administrativos ilegais. Nesse caso específico, o interesse de agir não corresponde a uma satisfação do interesse pessoal do autor, mas a uma aspiração de toda a sociedade, consistente na preservação dos valores econômicos, culturais e morais do Estado. O interesse de agir estará configurado, portanto, quando se verificar a correlação entre o ato lesivo impugnado e o pedido de anulação desse ato. À evidência, também esse pressuposto não está presente nas ações populares examinadas. Não há como cogitar de interesse de agir relativo à pretensão anulatória de ato que, como demonstrado, foi exarado com observância às disposições legais.

Com efeito, não estão presentes os requisitos necessários ao regular processamento das ações populares que propugnam pela anulação de decisões do CARF. Inexiste possibilidade jurídica do pedido e, por conseguinte, ausente é o interesse de agir, sendo imperativa a extinção das referidas demandas sem julgamento do mérito.

7. Conclusões

Vimos de ver que a criação de mecanismo interno para controle de legalidade das normas produzidas pelos agentes da Administração tem forte inspiração nos sobreprincípios da certeza do direito e da segurança jurídica. São instrumentos construídos no ordenamento para imprimir objetividade a esses valores fundamentais, cuja presença se faz sentir em toda e qualquer ordem jurídica, para que possa ela atingir seus propósitos e cumprir aquele mínimo de eficácia de que fala Kelsen.

Dadas as diretrizes que devem orientar o trabalho da Administração, em especial a importância outorgada pelo ordenamento aos princípios que compõem o art. 37 da Constituição da República, é imprescindível que os sujeitos encarregados da produção das normas individuais e concretas administrativas – como é o caso do lançamento de tributos – atenham-se ao fiel cumprimento da legislação tributária, aplicando-a de maneira mais uniforme, objetiva e condizente com as demais prescrições do ordenamento jurídico.

A sequência de atos a que chamei de "procedimento administrativo tributário" contribui para que esses valores sejam preservados em meio à pluralidade das interpretações construídas pelos diversos sujeitos encarregados de produzir lançamentos tributários. A chancela de órgão superior aos auditores, apto a exercer o controle de juridicidade dos atos administrativos, auxilia a difícil tarefa de dar harmonia às interpretações dos textos legais, proporcionando a clareza que interessa não apenas aos contribuintes, mas também à própria Administração, na qualidade, igualmente, de destinatária das normas jurídicas tributárias, devendo-lhes obediência.

Importante ressaltar que são apenas duas as hipóteses de constituição do crédito previstas no Código Tributário Nacional: (i) mediante lançamento, realizado pela Administração; e (ii) por norma individual e concreta emitida pelo próprio sujeito passivo, procedimento este conhecido como "lançamento por homologação". Portanto torna-se possível afirmar que, no sistema jurídico brasileiro, não se permite ao Poder Judiciário constituir crédito tributário por meio de decisão em julgamento de ação popular.

O "lançamento tributário", prescreve o art. 142 do Código, é de competência privativa da Administração. Todavia, dada a maior praticidade e facilidade de instrumentalização das obrigações tributárias, o ordenamento pátrio prevê a possibilidade de norma individual e concreta, com conteúdo semelhante ao do lançamento tributário, ser produzida pelo contribuinte. Ponto em comum de ambos os atos é sua sujeição ao controle do Poder Tributante. Assim, mesmo se praticada pelo particular, a constituição do crédito submete-se a controle de legalidade, realizado pela Administração, podendo esta, caso concorde, homologá-lo expressa ou tacitamente, ou, discordando em algum aspecto, lavrar ato de lançamento, substitutivo daquele trazido ao mundo jurídico pelo particular.

Em qualquer hipótese, a palavra final é sempre da Administração. Como visto, o procedimento administrativo tributário se consubstancia numa sucessão de atos tendentes a exercitar o controle de juridicidade do lançamento, a fim de que a Administração Pública aplique a lei tributária de forma exata e fiel. No correr desse procedimento, comparecem tanto o contribuinte como a autoridade fiscal, submetendo-se a julgamento do órgão administrativo competente. Ainda, insatisfeitas quaisquer das partes, é permitida a interposição de recursos, buscando, com isso, a manifestação de um órgão administrativo mais especializado, que esclareça eventuais dúvidas e proceda à apropriada aplicação da lei.

Desse "jogo de linguagens" que é o procedimento administrativo, participam os particulares e a Administração, reconhecendo, ambos, a supremacia da deliberação do órgão competente, *in casu*, do Conselho Administrativo de Recursos Fiscais. Por esta razão, ultrapassada toda a fase de controle de legalidade do ato administrativo de lançamento, a última palavra do Ente Tributante vincula seus atos e de terceiros. A decisão final do CARF que seja favorável ao sujeito passivo e da qual não caiba mais recurso na esfera administrativa é, assim, irreversível e imodificável, ficando precluso o direito da Administração de reapreciar o ato por ela exarado, tanto no próprio procedimento em que foi praticado, como em novo julgamento, de natureza administrativa ou judicial. Por isso também descabe o emprego de ação popular contra tal decisão, excepcionando-se os casos em que se prove ter havido conluio fraudulento entre os sujeitos encarregados de decidir o caso na esfera administrativa, o que não se alegou, nem muito menos se provou nos autos das ações de que falamos.

Não é, portanto, lícito ao Judiciário (re) constituir lançamento tributário já cancelado pela Administração, como se depreende do acima exposto. Essa proibição mostra-se ainda mais evidente quando se pretende "reavivar" o lançamento anulado, fazendo-o com a mesma motivação que já fora apreciada – e rechaçada – pela própria Administração. Cumpre ao Judiciário rejeitar iniciativas dessa natureza.

CADERNOS DE DIREITO TRIBUTÁRIO

A EXTRAFISCALIDADE DA LEI 12.715/2012 E A CAPACIDADE CONTRIBUTIVA: A CONVIVÊNCIA DO LOBO E DO CORDEIRO?

JOSÉ ROBERTO VIEIRA

Professor de Direito Tributário da UFPR, do UNICURITIBA e do IBET (Graduação, Especialização, Mestrado e Doutorado).
Mestre e Doutor em Direito do Estado – Direito Tributário (PUC/SP).
Estudos Pós-Graduados no *Instituto de Estudios Fiscales* (Madri/Espanha).
Ex-Membro Julgador do Conselho de Contribuintes do Ministério da Fazenda, hoje CARF (Brasília/DF).
Ex-Auditor da Receita Federal (Curitiba/PR). Parecerista.

"*A inadequação entre a fábula e o comportamento humano é consequência de o comportamento humano ir além da fábula*"
(CARLOS DRUMMOND DE ANDRADE[1])

1. As fábulas. 2. O lobo e o cordeiro. 3. Capacidade contributiva e igualdade. 4. Extrafiscalidade. 5. Incentivos tributários e a Lei 12.715/2012. 6. Inquietudes quanto aos incentivos tributários da Lei 12.715/2012. 7. Extrafiscalidade: aprisco do cordeiro ou covil do lobo?

1. As fábulas

Qual seria o gênero das fábulas? Tal questão exige, antes de que se encare propriamente o embaraço árduo da "fábula", que já se tenha enfrentado o óbice penoso dos "*gêneros literários*". E eis aqui não só "uma questão controversa", mas, como reconhece Massaud Moisés, o antigo Professor Titular de Literatura da USP, um problema "Dos mais complexos da nomenclatura literária".[2]

Desde o século XVIII, é tradicional e majoritária a tríplice divisão dos gêneros – que Olegário Paz e António Moniz, os especialistas lusitanos, atribuem a Goethe, o poeta e pensador alemão[3] – em: épico, dramático e lírico.[4] Ficamos, contudo, na boa companhia de Massaud Moisés, para quem "somente há *dois gêneros*: *a 'poesia' e a 'prosa'*" e "os gêneros seriam a expressão, a estrutura, de dois modos fundamentais de ver o mundo: o voltado para fora – a prosa, e

1. "O avesso das coisas (aforismos)", in *Prosa Seleta*, p. 912.

2. *A Criação Literária: Poesia*, p. 45; *Dicionário de Termos Literários*, p. 196.

3. *Dicionário Breve de Termos Literários*, p. 99.

4. Massaud Moisés, *Dicionário...*, p. 202; Angélica Soares, *Gêneros Literários*, p. 8.

o voltado para dentro – a poesia";[5] sendo, a poesia, constituída por duas espécies: a lírica e a épica; e a prosa, por três formas: o conto, a novela e o romance.[6]

Inexistem, porém, gêneros, ou espécies, ou formas, absolutamente puras. A classificação adotada, como qualquer outra, é ampla e aberta. Seu próprio autor declara: "a nossa proposta de classificação dos gêneros deve ser lida na horizontal, na vertical e na diagonal, admitindo toda sorte de associação".[7] Daí as chamadas *manifestações híbridas*, como o teatro, a poesia didática, o jornalismo, a oratória, o ensaio, a crônica, a biografia, a autobiografia, a historiografia, a epistolografia etc. *É exatamente o caso das fábulas*, não incluídas entre as manifestações especulativas ou destinadas ao registro dos fatos, mas, sim, entre as utilitárias ou militantes, pela sua vinculação ética.[8]

Em termos de *definição*, selecionamos a de Nair Lacerda: "uma pequena história (...) na qual as personagens são animais, e cujo remate, invariavelmente, tem intenções moralizantes".[9] Cabendo, ainda, o fecho de Jean de La Fontaine: "o corpo é a fábula, e a alma é a moralidade que dela deriva".[10]

A fábula aproxima-se do apólogo e da parábola. Para alguns, como reporta Massaud Moisés, a distinção entre essas narrativas, todas curtas e marcadas pelo conteúdo moral, residiria nas *personagens*: quando protagonizada por seres humanos, seria a parábola; quando por objetos inanimados, seria o apólogo; e quando por *animais irracionais*, seria a fábula.[11] Outra vez, incabíveis as separações estanques. Aristóteles, por exemplo, teria pretendido, segundo La Fontaine, que apenas esses animais figurassem nas fábulas, mas é fartamente sabido que "nem todos os cultores do gênero se acomodaram a essa exigência".[12] E a fábula acerca-se, ainda, da alegoria, no sentido de estória que sugere outra estória, e que se pode confundir com os mitos ou com as figuras míticas.[13]

Sua classificação precisa, no entanto, é praticamente impossível, como reconhece, para ilustrar, Nair Lacerda, pois "confunde-se com a mitologia, é irmã gêmea do apólogo, aproxima-se do conto popular, introduz-se na região da lenda e do folclore, e acaba por se tornar um pouco de tudo isso", confirmando decididamente sua *natureza variada e multifária*.[14]

Constitui uma forma narrativa "De longeva origem" (Massaud Moisés[15]), "uma das (...) mais recuadas no tempo" (Nair Lacerda[16]), *procedendo, historicamente, ao que tudo indica, da Índia*. Amarazakti reinava na cidade de Mahilaropya, e possuía três filhos, todos eles, para seu desgosto, enormemente estúpidos. Reuniu, então, os eruditos da corte, para que o aconselhassem sobre as providências possíveis em relação aos seus filhos. Um deles indicou-lhe o nome de Vixnuzarma, um sábio brâmane, que logo se tornou o mestre do trio de ignorantes reais, redigindo, para eles, um conjunto de cinco livros, com os quais, em apenas seis meses, transformou seus obtusos discípulos em sábios na Ciência Política. Esse conjunto de livros, gravados

5. *A Criação*..., ob. cit., p. 69.

6. Ibidem, pp. 69-71; *Dicionário*..., ob. cit., pp. 202-203.

7. *A Criação*..., ob. cit., p. 71.

8. Massaud Moisés, *A Criação Literária: Prosa II*, pp. 153-154.

9. "Introdução", in *Fábulas do Mundo Inteiro*, p. 9. De acordo Massaud Moisés: "Narrativa curta (...) moral, implícita ou explícita (...). No geral, é protagonizada por animais irracionais" (*Dicionário*..., p. 184). Também concordam Olegário Paz e António Moniz: "uma história sobre animais, com estatuto de intervenientes racionais, com finalidade didático-moral" (*sic*) (*Dicionário Breve*..., p. 92). E inclusive o próprio La Fontaine: "Fábula é uma narrativa na qual, sob o véu da ficção, vai envolta a moralidade, e cujos personagens são, ordinariamente, os animais" (*apud* Nair Lacerda, "Introdução", ob. cit., p. 9).

10. *Apud* idem.

11. *Dicionário*..., ob. cit., p. 34.

12. *Apud* Nair Lacerda, "Introdução", ob. cit., p. 10.

13. Massaud Moisés, *Dicionário*..., ob. cit., p. 14; O. Paz e A. Moniz, *Dicionário Breve*..., p. 14.

14. "Introdução", ob. cit., p. 9.

15. *Dicionário*..., ob. cit., p. 184.

16. "Introdução", ob. cit., p. 9.

em ouro, por ordem do encantado monarca, constituiu o primeiro fabulário, denominado de "Panchatantra".[17]

Da Grécia Antiga, Aftônio e Babrias, mas sobretudo Esopo, o célebre escritor e escravo do século VI a.C., a quem chegou a ser atribuída a paternidade da fábula; entre os latinos, Avianus Fulvio, mas especialmente Fedro, oriundo também da classe dos escravos, do século I; da Inglaterra, Gay, Samuel Johnson, Dryden e Thomas More; da Alemanha, Gelert e Lessing; da Arábia, Lokman; da Rússia, Kriloff e Bogdanovitch; da Suécia, Oloff; da Holanda, Katz; da Itália, Abstêmio, Roberti e Passeroni; da Espanha, Juan Ruiz, Samaniego e o Frade Iriarte; da França, Florian, mas principalmente La Fontaine, "o mais inventivo dos fabulistas" (Massaud Moisés[18]), "o mais conhecido, pelo menos no Ocidente, entre os fabulistas de todos os tempos" (Nair Lacerda[19]). Em nossa língua: de Portugal, Francisco Manuel de Melo, João de Deus, Filinto Elísio, Almeida Garret e Bocage; e do Brasil, Anastácio Luís do Bomsucesso, Fonseca Jordão, Coelho Neto e Monteiro Lobato.[20] Esses e outros nomes, ao longo dos séculos, *colaboraram para a construção e a solidificação da literatura das fábulas*.

Mas fiquemos, para concluir, com aquele cujo gênio para a fábula já foi, ampla e universalmente, exaltado: La Fontaine, o grande fabulista francês do século XVII. Para ele, as fábulas contêm "verdades (...) que servem de lição" – porque, com sua preocupação ética, no diagnóstico acertado de Ruth Guimarães, "realizam (...) esta coisa extraordinária: predispõem-nos ao amor do Bem, do Belo"[21] – e verdades que permitem "traçar mui rápidas pinturas", pinturas essas nas quais, aqui e acolá, "podemos encontrar nosso próprio retrato".[22] E tal descoberta de nosso autorretrato tanto pode ser para o bem, quando confirma nossas opções pessoais, como para o mal, quando denuncia nossos equívocos; ou, mesmo assim, para o bem, quando conduz a eventuais emendas e alterações de rumo. E entendemos lícito, também, ampliar o nosso ângulo de análise, para afirmar que nelas, *nas fábulas, podemos, até mesmo, deparar o retrato do nosso estado, inclusive do ponto de vista tributário*. Essa, em particular, é a motivação que aqui nos inspira, move e impele.

2. O lobo e o cordeiro

Lobo, do latim "lupus", como esclarece o etimologista, significa "animal carnívoro, selvagem".[23] Para os gregos, ele ainda era o animal sagrado de Apolo, o deus da luz; para os romanos, já aparece como o acompanhante de Marte, o deus da guerra;[24] na mitologia nórdica, o poderoso lobo Fenris só é derrotado por Odin, o deus pai do universo; e na antiga China, ele já personificava a crueldade e a voracidade. Na visão do cristianismo, o lobo é identificado como o representante do mal, como os falsos profetas, contra quem Jesus faz uma advertência, no Sermão da Montanha, porque se disfarçam de cordeiros, mas, em verdade, são lobos ferozes (Mt. 7, 15);[25] simbolizando o inimigo diabólico, que

17. Do sânscrito, *panch* e *tantra* significam cinco capítulos ou livros – Nair Lacerda, "Introdução", ob. cit., pp. 10-11.

18. *Dicionário*..., ob. cit., p. 184.

19. "Introdução", ob. cit., p. 9.

20. Ibidem, pp. 11-12; Massaud Moisés, *Dicionário*..., ob. cit., p. 184.

21. "Dois dedos de prosa sobre os mitos", in *Lendas e Fábulas do Brasil*, p. 10.

22. "A Monsenhor, o Delfim", e segunda capa, *Fábulas: Antologia*, p. 11 e segunda capa.

23. Antônio Geraldo da Cunha, *Dicionário Etimológico Nova Fronteira da Língua Portuguesa*, p. 478.

24. Na mitologia romana, também se encontrava *Lupercos*, o deus Lobo ou a deusa Loba, cujo santuário ficava numa gruta, no cume do Palatino, onde, segundo a tradição, a Loba Luperca amamentou Rômulo e Remo (Junito Brandão, *Dicionário Mítico-Etimológico da Mitologia e da Religião Romana*, p. 209).

25. A expressão "lobo em pele de cordeiro" teria origem, conforme Ari Riboldi, numa lenda da Grécia Antiga (*O Bode Expiatório: Origem de Palavras, Expressões e Ditados Populares com Nomes de Animais*, pp. 46-47).

ameaça os cordeiros, ou seja, o rebanho dos fiéis. Atravessando toda a Idade Média e até os nossos tempos, é nítida sua assimilação a um animal demoníaco. Ilustram-no, com eloquência, por exemplo, os contos de fadas, tal como "Chapeuzinho Vermelho", em que o lobo é, simples e frequentemente, *a encarnação do mal*.[26]

Muito embora, etimologicamente, *cordeiro* encontre raízes no latim "cordarius" e "cordus", com o sentido de tardio em nascer, para designar o filhote ainda novo de ovelha; também se apresenta ligado ao latim "cordialis", de "cor, cordis", coração, com o significado de relativo ao coração, afetuoso, afável;[27] com paralelo confirmador na palavra inglesa "lamb", cuja origem germânica aponta para o uso figurativo de mansidão e inocência;[28] dados que autorizam a conclusão de Deonísio da Silva: "Uma hipótese mais aceita é que sua origem tenha sido cordo, manso, dada a índole pacífica do animal".[29] Nas religiões da antiguidade, era um dos animais preferidos para os sacrifícios: entre os hititas e gregos, por exemplo, o deus sol era alvo da oferta do cordeiro branco, ao passo que o negro era destinado aos deuses do mundo subterrâneo.[30] No Antigo Testamento, ele constituía o cordeiro pascal; enquanto, no Novo, João Batista, seu profeta e precursor, anunciava Jesus: "Eis o Cordeiro de Deus!" (Jo. 1, 29); numa identificação ratificada, posteriormente pelo Apóstolo Paulo: "Cristo, nosso Cordeiro pascal (...)" (1 Cor. 5, 7). Foi, também, o símbolo dos mártires, como no caso do cordeiro entre os lobos, da catacumba romana de Pretextato.[31] Sempre lembrado, pois, como o modelo ideal de *uma criatura pura e inocente*.

Conquanto Voltaire nos advirta de que "La mayor parte de las (...) fábulas son (...) la deformación de historias antiguas", boa parte delas consiste em repetições e adaptações dessas velhas estórias.[32] É o que ocorre, justamente, com a *Fábula do lobo e do cordeiro*, que já aparece entre as contadas por Esopo;[33] assim também como entre as da lavra de La Fontaine.[34] Independentemente da legitimidade da autoria, preferimos a versão mais recente, pela simplicidade e simpatia dos versos de La Fontaine, na tradução de João Cardoso de Meneses e Sousa (1827-1915), o Barão de Paranapiacaba:[35]

Na límpida corrente de um ribeiro
Mata a sede um cordeiro.
Chega um lobo em jejum que a fome atiça,
A farejar carniça.

– Ousas turvar-me as águas, malcriado?
(Uiva o lobo, irritado).
– Rogo, senhor, a Vossa Majestade,
E com toda a humildade,
Que não se zangue com seu pobre servo;
Pois, respeitoso, observo
Que embaixo e no declive estou bebendo,
E a água vem descendo.

– Turvas (retruca o bárbaro animal);
Demais, falaste mal,
Há seis meses, de mim.
– Não é verdade!
Conto só três de idade,
Não tinha ainda nascido!
– Pois então,
Falou um teu irmão!
– Não o tenho.

26. Manfred Lurker, *Dicionário de Simbologia*, pp. 397-398; Hans Biedermann, *Diccionario de Símbolos*, pp. 272-275.

27. Antônio Geraldo da Cunha, *Dicionário Etimológico*..., p. 216.

28. "*Cordeiro* (...). *As associações de uso figurativo incluem mansidão e inocência, o quê tem conduzido à sua aplicação como uma palavra de afeição.*" No original inglês: "Lamb (...). The associations in figurative use include meekness and innocence, which has led to its application as a term of affection" (Glynnis Chantrell, *The Oxford Dictionary of Word Histories*, p. 293).

29. *De Onde Vêm as Palavras: Origens e Curiosidades da Língua Portuguesa*, p. 269.

30. Manfred Lurker, *Dicionário*..., pp. 153-154.

31. Hans Biedermann, *Diccionario*..., p. 124.

32. *Diccionario Filosófico*, p. 254.

33. *Fábulas*, pp. 156-157.

34. "Fábulas de La Fontaine", in *Fábulas do Mundo*..., pp. 93-94.

35. Idem.

– Foi um de teus parentes,
Que me têm entre dentes;
E eu vingo-me de vós – cães e pastores,
Que sois tão faladores.

Disse, e sobre o cordeiro se despenha
E o conduz para a brenha,
Onde o come, do mato no recesso,
Sem forma de processo.

Que a razão do mais forte predomina
Esta fábula ensina.

3. Capacidade contributiva e igualdade

Antes, porém, de lançarmos mão da criatividade do fabulista para descrever o estado brasileiro, no que diz respeito à tributação, cumpre sublinhar a elevada dignidade da Capacidade Contributiva em nosso Sistema Constitucional Tributário e os altos riscos que, para ela, representa a Extrafiscalidade. É o que faremos, neste e no próximo item.

Como o fundamento da Capacidade Contributiva se encontra no Princípio da Igualdade, estabeleçamos aí nosso ponto de partida jurídico. E registre-se, de começo, na linha de Humberto Ávila, que a Igualdade é apresentada, no Preâmbulo da Constituição, como um dos "valores supremos de uma sociedade fraterna"; já nos começos constitucionais, na abertura do Título II, como o termo inaugural e inicial do vasto rol dos "Direitos e Garantias Fundamentais" (art. 5º, *caput*); logo no primeiro momento do capítulo tributário do Título VI, por intermédio da Capacidade Contributiva, como um dos "*Princípios Gerais*" desse sistema (art. 145, § 1º); e pouco depois, no mesmo capítulo, como uma das "garantias asseguradas ao contribuinte" (art. 150, *caput* e inciso II).[36] Ora, tais formas de referir o princípio, como "valor supremo", como "direito e garantia fundamental", como "princípio geral" e como "garantia tributária", justificam, sem dúvida, a questão proposta por Ávila: "enquanto princípio constitucional, *a igualdade 'vale mais' que os outros princípios?*".[37]

E a resposta do jurista gaúcho, que não tarda – "ao ser colocada em primeiro lugar nas garantias fundamentais, a Constituição atribuiu uma superioridade abstrata à igualdade"[38] – é idêntica à que chegara antigo e grande constitucionalista pátrio, Francisco Campos, na metade do século passado, observando que essa precedência cronológica do princípio, no texto, "Não foi por acaso ou arbitrariamente", mas "quis significar expressivamente (...) que o princípio da igualdade rege todos os direitos em seguida a ele enumerados" (*sic*).[39] Eis que, nas palavras de Souto Maior, intérprete privilegiado desse constitucionalista, "ele penetra, como uma linfa, os demais direitos e garantias constitucionais, perpassando-lhes o conteúdo normativo";[40] "condiciona a eficácia (...) de todos os demais princípios constitucionais", que, "servientes", colocam-se "a serviço da isonomia".[41]

Sabemos todos, e há muito, que *é aristotélica a noção de Igualdade Relativa*, a demandar tratamento igual aos iguais e desigual aos desiguais, na proporção das respectivas desigualdades. Mas sabemos também, hoje, da *indisfarçável insuficiência dessa concepção*, carente de "precisões maiores" (Celso Antônio Bandeira de Mello[42]) e

36. *Teoria da Igualdade Tributária*, pp. 146-147.

37. Ibidem, p. 147.

38. Ibidem, p. 148. No mesmo sentido, vasta doutrina, da qual, só para ilustrar, lembramos Regina Helena Costa: "diretriz mais relevante de todo o ordenamento jurídico (...) sobre a qual repousam e encontram fundamento todas as demais" (*Praticabilidade e Justiça Tributária: Exequibilidade de Lei Tributária e Direitos do Contribuinte*, pp. 109 e 113).

39. "Igualdade perante a lei – Sentido e compreensão desta garantia constitucional...", in *Direito Constitucional*, vol. II, p. 12.

40. "Significação do princípio da isonomia na Constituição de 1988", *Revista Trimestral de Direito Público* 15/30.

41. "A isonomia tributária na Constituição Federal de 1988", *Revista de Direito Tributário* 64/12-13.

42. *O Conteúdo Jurídico do Princípio da Igualdade*, p. 15.

destituída de "critérios operacionais seguros" (Humberto Ávila[43]). E sabemos mais: que é a Celso Antônio – e àquele que já chamamos de seu "pequeno grande livro"[44] – que devemos o esforço primeiro, entre nós, de aprofundamento da investigação, nesse campo, identificando as condições de concretização do princípio, mediante o exame: do fator de discriminação; da correlação lógica entre esse fator e o tratamento jurídico estabelecido; – Ávila prefere aludir, aqui, adequadamente, à compatibilidade com a finalidade[45] – e da consonância entre essa correlação e os valores constitucionais.[46]

Já o *Princípio da Capacidade Contributiva*, hoje, expressamente enunciado no diploma constitucional vigente (art. 145, § 1º), poderia continuar implícito, entre nós, tal como o estava no sistema constitucional imediatamente anterior, assim como em outras plagas – como o ratifica a doutrina lusitana (José Casalta Nabais[47]) e a doutrina alemã (César García Novoa[48]), além, também, da jurisprudência germânica (Andrei Pitten Velloso[49]) – sem prejuízo da sua efetividade, uma vez que *inegável corolário do Princípio da Igualdade em matéria tributária*. Não existem aqui disceptações na doutrina nacional e internacional: ele sempre esteve "implícito nas dobras do primado da igualdade" (Paulo de Barros Carvalho[50]); ainda hoje, "hospeda-se nas dobras do princípio da igualdade" (Roque Antonio Carrazza[51]); constitui "uma expressão específica do princípio da igualdade" (Casalta Nabais[52]); "uma derivação do princípio maior da igualdade" (Regina H. Costa[53]); "decorre do princípio da igualdade" (Fernando Aurelio Zilveti[54]); "representa um desdobramento do princípio da igualdade" (José Maurício Conti[55]); "a concretização, no campo impositivo, do princípio da igualdade" (Roque Carrazza[56]). Mesmo a forte corrente doutrinária que defende a existência de outros princípios, como o da Equivalência e o do Benefício (Andrei P. Velloso[57]), a concorrer com o da Capacidade Contributiva, na realização da Igualdade Tributária, reconhece-lhe não só a condição de um subprincípio deste (Regina H. Costa[58]), mas sobretudo a condição de "*subprincípio principal* que especifica, em uma ampla gama de situações, o princípio da igualdade tributária" (grifamos) (Marciano Seabra de Godoi[59]). Trata-se, pois, a Capacidade Contributiva, do "critério de comparação que inspira, em substância, o princípio da igualdade" (Misabel de Abreu Machado Derzi[60]); "o critério fundamental de diferenciação no âmbito tributário", condição que lhe é "amplamente reconhecida e enfatizada" (Andrei P. Velloso[61]); "o mais elevado critério comparativo (...) de isonomia de encargos tributários" (Klaus Tipke e Joachim Lang[62]); "critério definido pela Constituição

43. *Teoria da Igualdade*..., ob. cit., p. 29.

44. "Princípios constitucionais e Estado de Direito", *Revista de Direito Tributário* 54/98.

45. *Teoria da Igualdade*..., ob. cit., pp. 62-73 e 191.

46. *O Conteúdo*..., ob. cit., pp. 27-28.

47. *O Dever Fundamental de Pagar Impostos*, p. 688.

48. *El Principio de Seguridad Jurídica en Materia Tributaria*, p. 109.

49. *O Princípio da Isonomia Tributária: da Teoria da Igualdade ao Controle das Desigualdades Impositivas*, pp. 160-161.

50. *Curso de Direito Tributário*, p. 402.

51. *Curso de Direito Constitucional Tributário*, p. 87.

52. *O Dever Fundamental*..., ob. cit., p. 444.

53. *Princípio da Capacidade Contributiva*, pp. 37-42 e 107.

54. *Princípios de Direito Tributário e a Capacidade Contributiva*, p. 386.

55. *Princípios Tributários da Capacidade Contributiva e da Progressividade*, pp. 29-33 e 97.

56. *Imposto sobre a Renda (Perfil Constitucional e Temas Específicos)*, p. 304.

57. *O Princípio da Isonomia*..., ob. cit., pp. 164 e 331.

58. *Princípio*..., ob. cit., pp. 41-42 e 107.

59. *Justiça, Igualdade e Direito Tributário*, pp. 211-215, 256-259, e especificamente pp. 215 e 257.

60. "Notas de Atualização", in Aliomar Baleeiro, *Limitações Constitucionais ao Poder de Tributar*, p. 878.

61. *O Princípio da Isonomia*..., ob. cit., p. 160.

62. *Direito Tributário*, vol. I, p. 200.

como o mais apropriado a constituir a 'medida geral'" (Marciano Godoi[63]); "o principal e mais adequado 'critério de comparação'" (Douglas Yamashita[64]); consistindo esse o seu "aspecto (...) que tem maior significado e alcance" (Casalta Nabais[65]).

No que tange ao seu conteúdo, há que, preliminarmente, rejeitar certa doutrina, que já o tentou caracterizar como "uma caixa vazia" ou "um conceito vazio", como lembram Gian Antonio Micheli e Fernando Sáinz de Bujanda.[66] A despeito de reconhecida, internacionalmente, a "sua '*inerente indeterminabilidade*'" (Casalta Nabais[67]), há que sublinhar, com Tipke, de um lado, que o seu conteúdo "é 'indeterminado, mas não indeterminável'";[68] e com Diego Marín-Barnuevo Fabo, de outro, que "la *dificultad* para delimitar el alcance del principio" não implica "la negación de su eficacia jurídica".[69] Há excessos dos dois lados da polêmica conceptual que envolve esse princípio. De uma parte, o exagero clássico de Luigi Einaudi, antigo Professor das Universidades de Turim e Milão, "para quien la capacidad contributiva no es más que (...) un par de palabras que se escapan de entre los dedos y que escurren incomprensiblemente".[70] De outra, alguma demasia recente daqueles que asseveram "ter alcançado na atualidade sólido conteúdo" (Alexandre Barros Castro[71]). Mas, nenhum descomedimento na observação já cinquentenária de Emilio Giardina, o jurista italiano: "não é difícil mostrar qualquer hipótese de imposição em evidente contraste com o princípio".[72]

É desnecessário acompanhar toda a evolução histórico-conceptual desse princípio para chegar a *uma noção razoável*, senão pouco mais de uma década, de 1961, com Giardina – "possibilidade econômica de pagar o tributo".[73] – até 1973, com Francesco Moschetti, o Professor da Universidade de Pádua – "aquela força econômica (...) idônea para concorrer com os gastos públicos".[74] Não se trata, pois, da simples disposição de riqueza, que indicaria mera *capacidade econômica*, mas do dispor de uma riqueza suficiente para a submissão ao tributo, excedente, pois, da riqueza bastante para apenas atender ao mínimo necessário para uma vida digna, satisfazendo, assim, mais do que tão só as necessidades vitais básicas do cidadão (Constituição, art. 7º, IV), condição essa que, então sim, apontaria para uma genuína *capacidade de contribuir* para a sobrevivência do estado, constituindo uma capacidade econômica qualificada por um dever de solidariedade social;[75] ideia

63. *Justiça...*, ob. cit., p. 258.

64. "Eficácia do princípio da capacidade contributiva no Brasil", in K. Tipke e D. Yamashita, *Justiça Fiscal e Princípio da Capacidade Contributiva*, p. 56.

65. *O Dever Fundamental...*, ob. cit., p. 469.

66. G. A. Micheli, *Curso de Derecho Tributario*, p. 146: "*un concepto vacío de significado, una 'caja vacía', como se ha dicho por varios cultivadores de la ciencia económica y de la ciencia jurídica*" (há uma tradução para nossa língua, da década de setenta do século passado: *Curso de Direito Tributário*, p. 93 – F. Sáinz de Bujanda, *Lecciones de Derecho Financiero*, p. 107: "*se ha dicho que se trata de un concepto vacío*").

67. Ibidem, pp. 456 e 688.

68. "Fundamentos da Justiça Fiscal", in K. Tipke e D. Yamashita, *Justiça Fiscal...*, ob. cit., pp. 31-32.

69. *La Protección del Mínimo Existencial en el Ámbito del IRPF*, p. 21, nota 23.

70. *Apud* Jorge Bravo Cucci, *Fundamentos de Derecho Tributario*, p. 121.

71. *Sujeição Passiva no Imposto sobre a Renda*, p. 160.

72. *Le Basi Teoriche del Principio della Capacità Contributiva*, p. 428. No original italiano: "non è difficile prospettare qualche ipotesi di imposizione in evidente contrasto col principio"

73. Ibidem, p. 434. No original italiano: "possibilità economica di pagare il tributo".

74. *Il Principio della Capacità Contributiva*, p. 238. No original italiano: "Capacità contributiva (...) quella forza economica (...) idonea a concorrere alle spese pubbliche".

75. Ibidem, p. 22: "Mais precisamente, afirmou-se que a capacidade contributiva é dada por aquela parte da força econômica, da riqueza de um sujeito, que supera o mínimo vital"; afirmação que Moschetti faz corroborar, em nota de rodapé, com a citação de textos convergentes de Giardina, de Micheli e de Manzoni (no original italiano: "Piú precisamente, venne affermato che la capacità contributiva è data da quella parte della forza economica, della ricchezza di un soggetto, che supera il minimo vitale"). Ibidem, p. 239: "capacidade contributiva (...). Se esta não é simplesmente a capacidade econômica, mas é a capacidade econômica qualificada por um dever de

diversa, ainda, da de *capacidade financeira*, esta voltada para a noção de liquidez. Da primeira distinção, as críticas doutrinárias ao nosso legislador constitucional, que optou pela locução "capacidade econômica" (art. 145, § 1º), sem, contudo, merecê-las, uma vez que pensamos assistir razão a José Maurício Conti, no sentido de que a expressão inteira – "capacidade econômica do contribuinte" – afasta as equivocidades, desde que indica, nitidamente, aquele cuja riqueza disponível é qualificada, tornando-o apto à sujeição passiva de uma obrigação tributária, na condição de "contribuinte". Eis que não se trata, assim, de singela capacidade econômica, mas de autêntica capacidade "contributiva".[76]

É clássica a distinção entre a *Capacidade Contributiva absoluta ou objetiva* e a *relativa ou subjetiva*.[77] No primeiro caso, cabe ao legislador selecionar, para a hipótese de incidência das normas tributárias, fatos que sejam reveladores de capacidade contributiva, – ou, na célebre expressão de Alfredo Augusto Becker, "fatos-signo presuntivos de capacidade contributiva", ou, em outras palavras, fatos que constituam sinais que permitam estabelecer a presunção da existência dessa capacidade;[78] – aspecto que desempenha a função de pressuposto ou fundamento jurídico do imposto. No segundo caso, cabe estabelecer a contribuição à medida das possibilidades econômicas de determinado sujeito passivo, adequando o "quantum" do tributo ao porte econômico do fato ocorrido e adequando-o às circunstâncias pessoais do cidadão; aspecto que cumpre a função de critério de graduação do tributo e de fixação dos seus limites. A primeira espécie de capacidade contributiva, atinente à hipótese das normas de incidência tributárias, especificamente à sua materialidade; a segunda, adstrita à consequência ou ao mandamento dessas normas.[79] Diversamente daquelas correntes doutrinárias que optam por apenas uma das formas de capacidade contributiva, identificando uma unilateral consagração constitucional, parece-nos mais próprio e acertado admitir-lhe "una doble función", como sustenta Alvaro Rodríguez Bereijo, Catedrático da Universidade Autônoma de Madri;[80] ou aludir às funções de fundamento e de graduação do tributo como dois momentos sequenciais da capacidade contributiva, como prefere Giardina.[81] Procedente, nessa linha, os fundamentos constitucionais da capacidade contributiva identificados por Regina Helena Costa: o art. 145, § 1º, para a capacidade contributiva relativa; e os artigos relativos à distribuição das competências dos impostos – 153, 155 e 156 – para a capacidade contributiva absoluta.[82]

Tão elevada é a relevância da Capacidade Contributiva para um sistema tributário, que, mesmo reconhecendo certo grau de veracidade na assertiva de Nicholas Kaldor, o antigo Economista da Universidade de Cambridge, de que a demanda da sua melhor medida "é como a caça de um

solidariedade, isso é, por um dever orientado e caracterizado por um prevalecente interesse coletivo" (no original italiano: "capacità contributiva (...). Se questa non è semplicemente la capacità economica, ma è capacità economica qualificata da un dovere di solidarietà, cioè da un dovere finalizzato e caratterizzato da un prevalente interesse collettivo").

76. *Princípios Tributários*..., ob. cit., pp. 36-37.

77. Entre tantos outros: Regina H. Costa, *Princípio*..., ob. cit., pp. 27-31; Andrei P. Velloso, *O Princípio da Isonomia*..., ob. cit., pp. 171-172.

78. *Teoria Geral do Direito Tributário*, pp. 458, 460 *et seq*.

79. Marçal Justen Filho, "Capacidade contributiva", in Ives Gandra da Silva Martins (coord.), *Capacidade Contributiva*, pp. 362-363; Andrei P. Velloso, *O Princípio da Isonomia*..., ob. cit., pp. 171-172.

80. *Apud* Diego Marín-Barnuevo Fabo, *La Protección*..., ob. cit., p. 21.

81. *Le Basi Teoriche*..., ob. cit., pp. 53-56: "São, portanto, dois os 'momentos' da capacidade contributiva. Ao primeiro, pode-se denominar de momento da capacidade contributiva 'absoluta' (...). Com a expressão capacidade contributiva 'relativa' indicamos o segundo momento da imposição" (no original italiano: "Sono quindi due i 'momenti' della capacità contributiva. Il primo si può denominare momento della capacità contributiva 'assoluta' (...). Con l'espressione capacità contributiva 'relativa' indichiamo il secondo momento dell'imposizione").

82. *Praticabilidade*..., ob. cit., p. 116.

meteoro";[83] é imprescindível registrar, com Tipke e Lang, que, não obstante o grau de dificuldade, inexiste qualquer alternativa a esse princípio, a não ser a da "indigência de princípios fundamentais";[84] donde a sensatez e a atualidade da sua condição de "energia que dá vida e sentido ao Direito Tributário" (José Marcos Domingues de Oliveira[85]), do seu caráter de "transcendência dogmática" e da sua identidade como "a espinha dorsal da justiça tributária" (Misabel Derzi[86]), como "la verdadera estrella polar del tributarista" (Matías Cortés Domínguez[87]).

4. Extrafiscalidade

Penoso e precário, porém, é o convívio da Capacidade Contributiva com a Extrafiscalidade. "A complexidade do assunto", como observa Karina Pawlowsky, jurista paranaense, "torna a questão, em verdade, de difícil solução".[88] E confirma-o a doutrina estrangeira, aqui representada por Gustavo J. Naveira de Casanova, o Professor da Universidade de Buenos Aires: "Sin lugar a dudas estamos ante uno de los tópicos que más problemas presenta dentro del Derecho financiero en general, y del Derecho tributario en particular".[89] Isso porque, entre elas, instala-se, na expressão de Andrei Pitten Velloso, o jurisperito gaúcho, uma "significativa tensão".[90]

Não obstante bons autores situem, *historicamente, as primeiras experiências extrafiscais* em meados do século XVIII;[91] Aliomar Baleeiro lembra os "direitos alfandegários altamente onerosos para proteção da produção nacional", registrando sua adoção pela França, "desde o século XVII", e por Veneza, "desde o fim da Idade Média (...) pelo menos", o que implica o recuo inicial até o século XV.[92] Já no século XIX, especificamente em 1848, o mesmo Baleeiro e Souto Maior Borges, apontam o *Manifesto Comunista*, em que, segundo o último, Karl Marx e Friedrich Engels incitam "a massa a pleitear esse instrumento de oportunismo na ação política".[93]

É mais recente, porém, a etapa que é considerada a *fase contemporânea da utilização extrafiscal dos tributos*, marcada por um caso jurisprudencial clássico, que, aliás, deflagrou o início dessa etapa: trata-se de um caso do começo do século XX, mais exatamente de 1904, estabelecendo uma discussão que alcançou a Suprema Corte norte-americana, o caso "Estados Unidos *versus* McGray", que discutiu a tributação diferençada da margarina e da manteiga; e no qual a Suprema Corte reconheceu a procedência da tributação mais gravosa da margarina em virtude de razões

83. *Apud* Heleno Taveira Torres, *Direito Constitucional Tributário e Segurança Jurídica: Metódica da Segurança Jurídica do Sistema Constitucional Tributário*, p. 604.

84. *Direito Tributário*, ob. cit., p. 202.

85. *Direito Tributário – Capacidade Contributiva: Conteúdo e Eficácia do Princípio*, p. 181.

86. "Notas...", ob. cit., p. 878.

87. *Ordenamiento Tributario Español*, p. 81.

88. *A Utilização de Tributo com Efeito de Confisco e sua Vedação Constitucional*, p. 123.

89. *El Principio de No Confiscatoriedad: Estudio en España y Argentina*, p. 356.

90. *O Princípio da Isonomia...*, ob. cit., p. 336.

91. Antonio Roberto Sampaio Dória, *Princípios Constitucionais Tributários e a Cláusula "Due Process of Law"*, p. 237: "É apenas em meados do século XVIII (...) que se vão revelando os extraordinários préstimos dos impostos, para atingir finalidades diversas da mera obtenção de receita" – texto repetido na reedição, como *Direito Constitucional Tributário e "Due Process of Law"*, p. 175. Regina Helena Costa, *Princípio...*, ob. cit., p. 71: "Fenômeno perceptível apenas em meados no século XVIII, a extrafiscalidade..." (*sic*).

92. *Uma Introdução à Ciência das Finanças*, pp. 190-191.

93. A. Baleeiro, *Limitações...*, ob. cit., pp. 1.163 e 1.367; J. Souto Maior Borges, *Introdução ao Direito Financeiro*, p. 56. A maioria das referências é à recomendação do "Imposto fortemente progressivo" – *Manifesto Comunista*, p. 58; mas também se encontra, nesse famoso documento, a menção às "Tarifas protetoras!", na tradução de Álvaro Pina e Ivana Jenkings – ibidem, p. 65; ou a alusão às "taxas protecionistas!", na tradução de Marcos Aurélio Nogueira e Leandro Konder – *Manifesto do Partido Comunista*, pp. 87 e 95; ou a indicação simplificada de "Protecionismo!", na edição comentada por Chico Alencar, cujo(s) tradutor(es) não é(são) identificado(s) – *Manifesto Comunista*, pp. 73 e 82.

extrafiscais atinentes à saúde, como lembra Baleeiro.[94] Foi a partir de então que se construiu, nos Estados Unidos, a duplicidade da visão do tributar com fundamento no "power to tax" – no "poder de tributar", literalmente, ou, cientificamente, na competência tributária, que consiste na tributação habitual, na tributação que visa tão somente carrear recursos para os cofres públicos – e do tributar com amparo no que os norte-americanos chamam de "police power" – literalmente, no "poder de polícia", que corresponde a uma tributação regulatória, a uma tributação intervencionista, a uma tributação que visa realizar objetivos não meramente arrecadatórios, mas de caráter social ou econômico. Na primeira hipótese, fala-se de "fiscalidade", em oposição à segunda, em que se cogita de "extrafiscalidade".[95]

No Brasil, ponha-se ênfase, de início, no registro de Baleeiro de que, quando a doutrina ainda nem sequer sonhava com a extrafiscalidade, "já os governos a praticavam largamente sob a forma de isenções a indústrias novas ou subsídios à exportação (...) etc.", mencionando que "O Dec.-lei 300, de 1938, regulou e consolidou várias dessas isenções da legislação anterior".[96] Essa a razão pela qual o mesmo jurista declarava, já no alvorecer da segunda metade do século XX: "Acredita-se encerrado o tempo das finanças 'neutras', às quais sucedem as finanças 'ativas', como alavancas de comando da conjuntura econômica e do desenvolvimento"[97] – um tempo em que, diz Mestre Souto, uma década e meia depois, chega-se a aludir a *um estado "regulador e tributador"*, assinalado pela "agressividade".[98] Por fim, quase cinco décadas depois, o panorama é bem desenhado por Pitten Velloso: "hoje em dia não só se admite pacificamente *a extrafiscalidade*, mas também se reconhece que ela constitui *uma realidade irreversível nos Estados Sociais de Direito*" (grifamos), inclusive no Brasil.[99]

Mas se, de um lado, há que reconhecer que tal presença é permanente e definitiva em nossa realidade jurídica, é inevitável, de outro, admitir e confessar os problemas e embaraços que dela decorrem. Dos quais, o mais importante e delicado deles, na assertiva clássica de Sáinz de Bujanda, é exatamente o da *sua legitimidade constitucional*.[100] Esses fins alheios ao quotidiano da fiscalidade devem encontrar nítida e clara consagração constitucional. Ora referidos como interesses públicos ou sociais;[101] ora mencionados como objetivos, finalidades, diretrizes ou princípios;[102] mas sempre vistos como contemplados, amparados ou protegidos na Lei das Leis. De todos, a modo de síntese, a conclusão de Martínez de Pisón, o Professor da Universidade Autônoma de Madri: "existe un amplio consenso doctrinal y jurisprudencial sobre

94. *O Direito Tributário da Constituição*, p. 165.

95. A. Baleeiro, idem; *Uma Introdução*..., ob. cit., pp. 189-190; Geraldo Ataliba, *Sistema Constitucional Tributário Brasileiro*, p. 151; *Apontamentos de Ciência das Finanças, Direito Financeiro e Tributário*, p. 138; J. Souto Maior Borges, *Introdução*..., ob. cit., pp. 58-59.

96. *Cinco Aulas de Finanças e Política Fiscal*, p. 93.

97. *Limitações*..., ob. cit., p. 1.370. Apesar de que, na edição citada, a 8ª, o autor ter-se-ia valido do verbo "encerrar" no gerúndio – "encerrando"; mantivemos o particípio passado – "encerrado" –, em atenção a edições anteriores (*Limitações*..., ob. cit., 6ª ed., p. 328).

98. *Introdução*..., ob. cit., p. 47.

99. *O Princípio da Isonomia*..., ob. cit., p. 295.

100. *XI Semana de Estudios de Derecho Financiero*, vol. 2, pp. 1.146-1.147.

101. J. Souto Maior Borges, *Teoria Geral da Isenção Tributária*, p. 75; Raimundo Bezerra Falcão, *Tributação e Mudança Social*, p. 199; Regina Helena Costa, *Princípio*..., ob. cit., p. 72.

102. Dentre os estrangeiros: José Juan Ferreiro Lapatza, "Los principios constitucionales del orden tributario: la no confiscatoriedad", in Pasquale Pistone e Heleno Taveira Tôrres (coords.), *Estudios de Derecho Tributario Constitucional e Internacional: Homenaje Latinoamericano a Victor Uckmar*, p. 204; Salvatore la Rosa, *Eguaglianza Tributaria ed Esenzioni Fiscali*, pp. 17 *et seq.*; Pedro Manuel Herrera Molina, *Capacidad Económica y Sistema Fiscal: Análisis del Ordenamiento Español a la Luz del Derecho Alemán*, p. 156; Juan Arrieta Martínez de Pisón, *Técnicas Desgravatorias y Deber de Contribuir*, p. 125; Francisco García Dorado, *Prohibición Constitucional de Confiscatoriedad y Deber de Tributación*, p. 65; Gaspare Falsitta, *Manuale di Diritto Tributario – Parte Generale*, pp. 159-160. Dentre os nacionais: Estevão Horvath, *O Princípio do Não Confisco no Direito Tributário*, pp. 92-93; Humberto Ávila, *Sistema Constitucional Tributário*, pp. 352-353.

la legitimidad de los fines extrafiscales del tributo cuando dichos fines estén amparados por la Constitución";[103] caso contrário resta violada a Capacidade Contributiva e, por via de consequência, a Igualdade.

Aliás, é justamente *nesse campo da extrafiscalidade*, mais do que em qualquer outro, que reside *o maior risco das investidas contra a Capacidade Contributiva* e a Igualdade Tributária. Entre nós, a advertência foi de Souto Maior;[104] mas, internacionalmente, a precedência coube a Sáinz de Bujanda, que identificou, aqui, um "espinoso problema";[105] e mais do que isso, um "terrible problema";[106] que o conduziu a famosas e multicitadas conclusões: "Desde el punto de vista jurídico positivo, la equitativa distribución de la carga fiscal no puede sacrificarse para el logro de otros fines, por muy elevados y atrayentes que éstos sean";[107] "El progreso no es legítimo ni eficaz, si se sacrifica 'el valor perdurable de la justicia'".[108] Pelas quais, seus pronunciamentos foram classificados como "categóricos" (Pitten Velloso[109]), e ele mesmo como o "expoente máximo" da tese que sustenta a ilegitimidade das providências extrafiscais (Seabra de Godoi[110]).

Tal *corrente doutrinária, francamente avessa à extrafiscalidade*, embora quase sempre conectada a Sáinz de Bujanda, encontrou defesa em outras vozes importantes do século XX, como as de Carlos M. Giuliani Fonrouge, da Argentina, Luigi Rastello, da Itália, e Ernesto Flores Zavala, do México, entre outros.[111] Todavia, em face do amplo acatamento internacional da extrafiscalidade, trata-se de concepção bem avaliada, hoje, por Pitten Velloso, por exemplo, como *radical e anacrônica*, cujo agasalho incondicionado só teria lugar no clássico Estado Liberal, encontrando-se, pois, tal como este, *superada*.[112]

Em completa oposição, a *tese de Francesco Moschetti, advogando a possibilidade de conjugação dessas noções*. Como só se pode cogitar de capacidade contributiva quando a econômica for qualificada pelo dever de solidariedade social, então, na capacidade contributiva, "não se pode considerar a riqueza do indivíduo singular separadamente das exigências coletivas", assim como acontece quando se perseguem também os objetivos extrafiscais constitucionalmente estabelecidos, motivo pelo qual "O problema da legitimidade dos fins extrafiscais do imposto queda resolvido, a nosso juízo, de modo simples e linear".[113] Conquanto seguida por muitos, inclusive da doutrina autóctone;[114] parece-nos *uma explicação excessivamente*

103. *Técnicas*..., ob. cit., p. 125.

104. *Teoria Geral*..., ob. cit., p. 72.

105. *Lecciones*..., ob. cit., p. 105.

106. "Teoría jurídica de la exención tributaria", in *Hacienda y Derecho*, vol. III, p. 418.

107. *Lecciones*..., ob. cit., pp. 105-106.

108. "Reflexiones sobre un sistema de Derecho tributario español", in *Hacienda*..., ob. cit., p. 374.

109. *O Princípio da Isonomia*..., ob. cit., p. 301.

110. *Justiça*..., ob. cit., p. 193. Interessante lembrar, como contraponto, como já o fizemos, no passado, "uma interpretação posterior, de 1975, de Carlos Palao Taboada, num trabalho clássico – *Apogeo y Crisis del Principio de Capacidad Contributiva* –, sustentando que aquela posição de Sáinz de Bujanda não era muito bem definida como propriamente contrária à tributação extrafiscal, devendo mais ser entendida como cautela e prudência no encará-la, e não realmente como a sua rejeição" ("IPI e extrafiscalidade", *Revista de Direito Tributário* 91/75).

111. C. M. Giuliani Fonrouge, *Derecho Financiero*, vol. I, p. 347: "capacidad contributiva (...) podría entorpecer el desarrollo de una legislación tributaria con finalidades extrafiscales"; L. Rastello, *Diritto Tributario – Principi Generali*, p. 377 *et seq*.; E. Flores Zavala, *apud* J. R. Vieira, "IPI e extrafiscalidade", ob. cit., p. 75. Parece ser, também, a inclinação, na Espanha, de César García Novoa: "capacidad económica (...) cuyo respeto por los tributos extrafiscales es más que dudosa" (*El Concepto de Tributo*, p. 333); e na Argentina, de Naveira de Casanova: "En la postura opuesta, de tipo restrictivo [à extrafiscalidade] (...) a la que en principio le reconocemos mayor caudal de razón" (esclarecemos, nos colchetes) – *El Principio*..., ob. cit., p. 358.

112. *O Princípio da Isonomia*..., ob. cit., pp. 301-305.

113. No original italiano: "non si può considerare la ricchezza del singolo separatamente dalle esigenze collettive" – "Il problema della legittimità dei fini extrafiscali dell'imposta è risolto, a nostro avviso, in modo semplice e lineare" – *Il Principio*..., ob. cit., p. 239.

114. José Marcos Domingues de Oliveira, *Direito Tributário*..., ob. cit., pp. 116-118; Marciano Buffon, *O*

simplificadora e adrede destinada a superar as contradições;[115] se não "un juego dialéctico para eludir el control de la capacidad contributiva, más que otra cosa", como sugere, com algo de excesso, García Novoa;[116] e que já tivemos a oportunidade de classificar como "uma tentativa talvez heroica", mas de muito difícil, e mesmo impossível sustentação, sob pena de notório vilipêndio à Capacidade Contributiva.[117]

Pode-se cogitar, entretanto, de *uma aplicação mais branda desse princípio, mesmo no âmbito da extrafiscalidade*. Há muito, Baleeiro chamava a atenção, no caso, para a disposição da Suprema Corte norte-americana de tolerar e mitigar o "due process of law";[118] numa tendência talvez semelhante à do Tribunal Constitucional espanhol e de suas decisões dos anos oitenta do século passado, para as quais, ainda que no reino da extrafiscalidade, "lo que realmente se exige es que los tribunales no 'desconozcan' la capacidad económica, pudiendo no estar inspirados exclusivamente en la misma".[119] Quiçá similar a doutrina de Klaus Tipke e de Joachim Lang, ao afirmarem que a capacidade contributiva pode ser restrita pelas normas de finalidade social, mas não eliminada;[120] ou a de Ferreiro Lapatza e de Martínez de Pisón, aludindo ao consenso quanto à extrafiscalidade, quando respeitadas as exigências "básicas" ou "mínimas" do princípio.[121] A chave estaria, aqui, no diagnóstico dessas exigências básicas ou mínimas. Para alguns, elas estariam consubstanciadas na reverência ao *Mínimo Existencial*, o limite inferior da capacidade contributiva.[122] Outros inclinam-se a identificá-las na obediência à *Vedação do Efeito de Confisco*, o limite superior desse princípio.[123] Já nos pronunciamos pelo *atendimento simultâneo e cumulativo de ambos os limites*, que, em boa companhia, seguimos entendendo adequado.[124]

Admita-se, porém, que, nesse recinto extrafiscal, a capacidade contributiva não vai além da exigência relativa aos seus limites de piso e de teto, sendo, no demais, afastada, como critério da igualdade. Esta, no entanto, *a Igualdade em si, continua reinando soberana, porque mais ampla do que a Capacidade Contributiva*. Competente, como de hábito, a explicação de Humberto Ávila: "capacidade contributiva (...) constitui a concretização setorial específica do princípio da igualdade, no caso das normas tributárias primariamente criadoras de encargos. O âm-

Princípio da Progressividade Tributária na Constituição Federal de 1988, p. 89; Luís Eduardo Schoueri, *Normas Tributárias Indutoras e Intervenção Econômica*, pp. 280-281.

115. De acordo, quanto às intenções teóricas explícitas, Marciano Seabra de Godoi, *Justiça...*, ob. cit., p. 195.

116. *El Concepto...*, ob. cit., p. 334.

117. "IPI e extrafiscalidade", ob. cit., p. 76. É como pensa, também, Karina Pawlowsky, *A Utilização...*, ob. cit., pp. 188-189.

118. *O Direito Tributário...*, ob. cit., p. 165.

119. César García Novoa, "Beneficios fiscales y libre competencia", in César García Novoa e Catalina Hoyos Jiménez (coords.), *El Tributo y su Aplicación: Perspectivas para el Siglo XXI*, t. I, p. 763.

120. *Direito Tributário*, ob. cit., p. 231.

121. J. J. Ferreiro Lapatza, *Los Principios...*, ob. cit., p. 204; J. A. Martínez de Pisón, *Técnicas...*, ob. cit., p. 125.

122. Emilio Giardina, *Le Basi Teoriche...*, ob. cit., pp. 150-154; Alfredo Augusto Becker, *Teoria Geral...*, ob. cit., p. 457.

123. É o caso, entre nós, de Ricardo Lobo Torres, *Os Direitos Humanos e a Tributação: Imunidades e Isonomia*, p. 136; e de Estevão Horvath, *O Princípio...*, ob. cit., p. 92; e, relativamente, porque com temperos, de P. M. Herrera Molina, *Capacidad Económica...*, ob. cit., p. 158. Em sentido contrário, Aliomar Baleeiro, alegando que, quando da função extrafiscal, "o caráter destrutivo e agressivo é inerente a essa tributação" – *Limitações...*, ob. cit., p. 903; bem como Cecilia Maria Marcondes Hamati, "Direitos fundamentais do contribuinte", in Ives Gandra da Silva Martins (coord.), *Direitos Fundamentais do Contribuinte*, p. 275.

124. J. R. Vieira, "IPI e extrafiscalidade", ob. cit., p. 76. Na mesma direção: Gabriel Casado Ollero, *Los Fines No Fiscales de los Tributos*, pp. 120 e 122; G. J. Naveira de Casanova, *El Principio...*, ob. cit., pp. 173-174; Karina Pawlowsky, *A Utilização...*, ob. cit., pp. 123 e 193-194, que adere à doutrina segundo a qual o limite do não confisco será, no caso, mais elástico; e Regina Helena Costa, *Princípio...*, ob. cit., pp. 72-76, que exclui, até mesmo da aplicação mínima dos limites, as imunidades e as isenções políticas.

bito de aplicação do princípio da igualdade é, todavia, mais extenso (...) porque (...) tanto se aplica para aquelas normas que têm por finalidade primária a criação de encargos (subtração de valores) quanto para aquelas que têm por finalidade primária a alteração de comportamentos (afetação dos direitos de liberdade)".[125] Estas últimas é que dizem respeito à extrafiscalidade, perímetro do qual é excluída a Igualdade na sua vertente Igualdade-Capacidade Contributiva, mas não a Igualdade que recorre a outros critérios de estabelecimento das similitudes e distinções. Misabel Derzi trata, aqui, de derrogações da capacidade contributiva que não ofendem à igualdade, desde que fundadas, por exemplo, no mérito econômico, na aptidão para concretizar planos econômicos governamentais.[126] Eis porque Casalta Nabais cogita, no caso, de um afastamento parcial da Igualdade, uma vez que restrito à vertente da Capacidade Contributiva.[127] E encontramo-nos, portanto, diante de *uma terceira corrente doutrinária*, que, acatando uma aplicação atenuada da capacidade contributiva, na seara da extrafiscalidade, no que concerne apenas aos seus limites, sustenta uma decidida aplicação da igualdade que busca arrimo em critérios outros, que não a capacidade contributiva.[128]

Atente-se, porém, para o fato de que, se, no círculo da extrafiscalidade, afasta-se a capacidade contributiva, exceto pela manutenção do exame dos seus limites, então, a própria igualdade é atingida, mesmo que parcialmente. E razão seja dada a Andrei Pitten Velloso: *em face de qualquer conflito de bens jurídicos que envolva o Princípio da Igualdade é forçoso reconhecer a procedência da tutela do controle da proporcionalidade*, como ocorre com qualquer outro direito fundamental, por exigência do próprio Estado de Direito. Não há que se contentar, aqui, com a simples análise da legitimidade constitucional dos fins e dos meios das providências extrafiscais – necessária, mas insuficiente – porque redundaria, inevitavelmente, no manso, pacífico e inocente acolhimento de toda e qualquer desigualdade decorrente da tributação extrafiscal, apequenando, irremediavelmente, o Princípio da Igualdade, por natureza, grande como talvez nenhum outro.[129]

Estabelecida a legitimidade constitucional dos fins e dos meios extrafiscais, de que já falamos, à guisa de uma precondição, aí, então, cabe o recurso à proporcionalidade.[130] Não no sentido da integração, material ou de conteúdo, da proporcionalidade à igualdade – tendência adotada, a partir dos anos oitenta do século XX, pelo Tribunal Constitucional alemão, e batizada como "nova fórmula"[131] – mas na acepção de controle das desigualdades. Trata-se do tríplice exame da proporcionalidade: verificar se as medidas escolhidas são adequadas à finalidade extrafiscal perseguida (adequação, na relação "meio *x* fim"); se, diante da existência de medidas alternativas, as adotadas são as me-

125. *Sistema...*, ob. cit., pp. 363-364.

126. "Princípio da igualdade no Direito tributário e suas manifestações", in Geraldo Ataliba e A. R. Sampaio Dória (coords.), *Princípios Constitucionais Tributários: Aspectos Práticos – Aplicações Concretas*, pp. 180-181.

127. *O Dever Fundamental...*, ob. cit., p. 658.

128. Além dos autores citados, mencionem-se: Ernesto Lejeune Valcárcel, "Aproximación al principio constitucional de igualdad tributaria", in *Seis Estudios sobre Derecho Constitucional e Internacional Tributario*, p. 121; Eusebio González García, *apud* G. J. Naveira de Casanova, *El Principio...*, ob. cit., p. 362; J. A. Martínez de Pisón, *Técnicas...*, ob. cit., p. 142; Marciano Seabra de Godoi, *Justiça...*, ob. cit., pp. 193-194. Luís Eduardo Schoueri inclui, entre esses autores, Klaus Tipke e Ricardo Lobo Torres – *Normas Tributárias...*, ob. cit., p. 278.

129. *O Princípio da Isonomia...*, ob. cit., pp. 310-311, 307-308 e 336. É parecido o raciocínio, igualmente apurado, de Casalta Nabais, defendendo a aplicação dos princípios da Igualdade e da Proporcionalidade para as normas extrafiscais, e asseverando que elas "enquanto medidas intervencionistas susceptíveis de afectar ou restringir os direitos, liberdades e garantias fundamentais, não podem deixar de obedecer à vinculação material decorrente dos princípios da proporcionalidade 'lato sensu' e da igualdade" – *O Dever Fundamental...*, ob. cit., pp. 648 e 655.

130. Andrei P. Velloso, *O Princípio da Isonomia...*, ob. cit., pp. 249-251.

131. Ibidem, pp. 59-65.

nos restritivas e prejudiciais à igualdade (necessidade, na relação "meio *x* meio"); e se as vantagens derivadas da finalidade extrafiscal almejada são proporcionais às desvantagens oriundas das desigualdades estabelecidas (proporcionalidade em sentido estrito, na relação "vantagens x desvantagens").[132] É larga e respeitável a doutrina que trilha esse caminho;[133] mesmo porque, como observa Schoueri, *é exatamente o Princípio da Proporcionalidade que permite compatibilizar as normas extrafiscais com o Princípio da Igualdade*.[134]

Na jurisprudência comparada, o Tribunal Constitucional espanhol, embora tenha acenado nessa direção, acaba por não realizar esse tipo de controle; lacuna que, no caso do Tribunal Constitucional alemão, é parcial, desde que o faz, em determinadas decisões, deixando de fazê-lo em outras.[135] Já o nosso *Supremo Tribunal Federal* nem sequer distingue entre as desigualdades provenientes das normas tributárias do campo da fiscalidade, subordinadas à capacidade contributiva, daquelas advindas das normas tributárias da esfera da extrafiscalidade, sujeitas à proporcionalidade, revelando-se *completamente omisso, no que tange a este último controle*; e curiosamente, porque o realiza em diversos casos de controle da constitucionalidade de leis, mas, neste, contenta-se em alegar que as providências do Legislativo ou do Executivo são tomadas no exercício das respectivas discricionariedades, e, assim, não são passíveis do seu controle. Perante essa inquestionável insuficiência de controle, Humberto Ávila, com toda procedência, censura a tese simplista da insindicabilidade judicial, taxando-a como "uma monstruosidade que viola a função de guardião da Constituição atribuída ao Supremo Tribunal Federal, a plena realização do princípio democrático e dos direitos fundamentais bem como a concretização do princípio da universalidade da jurisdição"; concluindo que, lamentavelmente, tal omissão judicial *torna "o princípio da igualdade deficitário", entre nós*.[136]

5. *Incentivos tributários e a Lei 12.715*

Restringimos, a partir deste ponto, nosso ângulo de preocupações extrafiscais, concentrando a atenção nos *incentivos tributários*, pelo pronunciado relevo dessa específica arena da extrafiscalidade. Com efeito, como sublinha Casalta Nabais, "é no domínio dos chamados benefícios fiscais que a extrafiscalidade se revela em termos mais significativos e frequentes". Trata-se, hoje, da "manifestação dominante da extrafiscalidade".[137]

Abrimos, contudo, parênteses, aproveitando a terminologia do ilustre jurista lusitano – "*benefícios fiscais*" – ou a da expressão ainda mais comum, entre nós – "*incentivos fiscais*" –, para registrar *nossas reservas quanto a essa nomenclatura*, de cunho etimológico, como já registramos alhures.[138]

Fiscal, do latim "fiscalis", significa hoje "*relativo à fazenda pública*", como ensina Antônio Geraldo da Cunha.[139] Mas convém

132. H. Ávila, *Sistema*..., ob. cit., pp. 350-351 e 406-415; A. P. Velloso, *O Princípio da Isonomia*..., ob. cit., pp. 251-258 e 311-317; L. E. Schoueri, *Normas Tributárias*..., ob. cit., p. 294; K. Pawlowsky, *A Utilização*..., ob. cit., p. 195; J. Casalta Nabais, *O Dever Fundamental*..., ob. cit., pp. 657 e 696.

133. Ademais dos autores já referidos, acrescente-se, exemplificativamente: Álvaro Rodríguez Bereijo, "Los límites constitucionales del poder tributario en la Jurisprudencia del Tribunal Constitucional", in *El Sistema Económico en la Constitución Española*, p. 1.314; P. M. Herrera Molina, *Capacidad Económica*..., ob. cit., p. 89; e inclusive nós mesmos – "IPI e extrafiscalidade", ob. cit., p. 76.

134. *Normas Tributárias*..., ob. cit., p. 292.

135. A. Rodríguez Bereijo, "Los límites...", ob. cit., p. 1.314; P. M. Herrera Molina, *Capacidad Económica*..., ob. cit., p. 89; A. P. Velloso, *O Princípio da Isonomia*..., ob. cit., p. 317.

136. *Sistema*..., ob. cit., pp. 350-362, especificamente, pp. 350, 352, 353, 356 e 362.

137. *O Dever Fundamental*..., ob. cit., pp. 632 e 695.

138. "Prefácio", "O direito de crédito do contribuinte: excelências e excrescências", in Célia Gascho Cassuli, *O Direito de Crédito do Contribuinte*, pp. XIX-XX.

139. *Dicionário Etimológico*..., ob. cit., p. 359.

que consideremos, às rápidas, a *evolução etimológica da palavra*. Numa primeira etapa do império romano, a palavra "fisco" ("fiscum") foi utilizada para referir o cesto de vime ou junco empregado pelos coletores para guardar o dinheiro arrecadado; numa etapa posterior, passou a indicar a caixa destinada a permanecer nas mãos do imperador, para conservar o "tesouro do Príncipe", com os seus recursos privados, que não se confundia com a palavra "erário" ("aerarium"), caixa depositada nas mãos do senado romano, para resguardar o "tesouro público", abastecido por receitas públicas; na terceira etapa evolutiva, "fisco" ganhou mais relevância do que "erário", passando a acolher maior vulto de recursos; e, numa etapa derradeira, já na fase republicana, ambos os vocábulos – tanto "fisco" como "erário" – passaram a apontar para o mesmo e idêntico significado de tesouro público ou fazenda pública.[140] Ora, ao tesouro chegam todas as receitas (obtenção de recursos), que serão administradas enquanto ali permanecerem (gestão de recursos), e depois deixarão o caixa, sendo despendidas na prestação, por exemplo, de serviços públicos, de sorte a atender às necessidades públicas (gasto de recursos). É claro e manifesto que o adjetivo "fiscal", abarcando as receitas, a gestão e as despesas – todos os campos da atividade financeira do estado – acaba por identificar-se muito mais com "financeiro" do que com "tributário". Por isso, e nada obstante a observação de Aliomar Baleeiro, que utiliza "tributário" e "fiscal" como sinônimos, "a despeito de qualquer contraindicação etimológica", entendemos adequado substituir as expressões mencionadas por "*incentivo tributário*".[141]

A *Lei 12.715, de 17.9.2012*, resultante da conversão da Medida Provisória 563, de 3.4.2012, ademais de dispor sobre a alíquota das contribuições previdenciárias sobre a folha de salários, sobre os controles dos preços de transferência, sobre as empresas preponderantemente exportadoras e numerosos outros temas, em seus longos 79 artigos, apesar de alguns vetos do Executivo, tratou, detida e minuciosamente, de *diversos incentivos tributários*.

Esse diploma legal instituiu o *Programa Nacional de Apoio à Atenção Oncológica – PRONON*, como incentivo a ações e serviços de atenção oncológica, desenvolvidos por instituições de prevenção e combate ao câncer (art. 2º); bem como instituiu o *Programa Nacional de Apoio à Atenção da Saúde da Pessoa com Deficiência – PRONAS/PCD*, como incentivo a ações e serviços de reabilitação de pessoas com deficiências (art. 3º, § 2º); permitindo que as doações e patrocínios em prol das ações e serviços das instituições beneficiadas por esses programas constituam *deduções do IRPF*, para as pessoas físicas, nos anos-calendários de 2012 a 2015, e constituam *deduções do IRPJ*, para as pessoas jurídicas, nos anos-calendários de 2013 a 2016 (art. 4º).

A mencionada lei também restabeleceu o *Programa um Computador por Aluno – PROUCA*, para promover a inclusão digital nas escolas públicas e nas escolas sem fins lucrativos de atendimento a pessoas com deficiências, mediante a aquisição e utilização, para alunos e professores, de equipamentos de informática, programas de computador e de suporte e assistência técnica (art. 16); além de instituir o *Regime Especial de Incentivo a Computadores para Uso Educacional – REICOMP*, beneficiando as empresas habilitadas que fabriquem esses bens e que prestem, mediante licitação, esses serviços (art. 17). As empresas fabricantes dos equipamentos de informática que forem beneficiárias do regime gozam de isenção do IPI nas saídas destinadas às citadas escolas (art. 19); e gozam de suspensão do IPI, do PIS/PASEP-Importação, da COFINS-Importação, do Imposto de Importação e da CIDE tanto sobre os insumos importados diretamente por elas quanto sobre os pagamentos de serviços importados diretamente por elas, quando destinados àqueles

140. Bernardo Ribeiro de Moraes, *Compêndio de Direito Tributário*, vol. 1, pp. 91-92.

141. *Direito Tributário Brasileiro*, p. 5.

equipamentos; bem como seus fornecedores gozam de suspensão do IPI, na venda dos insumos, e de suspensão do PIS/PASEP e da COFINS sobre a receita decorrente tanto da venda dos insumos quanto da prestação de serviços a elas, quando destinados àqueles equipamentos (art. 18, I a III); suspensão que, após utilizados os insumos e serviços adquiridos ou importados, converte-se em alíquota zero (art. 23).

Essa lei instituiu, ainda, o *Regime Especial de Tributação para Construção ou Reforma de Estabelecimentos de Educação Infantil*, destinado a beneficiar projetos de construção ou reforma de creches ou pré-escolas, até 31.12.2018, desde que o imóvel seja utilizado como tal por, pelo menos, 5 anos (art. 24). Mantendo escrituração contábil segregada para cada obra (art. 27), a empresa construtora pagará 1% da receita mensal recebida pela obra, como pagamento unificado dos seguintes tributos: COFINS (0,44%), PIS/PASEP (0,09%), IRPJ (0,31%) e CSLL (0,16%) (art. 25); pagamento que será considerado definitivo, sem direito à restituição ou à compensação (art. 26, § 2º).

Também foi instituído, pela mesma lei, o *Regime Especial de Tributação do Programa Nacional de Banda Larga para Implantação de Redes de Telecomunicações – REPNBL-Redes*, destinado a projetos de implantação, ampliação ou modernização de redes de telecomunicações que suportam acesso à internet em banda larga, incluindo estações terrenas satelitais que contribuam com os objetivos do Programa Nacional de Banda Larga – PNBL. As empresas fornecedoras de máquinas, aparelhos e equipamentos, e de materiais de construção, bem como fornecedoras de serviços, para obras abrangidas pelos projetos das pessoas jurídicas beneficiárias do regime, gozam de suspensão do IPI sobre as respectivas vendas, e de suspensão do PIS/PASEP e da COFINS sobre as receitas das respectivas vendas e prestações de serviços (arts. 30 e 31); suspensões que, depois de utilizados os bens e serviços adquiridos, convertem-se em alíquota zero (art. 30, § 2º).

Outra providência dessa lei foi a criação do *Programa de Incentivo à Inovação Tecnológica e Adensamento da Cadeia Produtiva de Veículos Automotores – INOVAR-AUTO*, com o objetivo de apoiar, até 31.12.2017, o desenvolvimento tecnológico, a inovação, a segurança, a proteção ao meio ambiente, a eficiência energética e a qualidade dos automóveis, caminhões, ônibus e autopeças; habilitando, sob a exigência do cumprimento de certas condições mínimas, empresas que fabriquem ou comercializem esses produtos, ou que apresentem projetos para a instalação de fábricas ou de novas plantas ou projetos industriais para a produção de novos modelos desses produtos (art. 40). As empresas habilitadas podem apurar crédito presumido do IPI, com base nos dispêndios mensais realizados com pesquisa, desenvolvimento tecnológico, inovação tecnológica, insumos estratégicos etc.; além de crédito presumido do IPI em relação a veículos importados, bem como suspensão do mesmo tributo no desembaraço aduaneiro desses veículos, quando da importação por parte de empresas que tenham projetos para a instalação de fábricas ou de novas plantas ou projetos industriais para a produção de novos modelos desses produtos (art. 41). Tudo nos termos da regulamentação do Decreto 7.819, de 3.10.2012, expedido pelo Poder Executivo.

Ademais, a Lei 12.715/2012 alterou incentivos tributários já existentes. Foi o que fez com o *Regime Tributário para Incentivo à Modernização e à Ampliação da Estrutura Portuária – REPORTO*, instituído pela Lei 11.033, de 21.12.2004, que estabeleceu estímulos à aquisição de máquinas e equipamentos para utilização exclusiva na execução de serviços ligados aos portos; tendo como beneficiários o operador portuário, o concessionário de porto organizado, o arrendatário de instalação portuária de uso público, a empresa autorizada a explorar instalação portuária de uso privativo misto ou exclusivo, o concessionário de transporte ferroviário, as empresas de dragagem, os recintos alfandegados de zona secundária e os centros de treinamento profissional do art. 32 da Lei 8.630, de 25.2.1993 (arts. 14 a 16 da Lei 11.033/2004, com as novas redações do art. 39 da Lei 12.715/2012). As vendas, no mercado interno, e as importações de máquinas e equipamentos, diretamente efetivadas pelos beneficiários do regime, para utilização exclusiva nos serviços especificados ligados aos portos, gozam de suspensão do IPI, do PIS/PASEP, da COFINS e do Imposto de Importação; suspensão que, após 5 anos, no caso do IPI e do Imposto de Importação, converte-se em isenção, e, no caso do PIS/PASEP e da COFINS, em alíquota zero (art. 14, *caput* e §§ 1º e 2º, da Lei 11.033/2004, na redação do art. 39 da Lei 12.715/2012); além da manutenção, por parte dos fornecedores, dos créditos de PIS/PASEP e da COFINS vinculados às operações beneficiadas (art. 17 da Lei 11.033/2004).

E a mesma Lei 12.715/2012 alterou, ainda, o *Programa de Apoio ao Desenvolvimento Tecnológico da Indústria de Semicondutores – PADIS*, instituído pela Lei 11.484, de 31.5.2007, que determinou o encorajamento das operações realizadas pelos beneficiários, de pesquisa e desenvolvimento, em relação a dispositivos eletrônicos semicondutores, mostradores de informação ("displays"), e insumos e equipamentos para a fabricação de ambos, desde que industrializados de acordo com o Processo Produtivo Básico estabelecido (art. 2º da Lei 11.484/2007, na redação da Lei 12.715/2012). As vendas, no mercado interno, e as importações de máquinas e equipamentos, por parte das pessoas jurídicas beneficiárias, para a incorporação ao seu ativo imobilizado e a realização das atividades especificadas, desfrutam de alíquota zero, do PIS/PASEP e da COFINS sobre a receita do fornecedor, de alíquota zero do PIS/PASEP-Importação e da COFINS-Importação sobre os produtos beneficiados importados, e de alíquota zero do IPI sobre os produtos adquiridos ou importados beneficiados; além de alíquota zero da CIDE, nas remessas para o exterior, para pagamentos relativos a patentes, marcas, tecnologia e assistência técnica, da parte das pessoas jurídicas beneficiárias; de alíquota zero do Imposto de Importação sobre máquinas e equipamentos para incorporação ao seu ativo imobilizado, e sobre insumos importados pelas pessoas jurídicas beneficiárias; e, por fim, nas vendas dos produtos beneficiados, das reduções a zero das alíquotas do IPI sobre os produtos, e do PIS/PASEP e da COFINS sobre as respectivas receitas, bem como da redução de 100% das alíquotas do Imposto de Renda e do adicional sobre o lucro da exploração (arts. 3º e 4º da Lei 11.484/2007).

6. Inquietudes quanto aos incentivos tributários da Lei 12.715/2012

Não são poucos os desassossegos causados pelos incentivos tributários instituídos ou alterados pela Lei 12.715/2012.

A começar pela *sempre presente participação do Poder Executivo em todos esses programas e regimes de incentivo tributário*, às vezes um pouco menos, às vezes um pouco mais, mas, *invariavelmente, desempenhando um papel forte e robusto*. Em relação ao PRONON e ao PRONAS/PCD, por exemplo, cabe ao Executivo fixar, anualmente, o limite da dedução do Imposto de Renda, tanto para as pessoas físicas, num percentual da renda tributável, quanto para as pessoas jurídicas, num percentual do imposto devido (art. 4º, § 5º); bem como lhe cabe estabelecer a forma e o procedimento pelo qual as ações e os serviços de atenção oncológica e de reabilitação de pessoas com deficiências serão aprovados previamente pelo Ministério da Saúde (art. 7º). Da mesma forma, no que diz respeito ao PROUCA (art. 16, §§ 1º e 2º), ao REICOMP (art. 17, § 3º), ao Regime Especial de Tributação para Construção ou Reforma de Estabelecimentos de Educação Infantil (art. 24, § 3º), ao REPNBL-Redes (arts. 28, § 2º; e 29, §§ 1º e 4º), ao INOVAR-AUTO (arts. 40, § 9º; e 41, §§ 3º e 5º), ao REPORTO (arts. 14, § 7º; e 15, § 2º, da Lei 11.033/2004) e ao PADIS (arts. 2º, III; 5º; e 6º, § 4º, da Lei 11.484/2007). Em todos esses casos, o(s) diploma(s) legal(is) atribui(em) diversas funções, seja, genericamente, ao Poder Executivo, como, por exemplo, simplesmente, regulamentar o programa ou o regime, hipótese em que se deve entender como atribuição do Presidente da República, a ser exercida por meio de decreto, desde que a ele compete, nos termos do art. 76 da Constituição, exercer as atribuições do Poder Executivo, embora com o auxílio dos ministros de Estado; seja, especificamente, a ministros relacionados com a área do incentivo ou à Secretaria da Receita Federal do Brasil.

É verdade que, na maior parte desses casos, deparamos com o Executivo a desempenhar suas funções regulamentares ordinárias, tais como detalhar os conceitos sintéticos da lei; estabelecer os procedimentos administrativos, dentro do seu âmbito de atuação; e reduzir as ambiguidades ou vaguezas decorrentes dos termos e enunciados legais, inclusive no que tange à chamada discricionariedade técnica, na boa sinopse de Marcelo Costenaro Cavali.[142] Contudo, é indispensável *uma atitude cuidadosa de constante alerta e de perene vigilância*, dado que os excessos e descomedimentos do Executivo, não exatamente raros, no cumprimento das tarefas que lhe foram confiadas pelo legislador, podem minimizar esses programas e regimes, tornando-os insignificantes, ou, pelo contrário, maximizá-los, fazendo-os extremamente significativos; e, em ambos os casos, seja restringindo-os, seja ampliando-os, assumindo *o risco de "redesenhar" administrativamente o incentivo tributário originalmente estabelecido pela lei*, hipótese em que restaria traído o legislador e violado o mandamento da Lei Maior segundo o qual "Qualquer subsídio ou isenção, redução de base de cálculo, concessão de crédito presumido, anistia ou remissão, relativos a impostos, taxas ou contribuições, só poderá ser concedido mediante lei específica, federal, estadual ou municipal, que regule exclusivamente as matérias acima enumeradas ou o correspondente tributo ou contribuição" (art. 150, § 6º).[143]

Nossa aflição quanto a esses incentivos tributários cresce quando verificamos *o diminuto e acanhado cuidado do legislador no identificar o amparo específico, no texto da Lei Suprema, dos fins extrafiscais perseguidos*, explicitando, acima de qualquer dúvida, a legitimidade constitucional do incentivo tributário estabelecido.

A Exposição de Motivos 25/2012, que acompanhou a Medida Provisória 563/2012, de cuja conversão se originou a Lei 12.715/2012, ao justificar a instituição do *PRONON* e do *PRONAS/PCD*, programas voltados à atenção oncológica e à reabilitação de pessoas com deficiências, além de mencionar o câncer como "uma das doenças que mais mata no Brasil" (item 8) e as dificuldades das deficiências para "uma inserção mais ativa de seus portadores na sociedade" (item 9), limitou-se a referir o mandamento da "dignidade da pessoa humana" (item 10); que, conquanto um dos fundamentos da nossa República (Constituição, art. 1º, III), *não dispensa nem escusa da lembrança do direito à saúde* como um dos direitos sociais (art. 6º), como uma das nossas necessidades vitais básicas (art. 7º, IV), como "direito de todos e dever do Estado" (art. 196), reafirmando a "relevância pública" das "ações e serviços de saúde" (art. 197).

Ao fundamentar o restabelecimento do *PROUCA* e a instituição do *REICOMP*, incentivos que contemplam os bens de informática e o seu uso educacional, a exposição de motivos não vai além de destacar a "importância que o acesso às novas tecnologias da informação tem para a formação da nossa

142. "Funções do regulamento", in "Perfil constitucional do regulamento e alguns reflexos tributários", *Revista da Academia Brasileira de Direito Constitucional* 4/197-205, e especificamente pp. 198-202.

143. Embora não seja essa nossa maior preocupação, sublinhe-se que a Lei 12.715/2012, versando numerosos assuntos, não "regula exclusivamente a matéria" dos incentivos tributários nem algum específico tributo, no que já se descumpre uma das determinações claras do legislador constitucional.

juventude" (item 21); *calando a memória do direito à educação* como um direito social (art. 6º), como uma necessidade vital básica (art. 7º, IV) e como um "direito de todos e dever do Estado e da família" (art. 205).

Já ao alicerçar a instituição do *REPNBL-Redes*, regime especial destinado a projetos de redes de telecomunicações com acesso à internet em banda larga, o legislador não fez mais do que declarar as intenções de "acelerar os investimentos em infraestrutura" dessas redes (item 23) e de permitir "o maior acesso do cidadão à rede mundial de computadores" (item 29), estimando "a geração de vinte e três mil empregos diretos no setor até 2016" (item 30), motivações predominantemente econômicas; *sem a mínima preocupação de invocar as liberdades* de manifestação do pensamento (art. 5º, IV), de expressão da atividade intelectual, artística, científica e de comunicação (art. 5º, IX), de acesso à informação (art. 5º, XIV), e o mandamento pelo qual "A manifestação do pensamento, a criação, a expressão e a informação, sob qualquer forma, processo ou veículo não sofrerão qualquer restrição" (art. 220).

Na justificativa da instituição do *INOVAR-AUTO*, regime dedicado ao incremento tecnológico da indústria automotiva, a exposição de motivos, lembrando a "posição de destaque nos mercados mundiais" dessa indústria nacional (item 41), enuncia o objetivo de fortalecê-la (item 44), com o atendimento "aos atuais padrões de produção da indústria automotiva internacional" (item 45), mediante "ações em favor do desenvolvimento tecnológico, da inovação, da segurança e da proteção ao meio ambiente", "dada a natureza estratégica do setor envolvido" (item 46); razões, novamente, de caráter econômico; *silenciando, por completo, quanto aos motivos constitucionais* de que "A ordem econômica (...) tem por fim assegurar a todos existência digna, conforme os ditames da justiça social (...) observados os (...) princípios (...) livre concorrência (...) defesa do meio ambiente (...) redução das desigualdades" (art. 170, *caput* e incisos IV, VI e VII); e quanto ao fato de que "Como agente normativo e regulador da atividade econômica, o Estado exercerá (...) as funções de (...) incentivo e planejamento" (art. 174).

Ao tentar conferir legitimidade às alterações introduzidas no *REPORTO*, regime que objetiva a modernização das estruturas portuárias, o legislador cogita da possibilidade de "uma vertiginosa melhora no parque tecnológico dos portos" (item 36), visando "o crescimento do comércio nacional e internacional do Brasil" (item 35), outra vez, juízos econômicos, *sem qualquer cautela no que concerne à fundamentação jurídico-constitucional do incentivo*, que, neste caso, seria semelhante à do INOVAR-AUTO. Similar é o procedimento da exposição de motivos quanto às alterações efetivadas no *PADIS*, programa de apoio ao desenvolvimento tecnológico da indústria de semicondutores, em que *as bases constitucionais do incentivo*, idênticas às do INOVAR-AUTO e às do REPORTO, *jazem inteiramente olvidadas*, limitando-se, o legislador, às informações, uma vez mais, econômicas, de que pretende aperfeiçoar o programa, "para a atração de novos investimentos" (item 89), de modo a "reduzir os custos da indústria de dispositivos semicondutores e de mostradores de informações ('displays')" (item 92).

Ora, incomoda-nos essa negligência do legislador, no que atine aos esquecidos embasamentos constitucionais desses incentivos tributários, pela sua incontestável imprescindibilidade, como advoga nossa melhor doutrina. Ao tratar do controle das desigualdades geradas pela extrafiscalidade, Andrei Pitten Velloso reconhece esse vigoroso estorvo, "pois nem sempre é fácil identificar o fim predominante da regulação". Obtempera, no entanto: "Mas ainda que haja tais dificuldades, *a solução é simples*, ao menos no que concerne ao controle de constitucionalidade: *sempre que ocorra um desvio perante as exigências da igualdade tributária, ele há de ser devidamente justificado* e, quando se constatar a persecução em alguma medida de fins não fiscais, terá de se investigar se ela pode sustentar a respectiva desigualdade de trato" (grifamos).[144]

Não é outra a óptica de Humberto Ávila: "O critério de justiça, no Direito Tributário, deve ser a capacidade contributiva (...). *Qualquer afastamento desse direito preliminar de igual tratamento (...) deve ser fundamentado*". E ao reprovar a postura lacunosa da nossa corte constitucional, porque "não examina a razoabilidade do critério eleito pelo legislador; não submete o Poder Legislativo ao princípio da igualdade; não exige um ônus argumentativo para a discriminação estabelecida pelo Estado, no sentido de demandar razões justificativas para o tratamento diferenciado"; lavra, com todo o acerto, a conclusão: "O Estado pode diferenciar, mas deve dizer por que o faz. Não é o particular que deve apresentar um motivo objetivo para ser tratado igualmente; é o Estado que deve apresentar um motivo fundamentado para fazer a diferenciação. *O ônus argumentativo – repita-se o quanto for necessário – é do Estado e, não, do cidadão*" (grifamos).[145]

Cogita a doutrina e cogitamos nós de fundamentos e justificativas, por óbvio, jurídicos e não meramente econômicos. E encontramo-nos, *até aqui, tão somente no patamar da legitimidade constitucional dos fins e dos meios extrafiscais*, que consiste, como já referimos, numa *precondição*. *Daqui avante cabem as meditações relativas ao controle das desigualdades resultantes das medidas extrafiscais*, mediante o inafastável *recurso à proporcionalidade*, espaço no qual a conduta do Estado segue igual e integralmente omissa, com a solene preterição das informações mínimas necessárias e indispensáveis: as providências foram adequadas às finalidades? Existem meios alternativos a considerar, sejam eles de natureza tributária ou não? Em que medida cada um desses meios embaraçam ou danificam a Igualdade? As medidas selecionadas pelo legislador são, de fato, as menos daninhas e perniciosas para a Igualdade? Existem vantagens extrafiscais dessas medidas, em face das desvantagens derivadas das desigualdades perpetradas? Qual a proporcionalidade existente nessa relação?

Todas questões para as quais a exposição de motivos do legislador não oferece respostas, nada expondo e muito menos motivando!

7. Extrafiscalidade: aprisco do cordeiro ou covil do lobo?

Se, ao prepararmos o caminho para a investigação de alguns específicos incentivos tributários, ou no seu próprio exame, fomos constrangidos a refletir, trabalhar e argumentar com algumas complexidades, isso é corolário do *labirinto jurídico da extrafiscalidade*, no qual moram e residem esses incentivos, cujo pendor para tornar intrincado o Direito Tributário é de colossais proporções, como o confirma Casalta Nabais: "os benefícios fiscais constituem a principal causa da extrema complexização do actual direito fiscal" (*sic*)![146]

E fosse apenas uma questão de complicação jurídica, não seria assim tão grave. Mas é mais! Trata-se de uma ameaça de risco, porque se volta contra a Igualdade e a Capacidade Contributiva – "a extrafiscalidade (...) representa uma das principais causas das desigualdades impositivas" (Pitten Velloso[147]). Ora, como a Igualdade é o princípio dos princípios e como a Capacidade Contributiva é o princípio dos princípios tributários, não se trata de um simples problema de dificuldade jurídica, mas, em verdade, é muito mais! Trata-se de *uma ameaça que intimida, apavora e sobressalta o mundo jurídico-tributário!*

E uma ameaça que se avoluma e se agiganta, dado o apelo, por parte do Estado, cada

144. *O Princípio da Isonomia...*, ob. cit., pp. 293-294.

145. *Sistema...*, ob. cit., pp. 351-352 e 358-359.

146. *O Dever Fundamental...*, ob. cit., p. 667.

147. *O Princípio da Isonomia...*, ob. cit., p. 173.

vez mais reiterado e frequente, aos incentivos tributários. A ponto de Sáinz de Bujanda, há muito, já haver batizado essa infestação de incentivos como "beatería", ou, no vernáculo, beatice ou beataria, no sentido de fanatismo, geralmente hipócrita, advertindo contra a crença de que eles sejam "*una panacea para todos los males*".[148]

O grau de susto e amedrontamento que essa ameaça traz pode ser bem avaliado a partir do aviso antigo e sensato de Misabel Derzi, de que "não raramente, o ente estatal tributante, ávido de recursos, será tentado a usar a extrafiscalidade como desculpa ou pretexto para estabelecer maior pressão fiscal";[149] e de modo muito facilmente compreensível, porque se achará, nesse caso, liberto das amarras jurídicas efetivas da Igualdade e *livre do cabresto jurídico eficiente da Capacidade Contributiva*. "Extrafiscalidade" soaria, então, na sugestão de Geraldo Ataliba, como uma "invocação mágica"![150] *"Extrafiscalidade" ressoaria, aí, como uma palavra prestidigitadora, como um vocábulo feiticeiro, a fazer com que se abrissem, para o legislador, de par em par, as portas sedutoras e temíveis do arbítrio!*

E o Estado que, benigno e bondoso, concede estímulos a determinadas entidades ou atividades, tal qual *cândido cordeiro*, de um instante para outro, *pode revelar-se* aquele que, aterrorizante e aterrador, promove discriminações desproporcionais e desiguala injustamente, tal qual *lobo terrível*! Ambos vivendo e convivendo, paradoxalmente, nas entranhas do mesmo ser estatal! Quiçá um lobo em pele de cordeiro, como aqueles contra os quais verberava Jesus no Sermão da Montanha!

E a lei do direito, da capacidade contributiva, da igualdade e da justiça, pode, talvez, converter-se, de inopino, na velha, formidável e medonha lei do mais forte!

Acerca das fábulas e dos mitos, como a estória do lobo e do cordeiro, dizia Doris Lessing, a escritora britânica do Nobel de Literatura de 2007, que eles "não significam alguma coisa não verdadeira, mas uma concentração de verdade".[151] E uma verdade que pode, inclusive, suplantar a realidade, pois, como registrava Drummond, nosso poeta, no aforismo que utilizamos como epígrafe deste trabalho, *o comportamento humano* – e o do estado dele resulta – *vai além da fábula!*

Saquemos um ponto final, porém, com uma profissão de fé, lançando mão do comentário certeiro de outro literato e pensador britânico, este do começo do século XX, Gilbert Keith Chesterton, ainda sobre as fábulas e os contos de fadas: "são mais do que a verdade: não porque eles nos contam que os dragões existem, mas porque eles nos contam que os dragões podem ser derrotados"![152] Eis que também *o lobo da extrafiscalidade e dos incentivos tributários pode ser vencido, ou, ao menos, controlado!*

Curitiba, 10 de novembro de 2012

Dia de *São Leão Magno* (século V), Papa e Doutor da Igreja, que, com seus convincentes e poderosos argumentos, transformou os hunos, de Átila, e os vândalos, de Genserico, de lobos em cordeiros, salvando Roma e os romanos dos habituais incêndios e das mortes.[153]

148. "Teoría jurídica de la exención tributaria", in *Hacienda...*, ob. cit., pp. 418 e 421. Com supedâneo na mesma reflexão do jurista espanhol, Mestre Souto, entre nós, admoesta-nos dos perigos do emprego abusivo das isenções extrafiscais – *Teoria Geral...*, ob. cit., pp. 72-73.

149. "Princípio da igualdade...", ob. cit., p. 180.

150. *Sistema...*, ob. cit., p. 168; *Apontamentos...*, ob. cit., p. 148.

151. No original inglês: "Myth does not mean something untrue, but a concentration of truth" (*The Oxford Dictionary of Literary Quotations*, p. 96).

152. No original inglês: "Fairy-tales are more than true: not because they tell us that dragons exist, but because they tell us that dragons can be beaten" (ibidem, p. 95).

153. Mario Sgarbossa, *Os Santos e os Beatos da Igreja do Ocidente e do Oriente*, pp. 635-636; David Hugh Farmer, *The Oxford Dictionary of Saints*, pp. 317-318; Alban Butler, *Vida dos Santos de Butler*, vol. IV, pp. 92-96; Vera Schauber e Hanns Michael Schindler, *Diccionario Ilustrado de los Santos*, pp. 413-415.

Referências bibliográficas

1. Obras jurídicas

ATALIBA, Geraldo. *Sistema Constitucional Tributário Brasileiro*. São Paulo: Ed. RT, 1966.

______. *Apontamentos de Ciência das Finanças, Direito Financeiro e Tributário*. São Paulo: Ed. RT, 1969.

ÁVILA, Humberto. *Sistema Constitucional Tributário*. 2ª ed. São Paulo: Saraiva, 2006.

______. *Teoria da Igualdade Tributária*. São Paulo: Malheiros Editores, 2008.

BALEEIRO, Aliomar. *O Direito Tributário da Constituição*. Rio de Janeiro: Financeiras, 1959.

______. *Cinco Aulas de Finanças e Política Fiscal*. Salvador: Progresso, 1959 (Desenvolvimento Econômico VII).

______. *Uma Introdução à Ciência das Finanças*. Atual. Dejalma de Campos. 15ª ed. Rio de Janeiro: Forense, 1998.

______. *Limitações Constitucionais ao Poder de Tributar*. Atual. Flávio Bauer Novelli. 6ª ed. Rio de Janeiro: Forense, 1985.

______. *Direito Tributário Brasileiro*. 11ª ed. Atual. Misabel de Abreu Machado Derzi. Rio de Janeiro: Forense, 2003.

______. *Limitações Constitucionais ao Poder de Tributar*. Atual. Misabel de Abreu Machado Derzi. 8ª ed. Rio de Janeiro: Forense, 2010.

BANDEIRA DE MELLO, Celso Antônio. *O Conteúdo Jurídico do Princípio da Igualdade*. São Paulo: Ed. RT, 1978.

BECKER, Alfredo Augusto. *Teoria Geral do Direito Tributário*. 2ª ed. São Paulo: Saraiva, 1972.

BORGES, José Souto Maior. "A isonomia tributária na Constituição Federal de 1988". *Revista de Direito Tributário* 64/8-17. São Paulo, Malheiros Editores [1995?].

______. "Significação do princípio da isonomia na Constituição de 1988". *Revista Trimestral de Direito Público* 15/29-34. São Paulo, Malheiros Editores, 1996.

______. *Introdução ao Direito Financeiro*. 2ª ed. São Paulo: Max Limonad, 1998.

______. *Teoria Geral da Isenção Tributária*. 3ª ed. São Paulo: Malheiros Editores, 2001.

BRAVO CUCCI, Jorge. *Fundamentos de Derecho Tributario*. Lima: Palestra, 2003 (Tesis y Monografías en Derecho).

BUFFON, Marciano. *O Princípio da Progressividade Tributária na Constituição Federal de 1988*. São Paulo: Memória Jurídica, 2003.

CAMPOS, Francisco. "Igualdade perante a lei – Sentido e compreensão desta garantia constitucional", in *Direito Constitucional*. vol. II. Rio de Janeiro/São Paulo: Freitas Bastos, 1956, pp. 7-56.

CARRAZZA, Roque Antonio. *Imposto sobre a Renda (Perfil Constitucional e Temas Específicos)*. São Paulo: Malheiros Editores, 2005.

______. *Curso de Direito Constitucional Tributário*. 24ª ed. São Paulo: Malheiros Editores, 2008.

CARVALHO, Paulo de Barros. *Curso de Direito Tributário*. 22ª ed. São Paulo: Saraiva, 2010.

CASADO OLLERO, Gabriel. "Los fines no fiscales de los tributos", in *Comentarios a la Ley General Tributaria y Líneas para su Reforma*. Madrid: Instituto de Estudios Fiscales, 1991.

CASALTA NABAIS, José. *O Dever Fundamental de Pagar Impostos*. Coimbra: Almedina, 1998 (Teses).

CASTRO, Alexandre Barros. *Sujeição Passiva no Imposto sobre a Renda*. São Paulo: Saraiva, 2004.

CAVALI, Marcelo Costenaro. "Funções do regulamento", in VIEIRA, J. R.; CAVALI, M. C. *et al.* "Perfil constitucional do regulamento e alguns reflexos tributários". *Revista da Academia Brasileira de Direito Constitucional* 4/175-233. Curitiba: Academia Brasileira de Direito Constitucional, 2003, especificamente pp. 197-205.

CONTI, José Maurício. *Princípios Tributários da Capacidade Contributiva e da Progressividade*. São Paulo: Dialética, 1996.

CORTÉS DOMÍNGUEZ, Matías. *Ordenamiento Tributario Español*. vol. I, 4ª ed. Madrid: Civitas, 1985.

COSTA, Regina Helena. *Princípio da Capacidade Contributiva*. 3ª ed. São Paulo: Malheiros Editores, 2003.

______. *Praticabilidade e Justiça Tributária: Exequibilidade de Lei Tributária e Direitos do Contribuinte*. São Paulo: Malheiros Editores, 2007.

DERZI, Misabel de Abreu Machado. "Princípio da igualdade no Direito tributário e suas manifestações", in ATALIBA, Geraldo; SAMPAIO DÓRIA, A. R. (coords.). *Princípios Constitucionais Tributários: Aspectos Práticos – Aplicações Concretas*. São Paulo: Ed. RT/IDEPE, 1991, pp. 162-194.

______. "Notas de Atualização", in BALEEIRO, Aliomar. *Limitações Constitucionais ao Poder de Tributar*. 8ª ed. Rio de Janeiro: Forense, 2010.

FALCÃO, Raimundo Bezerra. *Tributação e Mudança Social*. Rio de Janeiro: Forense, 1981.

FALSITTA, Gaspare. *Manuale di Diritto Tributario – Parte Generale*. 5ª ed. Padova: CEDAM, 2005.

FERREIRO LAPATZA, José Juan. "Los principios constitucionales del orden tributario: la no confiscatoriedad", in PISTONE, Pasquale; TÔRRES, Heleno Taveira (coords.). *Estudios de Derecho Tributario Constitucional e Internacional: Homenaje Latinoamericano a Victor Uckmar*. Buenos Aires: Ábaco, 2005, pp. 201-207.

GARCÍA DORADO, Francisco. *Prohibición Constitucional de Confiscatoriedad y Deber de Tributación*. Madrid: Dykinson, 2002.

GARCÍA NOVOA, César. *El Principio de Seguridad Jurídica en Materia Tributaria*. Madrid: Marcial Pons, 2000 (Monografias Jurídicas).

______. "Beneficios fiscales y libre competencia", in GARCÍA NOVOA, César; HOYOS JIMÉNEZ, Catalina (coords.). *El Tributo y su Aplicación: Perspectivas para el Siglo XXI*. t. I. Buenos Aires: Marcial Pons Argentina, 2008, pp. 755-782.

______. *El Concepto de Tributo*. Lima: Tax, 2009.

GIARDINA, Emilio. *Le Basi Teoriche del Principio della Capacità Contributiva*. Milano: Giuffrè, 1961.

GIULIANI FONROUGE, Carlos M. *Derecho Financiero*. Atual. Susana Camila Navarrine e Rubén Oscar Asorey. vol. I, 6ª ed. Buenos Aires: Depalma, 1997.

GODOI, Marciano Seabra de. *Justiça, Igualdade e Direito Tributário*. São Paulo: Dialética, 1999.

HAMATI, Cecília Maria Marcondes. "Direitos fundamentais do contribuinte", in MARTINS, Ives Gandra da Silva (coord.). *Direitos Fundamentais do Contribuinte*. São Paulo: Ed. RT/CEU, 2000, pp. 275-285 (Pesquisas Tributárias – Nova Série 6).

HERRERA MOLINA, Pedro Manuel. *Capacidad Económica y Sistema Fiscal: Análisis del Ordenamiento Español a la Luz del Derecho Alemán*. Madrid: Marcial Pons, 1998.

HORVATH, Estevão. *O Princípio do Não Confisco no Direito Tributário*. São Paulo: Dialética, 2002.

JUSTEN FILHO, Marçal. "Capacidade Contributiva", in MARTINS, Ives Gandra da Silva (coord.). *Capacidade Contributiva*. São Paulo: Resenha Tributária/CEEU, 1989, pp. 357-395 (Caderno de Pesquisas Tributárias 14).

LANG, Joachim; TIPKE, Klaus. *Direito Tributário*. vol. I. Trad. Luiz Dória Furquim. Porto Alegre: Fabris, 2008.

LA ROSA, Salvatore. *Eguaglianza Tributaria ed Esenzioni Fiscali*. Milano: Giuffrè, 1968.

LEJEUNE VALCÁRCEL, Ernesto. "Aproximación al principio constitucional de igualdad tributaria", in *Seis Estudios sobre Derecho Constitucional e Internacional Tributario*. Madrid: EDERSA, 1980.

MARÍN-BARNUEVO FABO, Diego. *La Protección del Mínimo Existencial en el Ámbito del IRPF*. Madrid: Colex, 1996.

MARTÍNEZ DE PISÓN, Juan Arrieta. *Técnicas Desgravatorias y Deber de Contribuir*. Madrid: McGraw-Hill, 1999.

MICHELI, Gian Antonio. *Curso de Derecho Tributario*. Trad. Julio Banacloche. Madrid: EDERSA, 1975.

______. *Curso de Direito Tributário*. Trad. Marco Aurélio Greco e Pedro Luciano Marrey Jr. São Paulo: Ed. RT, 1978 (Textos Fundamentais de Direito Público).

MORAES, Bernardo Ribeiro de. *Compêndio de Direito Tributário*. vol. 1. Rio de Janeiro: Forense, 1993.

MOSCHETTI, Francesco. *Il Principio della Capacità Contributiva*. Padova: CEDAM, 1973.

NAVEIRA DE CASANOVA, Gustavo J. *El Principio de No Confiscatoriedad: Estudio en España y Argentina*. Madrid: McGraw-Hill, 1997 (Monografia).

OLIVEIRA, José Marcos Domingues de. *Direito Tributário – Capacidade Contributiva: Conteúdo e Eficácia do Princípio*. 2ª ed. Rio de Janeiro: Renovar, 1998.

PALAO TABOADA, Carlos. "Apogeo y crisis del principio de capacidad contributiva", in *Estudios Jurídicos en Homenaje al Profesor Federico de Castro*. vol. II. Madrid: Tecnos, 1975.

PAWLOWSKY, Karina. *A Utilização de Tributo com Efeito de Confisco e sua Vedação Constitucional*. Belo Horizonte: Fórum, 2012.

RASTELLO, Luigi. *Diritto Tributario – Principi Generali*. 4ª ed. Padova: CEDAM, 1994.

RODRÍGUEZ BEREIJO, Álvaro. "Los límites constitucionales del poder tributario en la

Jurisprudencia del Tribunal Constitucional", in *El Sistema Económico en la Constitución Española*. Madrid: Ministerio de Justicia, 1994, pp. 1283-1314.

SÁINZ DE BUJANDA, Fernando. *Hacienda y Derecho: Estudios de Derecho Financiero*. vol. III. Madrid: Instituto de Estudios Políticos, 1963.

______. *XI Semana de Estudios de Derecho Financiero*. vol. 2. Madrid: Derecho Financiero, 1964.

______. *Lecciones de Derecho Financiero*. Madrid: Universidad Complutense de Madrid, 1993.

SAMPAIO DÓRIA, Antonio Roberto. *Princípios Constitucionais Tributários e a Cláusula "Due Process of Law"*. São Paulo: Ed. RT, 1964.

______. *Direito Constitucional Tributário e "Due Process of Law"*. 2ª ed. Rio de Janeiro: Forense, 1986.

SCHOUERI, Luís Eduardo. *Normas Tributárias Indutoras e Intervenção Econômica*. Rio de Janeiro: Forense, 2005.

TIPKE, Klaus. "Fundamentos da Justiça Fiscal", in TIPKE, Klaus; YAMASHITA, Douglas. *Justiça Fiscal e Princípio da Capacidade Contributiva*. Trad. Douglas Yamashita. São Paulo: Malheiros Editores, 2002, pp. 13-48.

______; LANG, Joachim. *Direito Tributário*. vol. I. Trad. Luiz Dória Furquim. Porto Alegre: Fabris, 2008.

TORRES, Heleno Taveira. *Direito Constitucional Tributário e Segurança Jurídica: Metódica da Segurança Jurídica do Sistema Constitucional Tributário*. São Paulo: Ed. RT, 2011.

TORRES, Ricardo Lobo. *Os Direitos Humanos e a Tributação: Imunidades e Isonomia*. 2ª ed. Rio de Janeiro: Renovar, 1999 (Tratado de Direito Constitucional, Financeiro e Tributário III).

VELLOSO, Andrei Pitten. *O Princípio da Isonomia Tributária: da Teoria da Igualdade ao Controle das Desigualdades Impositivas*. Porto Alegre: Livraria do Advogado, 2010.

VIEIRA, José Roberto. "Princípios Constitucionais e Estado de Direito". *Revista de Direito Tributário* 54/95-104. São Paulo, Ed. RT, out.-dez. 1990.

______. "IPI e extrafiscalidade – Mesa de Debates 'C' – Tributos Federais". *Revista de Direito Tributário* 91/74-80. São Paulo, Malheiros Editores [2004?].

______. "Prefácio – O Direito de Crédito do Contribuinte: Excelências e Excrescências", in CASSULI, Célia Gascho. *O Direito de Crédito do Contribuinte*. Jaraguá do Sul/SC: UNERJ, 2006, pp. XI-XXVI.

YAMASHITA, Douglas. "Eficácia do princípio da capacidade contributiva no Brasil", in TIPKE, Klaus; YAMASHITA, Douglas. *Justiça Fiscal e Princípio da Capacidade Contributiva*. Trad. Douglas Yamashita. São Paulo: Malheiros Editores, 2002, pp. 51-121.

ZILVETI, Fernando Aurélio. *Princípios de Direito Tributário e a Capacidade Contributiva*. São Paulo: Quartier Latin, 2004.

2. Obras não jurídicas

ANDRADE, Carlos Drummond. *Prosa Seleta*. Rio de Janeiro: Nova Aguilar, 2003.

BIEDERMANN, Hans. *Diccionario de Símbolos*. Barcelona: Paidós, 1996.

BRANDÃO, Junito. *Dicionário Mítico-Etimológico da Mitologia e da Religião Romana*. Petrópolis: Vozes/Edunb, 1993.

BUTLER, Alban. *Vida dos Santos de Butler*. vol. IV. Trad. D. Mateus Ramalho Rocha. Petrópolis/RJ: Vozes, 1984.

CHANTRELL, Glynnis (ed.). *The Oxford Dictionary of Word Histories*. 2ª ed. Oxford: Oxford University Press, 2004.

CUNHA, Antônio Geraldo da. *Dicionário Etimológico Nova Fronteira da Língua Portuguesa*. 2ª ed. Rio de Janeiro: Nova Fronteira, 1996.

ENGELS, Friedrich; MARX, Karl. *Manifesto Comunista*. 3ª ed. Rio de Janeiro: Garamond, 2001.

______. *Manifesto do Partido Comunista*. Trad. Marcos Aurélio Nogueira e Leandro Konder. 13ª ed. Bragança Paulista/SP: Universitária São Francisco, 2005 (Pensamento Humano).

______. *Manifesto Comunista*. Trad. Álvaro Pina e Ivana Jenkings. São Paulo: Boitempo, 2010 (Marx-Engels).

ESOPO. *Fábulas*. Trad. Antônio Carlos Viana. Porto Alegre: L&PM, 2011 (L&PM *Pocket* 68).

FARMER, David Hugh. *The Oxford Dictionary of Saints*. 5ª ed. New York: Oxford University Press, 2004.

GUIMARÃES, Ruth. "Dois dedos de prosa sobre os mitos", in *Lendas e Fábulas do Brasil*. São Paulo: Círculo do Livro [199?].

KEMP, Peter (ed.). *The Oxford Dictionary of Literary Quotations*. 2ª ed. New York: Oxford University Press, 2004.

LACERDA, Nair. "Introdução", in LACERDA, Nair (sel.). *Fábulas do Mundo Inteiro*. São Paulo: Círculo do Livro [199?].

LA FONTAINE, Jean. "Fábulas de La Fontaine", in LACERDA, Nair (sel.). *Fábulas do Mundo Inteiro*. São Paulo: Círculo do Livro [199?].

______. *Fábulas: Antologia*. Trad. vários tradutores. 4ª ed. São Paulo: Martin Claret, 2012 (A Obra-prima de cada Autor 200).

LURKER, Manfred. *Dicionário de Simbologia*. Trad. Mario Krauss e Vera Barkow. 2ª ed. São Paulo: Martins Fontes, 2003.

MARX, Karl; ENGELS, Friedrich. *Manifesto Comunista*. 3ª ed. Rio de Janeiro: Garamond, 2001.

______. *Manifesto do Partido Comunista*. Trad. Marcos Aurélio Nogueira e Leandro Konder. 13ª ed. Bragança Paulista/SP: Universitária São Francisco, 2005 (Pensamento Humano).

______. *Manifesto Comunista*. Trad. Álvaro Pina e Ivana Jenkings. São Paulo: Boitempo, 2010.

MOISÉS, Massaud. *A Criação Literária: Prosa II*. 18ª ed. São Paulo: Cultrix, 1997.

______. *A Criação Literária: Poesia*. 15ª ed. São Paulo: Cultrix, 2001.

______. *Dicionário de Termos Literários*. 12ª ed. São Paulo: Cultrix, 2004.

MONIZ, António; PAZ, Olegário. *Dicionário Breve de Termos Literários*. Lisboa: Presença, 1997.

PAZ, Olegário; MONIZ, António. *Dicionário Breve de Termos Literários*. Lisboa: Presença, 1997.

RIBOLDI, Ari. *O Bode Expiatório: Origem de Palavras, Expressões e Ditados Populares com Nomes de Animais*. 2ª ed. Porto Alegre: AGE, 2007.

SCHAUBER, Vera; SCHINDLER, Hanns Michael. *Diccionario Ilustrado de los Santos*. Trad. Luis Miralles de Imperial. Barcelona: Grijalbo Mondadori, 2001.

SCHINDLER, Hanns Michael; SCHAUBER, Vera. *Diccionario Ilustrado de los Santos*. Trad. Luis Miralles de Imperial. Barcelona: Grijalbo Mondadori, 2001.

SGARBOSSA, Mario. *Os Santos e os Beatos da Igreja do Ocidente e do Oriente*. Trad. Armando Braio Ara. São Paulo: Paulinas, 2003.

SILVA, Deonísio. *De Onde Vêm as Palavras: Origens e Curiosidades da Língua Portuguesa*. 16ª ed. Osasco/SP: Novo Século, 2009.

SOARES, Angélica. *Gêneros Literários*. 7ª ed. São Paulo: Ática, 2007 (Princípios 166).

VOLTAIRE. *Diccionario Filosófico*. Trad. José Arean Fernández e Luis Martínez Drake. Madrid: Akal, 1985.

CADERNOS DE DIREITO TRIBUTÁRIO

LA "AMNISTIA FISCAL" EN ESPAÑA. LA DECLARACIÓN TRIBUTARIA ESPECIAL DE 2012

LUIS MANUEL ALONSO GONZÁLEZ

Catedrático de Derecho Financiero y Tributario. Universidad de Barcelona.

1. Introducción. 2. El contexto global. 3. La declaración tributaria especial: 3.1 Fuentes; 3.2 Plazo para regularizar; 3.3 Ámbito objetivo de la DTE: impuestos a los que afecta; 3.4 Carácter voluntario de la regularización; 3.5 Naturaleza jurídica de la declaración tributaria especial; 3.6 Efectos y consecuencias de la declaración tributaria especial; 3.7 Bienes y elementos patrimoniales susceptibles de regularización; 3.8 Determinación del valor de los bienes y derechos; 3.9 El sujeto que puede acogerse a la declaración tributaria especial; 3.10 Importe de la declaración tributaria especial; 3.11 La prueba de la titularidad de los bienes y derechos. El caso particular del dinero en efectivo; 3.12 La posibilidad de una comprobación administrativa futura; 3.13 Procedimiento de regularización.

1. Introducción

La situación de déficit fiscal que atraviesa España en estos momentos es extraordinariamente delicada. La diferencia entre ingresos y gastos es demasiado amplia y la captación de capitales tomados préstamo en el mercado de la deuda pública está resultando demasiado cara para poder mantenerse en el tiempo. Son datos abundantemente expuestos en los medios de comunicación y en los que no hace falta detenerse ahora. Es en este contexto tan particular en el que hay que acercarse al fenómeno extraordinario que supone la adopción por parte del Gobierno de España de una serie de medidas que se han considerado una amnistía fiscal. En última instancia, si el partido en el Gobierno se desdice de la negativa pregonada hasta el momento acerca de la aceptación de este tipo de iniciativas es porque las circunstancias le han llevado a valorar todo tipo de medidas orientadas a incrementar la recaudación tributaria.

El pasado 31 de marzo, el BOE publicó, dentro del Real Decreto Ley 12/2012, de 30 de marzo, una norma, su Disposición Adicional Primera, que venía a regular lo que popularmente se ha venido a conocer como una "amnistía fiscal". Nada más lejano de la realidad, tanto por su alcance como por su peculiar naturaleza, si bien el término sí ha servido para dar a conocer un mecanismo de regularización fiscal especial diseñado para allegar a las exhaustas arcas del Estado recursos adicionales con los que pasar la peor etapa de la crisis económica que está viviendo este país. En cualquier caso, la norma de rango legal reclamaba expresamente un desarrollo reglamentario que sólo se produjo mediante la Orden HAP/1182/2012, de 31 de mayo, publicada en el BOE del día 4 de junio. Aun así, todo el mundo coincidió en que seguían quedando demasiadas incógnitas para que los posibles interesados acudieran al mecanismo de la Declaración Tributaria Especial (DTE) de modo que, al final, la Administración Tributaria ha querido calmar inquietudes y clarificar posiciones con un Informe emitido por la Dirección General de Tributos (DGT) el día 27 de junio y dado a conocer unos pocos días después que dice versar "sobre diversas cuestiones relativas al procedimiento de regularización derivado de la presentación de la declaración tributaria especial". Pese a que el título quiere dar a entender que la Administración sólo se pronuncia sobre cuestiones procedimentales, digamos que "menores", lo cierto es que el Informe en cuestión aborda aspectos sustanciales y fundamentales de la regularización y de sus consecuencias ulteriores que a nadie han dejado indiferente, hasta el punto que hay sectores en el propio seno de la Agencia Tributaria que parecen discrepar abiertamente del mismo. En este punto sí conviene que el Ministro de Hacienda y Administraciones Públicas exhiba de puertas adentro la firmeza que con tanta facilidad practica la Administración Tributaria de puertas a fuera: con todos los "peros" que, sin lugar a dudas, merece el régimen de la DTE lo cierto es que está ahí para ser aplicado y, en primer lugar, por los funcionarios de la Hacienda Pública que deben someterse, quién puede cuestionar-lo, a las órdenes de sus superiores jerárquicos, en última instancia en el Sr. Ministro de Hacienda y Administraciones Públicas. Como hemos dejado caer, no deja de ser cierto que el régimen jurídico urdido, a trompicones y con cierta tendencia al esoterismo, no es un ejemplo de claridad ni de coherencia pero tampoco lo es torpedearlo ante los tribunales con argumentos tan generales como los esgrimidos por el partido político que ha llevado el tema al Tribunal Constitucional y a la Audiencia Nacional. Ambos tribunales, por lo demás muy renuentes, por lo general, a adoptar como medida cautelar la suspensión de las normas que ante los mismos se impugnan, deberían también ser cautelosos en la forma de encarar un paquete normativo de estas características.

Dicho todo esto, y dado que, al menos en el plano fiscal, no es esperable que aparezcan ni más normas ni más interpretaciones oficiales sobre las que ya están en circulación, parece que ha llegado el momento de intentar un examen conjunto de las mismas para determinar los rasgos principales y más relevantes del régimen de la DTE. Y eso es lo que vamos a hacer en las siguientes páginas, en el bien entendido que no queremos ofrecer otra cosa que una síntesis y plantear algunas ideas. Muchos echaran de menos mayor profundidad en algunos aspectos o quizás buscarán en estas páginas la solución a su caso concreto. Pero para ello, probablemente, es preciso un mayor tiempo de reflexión para meditar y comprobar cómo encajan las previsiones abstractas que hacen las normas en la rica realidad. Entonces, cabrá ofrecer, seguramente, análisis más cerrados pero, claro, no serán muy útiles si se dan a conocer después del 30 de noviembre de 2012, fecha límite para regularizar conforme a la DTE.

2. El contexto global

Quienes con tanta facilidad se rasgan las vestiduras ante la DTE deberían saber, si es que no lo saben, que el fenómeno de las amnistías fiscales no es, en absoluto, extraño, en muchísimos países del mundo, incluso en muchos de la Unión Europea. Es frecuente que se adopten medidas de estímulo de muy diversas clases, pensadas para sacar a la superficie rentas y patrimonios ocultos y/o para repatriar capitales remansados en paraísos fiscales o regímenes de baja tributación.

Conviene tener en cuenta, también otros factores de índole internacional, que están coadyuvando a que tantos países ofrezcan facilidades fiscales para que capitales situados en antiguos paraísos fiscales (recordemos que para la OCDE ya no hay ningún país en la "lista negra") vuelvan al país en el que reside su titular. Para empezar el cerco a los paraísos fiscales es imparable. El Foro Global tiene programado para 2014 haber finalizado el examen del nivel de intercambio de información tributaria que en un plano real practican más de un centenar de países, incluidos todos los que antaño eran verdaderos paraísos fiscales. Por tanto, si nos atenemos a esta previsión, la opacidad internacional en la transmisión de datos fiscales podría considerarse condenada a la desaparición a muy corto plazo. Por otro lado, hay países que han apostado ya claramente por la vía de la colaboración con la comunidad internacional. El caso más significativo puede ser el suizo que, además, ofrece unos rasgos ciertamente revolucionarios si nos atenemos al denominado Proyecto Rubik. Este proyecto, en efecto, toma su nombre del conocido cubo de colores de tan difícil manipulación puesto que evidencia que es muy complicado para la banca helvética soportar las presiones que recibe de la OCDE y de algunos países con mucho peso en el concierto internacional para adoptar criterios de transparencia en materia de información fiscal internacional y, a la vez, mantener el negocio abierto. Si este proyecto se culmina supondrá que los bancos suizos harán recaer sobre los titulares de cuentas que sean residentes en Alemania todo el peso de la fiscalidad o, si así lo prefiere el interesado, se transmitirán sus datos identificativos a las autoridades fiscales germanas. No hay una tercera vía, una solución intermedia o una vía de escape. A cambio, la banca suiza se congraciará con la principal potencia económica del continente y sus entidades obtendrán más facilidades para operar en suelo alemán.

En el ámbito interno hay que destacar el anuncio que ha hecho el gobierno de medidas muy duras en la lucha contra el fraude a partir del primero de enero de 2013. Es, sin ambages, la política del palo y la zanahoria. Este año podemos degustar la zanahoria y quien no lo haga deberá temer el palo. Es así si tenemos en cuenta el Proyecto de Ley de Modificación de la Normativa Tributaria y Presupuestaria y de Adecuación de la Normativa Financiera para la Intensificación de las Actuaciones en la Prevención y Lucha contra el Fraude, ya aprobado por Consejo de Ministros. Se han dado a conocer diversas medidas que, ciertamente en algunos casos, parecen desproporcionadas y dudosamente constitucionales, pero la que más incidencia tendría a modo de elemento de presión para que los posibles interesados aprovecharan la DTE es la que consiste en castigar por diversos medios a quienes no informen sobre los elementos patrimoniales que tienen en el extranjero. Así se prevé una obligación de información sobre cuentas y valores situados en el extranjero (nueva Disposición Adicional 18ª de la Ley General Tributaria) que recae (futuros arts. 42 bis, 42 ter, 54 bis Reglamento General de Gestión e Inspección Tributaria) sobre los sujetos considerados "titulares reales", siempre según la legislación de blanqueo. Se establece, entonces, como infracción la no presentación o la presentación incompleta, inexacta o con datos falsos de la declaración informativa, infracción que acarrea sanciones exorbitantes: 5000 € por dato, con un mínimo de 10.000, si bien la multa se rebaja a 100 y 1.500 €, respectivamente, si se presenta la declaración fuera de plazo (primer trimestre del año) sin requerimiento previo o si no se usan medios electrónicos debiendo hacerse así. Además, acarrea su consideración como ganancia patrimonial no justificada (nuevos arts. 39.2 Ley del IRPF y 134.6 Ley del Impuesto de Sociedades), integrándose en la base del período no prescrito más antiguo, salvo que se acredite que las rentas ya se declararon o que la titularidad de los bienes de los que proceden las rentas no declaradas proviene de períodos "respecto de los cuales no tuviese la condición de contribuyente por este Impuesto". Además, este supuesto siempre se considerará infracción muy grave con multa del 150%.

En suma, todas estas son piezas que no se pueden ignorar a la hora de valorar la conveniencia o no de tomar en consideración la DTE.

3. La declaración tributaria especial

3.1 Fuentes

Señalábamos al principio que la DTE había sido establecida por la DA 1ª del RD Ley 12/2012, de 30 de marzo (BOE 31 de marzo), debiendo puntualizarse ahora que el RD Ley 19/2012, de 25 de mayo, añade dos puntos más, el 6º y el 7º a dicha DA 1ª. La otra norma fundamental para conocer en qué consiste la regularización es la Orden HAP/1182/2012, de 31 de mayo (BOE 4 de junio) (arts. 1 a 11). Al margen de las mismas sólo existe el indicado Informe de la DGT fechado el 27 de junio, siendo muy poco probable que aparezcan nuevas normas fiscales. Cosa distinta es que sea razonable esperar, pues sería sumamente deseable por su efecto clarificador, que, en el orden penal se provea algún tipo de modificación del Código Penal para que nadie tenga las dudas que hoy legítimamente tiene acerca de si regularizar mediante la DTE (o, mejor dicho, mediante cualquier tipo de regularización fiscal contemplada en las normas vigentes) supone correr el riesgo de penetrar en el amplísimo perímetro del delito de blanqueo. Pero esta es cuestión que pertenece al Derecho Penal y aquí sólo podemos hacernos eco de las opiniones más autorizadas que hemos podido recabar.

En el plano del vehículo formal utilizado para dar forma a la DTE no se puede negar que suscita serias dudas que sea un Decreto Ley la norma adecuada para alumbrar, ni más ni menos, que un gravamen, digamos, de naturaleza tributaria. Precisamente, la escurridiza naturaleza jurídica que se quiere adjudicar a la DTE en las normas que lo regulan, y también por parte de la DGT, puede responder, en el fondo, al menos en parte, a intentar evitar que se pueda afirmar sonoramente que se ha aprobado un tributo por un Decreto Ley, algo, a todas luces, inconstitucional (art. 86 CE). En cuanto a la Orden Ministerial, como vamos a poder ver, en el caso concreto de la regularización del dinero en efectivo, va mucho más allá de la previsión del Decreto Ley, con lo que la posibilidad de haber infringido los principios de legalidad y jerarquía normativa se asoma al debate, sin olvidar que la ficción o presunción *iuris et de iure* que articula en ese concreto supuesto sólo se admite en Derecho Tributario si es una ley quien la impone (*v.g.* art. 8.*a*), LGT).

3.2 Plazo para regularizar

Dice el punto n. 5 de la DA 1ª que "el plazo para la presentación de las declaraciones y su ingreso finalizará el 30 de noviembre de 2012". Sin embargo, en la medida en que la Orden de desarrollo de dicha Disposición no apareció hasta el 4 de junio, lo cierto es que no era viable proceder a regularizar sin conocer los aspectos procedimentales principales. Por otro lado, el alto grado de incertidumbre e inseguridad que las dos normas aprobadas (la DA 1ª y la Orden) transmiten, unido al dato de que el término final todavía no está cercano, puede explicar que, según datos aparecidos en la prensa, al terminar el mes de junio de 2012 se habían producido muy pocas regularizaciones en todo el Estado, apenas algo más de un centenar. Este dato ha de resultar preocupante para las instancias gubernamentales pues, en su momento, cuando se dio a conocer al público la DTE se aventuró una recaudación global de unos 2.500 millones de Euros en la medida en que se pensó que aflorarían capitales que multiplicarían por diez esa cifra. En términos económicos, ambas cantidades son muy relevantes para este país, probablemente más la segunda que la primera en la medida en que significaría que más de 20.000 millones de Euros se inyectan en nuestra precaria economía. Hay que tener en cuenta que estas primeras previsiones se hicieron conforme a la configuración inicial de la DTE en el Decreto Ley, esto es, sin tener todavía en cuenta la extensión de la regularización al dinero en efectivo, que se produce dos meses después mediante la orden ministerial. Por tanto, si existe tanta cautela a la hora de poner en práctica la regularización ha de buscarse la explicación no tanto en su régimen jurídico, en estos momentos notablemente "abierto" y acogedor para el interesado en hacer las paces con Hacienda, sino en la desconfianza que ésta inspira. El desconcertante espectáculo al que se asiste cuando los funcionarios encargados de aplicar estas normas se vuelven contra ellas puede minar, quien sabe su de forma irreversible, la confianza de los ciudadanos en la Administración que las ha dictado. Al fin y al cabo, cuando la DGT emite su Informe de 27 de junio lo hace asumiendo las funciones que le encomienda en Real Decreto 256/2012, cuando en su art. 3.1.*b*) establece su competencia para la interpretación de la normativa del régimen tributario general.

Este es un punto clave, no sólo para que la regularización tenga éxito sino para que España sea un país en el que interese invertir y hacer negocios. Si España se percibe como una jurisdicción con la seguridad jurídica tan mermada y con unas instituciones en las que no se puede confiar nuestro problema no es la crisis económica sino que es mucho mayor.

Es importante añadir, también, que, conforme a la Orden (art. 10.4), es posible presentar la DTE y, siempre que no haya transcurrido el plazo global señalado (30 de noviembre), completarla o sustituirla con una, o varias, declaraciones complementarias. Así lo admite también el Informe de la DGT (criterio n. 15) si bien advierte que "con posterioridad a esa fecha no podrán presentarse ni ingresarse ninguna declaración tributaria especial, ni originaria ni complementaria".

3.3 Ámbito objetivo de la DTE: impuestos a los que afecta

La DTE sólo afecta al Impuesto sobre la Renta de las Personas Físicas (IRPF), Impuesto sobre la Renta de los No Residentes (IRNR) e Impuesto sobre Sociedades (IS). Esto significa la exclusión de esta especial manera de regularizar de todos los impuestos indirectos y también de algunos directos sumamente importantes por la relación que pueden guardar con los impuestos a regularizar.

En relación con el IVA hay que hacerse eco de quienes alegan que una regularización del tipo de la DTE significaría una suerte de suspensión de la aplicación de la normativa del impuesto y, por extensión, de las normas comunitarias, decisión de tal calibre que no puede admitirse que quede al albur de las conveniencias recaudatorias de un Estado miembro. El IVA no es un tributo de "fácil" regularización en estos momentos. Lo hubiera sido si el instrumento escogido por el Gobierno se hubiera parecido al utilizado en la última regularización especial que vivimos en España, la de 1991 con la Deuda Pública Especial. En su virtud, mediante la suscripción de títulos de deuda se amparaban deudas defraudadas de todo tipo de impuestos. Sin embargo, estos mecanismos están vetados actualmente por la Unión Europea. Podemos citar, en este sentido, la Sentencia del Tribunal de Justicia de la Unión Europea de 7 de abril de 2011 (Asunto C-20/09) en la que se desautoriza un instrumento similar utilizado por Portugal en una de las diversas regularizaciones que ha lanzado en los últimos años, y aunque años antes se habían tolerado planteamientos parecidos desarrollados en Italia (2001), Bélgica (2004) y Grecia (2005).

Por lo que hace al Impuesto sobre el Patrimonio, lo cierto es que cuando una renta regularizada se materialice, como es previsible por otro lado, en un elemento patrimonial, incluida una cuenta corriente, tendrá que ser trasladada a la base imponible de aquel impuesto. Por tanto, no será extraño tener que combinar DTE con declaraciones complementarias de las previstas en el art. 27 de la Ley General Tributaria (LGT) de manera ordinaria, y sometidas a los recargos por declaración extemporánea sin requerimiento previo (vid. criterio n. 8 DGT). En este caso, ese recargo será el 20 por 100 – sin perjuicio de que se rebaje en un 25% si se dan las circunstancias previstas en el apartado quinto de dicho precepto – más los intereses de demora. Este importe puede parecer, al final, elevado si se compara con el 10 por 100 en el que consiste la DTE pero es preciso tomar en consideración dos cuestiones, primero, que cuando se regulariza por vía de la DTE pueden quedar al descubierto otros incumplimientos tributarios y es preferible anticiparse a las posibles comprobaciones administrativas que atenderán a los indicios de posibles incumplimientos detectables en impuestos no cubiertos por la DTE; y, segundo, que el término de comparación adecuado no es la DTE sino las consecuencias negativas que puede suponer que se produzca esa comprobación administrativa a la que nos referimos, con sanciones que pueden no ya ser tributarias sino, incluso, penales.

Asimismo, en el contexto de las consecuencias más o menos previsibles que puede acarrear acogerse a la DTE debe tenerse en cuenta que es muy común que la situación económica o negocio jurídico en el que se originó la renta no declarada que ahora se regulariza puede haber más personas afectadas que la del interesado en regularizar. Pensemos en sociedades en las que son varios los socios que pueden estar afectados por una situación irregular que se localiza en la sociedad y, sin embargo, la percepción que se tiene de la bondad de la DTE no es por todos compartida. También puede suceder que la persona que regulariza no tenga otra fuente de renta distinta que la empresa que viene a ser suya: en tal caso es posible que no se le compruebe a él en el futuro pero sí a su empresa. O, por citar otro supuesto que no será seguramente atípico, si una venta generó en su momento una porción de plusvalía no declarada el problema que hay que solucionar no es sólo el de la renta del vendedor sino también el del IVA que no se repercutió. En definitiva, es aconsejable calibrar muy bien los efectos de la DTE sin que ello suponga adoptar actitudes en exceso conservadoras, dadas las ventajas que, con todo, ésta viene a suponer.

3.4 Carácter voluntario de la regularización

Dispone el apartado 4 de la DA 1ª que "no resultará de aplicación lo establecido en esta disposición en relación con los impuestos y períodos impositivos respecto de los cuales la declaración e ingreso se hubiera producido después de que se hubiera notificado por la Administración tributaria la iniciación de procedimientos de comprobación o investigación tendentes a la determinación de las deudas tributarias correspondiente a los mismos". Este aspecto no ha sido flexibilizado por la Orden, posiblemente porque se desea enfatizar el carácter voluntario de la regularización, aunque a costa, con toda probabilidad, de perder al grupo de contribuyentes incumplidores que con mayor docilidad se hubieran avenido a las condiciones que rigen la DTE. Sin embargo, el Informe de la DGT ha venido a señalar una posibilidad ciertamente curiosa de orillar esta prohibición. Así, en el criterio n. 10 se dice que, sin embargo, "sería admisible la presentación de la declaración tributaria especial, sin embargo, en aquellos supuestos en los que la actuación de comprobación hubiese finalizado en el momento de la presentación, siempre y cuando ésta hubiese tenido alcance parcial y en la misma no hubiesen sido objeto de regularización elementos de la obligación tributaria en relación con los cuales debería surtir efectos la declaración tributaria especial, de forma que no se impidiesen los efectos a que se refiere el artículo 6 de la Orden HAP/1182/2012". Es decir, se está pensando en un supuesto de comprobación no general, esto es, por ejemplo, en el ámbito del Impuesto sobre Sociedades, una comprobación centrada únicamente en verificar la corrección de la aplicación de un beneficio fiscal. La dificultad para aplicar esta cláusula reside en que las circunstancias temporales que se están exigiendo implican que la comprobación administrativa tiene que finalizar entre, pongamos, principios de julio y algún momento anterior al 30 de noviembre, y, por finalizar, en el caso de las inspecciones fiscales sólo podemos aceptar la emisión del acto administrativo de liquidación o de improcedencia de la misma. En suma, demasiados condicionamientos para que muchos aprovechen este criterio de la DGT aunque no se puede negar que siempre habrá quien encuentre la manera de utilizarlo en su favor.

3.5 Naturaleza jurídica de la declaración tributaria especial

Señala el art. 1 de la Orden que la DTE "participa de la naturaleza de las autoliquidaciones" y constituye una "declaración tributaria", pero su presentación no tiene como finalidad "la práctica de una liquidación tributaria" en los términos en las que ésta viene a regularse en la LGT. Es decir, la DTE no conduce a "la autoliquidación de una obligación tributaria devengada con anterioridad".

Por otro lado, cuando se describen los elementos estructurales de la DTE se elude acudir a los conceptos clave de un tributo tales como hecho imponible, base imponible, sujeto pasivo, tipo de gravamen o cuota tributaria. En su lugar, encontramos términos tales como "cuantía", "importe" o "valor de adquisición" sobre el que se ha aplicado un "porcentaje" que ingresan unas "personas" y "entidades" declarantes que, sin embargo, son los contribuyentes de IRPF, IRNR e Impuesto sobre Sociedades, conforme al art. 2.1 de la Orden.

En suma, tanto en el plano sustantivo como en el procedimental existe un evidente interés por distanciarse de la idea clásica de tributo sin que, creemos, pueda llegar a renunciarse a asumir que de una prestación patrimonial de carácter público se trata. Otra cosa es que no responda a un hecho imponible tal y como sí lo hacen los impuestos a cuya regularización sirve. De tal modo, su presupuesto de hecho sería, esencialmente, la titularidad de unas rentas materializadas en unos elementos patrimoniales determinados, siguiendo el patrón de la ganancia patrimonial no justificada aunque sin llegar a las últimas consecuencias como podremos ver. Por consiguiente, se nos dice lo que no es la DTE pero no lo que sí es. Aun así, y en medio de este juego de ambigüedades, que no sabemos si son fruto del cálculo o de la improvisación que exuda todo el régimen de la DTE, lo cierto es que se compatibilizan afirmaciones tales como que "el importe declarado tendrá la consideración de renta declarada" a los efectos de las ganancias patrimoniales no justificadas en el IRPF y en el Impuesto sobre Sociedades (art. 6.1.*b*) de la Orden), o que la cuantía ingresada tiene consideración de cuota del IRPF, IS o IRNR con lo que no puede ser gasto deducible de tales impuestos (criterio n. 14 del Informe), con aseveraciones tan novedosas como la siguiente: "la presentación de la declaración tributaria especial no interrumpe la prescripción de los ejercicios del IRPF, IS o IRNR a los que hubiera correspondido la renta inicialmente no declarada" (criterio n. 13 del Informe). Nadie podrá escudarse, pues, en que no ha recurrido a la DTE por el temor a que interrumpiera la prescripción, próxima a ser ganada, de un ejercicio en el que existían otras rentas de imposible regularización mediante la DTE.

Consecuente con todo esto es considerar que nos hallamos ante una suerte de tributo nuevo, de carácter temporal, extraordinario, y alternativo al IRPF/IRNR/IS que sirve para regularizar determinadas rentas no declaradas sujetas a esos impuestos. Aunque también puede ser útil para regularizar patrimonios prescritos pero carentes de trazabilidad. Efectivamente, el Informe de la DGT confirma (criterio n. 4) que quien esté en condiciones de acreditar que la titularidad de bienes o derechos se remonta a ejercicios prescritos no tiene por qué regularizar ese patrimonio recurriendo a la DTE pues prescritos están. Ahora bien, para aquellos que no gocen de esa posibilidad de prueba no es una solución tan costosa adoptar la vía de la DTE pues su término de comparación tiene que ser la aplicación al caso, si es descubierto por la Administración, del instituto de la ganancia patrimonial no justificada, esto es, la regularización con intereses y sanciones.

Tenemos también que referirnos al hecho de que la plantilla jurídica que elige la

DTE para identificar las rentas no declaradas es la de la ganancia patrimonial no justificada, hoy regulada en los arts. 39 de la Ley del IRPF y 134 de la Ley del IS. Se trata de un mecanismo presuntivo habitualmente puesto a disposición de la Administración por las leyes que recaen sobre la renta y que gira en torno a una doble presunción: primero, se presume la existencia de una renta pretérita no declarada a partir de la identificación en el patrimonio del obligado tributario de un determinado elemento patrimonial cuyo valor de adquisición no se compadece bien con las rentas por él declaradas; segundo, en el plano temporal, la ignorancia del origen de la renta descubierta mediante dicho elemento patrimonial se solventa llevando tal renta al ejercicio en el que se descubre el elemento patrimonial. Como se puede ver es un mecanismo muy útil para la Administración en su labor investigadora pero, como no puede ser menos, su carácter excepcionalmente presuntivo, lleva a que se permita destruir tal presunción con pruebas referidas tanto al origen legal de la renta que sirvió para adquirir el bien o derecho (*v.g.* el dinero procede de una herencia que sí tributo) como a la antigüedad del mismo (*v.g.* la renta que sirvió para adquirir el bien procede de períodos prescritos).

La utilización de la DTE determinará que ya no puedan "descubrirse" más ganancias patrimoniales no justificadas. Así, en su criterio n. 6, el Informe de la DGT dispone que "la presentación de la declaración tributaria especial determina que la adquisición de los bienes o derechos regularizados que se habían mantenido ocultos se entienda que corresponde con rentas declaradas (el importe declarado) y por tanto no pueden tener la consideración de ganancias patrimoniales no justificadas o como renta presunta en ese mismo ejercicio o en ejercicios posteriores".

Pero cuando la DTE liga su devenir a los contornos de esta figura está excluyendo de raíz muchas otras manifestaciones de renta no declarada. El Informe de la DGT ratifica que quedan extramuros de la DTE "las rentas que por su naturaleza no puedan materializarse en la adquisición de los bienes o derechos objeto de la declaración especial, tales como gastos incorrectamente deducidos por amortizaciones o provisiones, rentas puestas de manifiesto por correcciones valorativas, y en general cualesquiera otras rentas que estuvieran materializadas en otros bienes o derechos distintos de los declarados". En cambio, sí "se regularizaría una venta oculta o un gasto ficticio que se ha materializado en la adquisición de un bien o derecho oculto (por ejemplo, venta no declarada que se ha invertido en un inmueble oculto o un gasto ficticio que ha permitido efectuar una retirada de tesorería que se ingresa en una cuenta en el extranjero) cuando se declare el bien o derecho que corresponda a las citadas rentas no declaradas" (criterio n. 5). Está claro que la casuística gana terreno (vale la pena reflexionar sobre la posibilidad de regularizar, por ejemplo, *stocks*) y que alentará todo tipo de debates y especulaciones.

Lo que parece coherente interpretar es que no va a poder regularizarse por vía de DTE toda aquella renta que no pueda reconducirse a ganancia patrimonial no justificada o a dinero, dejando este último tema para más adelante dada la singular importancia que reviste.

3.6 Efectos y consecuencias de la declaración tributaria especial

Conforme a lo que venimos sosteniendo, la regularización se ciñe al importe de los bienes y derechos cuya tenencia no justifican las rentas declaradas (DA 1ª.1 y art. 3.1 Orden) de modo que el importe declarado tiene la consideración de renta declarada a los efectos de IRPF/IRNR/IS (DA 1ª.3). En principio, no abarcaría otras rentas no declaradas en esos impuestos que no pudieran subsumirse en una ganancia patrimonial. Y aquí surge la cuestión de si junto al capital cabe incluir los frutos derivados del mismo en el importe que es objeto de la DTE. Siendo coherentes con los rasgos y naturaleza de la ganancia patrimonial no justificada, que viene a ser el molde sobre el que se levanta la DTE, la respuesta parece que debería ser negativa. Sin embargo, el Consejo de Estado, en su dictamen 576/12, de 24 de mayo de 2012 emitido en relación con el proyecto de la que luego fue la Orden de 31 de mayo, ya se pronunció por la solución contraria. Con esta base, finalmente, el Informe de la DGT se pronuncia, en un ejemplo relativo a una cuenta bancaria pendiente de regularizar, por incluir "en ese saldo los rendimientos generados por la cuenta y materializados en la misma. De esta manera – prosigue –, en el supuesto de un obligado tributario que ingresa en una cuenta en una entidad de crédito extranjera 5 millones de Euros procedentes de una venta no declarada, y que a 31 de diciembre de 2010 tiene un saldo de 5,5 millones de Euros (consecuencia de la percepción de unos intereses de 500.000 Euros), deberá presentar la declaración tributaria por dicho importe (5,5 millones de Euros). La regularización alcanzará a las rentas no declaradas originariamente (5 millones de Euros) y a los rendimientos materializados en la cuenta (500.000 Euros)".

3.7 Bienes y elementos patrimoniales susceptibles de regularización

La Orden concreta los bienes y derechos contemplados expresamente para que se acojan a la DTE, pero lo hace en los modelos 750 y D-750 que aprueba para posibilitar tal regularización. Conforme al Modelo D-750, que es una declaración informativa, tendríamos los siguientes elementos patrimoniales: Bienes inmuebles; Bienes y derechos afectos a actividades económicas, excepto inmuebles; Depósitos en c/c o de ahorro, a la vista o a plazo, cuentas financieras y otras imposiciones; Valores representativos de la cesión a terceros de capitales propios; Valores representativos de la participación en los fondos propios de cualquier tipo de entidad; Efectivo; y Restantes bienes y derechos.

En la D-750 hay que identificar y/o describir el bien o derecho, aclarando el porcentaje de titularidad que se ostenta y otros datos tales como la fecha del saldo o de la adquisición, el país en el que se encuentra y su valoración en Euros. También hay que diferenciar titularidad jurídica y titularidad real.

La titularidad de tales bienes y derechos debe ostentarse desde antes de que finalice el último período impositivo cuyo plazo de declaración hubiera terminado antes del 31 de marzo de 2012, fecha en la que entró en vigor la DA 1ª.1. De tal manera, en el caso del IRPF, y en la mayoría de los del Impuesto sobre Sociedades, la fecha a tener en cuenta será el 31 de diciembre de 2010. En el caso del IRNR, dependerá de si el no residente cuenta con establecimiento permanente, en cuyo caso se le deparará un trato equivalente a si estuviera sujeto al Impuesto sobre Sociedades, y si opera sin establecimiento permanente el plazo se prorroga hasta el cuarto trimestre 2011. Las rentas generadas con posterioridad a estas fechas, si tienen que ser regularizadas, deberán seguir el camino de las declaraciones complementarias del art. 27 LGT.

Una cuestión que quizás no queda clara en la Orden (art. 3.3) pero sí en el Informe de la DGT es qué sucede cuando un bien del que se era titular y fue adquirido con rentas ocultas fue transmitido antes de 31 de diciembre de 2010 pero la renta obtenida se empleó en reinversión dando lugar a la adquisición de otro bien. Así, conforme al criterio n. 6, "puede ocurrir que los bienes o derechos declarados en la declaración tributaria especial se enajenen transformándose en otros bienes o derechos distintos. En tal caso, se entenderá igualmente que la adquisición de los nuevos bienes o derechos corresponde con rentas declaradas (hasta el importe objeto de la declaración tributaria especial) y tampoco podrán tener la consideración de ganancias patrimoniales no justificadas o rentas presuntas (hasta dicho importe)". Entonces, para evitar la duplicidad en la imposición, el criterio n. 7 determina que lo correcto será declarar el último bien adquirido. Esta particular aceptación de la trazabilidad viene ilustrada, además, con jugosos ejemplos numéricos que el lector podrá encontrar en el Informe de referencia en el lugar indicado.

3.8 Determinación del valor de los bienes y derechos

La regla general es que se ha de declarar el valor de adquisición de los bienes y derechos. Sin embargo, cuando se trata de cantidades depositadas en entidades bancarias o crediticias, se declarará el saldo a 31 de diciembre de 2010 o en la fecha tope a la que afecta la regularización, si bien puede declararse el saldo de una fecha anterior si supera al de 31 de diciembre de 2010 o al de dicha fecha tope, "siempre que la diferencia entre ambos importes no se hubiera destinado a la adquisición de otro bien o derecho objeto de declaración". El Informe de la DGT abunda mucho en la casuística que se puede presentar en la práctica si bien una de las reglas básica es que "con la finalidad de permitir la regularización de saldos consumidos, la norma contempla expresamente la posibilidad de declarar un saldo anterior a 31 de diciembre de 2010 cuando sea superior a este último" (criterio n. 3).

En caso de dinero en efectivo el valor es el importe que se deposita en la entidad de crédito.

En caso de que el valor de adquisición de un bien se corresponda con rentas declaradas y no declaradas sólo se puede acoger a la declaración la parte del valor de adquisición correspondiente a rentas no declaradas. La DTE sólo debe incluir estas últimas.

El valor declarado en la DTE será válido a efectos de IRPF, IRNR o IS a partir de la declaración e ingreso. Pero, la Orden introduce determinadas cautelas. Así, cuando el valor de adquisición es superior al normal de mercado a la fecha en la que se cumplimenta la DTE y se ingresa, en caso de que se quieran computar pérdidas o rendimientos negativos por transmisiones futuras se va a exigir que aquéllas excedan la diferencia de valores. El Informe trata estas cuestiones en el criterio n. 9 e introduce un ejemplo sencillo y clarificador a la vez: "Supongamos una persona física que adquirió un activo con rentas no declaradas por 10.000 Euros (valor de mercado en el momento de presentar la declaración tributaria especial de 5.000 Euros), si posteriormente lo transmite por 6.000 Euros no podrá computarse una pérdida por 4.000 Euros, dado que esa pérdida no excede de la diferencia de 5.000 Euros, entre el valor de adquisición del elemento patrimonial (10.000 Euros) y el valor normal de mercado en el momento de presentar la declaración (5.000 Euros). En cambio, si transmite el bien por 3.000 Euros, obtendrá una pérdida de 7.000 Euros, de las que sólo podrá computarse 2.000 Euros, que es lo que excede dicha pérdida de la diferencia entre el valor de adquisición y el valor normal de mercado en el momento de presentar la declaración. Por el contrario, si el bien anterior se transmitiera por 15.000 Euros, obtendría una ganancia de 5.000 Euros, resultando a estos efectos irrelevante el valor de mercado del elemento patrimonial en el momento de la presentación de la declaración tributaria especial".

Para cerrar el paso a posibles manipulaciones interesadas de valores se excluyen pérdidas fiscales derivadas de transmisiones entre partes vinculadas.

El apartado 7 de la disposición adicional primera del Real Decreto Ley 12/2012 establece en su tercer párrafo que: "*Cuando sean objeto de declaración bienes o derechos cuya titularidad se corresponda parcialmente con rentas declaradas, los citados bienes o derechos mantendrán a efectos fiscales el valor que tuvieran con anterioridad a la presentación de la declaración especial*". Por consiguiente – se señala en el criterio n. 9 del Informe de la DGT –, no se produce una revalorización del valor de adquisición de los bienes o derechos objeto de la declaración tributaria especial cuando se trate de elementos patrimoniales obtenidos parcialmente con rentas declaradas.

Por último, el Informe opta por tener en cuenta la utilización de financiación ajena en la adquisición del elemento patrimonial cuyo valor de adquisición es objeto de la DTE. Así, en el criterio n. 12 señala que "es posible, a los efectos de la presentación de la declaración tributaria especial, minorar el valor de adquisición en el importe de la financiación ajena oculta empleada en la adquisición de dicho bien o derecho. De esta forma, el importe objeto de la declaración tributaria especial coincidirá con la cuantía de las rentas inicialmente no declaradas que se materializaron en el bien o derecho objeto de dicha declaración. Ahora bien, no podrá minorarse el valor de adquisición a los efectos de presentar la declaración tributaria especial en la parte de la deuda que se hubiera amortizado hasta el 31 de diciembre de 2010 (o antes de la finalización del último período impositivo cuyo plazo de declaración hubiera finalizado antes de la entrada en vigor del Real Decreto Ley 12/2012) con rentas no declaradas. En todo caso, para poder aplicar lo dispuesto en los párrafos anteriores el contribuyente deberá estar en condiciones de poder acreditar la realidad de tales deudas ocultas y que las mismas se destinaron a la adquisición del citado elemento patrimonial".

3.9 El sujeto que puede acogerse a la declaración tributaria especial

Evidentemente, los sujetos favorecidos por la DTE son los contribuyentes de los impuestos afectados. No es esta, sin embargo, una simple perogrullada porque cuando el art. 2.1 de la Orden se refiere en estos términos a los declarantes se alinea con el criterio de ceñir la regularización, sustancialmente, a la renta materializada en ganancias no justificadas. Queremos decir con esto que, si, por ejemplo, se hubiera admitido cualquier extensión de la regularización a los retenedores – no practicaron la retención debida o lo hicieron y se quedaron con ella – es evidente que semejante previsión se desdeciría con la decisión de limitar la regularización a aquel tipo de rentas.

La cuestión que, no obstante, más interés suscita en este apartado tiene que ver con la distinción que se habilita a realizar entre titular real y titular jurídico cuando el declarante no reside en España. Esta distinción no estaba en la redacción inicial de la DA 1ª y sólo fue incorporada cuando esa norma fue modificada por el Real Decreto Ley 19/2012, de 25 de mayo, añadiendo a los cinco puntos iniciales de la misma dos más, el sexto y el séptimo. Probablemente, el Gobierno temió que no fuera correcto que una regulación que tan directamente dirigida iba al supuesto sujeto pasivo tributario quedara en manos de la Orden que se disponía a aprobar. Lo cierto es que con la distinción entre titular real y titular jurídico se ha reconocido una situación extendida como es la de patrimonios fiduciarios o, por generalizar, en los que la titularidad jurídica no es coincidente con la real, como puede ser un trust cuyos beneficiarios son los verdaderos propietarios de su patrimonio. La Orden prescinde de consideraciones en las que sí se entretenía un proyecto de la misma que se dio a conocer en la web de la AEAT unas semanas antes de que se aprobara y publicara en el BOE. Al art. 2.2 de la Orden le basta con señalar que se considerarán titulares reales las "personas físicas o entidades que tengan el control de los bienes o derechos a través de entidades, o de instrumentos jurídicos o de personas jurídicas que administren o distribuyan fondos" (art. 2.2) (o sea, *trusts*, fundaciones, *partnerships*, que no tienen por qué estar en paraísos fiscales).

Se reconoce por la DGT (criterio n. 1) que el titular real sea quien presente la DTE pero condicionado, como señala el citado al art. 2.2 de la Orden a que llegue a ostentar la titularidad jurídica de los bienes o derechos antes de 31 de diciembre de 2013 (DA 1ª.6). Es decir, se ha optado por una solución aparentemente práctica, sobre todo para la Hacienda Pública, pero que deja abierto un reguero de incógnitas que puede disuadir a más de uno de acogerse a la DTE, sobre todo si la opacidad de la que goza como titular real parece que podría permanecer en el tiempo sin riesgo de ser levantado el velo. Así, por ejemplo, ¿cuál es el significado exacto del término "control" que utiliza el precepto transcrito? O, puestos a plantear un problema que se dará en la realidad, el futuro cambio de titularidad que conllevará la disolución de la entidad ¿tendrá repercusiones fiscales que puedan acogerse a la DTE? Sería el caso de la disolución de una entidad que genere unas plusvalías que parece que no estarían completamente cubiertas por la previa DTE.

3.10 Importe de la declaración tributaria especial

La cuantía a ingresar (DA 1ª.2 y art. 5) asciende al 10% del importe a declarar, por tanto, en línea con los importes exigidos en otros países europeos en este tipo de regularizaciones fiscales.

La declaración e ingreso comporta la no exigibilidad de sanciones, intereses o recargos, dejando a un lado el debate sobre si nos hallamos ante supuestos de atipicidad sobrevenida o si debemos centrarnos en la idea de que propiamente no se está regularizando la deuda pendiente del IRPF, el IRNR o el IS sino que se paga otra cosa distinta, y por más que lo ingresado tendrá la consideración de cuota en IRPF, IRNR o IS, según proceda.

3.11 La prueba de la titularidad de los bienes y derechos. El caso particular del dinero en efectivo

Dice el art. 3.4 de la Orden que "la titularidad de los bienes o derechos, así como su fecha de adquisición, podrá acreditarse por cualquier medio de prueba admisible en Derecho". Es de agradecer que la Orden se remita así, aunque implícitamente, al art. 106 LGT cuando este, a su vez, señala que en los procedimientos tributarios se aplicarán las normas sobre medios de valoración de prueba que prevén el Código Civil y la Ley de Enjuiciamiento Civil. No es que esta fórmula exima de la necesidad de probar pero sí, al menos, sitúa al declarante de la DTE en un plano razonable. No obstante, la seriedad de las cuestiones que son objeto de este análisis aconseja optar por criterios probatorios en extremo rigurosos para evitar sorpresas o caer en un uso imprudente o indebido de la DTE.

Pero es el segundo párrafo de este precepto el que más comentarios ha suscitado. Se dice en el mismo:

"En particular, tratándose de dinero en efectivo será suficiente la manifestación, a través del modelo de declaración, de ser titular del mismo con anterioridad a 31 de diciembre de 2010, o a la fecha de finalización del periodo impositivo a que se refiere el apartado 2 anterior, siempre que con carácter previo a la presentación de la declaración tributaria especial se hubiera depositado en una cuenta cuya titularidad jurídica corresponda al declarante abierta en una entidad de crédito residente en España, en otro Estado de la Unión Europea, o en un Estado integrante del Espacio Económico Europeo que haya suscrito un convenio con España para evitar la doble imposición internacional con cláusula de intercambio de información o un acuerdo de intercambio de información en materia tributaria, y no se trate de jurisdicciones calificadas como de alto riesgo, deficientes o no cooperativas por el Grupo de Acción Financiera Internacional".

Esta norma viene a dar la vuelta al planteamiento que había hecho la DA 1ª de la DTE. Aquella norma, al plegarse a los condicionamientos que derivan de la figura de la ganancia patrimonial no justificada, estaba optando, aun sin decirlo de forma expresa, por incentivar la regularización, única o principalmente, de los capitales tenidos en cuentas bancarias *off shore*. Dicho de otro modo, era mucho más fácil con el Real Decreto Ley en la mano encajar en la DTE un saldo bancario en un banco andorrano a 31 de diciembre de 2010 que, pongamos por caso, el sobreprecio cobrado en efectivo por la venta de un terreno en 2008. Se había condenado al ostracismo a una porción del dinero negro de extraordinario volumen, tan relevante al menos como el dinero ubicado en el exterior. Si a esto se sumaban las terribles medidas contra al fraude previstas para 2013, como es la drástica limitación para los pagos en efectivo, era casi seguro que ese dinero quedaba condenado a permanecer oculto de por vida. El cambio de criterio gubernamental probablemente no haya atendido al hecho de que dado el coste político que tiene emprender una regularización fiscal extraordinaria vale la pena que sea generosa por el simple hecho de que reportará más beneficios para las arcas públicas y también para las economías privadas. El cambio de criterio, como antes hemos apuntado, habrá tenido su origen en la desesperada situación de nuestra Hacienda Pública y a la necesidad perentoria de obtener ingresos de cualquier forma.

Lo cierto es que del art. 3.4 se deduce que "será suficiente":

- "la manifestación" de ser titular del mismo, antes del momento ya indicado, mediante el "modelo de declaración";

- siempre que antes de presentar la DTE se hubiera depositado en una cuenta del declarante en entidad de crédito residente en España o un país de la Unión Europea o del Espacio Económico Europeo con Convenio de Doble Imposición con cláusula de intercambio de información o un acuerdo de intercambio información en materia tributaria, no tratándose de una jurisdicción calificada como de alto riesgo, deficiente o no cooperativa conforme al GAFI.

Hay que ser cuidadosos a la hora de planear el destino futuro del dinero aflorado. Es verdad que el régimen regulador de la DTE no exige que el dinero entre en España ni que permanezca aquí sin moverse. No podría hacer ni una cosa ni otra porque infringiría frontalmente la libertad de circulación de los capitales. Por tanto, la atracción del dinero hacia el territorio de residencia de su titular, o la permanencia en el mismo si es que se trajo, no dependen de sino de la voluntad de su propietario y de la confianza que la economía española desprenda de cara al futuro.

En el plano jurídico, sin embargo, las previsiones hechas en materia de dinero en efectivo resultan sumamente decepcionantes. Obsérvese que la norma se construye como una presunción en la que el hecho base se sustenta en los dos elementos expuestos: la presentación de la DTE, que equivale a la manifestación de que el dinero se poseía desde antes de 31 de diciembre de 2010, y su depósito en una entidad de crédito. El hecho consecuencia, entonces es que se tiene por cierto, queda probado, es "suficiente" como taxativamente dice el segundo párrafo del art. 3.4, que el dinero se poseía en aquella fecha. Es obvio que se trata de una presunción que ni es legal, pues la establece una simple orden ministerial, con lo que se contraría el art. 108.1 LGT, ni, siendo una presunción *hominis* existe "entre el hecho demostrado y aquel que se trate de deducir (...) un enlace preciso y directo según las reglas del criterio humano", según demanda el art. 108.2 LGT. Es obvio que esto no es así en la especie de ficción que construye apresuradamente el art. 3.4. No tiene ninguna relación manifestar que el dinero objeto de la DTE proviene de antes de 31 de diciembre de 2010 y acompañar esta "manifestación" de un ingreso bancario con el hecho de que ese dinero verdaderamente date de aquella época. Muy al contrario, con este mecanismo si algo se propicia es que dinero negro generado con posterioridad a la fecha tope de 31 de diciembre de 2010 siga engrosando la cifra objeto de la DTE permitiendo blanquear sumas ganadas hasta el día antes de que concluya el plazo para practicar la DTE. Al fin y al cabo sale más rentable hacer tributar al 10 por 100 renta generada, por ejemplo, este verano con negocios turísticos no incluirla en la base imponible del IRPF y tributar como renta de 2012 en el período de declaración de la primavera de 2013 conforme a la tarifa extremadamente progresiva que hoy existe.

Al acercarse a esta cuestión, el Consejo de Estado ha subrayado que "el poseedor en concepto de dueño tiene a su favor la presunción legal de que posee con justo título, y no se le puede obligar a exhibirlo" (art. 448 CC). En consecuencia, el depósito del dinero hace titular de un derecho de crédito a quien antes era poseedor dominical. Semejantes argumentos no pueden ser tomados muy en serio. Pensemos en lo que pasaría si fueran extrapolados a las actuaciones investigadoras de la Inspección de los Tributos y fueran presentados ante los funcionarios públicos por parte de los sujetos sometidos a una investigación acerca del origen de las rentas que les permitieron adquirir determinados bienes.

3.12 La posibilidad de una comprobación administrativa futura

La DGT ha tenido que salir al paso de la posibilidad plenamente alentada desde la norma de que la DTE sirva para regularizar rentas que se han ganado con posterioridad al 31 de diciembre de 2010. De ahí que sea precisamente el criterio n. 1 de su Informe el que concluya diciendo que "no se podrá utilizar la declaración tributaria especial para regularizar rentas no declaradas obtenidas con posterioridad a dicha fecha". Esta toma de posición, inevitable por exigible, enlaza con la posibilidad de desarrollar actuaciones de comprobación futuras a las que alude el criterio n. 17. Dicho criterio, por su especial interés, exige ser transcrito íntegramente:

"Se considera que no resulta procedente la comprobación aislada de la declaración tributaria especial por cuanto que la misma, a pesar de tener la naturaleza de declaración tributaria, no se presenta en cumplimiento de una obligación tributaria (en los términos del artículo 19 y siguientes de la Ley General Tributaria), ni tan siquiera de carácter informativo, sin perjuicio de que, una vez invocada la misma por el obligado tributario en el curso de un procedimiento de comprobación de una concreta obligación tributaria (concepto y periodo definidos), la Administración tributaria pueda efectuar dicha comprobación al efecto de verificar el ajuste a la realidad de lo en ella manifestado".

Obsérvese que la DGT se refiere a una comprobación "aislada" de la DTE. A nuestro modo de ver, está pensando en, pura y simplemente, una investigación sobre la DTE presentada que pudiera, por ejemplo, exigir prueba sobre el origen en el tiempo de los fondos empleados para adquirir tal o cual bien, más allá de la que haya aportado el declarante por los medios que las normas que regulan la DTE disponen. La posición de la DGT parece firme en este punto y, en la medida en que no hace distingos, no se refiere sólo al dinero en efectivo, donde la redacción del art. 3.4 de la Orden más fácilmente podría sustentar esta especie de deber de abstención que pesaría sobre los órganos de comprobación e inspección tributaria. Lo curioso es que sustenta esta pasividad en que, en relación con la DTE, ni hay declaración tributaria que se presente en cumplimiento de una obligación tributaria "ni tan siquiera de carácter informativo", razonamiento que permite sostener que la inspección de los tributos no puede actuar frontalmente contra una DTE porque no se dan los requisitos que marca el art. 141 LGT cuando al regular las funciones de este cuerpo se refiere a la "investigación de los supuestos de hecho de las obligaciones tributarias" (letra *a*).

Vamos ahora a ver la segunda parte del párrafo reproducido. Aborda el supuesto de que un obligado tributario "en el curso de un procedimiento de comprobación de una concreta obligación tributaria", con un concepto y período definidos, o sea, no teniendo por objeto la DTE en la que ni el concepto ni los períodos quedan definidos en el Modelo 750 ni en el D-750, invoque la DTE que, en su momento, presentó. En tal caso, sí puede la Administración Tributaria proceder a efectuar la comprobación de la misma "al efecto de verificar el ajuste a la realidad de lo en ella manifestado". Obsérvese que, en primer lugar, el giro hacia la comprobación de la DTE lo provoca el propio obligado tributario pues la invoca, presumiblemente en su favor y para cortar la investigación a la que se encuentra sometido. En segundo lugar, aquí la labor de la Inspección sí se corresponde con las funciones que le encomienda el art. 141 LGT cuando en la letra *b*) se refiere a la "comprobación de la veracidad y exactitud de las declaraciones presentadas". De este modo, si el obligado tributario calla la Inspección no verificará su DTE. Pero si la trae a colación, pensamos que porque le interesa, tiene que pechar, entonces, con la carga de que se compruebe que lo manifestado en ella se "ajuste a la realidad". Esta última expresión es sumamente equívoca pues, ciertamente, parece que limita la labor de verificación, por ejemplo, a cuantías, cuando no parece que encaje con los perfiles de la DTE que hemos ido conociendo someter el importe declarado a una comprobación de valores, por ejemplo. Por el contrario, y dado que la DTE tiene unos determinados contornos de carácter temporal (rentas ganadas y ocultadas hasta una fecha determinada) y objetivo (afecta a sólo unos determinados impuestos), más razonable parece que, en el entorno concreto que señala el criterio n. 17, estos aspectos pudieran ser objeto de comprobación. Así se podría investigar el IRPF de 2010 de un sujeto y cuando éste invoca la DTE descubrir que en la misma está no solo la renta que no declaró en 2010 sino también rentas ocultas devengadas en 2011.

Los condicionamientos que constan en el criterio n. 17 limitan las actuaciones de comprobación en casos en los que, sin embargo, sí parecerían justificadas. Es el caso, por ejemplo, de un sujeto que, por ser menor de edad, tradicionalmente carece de fuente de rentas, y, sin embargo, es declarante de una DTE. De tal modo, todo apunta a que si en su nombre se presenta una DTE es que alguien le ha donado el dinero que regulariza en cuyo caso habría que rechazar la vía utilizada y procurar la aplicación correcta de la tributación en el seno del Impuesto sobre Sucesiones y Donaciones. Ahora bien, tal y como está expresado el criterio n. 17 no está claro que la Administración pudiera llegar a esta vía desde las indagaciones en sede del donatario o, en su caso, del hipotético donante, si es que se le encuentra.

En suma, y nos pronunciamos al respecto, porque este es uno de los aspectos que mayor inquietud suscita este régimen jurídico, difícilmente puede obtenerse un compromiso más explícito por parte de la Administración Tributaria de que no se investigarán las DTE que se presenten. Nadie puede pretender que se elabore una suerte de censo de declarantes de la DTE y que se les excluya de cualquier comprobación futura. Eso sí sería un trato desigual, injustificado y arbitrario en relación con el resto de contribuyentes.

3.13 Procedimiento de regularización

Curiosamente, en el art. 7 de la Orden se proclama el carácter reservado de la declaración tributaria especial conforme al art. 95 LGT), cuando ello, expresamente, impide que eluda su utilización por parte de jueces y tribunales, y también por el SEPBLAC (art. 95.1 LGT, letra *a*), e *i*).

El procedimiento de declaración e ingreso consiste en la presentación telemática, exclusivamente, del Modelo 750 de autoliquidación e ingreso (el mismo día debe hacerse la transmisión telemática y el ingreso) junto con la documentación adicional que se estime conveniente presentar en el Registro Electrónico de la AEAT. No se contempla aplazar o fraccionar el pago. El pago, obsérvese, no extingue deuda sino que es presupuesto de regularización.

El Modelo 750 se ha de acompañar del Modelo D-750 de relación de bienes y derechos.

Puede presentar los modelos el representante o directamente el obligado tributario siempre que con carácter previo a la presentación tenga NIF y esté de alta en el Censo de Obligados Tributarios.

La Orden, por último, consume varios artículos en regular determinadas condiciones técnicas y en el detalle de procedimiento desde un punto de vista técnico (art. 10), cuestiones que, sin embargo, escapan al análisis jurídico que aquí hemos efectuado.

CADERNOS DE DIREITO TRIBUTÁRIO

OPÇÃO DE COMPRA DE AÇÕES (*STOCK OPTIONS*), PARTICIPAÇÃO NOS LUCROS E RESULTADOS (PLR) E REMUNERAÇÃO DE EXECUTIVOS: ASPECTOS CONTROVERSOS

ELIDIE PALMA BIFANO

Bacharel pela Faculdade de Direito da USP. Mestra e Doutora em Direito Tributário pela PUC/SP. Professora nos Cursos de Pós-Graduação da Escola de Direito de São Paulo – FGV, da Faculdade de Direito da USP, da Faculdade de Direito da PUC, do Instituto Brasileiro de Estudos Tributários – IBET e do Instituto Brasileiro de Direito Tributário – IBDT. Advogada em São Paulo.

1. Apresentação do tema. 2. Os novos modelos de contrato: empregados e administradores profissionais: 2.1 Generalidades; 2.2 Conceitos necessários ao exame do tema: 2.2.1 Remuneração, salário e compensação; 2.2.2 Tipos de remuneração. 3. Remunerações vinculadas à qualidade do trabalho ou ao desempenho do trabalhador: 3.1 Opção de compra de ações ("stock options"): 3.1.1 Conceito; 3.1.2 Operacionalização do contrato de opção de compra de ações: sua causa juridica; 3.1.3 Reflexos trabalhistas da concessão do direito de opção; 3.1.4 Reflexos tributários da concessão do direito de opção; 3.1.5 Outros comentários; 3.2 Planos de Participação nos Lucros e Resultados (PLR): 3.2.1 Breve histórico; 3.2.2 As disposições da Lei n. 10.101, de 19 de dezembro de 2000; 3.2.3 Possibilidade de pagamento de PLR a administradores: questão das mais relevantes; 3.3 Outras remunerações de executivos

1. Apresentação do tema

As empresas, ao longo do século XX, passaram por muitas mudanças ora associadas a uma visão de absoluta liberdade da atividade econômica, o chamado liberalismo, ora a um intervencionismo estatal ligado à ideia de um Estado todo-poderoso e tentacular que tudo deve controlar e regular. A administração dos negócios, nessa experiência pendular da economia, deve adaptar-se aos desafios que os agentes que com ela transacionam e se relacionam, em sentido amplo, impõem ao mundo dos negócios.[1] Nesse conceito amplo, interagem com a empresa os sócios, os administradores, os empregados, os fornecedores, os clientes, a sociedade civil, o governo e por aí afora.

O tema que aqui se examina diz respeito à relação da empresa com dois desses agentes, o empregado e o administrador.[2] O

1. Os agentes que transacionam com a empresa são designados, internacionalmente, por *stakeholders*.

2. O tema examinado foi objeto de apresentação, pela autora, no IX Congresso Nacional de Estudos

empregado, até a terceira década do século passado, não tinha direitos ou, se os tinha, eram restritos. De outro lado, a administração de um negócio era responsabilidade dos seus proprietários, que preparavam seus filhos e netos para darem continuidade a essa tarefa, sendo a entidade de negócios absolutamente familiar. Esse modelo de empresa, entretanto, começou a ser abalado por alguns fatos que, gradativamente, tornam a sua gestão cada vez mais complexa, a saber:

• crescente relacionamento com clientes e fornecedores situados em regiões distantes, inclusive outros países;

• introdução de novos modelos de negócios, oriundos de mercados diversos;

• necessidade de amplo conhecimento dos modelos de financiamento da atividade;

• introdução de métricas econômicas e contábeis essenciais para definir rentabilidade, lucratividade e fluxos de caixa;

• mudança do relacionamento com os empregados que, lentamente, pleiteiam e adquirem direitos, garantidos por lei, uma vez que sua figura é essencial no regular funcionamento da empresa e, portanto, da economia;

• crescimento dos sindicatos e das entidades de representação empresarial para melhor exercitarem os direitos que às partes a lei atribuiu;

• regulações impostas pelo Poder Público, como a definição da abrangência de certas atividades, o pagamento dos tributos, a burocracia necessária a fazer prova, a fiscalização do negócio, a proteção ao trabalhador.

O entrecruzamento de inovações no mercado e na regulação dos negócios exige que o administrador da sociedade seja uma pessoa melhor preparada e não mais apenas o seu dono, muitas vezes pouco informado dos novos desafios. Para ocupar-se dessa tarefa o empresário convoca um profissional, criação nova do mundo dos negócios, designado como administrador de empresa. O que se observa é que administrar um negócio tornou-se uma ciência, objeto de estudo na Universidade. O administrador de empresas é, hoje, um profissional graduado, registrado e preparado para os desafios do mercado. Se houver uma empresa administrada por seu dono é porque ele se preparou para tanto, também é um profissional da administração. Além disso, os modernos conceitos de governança corporativa, a chamada transparência na gestão, e a gestão independente exigem que terceiros sejam contratados para participar da tarefa de gerir o negócio.

Considerando-se a qualificação do administrador profissional e a conscientização que o empregado adquire de sua importância no processo produtivo, o empresário passa a elaborar modelos de remuneração mais atraentes com o objetivo de atrair e reter administradores e empregados, especialmente os mais talentosos e aqueles que se mostram verdadeiros parceiros no negócio. O novo desafio dos empresários é, portanto, criar mecanismos para assegurar a fidelidade e, portanto, a estabilidade desses dois personagens, tendo em vista os câmbios do mercado e da sociedade.

2. Os novos modelos de contrato: empregados e administradores profissionais

2.1 Generalidades

Como se observa, a realidade econômica exige, do empresário, criatividade com o objetivo de atrair e reter os bons profissionais, sejam eles empregados ou administradores, esses últimos pessoas que elegem a administração de empresas como profissão. A disputa pelas pessoas talentosas leva à oferta de benefícios adicionais àqueles que a legislação garante. A contratação de empregados e de administradores diferenciados levou o mercado a repensar os antigos conceitos da relação trabalhista garantidos, no Brasil,

Tributários do IBET, presidido pelo Prof. Dr. Paulo de Barros Carvalho, em dezembro de 2012.

pela Consolidação das Leis do Trabalho – CLT e, no caso dos contratos de prestação de serviços, pelo Código Civil – CC. Além dos direitos garantidos pela CLT e pelo CC, considerados como mínimos, quando o contrato é feito ao amparo dessa legislação, o conhecimento e a experiência do profissional determinam que a remuneração, em sentido amplo, dessas pessoas seja fixada em decorrência dessas qualidades. No mundo globalizado as práticas, no que tange à remuneração dos profissionais, guardam cada vez mais similaridades, especialmente em certos segmentos em que a troca internacional de informações e de experiências é uma constante. O empresário brasileiro não pode ignorá-las, sob pena de perda de competitividade, em relação a produtos e serviços oferecidos em outros países.

2.2 Conceitos necessários ao exame do tema

2.2.1 Remuneração, salário e compensação

Remuneração é um conceito utilizado, em muitas oportunidades pela lei brasileira, razão pela qual seu conteúdo jurídico deve ser aferido no contexto de sua utilização. Palavra de origem latina, *remuneração* significa recompensa e pode aplicar-se a todas as situações em que alguém é pago por alguma coisa que fez ou deve fazer.[3]

De acordo com o art. 457 da CLT, compreendem-se na remuneração do empregado, para todos os efeitos legais, além do salário devido e pago diretamente pelo empregador como contraprestação do serviço, as gorjetas que receber. O salário, de acordo com a lei, inclui a importância fixa estipulada e as importâncias variáveis pagas pelo empregador como percentagens, gratificações ajustadas, diárias para viagem, observadas as condições da lei, e abonos (§ 1º do art. 157, CLT). O conceito de salário é deduzido, como se infere, de maneira indireta e decorre, sempre, do serviço prestado; a remuneração, de sua vez, é conceito mais amplo, pode corresponder apenas ao salário ou, se outras verbas existirem, contratadas ou pagas por terceiros (gorjetas), também as abrangerá. Infere-se, portanto, que a remuneração para fins de CLT pode ter origem diversa do pagamento simplesmente vinculado à relação patrão/empregado (salário) com ele não se confundindo.

O conceito de *remuneração* é amplo, também para a doutrina. Consoante Nelson Manrich, o conceito de *salário* evoluiu abandonando a seu caráter sinalagmático para vincular-se ao contrato de trabalho como um todo. Dada essa transformação, passou-se a adotar a denominação *salário* para o pagamento fixo e com caráter de contraprestação efetuado pelo empregador, enquanto *remuneração* indica a multiplicidade de formas complementares de pagamento feitas ao empregado, em decorrência da relação de trabalho. Essa técnica, de acordo com o autor, acabou dificultando a conceituação de salário, abrangendo prestações sem caráter salarial.[4]

Cabe ressaltar que é nosso entendimento, com base na doutrina e na jurisprudência, que a origem de todo relacionamento entre a empresa e o empregado nasce com a contratação do trabalho, remunerado pelo salário. Esse relacionamento, entretanto, pode desvincular-se do contrato de trabalho e adquirir outros matizes que não a vinculação puramente laboral ou de prestação de serviços, enveredando por situações novas, como as que aqui serão comentadas.

Além da situação oriunda do pacto celetista, em diversos momentos e circunstâncias o sistema jurídico brasileiro se vale da expressão remuneração. Assim, também recebe re-

3. *Dicionário Houaiss da Língua Portuguesa*, Antonio Houaiss, Mauro de Salles Villar, Rio de Janeiro, Objetiva, 2001, p. 2.426.

4. "Consequências trabalhistas da atividade de *marketing* de incentivo e natureza jurídica do prêmio", in *Marketing de Incentivo: uma Visão Legal*, Barueri/SP, Manole, 2008, pp. 141-188.

muneração o prestador de serviços contratado na forma do art. 594 (contrato de prestação de serviços) do CC, para desenvolver tarefa certa a pessoa determinada, bem como o administrador eleito de uma sociedade, o seu representante legal, consoante o art. 152, Lei n. 6.404/1976, lei societária também aplicável à sociedade limitada. Nesse último caso, dispõe a lei que faz jus a uma remuneração, em contrapartida do trabalho desenvolvido no exercício do cargo, o administrador eleito em assembleia de acionistas, ou reunião de quotistas, sendo essa remuneração designada por retirada ou *pro labore*. Ressalte-se que o administrador, representante legal da sociedade, pode ser: (i) sócio, eleito para administrar o negócio; (ii) empregado, eleito administrador (guindado à função) que poderá manter sua condição de empregado a qual, se mantida, lhe garantirá todos os direitos inerentes a essa situação, e, (iii) administrador profissional, eleito administrador, contratado para assumir a administração por delegação de alguém, portanto subordinado às instruções de quem o contratou. Em todas essas situações o administrador segue fazendo jus a sua remuneração, sem restrições da lei.

Como se observa, todos os pagamentos feitos a empregados e administradores, profissionais ou eleitos, pelo exercício de suas funções são designados pela lei como remuneração, logo, *remuneração* é um conceito amplo e cuja amplitude muito bem se enquadra com o exame do tema proposto. Este estudo, portanto, utiliza a expressão *remuneração* sempre com a característica de pagamento ao empregado e ao administrador seja salário, prestação de serviços, retirada ou outros, aleatórios ou não, desde que feitos pela empresa em decorrência da relação profissional que se instalou com o trabalhador.

Por conta da globalização nota-se a introdução da expressão compensação (*compensation*) para designar a remuneração total (salário e outros pagamentos) devida a alguém. Trata-se de conceito não incorporado, em matéria trabalhista e previdenciária, a nosso sistema jurídico e, portanto, despido de maior precisão, razão pelo qual não o utilizaremos.

2.2.2 Tipos de remuneração

Do contexto da relação de prestação de serviços aqui comentada, independentemente do regime eleito (CLT, CC ou lei societária), que se rege por um contrato que sempre envolve comutatividade, se infere que as empresas pagam remunerações a seus empregados e administradores por duas diferentes razões: (i) como contrapartida do trabalho ou esforço humano, o salário, objeto de contrato amparado pela CLT (empregado e administrador), a remuneração por serviço, na forma do CC (administrador) e a retirada, na forma da lei societária, e, (ii) como contrapartida à qualidade do trabalho ou esforço humano, pagamento vinculado ao desempenho, que pode ser contratado ou não. No mundo dos negócios descarta-se na relação de trabalho, como regra geral, a existência de prestações sem causa ou por liberalidade. A legislação que trata de remuneração colhe com clareza essa situação que, a seguir, passamos a examinar.

São pagamentos em contrapartida do trabalho desenvolvido, independentemente de sua qualidade, o salário e as verbas que se vinculam diretamente ao trabalho por força da legislação aplicável (horas adicionais, 13º salário, férias). O pagamento desses valores independe de qualquer juízo de valor e é compulsório bastando que a situação de fato (prestação do trabalho ocorra). Da mesma forma, o pagamento por serviço prestado em contrato regido pelo CC independe de qualquer avalição subjetiva ou de esforço adicional do prestador: ele decorre do estrito cumprimento do contrato. No caso de remuneração de administradores eleitos em assembleia, ou por contrato social, a remuneração é uma decorrência do desempenho do cargo, compulsória para a sociedade e não submetida a qualquer crivo ou julgamento prévio.

São pagamentos em contrapartida da qualidade do trabalho desenvolvido aqueles que dependem de julgamento de qualidade ou *performance*. Nossa tarefa, neste estudo, está circunscrita ao exame desses pagamentos efetuados em mérito à qualidade do serviço desenvolvido pelo prestador, ao esforço adicional ao trabalho ou à prestação de serviço contratados. Esses pagamentos, como é claro, só decorrem do relacionamento nascido em função do contrato inicial de trabalho (CLT, CC ou lei societária), pois ele é o mínimo que o trabalhador deve desenvolver. A forma de contratar o pagamento que decorre da qualidade pela qual o trabalho foi desenvolvido, entretanto, pode ou não estar associada a vínculos obrigacionais. Por conta dessa eventual vinculação e a depender do modelo de compromisso que a empresa tenha assumido, diferentes reflexos trabalhistas e tributários serão colhidos, como a seguir se examina.

3. Remunerações vinculadas à qualidade do trabalho ou ao desempenho do trabalhador

As remunerações que na sequência se examinam são alguns modelos desenhados com a finalidade de premiar, antes de mais nada, a dedicação do trabalhador evidenciada pela qualidade da prestação e pela fidelidade à empresa.

3.1 Opção de compra de ações ("stock options")

3.1.1 Conceito

Dispõe o art. 166, III, da lei societária que o capital social pode ser aumentado pela conversão em ações de opções de compra, inclusive na hipótese de capital autorizado (art. 168, § 3º, da lei societária). A opção de compra de ações pode ser outorgada a administradores ou empregados, de acordo com projeto pré-aprovado e é sempre gratuita. A principal característica da opção é garantir ao seu detentor o direito de, em certo prazo, subscrever ações da empresa, a um preço determinado ou determinável, observadas certas condições essenciais ao exercício desse direito. São condições essenciais que devem ser incluídas no plano de concessão: (i) o preço de emissão, determinado ou determinável; (ii) o prazo para aquisição das condições de exercício da opção (prazo de carência ou *vesting period* no direito estrangeiro) e o prazo máximo para o exercício da opção ou termo da opção.

A outorga de opção de compra de ações é um incentivo, por lei, destinado a certos colaboradores da empresa, administradores e funcionários. O seu principal objetivo é a concessão do direito de adquirir ações emitidas pela companhia, nos termos contratados. A motivação imediata é atrair e reter pessoas e a motivação de médio/longo prazos é permitir a participação no sucesso da entidade mediante a democratização do capital. A sociedade que introduz plano dessa natureza tem a expectativa de comprometimento dos beneficiários desse plano com a obtenção de resultados dos quais eles poderão, futuramente, desfrutar.

No Brasil, embora previsto na lei societária, só mais recentemente se vem adotando esse modelo de incentivo, à medida que o mercado de capitais prospera e as empresas que objetivam atrair investidores necessitam demonstrar sua intenção de democratizar o capital. No exterior, essa é uma prática sedimentada há mais de quarenta anos, objeto de regulação própria e aplicada a sociedades ali sediadas bem como a suas subsidiárias em outros países. Por essa razão os planos de concessão de opção de compra de ações podem ser locais ou globais, em nada diferindo em seus fundamentos e propósitos, sendo que nos planos globais é corriqueiro que o beneficiário opte pela compra de ações de sociedades sediadas fora de seu país.

Os planos de outorga de opção de compra de ações podem apresentar-se sob dois modelos básicos que aceitam variações: (i) convencional, em que se garante a alguém o direito de optar pela compra de ações em data certa e por preço certo; (ii) diferenciado, no qual se garante a compra de ações "fantasma", pelo qual o beneficiário recebe apenas a diferença entre o preço de compra e o de venda das ações que ele adquiriu ("fantasma"), sendo que as fases do exercício da opção, da compra e da venda, são efetivadas em nome e por conta dos beneficiários, a ele sendo entregues, apenas, o ganho produzido pela venda. Neste estudo trataremos, apenas, do modelo aqui denominado como convencional por ser o mais frequente e o único previsto em lei, no Brasil.

3.1.2 Operacionalização do contrato de opção de compra de ações: sua causa jurídica

O contrato se inicia com a outorga aos beneficiários do direito de optar pela compra de ações. Nesse momento se dá, ao beneficiário, a opção de exercer, em uma data pré-determinada e a um valor pré-fixado, o direito de compra ou subscrição de certa quantidade de ações. Em outro momento, subsequente, e na forma contratada ocorre o exercício da opção, no qual o beneficiário exercita o direito que lhe foi facultado tornando-se, então, proprietário de ação. Em data futura, se assim lhe aprouver, o beneficiário poderá vender suas ações desde que, se houver, seja respeitado o prazo de alienação/negociação exigido para esses títulos.

O fundamento desse negócio, sua causa jurídica, é para a sociedade que introduz o plano, admitir sócio envolvido e interessado com o crescimento do negócio. Para o beneficiário, empregado ou administrador, a causa jurídica é adquirir participação no negócio, se as condições ofertadas lhe interessarem. O contrato de outorga do direito de comprar ações não se confunde com outros negócios jurídicos com os quais parece guardar semelhanças ou conexão, a saber: (i) o contrato de doação, negócio jurídico caracterizado pela concessão de liberalidade de uma parte em favor da outra que a aceita (na concessão de opção de compra não há liberalidade e a parte interessada em adquirir ações, por elas paga preço), e, (ii) o contrato de trabalho pelo qual se remunera a contrapartida do esforço humano, o que não ocorre na presente situação, pois a concessão de opção não é paga por serviços prestado, além de o beneficiário poder ou não optar pela compra. Há um elemento fundamental para distinguir o contrato de concessão do direito de optar pela compra de ações, especialmente se houver o exercício da opção, de outros: o beneficiário torna-se sócio na ventura e, portanto, partícipe do lucro ou do prejuízo da sociedade, situação absolutamente diversa daquele que decorre de um contrato de prestação de serviço, seja qual for o regime a que se submete (CLT, CC ou lei societária).

O contrato de concessão de opção de compra de ações tem a natureza jurídica de um contrato de opção, sendo vinculativo para o lançador (sociedade) e facultativo para o empregado, em função do preço a ser praticado.

3.1.3 Reflexos trabalhistas da concessão do direito de opção

Há alguns anos atrás, quando se fizeram os primeiros negócios garantindo a outorga do direito de optar pela aquisição de ação muito se discutiu sobre natureza dessa concessão, do ponto de vista trabalhista, especialmente para distingui-la do pagamento decorrente da prestação laboral, por conta do vínculo de trabalho com a empresa ou grupo concedente. A primeira decisão que começou a elucidar a questão e traçar um panorama definitivo para a matéria, de forma resumida, foi a seguinte:

• TRT 2ª R. Ac 20030145141, *DJ* 18.3.2003: concluiu que a concessão de *stock option* não tem natureza salarial, mas comercial, por envolver riscos, pois o empregado tanto poderá ganhar quanto perder. Não havendo pagamento, pelo empregador ao empregado, em decorrência de prestação de serviços, o que existe é operação financeira, no mercado de ações, e não salário.

Depois desse primeiro entendimento, a jurisprudência dos tribunais trabalhistas encaminhou-se no sentido de que essa verba não é salário, pois é direito a ser exercido futuramente, se conveniente para o empregado, e não contrapartida de remuneração de trabalho prestado, objeto de entrega de salário. Relacionamos adiante, de forma resumida, decisões que ratificaram aquela primeira e que vêm consolidando o entendimento da matéria, sob diversos aspectos:

· TST AIRR (Agravo de Instrumento em Recurso de Revista) 16540-38.2006.5.04.0015, 2ª T. *DJ* 7.8.2009: o recurso interposto não mereceu ser acolhido pelo Tribunal, por não restar configurada violação dos arts. 457, § 1º, e 458 da CLT, bem como em face da Súmula n. 23 dessa Corte. A discussão principal residia na caracterização da opção de compra de ação; concluiu-se que ela é mera expectativa de direito e não tem natureza salarial.

· TST, AIRR 110840-02.2007.5.10.0011, 2ª T., *DJ* 26.11.2010: negou-se a prestação jurisdicional, nesta hipótese, pois na dispensa sem justa causa, antes do exercício da opção, não cabe indenização já que o plano é mera expectativa de direito. Deu-se pela inexistência de supostos danos morais e materiais uma vez que não se configurou descumprimento contratual em plano de *stock option*.

· TST, RR 134100-97.2000.5.02.0069, 6ª T., *DJ* 3.12.2010: a discussão versou sobre a compra de ações para posterior revenda. A decisão foi no sentido de que os *stock options* têm natureza não salarial e, regra geral, são lucros e resultados do empreendimento. Nessa medida, melhor se enquadram na categoria não remuneratória da participação em lucros e resultados, art. 7º, XI, da Constituição Federal – CF, do que no conceito ainda que amplo, de salário ou remuneração. De par com isso, a circunstância de serem fortemente suportadas pelo próprio empregado, ainda que com preço diferenciado fornecido pela empresa, mais ainda afasta a novel figura da natureza salarial prevista na CLT e na CF. De todo modo concluiu o decidido pela inviabilidade de se reconhecer a natureza salarial da possibilidade de compra de ações a preço reduzido, pelos empregados, para posterior revenda, dado o risco empresarial que essa transação envolve.

· TST, RR 217800-34.2007.5.02.0033, *DJ* 3.12.2010: decidiu que programa lastreado na lei societária não tem natureza salarial, porém natureza mercantil uma vez que o obreiro passa a submeter-se, no que tange às ações, a variações do mercado.

· TST, AIRR 85740-33.2009.5.03.0023, 6ª T., *DJ* 4.2.2011: decidiu que a compra de ações vinculada ao contrato de trabalho na modalidade *stock options* não tem natureza salarial.

· TST, AIRR 333340-22.1999.5.02.0063, 5ª T., *DJ* 4.2.2011; RR 149900-55.2002.5.02.0471, 2ª T., *DJ* 18.9.2009; AIRR 149941-22.2002.5.02.0471, 2ª T., *DJ* 18.9.2009; AIRR 208640-09.2001.5.01.0070, *DJ* 21.8.2009: todas as decisões atribuem natureza não salarial às *stock options*.

É de se ressaltar que o *stock option plan* ou plano de concessão de opção de compra de ações, não se confunde com os planos de pagamento de remunerações em ações que, nessa hipótese, assumem a característica de moeda de pagamento, com igual eficácia que o dinheiro. Nesse sentido é a seguinte decisão:

· TST, ED no AIRR 49640-96.2002.5.02.0041, 4ª T., *DJ* 9.6.2006: programa de entrega de ações como parte do pagamento de salário, em virtude do desempenho das atividades realizadas pelos empregados, indevidamente chamadas de *stock option*, têm natureza salarial.

3.1.4 Reflexos tributários da concessão do direito de opção

Examinando-se os passos necessários à implementação de um plano de outorga de aquisição de ações, as seguintes inferências tributárias podem ser extraídas:

• a concessão do direito de comprar ações, nos moldes da lei societária, não representa acréscimo patrimonial sujeito à incidência do Imposto sobre a Renda, para o beneficiário, posto que ele desfruta, apenas, do direito de comprar o que fará se, na data aprazada, assim lhe convier;

• o exercício da opção de compra tampouco representa acréscimo patrimonial dispondo o beneficiário, nesta etapa, apenas de ações, mas não de renda. Ressalte-se que a pessoa física, no Brasil, é tributada em regime financeiro, quando os recursos decorrentes de qualquer transação são por ela recebidos (caixa). Há uma impossibilidade jurídica de se adotar o momento do recebimento das ações como o de tributação do ganho, isso porque somente a realização desse ativo indicará o acréscimo ou não de patrimônio da pessoa física;

• a alienação das ações, se e quando ocorrer, é o momento em que deve ser apurado o ganho ou a perda, para fins de Imposto sobre a Renda, decorrentes do programa de opção de compra de ações. Ressalte-se que nada impede, se o mercado assim o determinar, que o valor de realização das ações seja inferior ao seu custo de aquisição, hipótese em que a pessoa física apurará uma perda de capital;

• O valor do direito de optar pela compra de ações não é salário como já comentado e, portanto, não se submete à incidência de encargos previdenciários.

3.1.5 Outros comentários

A Lei n. 11.638/2007, que introduziu no Brasil os padrões internacionais de contabilidade (IFRS), alterou a lei societária para determinar que participações de empregados sob a forma de instrumentos financeiros sejam registradas na demonstração do resultado do exercício (art. 187, VI). Regulando essa matéria, do ponto de vista estritamente contábil, o Pronunciamento CPC 10, do Comitê de Pronunciamentos Contábeis, determinou que o *stock option* seja registrado na demonstração de resultado, quando corresponder a participação a ele vinculada, e na conta de resultado, como despesa, nos demais casos. É interessante observar que o CPC, de forma geral, atribui ao *stock option* uma característica de verba remuneratória de serviço/trabalho prestado que não condiz com as disposições legais, inclusive societárias acerca desse instituto, conquanto objetivem remunerar pessoas que prestam serviços à companhia ou a sociedade sob seu controle (art. 168, § 3º, da lei societária).

A regra contábil, ao considerar que esses valores devem ser objeto de registro na demonstração de resultado, ou na conta de lucros e perdas do ano, atendeu à chamada essência econômica hoje tão cara à Contabilidade, entendendo que o pagamento dessas verbas ao empregado ou ao administrador, de fato, representa aumento de remuneração pela vinculação exigida. Essas novas regras contábeis, entretanto, não afetam as decisões em matéria tributária uma vez que estamos em plena vigência do Regime Tributário de Transição - RTT, que desafeta os números de balanço para fins fiscais e declara a neutralidade dessa sistemática para tais fins (Lei n. 11.941/2009, art. 15).

3.2 Planos de Participação nos Lucros e Resultados (PLR)

3.2.1 Breve histórico

A atribuição de participação nos lucros aos trabalhadores é ambição antiga das Constituições brasileiras, tendo sido contemplada pela primeira vez na Constituição de 1946. Atualmente é garantida pelo art. 7º, XI, da CF. O conceito de trabalhador adotado pela CF é bastante discutido pela doutrina, uma vez que trabalhador é quem trabalha ou desenvolve trabalho, razão pela qual a previsão constitucional deveria, teoricamente, ser aplicada a todos os brasileiros que trabalham e não apenas a algumas categorias de pessoas.

Nesse sentido, os trabalhadores, aqueles que trabalham, podem revestir-se da condição de rurais, urbanos, empregados ou não.

Examinando a matéria à luz da Constituição de 1967, Pontes de Miranda conclui que o trabalhador a que o Texto Maior se referia era o empregado, quer por decorrência da análise sistemática do capítulo constitucional sobre a organização do trabalho, voltada aos empregados e não aos demais trabalhadores, quer por entender que "*a técnica de participação nos lucros nasceu para elevar os empregados ao plano dos que participam nos lucros*".[5] Na CF, a matéria da participação nos lucros está topologicamente situada no capítulo dos direitos sociais o que também pode levar ao entendimento de que a participação nos lucros somente é atribuída aos empregados, a quem os direitos sociais são garantidos e que, portanto, trabalham em empresas devidamente estabelecidas.

3.2.2 As disposições da Lei n. 10.101, de 19 de dezembro de 2000

A matéria da participação dos trabalhadores nos lucros e resultados das empresas – PLR foi, pela primeira vez, regulada pela Lei n. 10.101/2000. O modelo de participação dos empregados nos lucros das empresas, em atendimento ao comando constitucional aqui comentado, exige, de forma sumária: (i) negociação entre empregados e empregadores; (ii) elaboração de acordo formal, com regras objetivas e claras no que tange aos direitos substantivos dos trabalhadores e às regras adjetivas, com participação do sindicato; (iii) não contrapartida de trabalho; (iv) tratamento igual para os que estão na mesma situação; (v) arquivamento de cópia do instrumento no sindicato, e, (vi) não incidência de encargos previdenciários sobre as verbas pagas. O programa pode conter metas e desafios que condicionam o recebimento dos lucros, inclusive variando em função do cargo e da pessoa que a ele se integra.

Considerando que o PLR pode ser pago a trabalhadores em empresas, é de se ressaltar que essa condição pode ser preenchida por um grupo variado de pessoas: (i) os empregados, propriamente, contratados sob o vínculo da CLT; (ii) o administrador, empregado que mantém essa condição, e, (iii) o administrador profissional, contratado para o exercício dessa tarefa, em caráter de subordinação.

3.2.3 Possibilidade de pagamento de PLR a administradores: questão das mais relevantes

A figura institucional do administrador é uma necessidade interna e externa, estando prevista na lei societária (arts. 146 e ss., e CC arts. 1.010 e 1.060). A depender do modelo de administrador, admitido em lei, diferentes reflexos legais são colhidos: em nossa análise do PLR somente passam a interessar os empregados guindados à posição de administradores e os administradores profissionais contratados para o exercício do cargo.

O empregado guindado à função por assembleia ou por ato firmado entre os sócios segue na mesma condição, com vínculo laboral, contudo seu contrato de trabalho ficará suspenso (TST, RR 13.993/90.1, Ac 3ª T., 3.713/91) exceto se expressamente mantido. A Súmula 269, do TST assim dispõe: "*o empregado eleito para ocupar cargo de diretor tem o respectivo contrato de trabalho suspenso, não se computando o tempo de serviço deste período, salvo se permanecer a subordinação jurídica inerente à relação de emprego*".

O profissional contratado para o exercício da tarefa de administrador e eleito por conselho de administração, assembleia ou por ato firmado entre os sócios tem vínculo laboral com quem o contratou, mantendo contrato de trabalho ou de prestação de serviços e, portanto, subordinação.

5. Pontes de Miranda, *Comentários à Constituição de 1967*, t. VI, 2ª ed., São Paulo, Ed. RT, 1972, pp. 122-204.

A remuneração dos administradores, pela lei societária (art. 152), independentemente de sua condição de sócio, empregado ou profissional, pode compor-se de diversas verbas: retirada ou *pro labore*, participação nos lucros, prevista na lei societária, salário, se contratado pela sociedade, gratificação e lucros ou dividendos. Quando se fala da participação nos lucros para administradores, é relevante ressaltar que existem duas diversas normas sobre a matéria: (i) participação nos lucros da lei societária, art. 152, § 1º, atribuída a administradores, e, (ii) participação nos lucros da Lei n. 10.101/2000, atribuída a empregados. Os diretores empregados, dada a sua especial condição, têm direito à participação nos lucros da lei societária e à participação nos lucros da Lei n. 10.101/2000, observadas as condições específicas de cada uma delas.

O pagamento de participação nos lucros na forma da lei societária é, em nosso entender, isento de Imposto sobre a Renda na fonte e na declaração, quando efetivado a administradores, empregados ou profissionais. As autoridades fiscais, entretanto, entendem que incide o imposto na fonte no momento do pagamento de participações contratadas sob a lei societária (Solução de Consulta 8ª RF 134/98 a 160/98, 162/98 a 213/98, 225/98 e 226/98; 359/97 e 360/97, 343/97; Solução de Consulta 6ª RF 103/95) excepcionando situações em que há proteção judicial (Solução de Consulta 7ª RF 359/98; 108/99 e 110/99). O Superior Tribunal de Justiça decidiu no mesmo sentido: Agravo Regimental no REsp (Recurso Especial) 1.037.494-RS, *DJe* 16.2.2009, REsp 884.999-BA, *DJe* 26.11.2008. O pagamento de participação nos lucros, na forma da Lei n. 10.101/2000 é, em nosso entender, dedutível se feito a empregado administrador por revestir-se da condição de trabalhador.

No que tange à contribuição previdenciária, entendemos que ela não é devida sobre participações nos lucros previstas na lei societária, pagas a administradores empregados, conforme § 2º do art. 22 da Lei n. 8.212/1991, bem como art. 152 da lei societária. Em relação à contribuição devida ao Fundo de Garantia do Tempo de Serviço – FGTS calculada sobre essa verba, o seu recolhimento é mera liberalidade das empresas, no que tange aos diretores e conselheiros, conforme art. 16 da Lei n. 8.036/1990. Quanto à participação nos lucros pagas a administradores empregados e profissionais, com base na Lei n. 10.101/2000, entendemos que o art. 7º, XI, da CF instituiu como direito do trabalhador a participação nos lucros, sem vinculá-la à remuneração, razão pela qual não são devidas as contribuições sociais.

3.3 Outras remunerações de executivos

Os administradores, empregados e profissionais, bem como os colaboradores de alto nível são designados, usualmente, por executivos. O executivo é aquele que executa e que atende às determinações de outrem. O executivo não é sócio, embora participe, muitas vezes, do sucesso da sociedade, recebendo participações. A atualidade dos negócios trouxe para o ambiente brasileiro certos modelos de remuneração designados por *bônus* em geral, que objetivam atrair e reter os executivos, profissionais de alto nível nas sociedades.

Caracterizam-se como *bônus*, os pagamentos efetuados para atrair profissionais, também chamados de *bônus de atração* ou *luvas*. Esses pagamentos não se enquadram como salário por não serem contrapartida de trabalho prestado, serem desembolsados de uma única vez e não estarem sujeitos à devolução ou compensação. Se pagos em parcelas ou sujeitos à devolução na descontinuidade do vínculo de trabalho podem ser considerados como parte do salário mensal, submetidos à incidência das contribuições sociais e demais encargos trabalhistas.

Há bônus que são pagos para que o profissional permaneça no exercício de sua função, os chamados *bônus de retenção*, liquidados a cada período de permanência do executivo. Também não se caracterizam como verbas salariais e correspondem a uma remuneração pela abstenção a que se compromete o empregado, pois deixa de aceitar qualquer outra proposta para permanecer com seu empregador. Tais pagamentos não devem ser computados para fins trabalhistas ou previdenciários.

Por fim, os executivos muitas vezes são remunerados com gratificações espontâneas, ato de liberalidade do empresário à vista da colaboração do profissional, empregado ou não. Nessa hipótese, pela absoluta falta de vínculo com o serviço prestado, essa remuneração carece da natureza salarial, no caso dos empregados celetistas, com todas as decorrências que dessa condição advêm. Tais pagamentos a empregados ou colaboradores são dedutíveis na apuração do lucro real. Se, entretanto, forem contratadas, as gratificações revestem-se da característica salarial e são gravadas pela contribuição social, seguindo como dedutíveis. As gratificações aleatórias pagas a administradores eleitos não são dedutíveis na apuração do lucro real, caracterizadas como lucro distribuído e, portanto, não gravadas pelas contribuições sociais. Se incluídas na retirada ou *pro labore* assumem essa natureza e são dedutíveis na apuração do lucro real, porém submetidas à incidência das contribuições sociais.

Ressalte-se que a matéria da remuneração de executivos é extremamente sensível, em todos os sentidos, e que há sempre um risco envolvendo a tentativa de criar modelos de remuneração artificiais que venham a ser considerados como simulação ou fraude.

CADERNOS DE DIREITO TRIBUTÁRIO

OS INSTITUTOS DA PRESCRIÇÃO E DECADÊNCIA DO DIREITO TRIBUTÁRIO NAS EXECUÇÕES DE CONTRIBUIÇÕES PREVIDENCIÁRIAS NA JUSTIÇA DO TRABALHO

ROBSON MAIA LINS
Mestre e Doutor em Direito Tributário pela Pontifícia Universidade Católica de São Paulo – PUC/SP.
Professor de Direito Tributário na PUC/SP.
Advogado.

1. Introdução. 2. Diferente normas, diferentes regimes: 2.1 Uma sentença, várias normas; 2.2 As três normas postas. 3. Fenomenologia da incidência tributária e os institutos da decadência e prescrição: 3.1 Brevíssima nota sobre a incidência das normas tributárias; 3.2 Espécies de normas individuais e concretas tributárias; 3.3 Decadência, prescrição e a norma individual e concreta; 3.4 O problema do cômputo dos prazos decadencial e prescricional tributários nas decisões trabalhistas. 4. Da prescrição trabalhista e seus reflexos na formação da obrigação tributária: 4.1 A prescrição trabalhista; 4.2 A prescrição trabalhista e a base de cálculo da contribuição patronal. 5. Multas e juros moratórios: 5.1 Sobre a definição de mora a incidência das normas jurídicas que imputam suas consequências; 5.2 Há mora pelo inadimplemento da contribuição previdenciária na execução de ofício promovida pela Justiça do Trabalho?; 5.3 Da impossibilidade de inclusão dos juros moratórios incidentes sobre os salários na base de cálculo das contribuições previdenciárias. 6. Correção monetária. 7. Prescrição intercorrente. 8. Para concluir. Referências.

1. Introdução

Com a edição da Emenda Constitucional 45/2004, a competência da Justiça do Trabalho viu-se significativamente ampliada. Entre as numerosas inserções está aquela realizada por meio do inciso VIII do art. 114 da Constituição:

"Art. 114. Compete à Justiça do Trabalho processar e julgar:

"(...).

"VIII – a execução, de ofício, das contribuições sociais previstas no art. 195, I, 'a', e II, e seus acréscimos legais, decorrentes das sentenças que proferir (...)."

A atribuição constitucional de competência do Juiz do Trabalho para *formalizar* um débito de natureza tributária e *cobrá-lo, de ofício*, conduz a interessante reflexão sobre as definições dadas pela doutrina sobre o conceito de lançamento ou, como penso ser mais acertado tratar, da norma individual e concreta tributária. Mas não é só, levanta também interessantes questões a respeito da fenomenologia da incidência das normas tributárias e os preceitos que regulam as etapas que compõem os procedimentos que culminam na edição dessas normas individuais e concretas que instituem as obrigações jurídicas relacionadas às contribuições previdenciárias dos arts. 195, I, "a", e II da Constituição.

É essa a única hipótese autorizada pela Constituição para a formalização do Crédito Tributário por pessoa diversa (a) da *autoridade administrativa* – ou a pessoa por ela delegada, como definido no art. 142 do Código Tributário Nacional (CTN), nas modalidades "lançamento por declaração" e "lançamento de ofício" – e (b) do *particular* – o chamado "lançamento por homologação", de que trata o art. 150 do CTN. A particularidade de ser produzida apenas no ato da decisão judicial que conduz à execução do comando judicial trabalhista faz com que os lapsos temporais envolvidos no cômputo da decadência e prescrição precisem ser atentamente estudados, para evitar equívocos e manter a segurança e previsibilidade prescritas pelo sistema jurídico.

Devo advertir o leitor de que este trabalho tem por objeto apenas a contribuição patronal, prevista no art. 195, I, "a", da Constituição da República, muito embora as considerações sobre a fenomenologia possam ser estendidas também à compreensão da fluência desses prazos também para a contribuição exigida do trabalhador, feita uma ou outra adaptação quanto aos dispositivos legais mencionados (com previsão no inciso II do mesmo artigo). É preciso esclarecer que essa opção tem por fundamento o limitado espaço deste artigo que obriga o corte e não quer, de forma alguma, limitar aquilo que será dito às contribuições patronais.

Para bem cumprir a tarefa, julgo ser oportuno primeiramente retomar alguns elementos de Teoria do Direito, em especial sobre a relação jurídica, esmiuçando seus elementos constitutivos mínimos e relacionando, utilizando-os para reconhecer o conjunto de normas que deve atuar no regramento das relações jurídicas tributárias que dão ensejo ao pagamento das contribuições previdenciárias. Dessa análise, já adianto que saltam a vista duas relações diversas em seus elementos e, também, em seu "regime jurídico": uma que se estabelece entre o empregado e o empregador, outra entre o empregador e o Fisco.

Essa ideia servirá de importante premissa para, na fenomenologia da incidência tributária identificar os momentos em que, nas relações descritas no art. 114, VIII, da Constituição: (1) ocorre o evento jurídico tributário; (2) acontece o fato jurídico tributário; (3) exige-se a obrigação. É a partir do conhecimento de tais marcos que será possível tratar da existência ou não, em qualquer caso, de decadência ou prescrição tributária.

Só então será, não apenas com os princípios que devem reger as relações trabalhistas, mas também com aqueles que asseguram a boa formação das relações tributárias, equacionar respostas seguras para as dúvidas a respeito dos prazos prescricional e decadencial no presente caso.

2. Diferentes normas, diferentes regimes

2.1 Uma sentença, várias normas

Cada vez que decide em um processo, prolatando sua decisão, o julgador delibera acerca de uma ou mais de uma demanda. Busca o fundamento no direito positivo para verificar se o reclamante, em uma ação trabalhista, tem direito ao pagamento de salários atrasados, horas-extras, férias não gozadas ou até mesmo indenizações.

Muito embora a maior parte das vezes estipule em sua sentença obrigações de pagar uma quantia determinada, não se pode dizer que cada um dos componentes dessa monta tem o mesmo fundamento legal. Paga-se horas-extras trabalhadas e não previamente computadas segundo certos pressupostos factuais que não são os mesmos das indenizações por assédio moral. Isso porque as normas que tratam esses direitos são diversas, tendo pressupostos diferentes e consequências também distintas. Ainda que a obrigação imputada ao empregador seja da mesma espécie, *pagar*, não se pode dizer que são oriundas da mesma norma.

É por isso que, ao decidir, a autoridade judicial, no mais das vezes, é responsável pelos atos de aplicação de várias normas, cada uma com os seus pressupostos fácticos a demandar provas que os documentem, cada uma com regimes diversos cuja boa observância é requisito à manutenção das decisões no sistema, evitando sua reforma pelos tribunais superiores.

Pois bem, a atividade de julgar é uma atividade de pôr normas no sistema, já fundadas na concretude dos fatos provados (por isso mesmo são normas *concretas*) e dirigidas a sujeitos especificados que devem cumprir os termos precisos das relações jurídicas que a eles foram culminadas pela autoridade competente (por isso, também são essas normas *individuais*).

2.2 As três normas postas

A partir da leitura atenta do inciso VIII do art. 114 da Constituição percebe-se que a decisão trabalhista que condene ao pagamento de verbas salariais insere no sistema não apenas uma, mas pelo menos três normas individuais e concretas diversas. Assim, quando além da (1) norma que reconhece a existência de vínculo empregatício e imputar ao empregador a correspondente obrigação de pagar as verbas trabalhistas, o magistrado trabalhista ocupa-se da *execução, de ofício, das contribuições sociais previstas no art. 195, I, "a", e II, e seus acréscimos legais, decorrentes das sentenças que proferir*, insere no ordenamento (2) uma norma referente à contribuição previdenciária devida pelo empregador (art. 195, I, "a", da Constituição), e, outra, (3) cujo objeto é a contribuição devida pelo empregado (art. 195, II, da Carta).

Se por um lado, essas três normas possuem a mesma estrutura sintática, pela qual uma hipótese implica uma relação jurídica entre dois sujeitos em torno de um objeto, por outro, diferem em sua substância, ou melhor, em seu aspecto semântico. Da diferença vem a possibilidade de dividi-las em classes, estabelecendo como critério separador justamente os diferentes conteúdos semânticos que preenchem a estrutura normativa de cada uma dessas normas postas.

Na primeira, o termo antecedente é formado por um vínculo trabalhista e o desempenho da atividade laboral, é devido à existência dele que paga-se as verbas trabalhistas. Aqui, a quantia que forma o objeto da obrigação é devida diretamente pelo empregador ao empregado, ou, ao contrário, por este àquele.

Já na segunda e terceira normas, o termo antecedente é formado, respectivamente, pelo ato de *pagar* e *receber salário*. É por essa condição (e nenhuma outra) que é imputado ao empregador e ao empregado o dever jurídico de contribuir para a previdência social. Nessas normas o sujeito ativo, aquele que é o titular da pretensão jurídica não é o magistrado trabalhista, mas a União, que receberá o montante arrecadado para o custeio de seu sistema de seguridade social. Esta peculiaridade da relação jurídica desenvolvida é fundamental para o desenvolvimento do raciocínio sobre prescrição e decadência e, portanto, merece destaque: *a quantia devida a título de contribuição previdenciária patronal não pertence ao Juiz, nem mesmo ao trabalhador, mas sim à União*.

Percebe-se que a contribuição previdenciária, ainda quando recolhida de ofício pelo juízo, não perde as características que fazem dela tributo, nos moldes do art. 3º do Código Tributário Nacional: é (1) prestação pecuniária; (2) compulsória; (3) em moeda; (4) que não constitui sanção por ato ilícito; (5) instituída pela Lei 8.212/1991; e, (6) cobrada mediante atividade plenamente vinculada. Trata-se, pois, de normas individuais e concretas tributárias postas pelo juízo trabalhista no momento de sua decisão, constituindo a obrigação do empregado e do empregador de pagar as contribuições previdenciárias decorrentes do pagamento e recebimento de verbas salariais.

Assim, é possível identificar, em toda a decisão trabalhista que condene ao pagamento de verbas salariais, (a) normas trabalhistas, às quais deve-se aplicar o regime formado pelas normas já estudadas nos quadrantes do Direito do Trabalho; e, (b) normas tributárias que devem ser submetidas a todos os dizeres legais que disciplinam essa atividade arrecadatória. A clareza dessa distinção é passo fundamental na condução do raciocínio jurídico que aqui se empreende.

3. Fenomenologia da incidência tributária e os institutos da decadência e prescrição

3.1 Brevíssima nota sobre a incidência das normas tributárias

A redação do Código Tributário Nacional (CTN) e de boa parte da doutrina tributarista mais antiga está inspirada pela premissa segundo a qual a incidência das normas jurídicas dá-se de maneira automática e infalível, independentemente da ação humana. Ao homem, cabia apenas declarar aquilo que pelo direito, já incidiu.

É possível partir de premissa diversa, pela qual a incidência é um trabalho humano de produzir novas normas a partir de outras vigentes, como faço neste texto inspirado pelo trabalho de Paulo de Barros Carvalho.[1] Fazer incidir, portanto, equivale a aplicar o direito.

Sendo assim, não bastará a simples ocorrência de uma situação descrita na norma geral e abstrata que descreve o tributo: é preciso que, na linguagem própria do direito, sejam produzidos os elementos probatórios do fato jurídico tributário e a ele seja contraposta a obrigação de um sujeito pagar uma determinada quantia ao Fisco. Só com a produção desse ato surgirá, para o direito, a norma individual e concreta com a correspondente obrigação tributária e o seu crédito.

3.2 Espécies de normas individuais e concretas tributárias

As normas individuais e concretas tributárias desempenham, portanto, papel fundamental na tradução, em termos individuais e concretos, dos comandos postos na norma geral e abstrata. À norma individual e concreta própria dos tributos o CTN chamou *lançamento*.[2] E discorrendo sobre ele, identificou três modalidades: (a) o *lançamento de ofício*, levado a cabo pela administração pública que, sem exigir qualquer informação adicional do contribuinte, apenas notifica o contribuinte para o pagamento; (b) o *lançamento por declaração* no qual o contribuinte presta informações ao Fisco que, de posse delas, formula o lançamento e notifica o contribuinte para o pagamento e; (c) o *lançamento por homologação*, pelo qual o contribuinte recebe a atribuição de produzir, ele mesmo, a norma individual e concreta bem como realizar o pagamento do tributo devido, cabendo à administração apenas auditar este procedimento.

Essas espécies previstas no CTN quadravam-se bem à forma de constituição das normas individuais e concretas tributárias antes da Emenda Constitucional 45/2004, esgotando suas espécies. No cenário anterior, havia dois focos produtores das normas

1. Paulo de Barros Carvalho, *Direito Tributário: Fundamentos Jurídicos da Incidência Tributária*, São Paulo, Saraiva, 2011.

2. Discute-se se o chamado "lançamento por homologação", sendo feito pelo contribuinte, quadraria-se à definição estabelecida pelo próprio CTN, em seu art. 142, para *lançamento*. É por esse motivo que considero mais acertado o emprego da expressão *norma individual e concreta tributária* que empregarei no restante deste estudo.

individuais e concretas tributárias: a administração (ou quem por lei for delegado a tanto, nos casos de lançamento de ofício e por declaração) e o setor privado (no lançamento por homologação). Com a edição da referida Emenda, também o Judiciário, por meio das decisões trabalhistas, foi credenciado como foco ejetor de normas tributárias passando a cobrar, de ofício, e em nome da União, as contribuições previdenciárias decorrentes dos pagamentos salariais realizados em razão de suas sentenças.

E qual seria, dentre a tipologia do CTN a modalidade de lançamento em que melhor se quadraria a decisão trabalhista? Parece-me que é aquele *de ofício*, pois o ato que institui a cobrança não depende da prestação de declarações ou outras formalidades do contribuinte além, é claro, das provas carreadas aos autos. Estabelecer essa referência importa na medida em que a cada tipo de lançamento, a legislação prevê regras diversas para a contagem dos prazos de decadência e prescrição.

É oportuno relembrar o papel protocolar dessa decisão, pois é ela quem põe a norma individual e concreta tributária no mundo jurídico. Antes de formalizada na decisão a relação jurídica tributária simplesmente não existe obrigação que possa ser exigida, especificamente, desse empregador.

3.3 Decadência, prescrição e a norma individual e concreta

A doutrina civilista, com muita seriedade construiu os conceitos de prescrição e decadência. Dessa forma, descreveram criticamente os enunciados da legislação civil formulando algumas proposições que logo se arraigaram no "senso comum teórico" dos juristas brasileiros que, de tão repetidas, passaram a ser consideradas por muitos na doutrina e jurisprudência como verdades absolutas. Proposições como "*a decadência não admite suspensão nem interrupção*" passaram a ser aceitas sem maiores contestações, como se a circunstância do direito tributário ser um "direito de superposição" implicasse submissão hierárquica em relação ao direito civil.

Contudo, se o direito positivo é conjunto de normas jurídicas válidas em certas condições de tempo e espaço, deve-se lembrar que também a delimitação de seus conceitos faz-se por meio de normas. Não pode a Ciência, por meio do discurso científico, fazer mais que descrevê-lo criticamente. Em outras palavras: muda-se no direito mudando as normas e não a doutrina.

Em direito tributário as normas de decadência e de prescrição tomam contornos próprios, que distam, em alguns pontos, das normas de decadência e de prescrição do direito civil. Para conhecê-los, é necessária a incursão aos textos normativos que disciplinam a figura dos tributos, em especial o Código Tributário Nacional que, desempenhando a atribuição outorgada pelo art. 146, III, "b", da Constituição, disciplina a prescrição e decadência em seus arts. 173 e 174.

Para o direito tributário, a decadência diz respeito ao lapso entre a ocorrência do evento descrito na norma geral e abstrata e a produção da norma individual e concreta que insere no mundo jurídico a obrigação tributária. Diz respeito, no lançamento de ofício ou por declaração, ao direito do sujeito ativo de formular a norma de lançamento e, no lançamento por homologação, ao direito do sujeito ativo de produzir a norma individual e concreta tributária quando o sujeito passivo não o fez.

Percebe-se que, para a contagem da decadência importa saber: (1) quando ocorreu o *evento* que serve à produção da norma individual e concreta; (2) o momento em que é produzida a norma individual e concreta protocolar do fato jurídico tributário e do surgimento da obrigação tributária. A distância entre esses marcos, consideradas as regras especiais dos arts. 173 e 150, § 4º, do CTN, não poderá superar cinco anos. O efeito programado para a decadência pela legislação tributária é o de *impedir a constituição do crédito tributário* e, consequentemente, também da obrigação que tem no crédito um de seus elementos indispensáveis.

Já a prescrição, tratada no art. 174 do Código institui que "*A ação para a cobrança do crédito tributário prescreve em cinco anos, contados da data da sua constituição definitiva*". O intervalo prescricional é contado da *data da constituição definitiva*, isto é, da produção da norma individual e concreta tributária que inaugura a exigibilidade do tributo. Obedecidas as regras que interrompem a contagem do intervalo também de cinco anos (art. 174, parágrafo único). O efeito produzido com o decurso do prazo é afeta o direito de ação, mas conta com uma importante peculiaridade que a diferencia do conceito civilista: segundo o art. 156, V, do CTN, é efeito da prescrição não apenas impedir a propositura da ação, mas também *extinguir o crédito tributário* e a correspectiva obrigação.

Resumidamente: até a constituição da norma individual e concreta, corre o lapso decadencial, de cinco anos, contado a partir do primeiro dia do exercício seguinte à data do evento; após a produção da norma individual e concreta corre o lapso prescricional, que será contado até a ocorrência de uma das hipóteses do parágrafo único do art. 174 ou do art. 8º, § 2º, da Lei 6.830/1980, que disciplina as ações de execução fiscal.

3.4 O problema do cômputo dos prazos decadencial e prescricional tributários nas decisões trabalhista

Ponto importante que firmamos é que, de acordo as normas que regem as relações jurídicas tributárias, o prazo decadencial conta-se do evento até a produção da norma individual e concreta. A prescrição, por sua vez, trata da exigibilidade dessa norma e, portanto, é contada a partir de sua produção.

Transpondo essas considerações para a decisão do juízo trabalhista, percebe-se que a norma individual e concreta é posta apenas pelo magistrado: antes dela, portanto, não há obrigação tributária devendo ser contado o prazo decadencial do evento tributário até ela. Quanto ao prazo prescricional, descabe falar de prescrição nos moldes do art. 174 do CTN, justamente porque o Estado-juiz já está exigindo o crédito tributário, inclusive, dispondo dos meios executivos para ver satisfeita a pretensão.

Se a interpretação apressada pode sugerir que o termo inicial do lapso decadencial é o dia em que seria devido o salário ao empregado (se tratar-se da contribuição previdenciária devida pelo empregador) ou que este deveria tê-lo recebido (quando se trate da contribuição pelo trabalhador), deve-se lembrar que o fato jurídico que pode desencadear a cobrança do tributo é o *pagamento ou creditamento* de salário.

Assim, não basta a situação de ser, potencialmente, *devedor* ou *credor* para legitimar a produção da norma individual e concreta tributária, mesmo porque não se podem tributar fatos geradores cuja ocorrência não se tenha verificado:[3] é preciso que exista o pagamento, juridicamente documentado, de salário. O lapso decadencial da contribuição previdenciária deve transcorrer não a partir do vínculo, mas da data do pagamento que, na situação analisada, acontece simultaneamente à produção da norma individual e concreta.

Dessa forma, em que reúnem-se em um mesmo documento e mesmo instante: (1) a construção da relação jurídica trabalhista que obriga ao pagamento de salário; (2) a construção da norma individual e concreta tributária que, documentando a obrigação de pagar salário, imputa a obrigação de pagar o tributo correspondente; e, (3) a execução judicial dessa contribuição, descaberia falar

3. A única exceção admitida pelo ordenamento jurídico brasileiro seriam os casos em que, nos tributos incidentes sobre uma cadeia produtiva, como o ICMS e IPI, seja determinado por Lei que na base de cálculo do tributo devem computar-se os fatos geradores presumidos, de ocorrência futura. A previsão para tanto encontra-se no art. 150, § 7º, da Constituição.

na aplicação de decadência e prescrição tributárias.

4. Da prescrição trabalhista e seus reflexos na formação da obrigação tributária

Isso, no entanto, não quer dizer que a cobrança dessas contribuições esteja ilimitada, no tempo, pelo direito positivo brasileiro. Firme na premissa de que a base de cálculo autorizada pela Constituição para a instituição da contribuição patronal consiste no salário *pago ou creditado*, é preciso voltar a atenção para como as disposições sobre prescrição, incidentes sobre a norma individual e concreta trabalhista, podem limitar esse montante.

4.1 A prescrição trabalhista

Os limites da prescrição à constituição de normas individuais e concretas trabalhistas pela Justiça do Trabalho têm por fundamento o texto da Constituição da República que enuncia os prazos expressamente em seu art. 7º, inciso XXIX, limitando o alcance da ação, *quanto aos créditos resultantes das relações de trabalho, com prazo prescricional de cinco anos para os trabalhadores urbanos e rurais, até o limite de dois anos após a extinção do contrato de trabalho*.

Percebe-se a referência a dois lapsos, de dois e cinco anos, que entrelaçam-se na composição da regra que trata da prescrição na elaboração das normas individuais e concretas trabalhistas. Segundo Maurício Godinho Delgado, a Constituição teria "(...) apenas ampliado o velho prazo celetista de dois para cinco anos, limitado ao biênio, após a ruptura do contrato, o prazo para protocolo de qualquer ação relativa ao pacto empregatício. Ou seja, a prescrição seria quinquenal, contada do protocolo da ação, independentemente de estar ou não extinto o contrato; já o prazo bienal passaria a atuar desde que houvesse a extinção do pacto, fluindo, porém concomitantemente com o lapso quinquenal".[4]

O ajuizamento de reclamação, portanto, poderia ser feito até dois anos da data em que foi encerrado o contrato de trabalho, seu objeto, isto é, as verbas sobre as quais poderia tratar estariam limitadas ao período de cinco anos pretéritos, não podendo a decisão judicial, salvo em casos excepcionais,[5] obrigar o empregador ao pagamento de verbas referentes a intervalo temporal diverso.

4.2 A prescrição trabalhista e a base de cálculo da contribuição patronal

Ao restringir temporalmente o alcance do pleito que pode ser levado à Justiça do Trabalho, o ordenamento jurídico brasileiro limita também a extensão das verbas que podem ser juridicamente constituídas e exigidas no corpo de uma decisão judicial de reclamação trabalhista, circunscrevendo, também com empecilhos cronológicos, aquilo que pode ser considerado salário.

Deve-se relembrar que será objeto de execução, segundo o art. 114, VIII, da Constituição, somente a contribuição patronal, tendo por base de cálculo o salário *pago ou creditado* que tenha sido positivado pela decisão da Justiça do Trabalho. Com isso, é possível afirmar que, se houve pressuposto para a incidência da contribuição previdenciária sobre valores outros que não aqueles de que especificamente tratou a decisão, não cabe à Justiça do Trabalho promover sua execução.

A base de cálculo da contribuição previdenciária patronal que será constituída e exigida pela decisão trabalhista deve refletir o montante ao qual está obrigado o empre-

4. Maurício Godinho Delgado, *Curso de Direito do Trabalho*, 10ª ed., São Paulo, LTr, 2011, p. 253.

5. É essa a situação dos menores que, de acordo com o disposto no art. 440 da CLT, não são afetados pela prescrição.

gador ao pagamento de *salário*. Nada a menos, nada a mais.

Dessa maneira, é possível registrar que a prescrição trabalhista interfere na formação do crédito tributário das contribuições previdenciárias na medida em que possibilita – ou impossibilita – a formação do fato jurídico *salário*, que serve de pressuposto e base de cálculo para essas exações. Sem ele, ainda que subsista o direito ao pagamento de verbas indenizatórias (não salariais), não haverá lugar para a imposição do tributo.

5. Multas e juros moratórios

5.1 Sobre a definição de mora a incidência das normas jurídicas que imputam suas consequências

Multas moratórias e juros de mora têm em comum a necessidade de caracterização, no plano fáctico jurídico, daquilo que se chama *mora*. Trata-se de conceito melhor trabalhado pela doutrina dedicada ao estudo do direito civil e que, na sua caracterização, transborda para outros setores do estudo do direito.

Já foi feita a advertência linhas atrás, quando tratou-se do exame das noções de prescrição e decadência no estudo do Direito Civil e do Direito Tributário, mas é oportuno reiterar que as disposições específicas de um ou outro conjunto de normas devem ser observadas na transposição de conceitos. Com isso, não se quer dizer ser impossível essa operação, mas que deve atentar-se às peculiaridades que cada panorama normativo impõe quando for chegado o instante de, seguindo a causalidade jurídica, imputar a consequência prescrita na norma.

Pois bem, sobre o fato jurídico mora, é assente a noção na doutrina civilista de que "*haverá mora no caso em que a obrigação não tenha sido cumprida no lugar, no tempo, ou na forma convencionados, subsistindo, em todo caso, a possibilidade de cumprimento*".[6]

Se retivermos a observação de que fato jurídico a que chamamos *mora* tem por objeto: "O que não se adimpliu ou o que recusou se põe em retardo, se atrasa, e esse escorrer de tempo, essa demora, em que se pode prestar e não se presta, ou em que se pode receber e não se recebe, é o tempo da mora; por abreviação, mora".[7]

Será possível afirmar que integram a significação da expressão "mora" no direito brasileiro, necessariamente, os seguintes dois traços: (i) a existência de uma conduta, especificada em termos individuais e concretos, juridicamente exigível; e, (ii) decurso de tempo legalmente estabelecido em que não se verifique o adimplemento.

Uma vez verificado o inadimplemento da conduta exigível – o pressuposto à incidência das normas que imputam efeitos a mora – só então poderá uma autoridade competente expedir a norma que imputará, em termos individuais e concretos, a relação jurídica punitiva ao sujeito que não tenha satisfeito a obrigação. No direito tributário, essas relações decorrem de duas normas: a norma jurídica que estipula a chamada "multa moratória" e as que imputam os "juros moratórios" (art. 161, CTN).

5.2 Há mora pelo inadimplemento da contribuição previdenciária na execução de ofício promovida pela Justiça do Trabalho?

Considerando o quanto foi exposto sobre a incidência tributária e o papel protocolar que tem a decisão judicial na formação da (1) obrigação de pagar salário, que consiste no fato jurídico causa da (2) relação jurídica tributária, é correto afirmar que, até o momento da sentença, não existe obrigação,

6. Agostinho Alvim, *Da Inexecução das Obrigações e suas Consequências*, 1972, p. 7.

7. Francisco Cavalcanti Pontes de Miranda, *Tratado de Direito Privado*, vol. XXIII, p. 117.

em termos individuais e concretos, de recolhimento do tributo. Em outras palavras, se até o momento em que é proferida a decisão não existe sequer certeza de que são devidas verbas salariais, nada pode-se afirmar sobre o ser devido – ou não sê-lo – a contribuição previdenciária a ela correspondente.

Levando em conta que a obrigação tributária de pagar a contribuição surge apenas com o *pagamento* ou *creditamento* de salário e que tais ocorrências somente impõem-se no ordenamento jurídico com a produção da decisão judicial trabalhista, não se verifica, até o decurso do prazo legal para cumprir a determinação do juízo trabalhista, o inadimplemento da prestação tributária e, logo, a mora no pagamento da contribuição.

Deve-se lembrar, respeitando a premissa de que se trata de relações com regulamentos distintos, que isso não implica dizer que, ao empregado não sejam devidos juros moratórios sobre o montante de salário e indenizações que tenha por receber. No seio da relação trabalhista, a obrigação de pagar os vencimentos e cumprir as condições de trabalho cujo desrespeito possa acarretar indenização, têm previsão, já em termos individualizados, no contrato de trabalho.

Isso não ocorre com as normas individuais e concretas tributárias, que carecem da produção de um expediente próprio realizado pela administração fiscal (no caso de lançamento de ofício ou lançamento por declaração), pelo contribuinte (lançamento por homologação) ou, excepcionalmente, pelo Judiciário (precisamente nos casos em que a Justiça do Trabalho o faz, com fundo no art. 114, VIII, da Constituição). Pelo tempo em que falte essa norma individual e concreta, o contribuinte vê-se impossibilitado de cumprir a obrigação tributária pela sua inexistência.

5.3 Da impossibilidade de inclusão dos juros moratórios incidentes sobre os salários na base de cálculo das contribuições previdenciárias

Vimos de ver que uma coisa é a mora decorrente do inadimplemento da obrigação de pagar verbas salariais, outra é a mora que tem por suposto o descumprimento da obrigação tributária, e porque, nas execuções de ofício que promove a Justiça do Trabalho no exercício da competência a ela imputada pelo art. 114, VIII, da Constituição, tem lugar apenas a primeira. Resta inquirir se a reparação pela mora do empregador em pagar os salários pode ser computada no montante que servirá de base de cálculo à contribuição previdenciária que será exigida pelo Judiciário Trabalhista.

Mais uma vez, penso que é mais consistente a resposta pela negativa.

Isso porque a Constituição autoriza o legislador a instituir a contribuição patronal apenas sobre o pagamento ou creditamento de salários e demais rendimentos do trabalho. Ora, a imposição de juros moratórios não decorre do esforço do trabalhador, deriva do inadimplemento da obrigação de pagar salário, é uma *reparação* pela indisponibilidade do capital que deveria, ao tempo certo, ser entregue ao trabalhador, é justamente por isso que também chama-se a esse tipo de juros de *indenizatórios*.[8]

Portanto, porque indenizatórios,[9] assim como deve excluir-se do cálculo da contribuição previdenciária devida a parcela referente a indenização paga ao trabalhador, deve-se também retirar do cômputo desse tributo o montante de juros moratórios incidentes sobre as verbas salariais.

6. Correção monetária

A correção monetária no direito tributário incide a partir do momento em que seria

8. Maria Helena Diniz assim os chama, separando-os dos juros *remuneratórios*, que, sendo sempre *convencionados*, constituem o "preço do *uso* do capital alheio", derivando portanto de ato lícito (Maria Helena Diniz, *Curso de Direito Civil*, vol. 2, São Paulo, Saraiva, 2003, p. 369 – grifei).

9. Nesse sentido confira-se a jurisprudência do STJ: "Atraso no cumprimento da obrigação. Juros de mora. Incidência do Imposto sobre a Renda. Inocorrência" (STJ, 2ª T., REsp 727.944-SE, rel. Min. Francisco

devido o tributo, isto é, com o vencimento da obrigação prescrita na norma individual e concreta. Ocorre que, segundo a fenomenologia da incidência tributária, conforme descrito páginas atrás, no exercício da competência do art. 114, VIII, da Constituição, a decisão trabalhista, simultaneamente, põe no ordenamento jurídico: (a) a obrigação de pagar salário; (b) a obrigação de pagar o tributo; (c) os comandos normativos necessários à execução de ofício destas duas normas.

Percebe-se que, quando cumpre-se os comandos do juízo trabalhista sem demora, a respeito da norma tributária, não há a formação do fato jurídico moratório, porque a norma individual e concreta que põe no sistema obrigação de pagar o tributo somente passa a existir no mesmo instante em que se promove a execução.

Não acontece o mesmo com a verba salarial: esta já possui norma individual posta no sistema que documenta e instaura a obrigação particularizada de pagar o salário, isto é, o contrato de trabalho. Sendo assim, há já a mora que, caracterizada, obriga à correção monetária dos valores devidos a título de salário.

Justamente porque não há atraso do tributo, mas só do salário, que se deve corrigir apenas este, segundo as tabelas empregadas pelos foros trabalhistas, que prescrevem o reajuste segundo a TR (Taxa Referencial) e não pela taxa do Sistema Especial de Liquidação e de Custódia (SELIC), como acontece com os créditos tributários.

No entanto, diferentemente do que ocorre com os juros moratórios, que servem de indenização, a correção monetária apenas traz a valor presente aquilo que era devido antes, não se trata de acréscimo, mas de simples atualização. Com isso, parece ser correto afirmar que o montante acrescido ao total das verbas salariais a título de correção monetária deve integrar a base de cálculo da contribuição previdenciária.

7. Prescrição intercorrente

Não é novo o debate a respeito da aplicabilidade ou não da prescrição intercorrente. Se em sua Súmula, o Tribunal Superior do Trabalho tem o Enunciado n. 114, que define que "*É inaplicável na Justiça do Trabalho a prescrição intercorrente*", o Supremo Tribunal Federal produziu a Súmula 327: "*O direito trabalhista admite a prescrição intercorrente*".

Sobre esse tema, são diversificados também o posicionamento dos estudiosos do Direito do Trabalho, mas é certo que o fundamento do posicionamento levado a cabo no Enunciado 114 da Súmula do TST foi produzido em consonância com o princípio da proteção do empregado, parte mais fraca nas relações de trabalho.

Lembrando a premissa fixada no item 2.2 deste trabalho, segundo a qual há, entre as normas postas pela decisão da Justiça do Trabalho, ao menos, dois grupos, com regimes jurídicos diversos: (a) normas individuais e concretas trabalhistas; e, (b) normas individuais e concretas tributárias. Às primeiras, aplicam-se as disposições que devem reger as relações de trabalho; às segundas, a legislação própria do exercício da atividade tributante, inclusive às executórias.

Nesse ponto, convém ressaltar que a Lei de Execuções Fiscais, Lei 6.830/1980, traz em seu art. 40, § 4º, a seguinte disposição: "*Se da decisão que ordenar o arquivamento tiver decorrido o prazo prescricional, o juiz, depois de ouvida a Fazenda Pública, poderá, de ofício, reconhecer a prescrição intercorrente e decretá-la de imediato*". Deve-se lembrar ainda que o Código de Processo Civil, de aplicação subsidiária à Lei de Execuções Fiscais, em seu art. 219, § 5º, prescreve que "*O juiz pronunciará, de ofício, a prescrição*".

Assim, ainda que se entenda ser "inaplicável a prescrição intercorrente na Justiça

Peçanha Martins, *DJ* 26.4.2006) e ainda "Imposto de Renda. Não incidência sobre os juros moratórios. Verbas indenizatórias" (STJ, 1ª T., REsp 675.639-SE, rel. Min. Luiz Fux, *DJ* 13.2.2006).

do Trabalho", os motivos para que assim se decida não estão presentes quando o objeto da execução não sejam verbas devidas ao empregado, mas sim ao Fisco, em relação jurídica tributária e não trabalhista.

8. Para Concluir

Quero insistir na ideia de que a maior parte dos problemas com que se vem deparando os intérpretes do direito no exercício desta nova competência outorgada à Justiça do Trabalho pela Emenda Constitucional 45/2004 deve-se à incompreensão de que se trata de normas jurídicas diversas: as trabalhistas e as tributárias. A cada uma, corresponde regimes jurídicos diversos cujas diferenças não podem ser ignoradas pelo Juízo Trabalhista

Passo a enumerar aquelas que, parecem-me, são as principais consequências dessa separação a respeito do tema que me propus a tratar no início deste texto:

1. No exercício da competência da Justiça do Trabalho para executar, de ofício, as contribuições sociais previstas no art. 195, I, "a", e II, ocorrem, simultaneamente, os momentos em que (a) acontece o "fato gerador" da contribuição previdenciária, (b) constitui-se a norma individual e concreta tributária que documenta essa incidência, e, (c) é promovida sua execução judicial.

2. Essa situação faz com que, inexistindo intervalos entre esses instantes normativos, sejam inaplicáveis as disposições de prescrição e decadência instituídas no CTN.

3. Há, no entanto, a aplicação das disposições constitucionais sobre a prescrição trabalhista que, ao delimitar o quanto de verbas salariais poderá ser exigido juntamente ao Poder Judiciário, influenciam na composição das verbas salariais e, logo, da base de cálculo do tributo devido.

4. Tratando-se de relação entre o Fisco e o Contribuinte, a despeito do Enunciado 114 da Súmula do TST, prescrição intercorrente é aplicável.

5. Porque a norma individual e concreta tributária surge no mesmo instante em que é executada, não há a produção do fato jurídico denominado mora e, logo, não há a incidência de juros moratórios e correção monetária sobre o tributo.

6. Há, no entanto, a incidência desses acréscimos sobre o salário, que deve ser atualizado monetariamente e ao total devido deve ser ainda adicionado os juros moratórios.

7. As contribuições previdenciárias de que trata o art. 114, VIII, da Constituição, tendo o salário por base de cálculo, não podem ter, em sua base de cálculo, o montante devido pelo empregador a título de juros moratórios.

8. A correção monetária devida pelo empregador deve compor a base de cálculo do tributo.

Referências

ALVIM, Agostinho. *Da Inexecução das Obrigações e suas Consequências*. 1972.

CARVALHO, Paulo de Barros. *Curso de Direito Tributário*. São Paulo: Saraiva, 2011.

______. *Direito Tributário, Linguagem e Método*. São Paulo: Noeses, 2011.

______. *Direito Tributário – Fundamentos Jurídicos da Incidência*. São Paulo: Saraiva, 2011.

DELGADO, Mauricio Godinho. *Curso de Direito do Trabalho*. São Paulo: LTr, 2011.

DINIZ, Maria Helena. *Curso de Direito Civil*. vol. 2. São Paulo: Saraiva, 2003.

GAMA, Tácio Lacerda. *Competência Tributária – Fundamentos para uma Teoria da Nulidade*. São Paulo: Noeses, 2011.

IVO, Gabriel. *Norma Jurídica – Produção e Controle*. São Paulo: Noeses, 2006.

LINS, Robson Maia. *Controle de Constitucionalidade em Matéria Tributária. Decadência e Prescrição*. São Paulo: Quartier Latin, 2005.

OST, François. *O Tempo do Direito*. Bauru: EDUSC, 2005.

PONTES DE MIRANDA, Francisco Cavalcanti. *Tratado de Direito Privado*. vol. XXIII. Rio de Janeiro: Borsoi, 1954.

SCHIAVI, Mauro. *Manual de Direito Processual do Trabalho*. São Paulo: LTr, 2011.

VILANOVA, Lourival. *Causalidade e Relação no Direito*. São Paulo: Ed. RT, 2000.

_______. *Estruturas Lógicas e o Sistema de Direito Positivo*. São Paulo: Noeses, 2005.

CADERNOS DE DIREITO TRIBUTÁRIO

CRISE NA CLASSIFICAÇÃO DOS TRIBUTOS

FERNANDO GOMES FAVACHO

Doutorando e Mestre em Direito do Estado pela PUC/SP.
Coordenador do Instituto Brasileiro de Estudos Tributários em Belém/PA.

Introdução. 1. No plano lógico das classificações: 1.1 Classificações não são certas ou erradas. 1.2 Toda regra tem exceção. A exceção confirma a regra. 2. Na classificação dos tributos: 2.1 O conceito de tributo do CTN foi constitucionalizado pela CF/1988; 2.2 Impostos não podem ter arrecadação vinculada (art. 167, IV); 2.3 Contribuições devem ter arrecadação vinculada. Conclusões. Referências bibliográficas.

Não a dúvida, a certeza é que enlouquece.
FRIEDRICH NIETZSCHE

Introdução

Os tributaristas nacionais, talvez influenciados pelo magno ofício da advocacia – e sua paralela necessidade de encontrar princípios e garantias constitucionais ao poder de tributar – acabaram achando, a nosso ver, limites onde não haviam. De fato, dado que a União "descobriu" o mais fácil e rentável caminho para a arrecadação – as contribuições sociais, cresceu o sentimento nos defensores do patrimônio particular a esperança de que o Judiciário (e por que não dizer toda a consciência jurídica pátria) atentasse para certas verdades que, com o tempo, tornaram-se insofismáveis, ao menos quanto à doutrina.

No plano lógico das classificações, encontramos que *Classificações não são certas ou erradas; Toda regra tem exceção. A exceção confirma a regra.* E na classificação dos tributos: *O conceito de tributo do CTN foi constitucionalizado pela CF/1988; Impostos não podem ter arrecadação vinculada; Contribuições devem ter arrecadação vinculada; As contribuições sociais são impostos com destinação específica.*

O objetivo do texto[1] é reavaliar tantas doutas afirmações sobre este tema que representa o mapa inicial do aspirante a tributarista, qual seja, a definição do conceito de tributo e

1. Este artigo foi possível graças a pesquisa de Pedro Igor Serra Pinheiro de Sousa, estudante de Direito na UFPA, aos comentários de Michel Haber Neto, Mestre pela USP, e aos brilhantes alunos do IBET-Goiânia. Algumas ideias (item 1) já foram parcialmente expostas no nosso *Definição do Conceito de Tributo* (Ed. Quartier Latin, 2011), outras (item 2) por vários momentos reveem, contraditoriamente, o que fora escrito naquele livro.

a classificação das espécies tributárias. Explicaremos nos parágrafos que seguem, sucintamente, o porquê destes vícios doutrinários prejudicarem a compreensão do assunto.

1. No plano lógico das classificações

1.1 Classificações não são certas ou erradas

Proposição em debate: A completa afirmação foi difundida através da obra do administrativista Augustín Gordillo: *não há classificações certas ou erradas, mas classificações mais úteis ou menos úteis*.[2]

Dentre os autores que se utilizam da assertiva estão Roque Antonio Carrazza: "Frisamos, com Augustín Gordillo, que não há classificações certas ou erradas, mas classificações mais úteis e menos úteis (...). Em suma, as classificações (tanto quanto as definições) não importam por seu *valor lógico*, mas por seu *valor operativo*. Noutras palavras, não conta sejam 'verdadeiras' ou 'exatas', mas 'úteis' e 'oportunas' para entender os temas em estudo".[3]

Crítica à proposição: A crítica nacional sobre esta assertiva, no Direito Tributário, veio de Eurico Marcos Diniz de Santi.[4] Diz o autor que, baseado na obra do jusfilósofo argentino Genaro R. Carrió *Notas sobre o Direito e a Linguagem*, por sua vez embebida de John Hospers em *An Introduction to Philosophical Analysis*, parte da doutrina nacional simplesmente adotou a afirmação, que poderia caber às ciências do ser (com as naturais), mas não às classificações jurídicas. O critério da utilidade, por não ser jurídico, não poderia ser aplicado nem na Ciência do Direito, nem no direito positivo, posto que toda classificação deverá levar em conta elementos jurídicos. E completa dizendo:

"E quanto à 'utilidade'? A utilidade não é critério jurídico. Seja como for, em discurso não científico é admissível classificar as proposições descritivas verdadeiras como úteis ou inúteis. Mas não sem advertir que o critério da utilidade da classificação é, juridicamente, inútil para a Ciência do Direito em sentido estrito".[5]

Para Eurico de Santi, as classificações não são *úteis ou inúteis*, ao menos quando tratamos *de direito ou de Direito*. Posto o problema, vamos às nossas observações, que devem se iniciar na Lógica.

Estudar Lógica é adentrar um poderoso instrumento que enumera, delimita, diminui a vagueza e ambiguidade dos termos e que pode solucionar problemas de classificação e de interpretação. É um sistema de significações com regras sintáticas rígidas e um plano semântico em que seus signos apresentam convencionalmente um único sentido. Como ciência, tem como objeto o pensamento humano e como método a formalização dos juízos. Ao dominar a lógica e ao saber a função deste instrumental no conhecimento, o jurista terá um valioso método para verificar a validade do raciocínio jurídico, além de apontar características e contradições no ordenamento.

Vários ramos da Lógica interessam ao jurista. Frisaremos aqui a enorme importância do estudo da Lógica das Classes, tanto para a definição do conceito de tributo quanto para conhecer quais normas irão reger uma específica relação jurídico-tributária – pois dependem da *classe* em que o tributo está inserido.

Também chamada de Lógica dos Predicados, Lógica dos Termos e, ainda – como uma disciplina independente na Matemática –, Teoria Geral dos Conjuntos, é a parte da Lógica que trata do conceito e propriedades

2. *Tratado de Derecho Administrativo*, vol. I, pp. I-11. Tradução livre.

3. *Curso de Direito Constitucional Tributário*, p. 506.

4. Cf. *Decadência e Prescrição no Direito Tributário*, pp. 84 a 86.

5. "As classificações no sistema tributário brasileiro", in *Justiça Tributária*, p. 131.

gerais das classes.[6] Por compreender "o estudo da composição interna dos enunciados simples e, dentro deles, a análise dos termos sujeito e predicado",[7] é de grande utilidade na investigação de definição de conceitos jurídicos.

O ato de classificar, para Cezar Mortari, é "eleger um critério, formando um conjunto que o possua e outro que não".[8] Utilizando um critério, teremos, necessariamente, duas classes: a dos objetos que o possuem e a dos que não o possuem. Expomos assim a contradição dos conjuntos. Uma classificação que não forme uma classe que possua um critério e outro que não possua não é propriamente uma classificação, mas somente uma formação de conjuntos quaisquer a partir dos elementos que se possui.

Tárek Moysés Moussallem[9] avisa que "o conceito de classe (coleção) se diferencia do conceito de coletividade (denotação)", pois esta é apenas a coletividade dos membros, nunca podendo ser vazia. Quanto à classe, pode perfeitamente não possuir elementos. A classe dos Tributos Extraordinários de Guerra existe, independente de não existir, até hoje, nenhum tributo extraordinário de guerra.

Uma classificação correta não permite que um mesmo elemento pertença a duas subclasses diferentes. Pois serão, então, objetos diferentes. Assim, também, os membros das duas classes resultantes devem excluir-se mutuamente, e a soma dos elementos destas subclasses devem "recompor" a classe superior.

Na Lógica, é ilimitada a capacidade de classificarmos – é possível enquanto encontrarmos uma diferença específica para fazermos uma nova divisão. Empiricamente, classificar é uma questão de conveniência. As classificações, ainda que possam ser valoradas como úteis ou inúteis, importam em especial no seu valor lógico – é dizer, são corretas, verdadeiras. A dogmática, pensada como saber prático, se classifica, sim, pela *utilidade*, mas não é isso que condiciona a verdade ou falsidade de nenhuma afirmação científico-jurídica.

Em suma, a depender do código binário aplicado ao dado conhecimento, teremos: para o direito positivo, serão válidas ou não válidas, para a Ciência do Direito, serão verdadeiras ou não verdadeiras, e para cortes metodológicos outros, úteis ou não úteis. Mas, dada a preponderância da Lógica na organização do pensamento, todas irão falhar se não atentarmos aos rigores do certo/não certo.

Consequências quanto a proposição criticada: uma classificação logicamente errada pode levar a distorções de aprendizado (Ciência do Direito) e de julgado (direito positivo).

No primeiro caso, vemos a classificação de Régis Fernandes de Oliveira,[10] quanto à Classificação dos Ingressos Públicos (esquema na página seguinte).

O autor utiliza dois critérios: a periodicidade e a origem. Sobre o primeiro, há receitas que ingressam regularmente (ordinariamente) nos cofres públicos e outras que ingressam extraordinariamente (CF, art. 154, II). Em relação à origem, que é critério jurídico, vê-se que as receitas podem ser *originárias*, *derivadas* e *transferidas*.

Entendemos que o critério da periodicidade (*movimentos de caixa* ou *receitas*) não serve para o encontro da classe dos tributos, entre a totalidade dos ingressos públicos. A questão de ser mero "movimento de caixa" ou uma entrada definitiva – receita – encontra um problema: tanto as entradas definitivas quanto as com destino de saída – caso dos empréstimos compulsórios – podem ser tributárias.

6. Cf. Alfred Tarski, *Introduction to Logic and to the Methodology of Deductives Sciences*, p. 68.

7. Paulo de Barros Carvalho, *Direito Tributário, Linguagem e Método*, p. 116.

8. *Introdução à Lógica*, p. 44.

9. "Classificação dos tributos (uma visão analítica)", in *Tributação e Processo*, p. 604.

10. *Receitas Não Tributárias (Taxas e Preços Públicos)*, pp. 63-64.

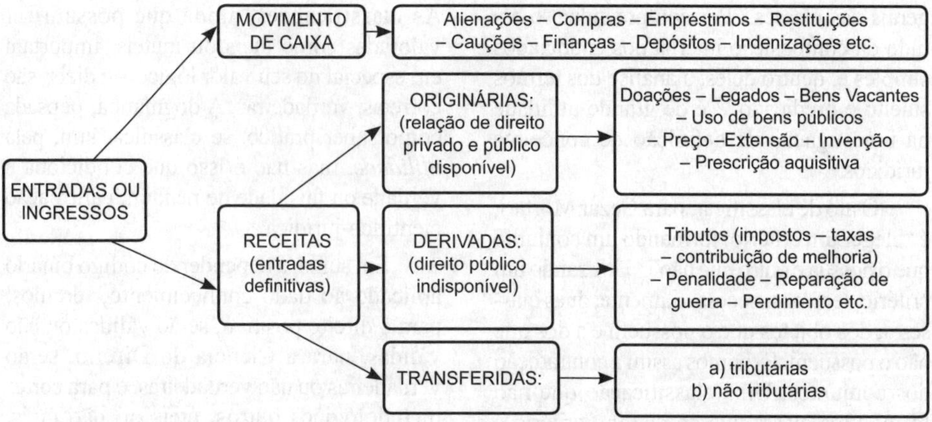

A classificação exposta contém o vício de possuir três classes (originárias, derivadas, transferidas) na mesma etapa de classificação, criando a falácia da divisão cruzada. Nas originárias há relação de "direito privado e público disponível", e nas derivadas é de "direito público indisponível". Já as "transferidas" podem ser oriundas ou não de uma relação tributária. Bem vemos que toda receita "transferida tributária", pela classificação, é necessariamente derivada. O critério "receita" não pode ser utilizado para a definição do conceito de tributo, pois mesmo um movimento de caixa (caso os empréstimos compulsórios o sejam interpretados assim) poderia ser tributário.[11]

E, no segundo caso, temos o paradigmático voto proferido pelo Ministro Carlos Mário Velloso no julgamento do RE 138.284-CE.[12] Tal julgamento, que discutia se a contribuição social sobre o lucro líquido tinha caráter tributário e necessitava ou não de lei complementar para sua instituição, serviu de *leading case* para a posição do STF de que são cinco as espécies tributárias.

"Os tributos, nas suas diversas espécies, compõem o Sistema Constitucional Tributário, que a Constituição inscreve nos seus arts. 145 a 162. (...) As diversas espécies tributárias, determinadas pela hipótese de incidência ou pelo fato gerador da respectiva obrigação (CTN, art. 4º), são as seguintes: a) os impostos (CF, arts. 145, I, 153, 154, 155 e 156); b) as taxas (CF, art. 145, II); c) as contribuições, que podem ser assim classificadas: c.1) de melhoria (CF, art. 145, III); c.2) parafiscais (CF, art. 149), que são: c.2.1) sociais, c.2.1.1) de seguridade social (CF, art. 195, I, II, III), c.2.1.2) outras de seguridade social (CF, art. 195, § 4º)" (esquema abaixo).

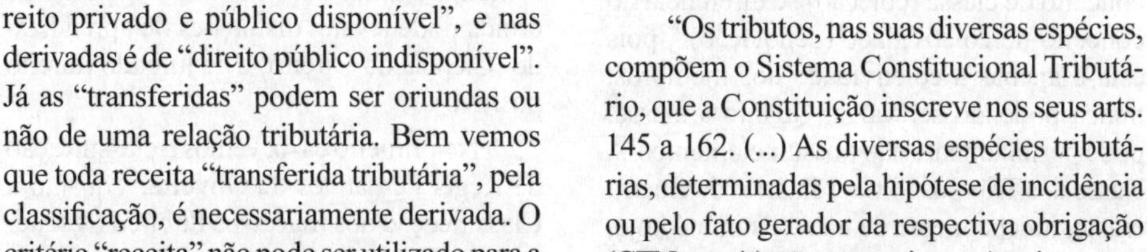

11. Sobre o assunto, interessante salientar que Aliomar Baleeiro já afirmava que no empréstimo compulsório se aplicam as disposições constitucionais relativas aos tributos e às normas de Direito Tributário. Cf. *Uma Introdução à Ciência das Finanças*, p. 579.

12. STF, Pleno, RE 138.284-CE, v.u., rel. Min. Carlos Velloso, j. 1.7.1992.

Não escapou à crítica de Tárek Moussallem[13] a utilização de somente um *fundamentum divisionis* (a hipótese de incidência) para o encontro de inúmeras classes (dentre classes e subclasses, somam oito!, sem critérios lógico-jurídicos).

A classificação exposta é errada e inútil. Se remontarmos as subclasses às classes, veremos que, com a exceção das contribuições de melhoria, todas as contribuições são "de seguridade social". Sabemos, conforme a Instrução Normativa RFB 900, de 30 de dezembro de 2008, que é vedada a compensação de créditos previdenciários com não previdenciários. Contudo, como diferenciá-las por esta classificação? Onde está o pedágio, tido como tributo pela Constituição (art. 150, V)? Seria um tributo *sui generis*? A falibilidade da classificação também se mostra com o surgimento de novos tributos constitucionalmente prescritos, como a CPMF (no ADCT, arts. 74 e 84) e também da Contribuição de Iluminação Pública (art. 149, "a").

O erro, aliás, continuou quase duas décadas depois, com o RE 573.675-0-SC, com Repercussão Geral, em 2009. E com a Emenda Constitucional 39/2002, diz-se da Contribuição de Iluminação Pública: *Tributo de caráter* sui generis*, que não se confunde com um imposto, porque sua receita se destina a finalidade específica, nem com uma taxa, por não exigir a contraprestação individualizada de um serviço ao contribuinte*.

Tratou-se, naquele julgamento do RE 138.284-CE, talvez, de uma enumeração mal feita, mas nunca de uma classificação.

1.2 Toda regra tem exceção. A exceção confirma a regra

Proposição em debate: A lista de doutrinadores que utiliza a exceção como confirmadora da regra é grande, e não só no Direito Tributário. No *Constituição Federal Comentada e Legislação Constitucional*, para justificar que o Ato das Disposições Constitucionais Transitórias – ainda que possuam enumeração autônoma – fazem parte da Constituição, Nelson Nery Junior e Rosa Maria de Andrade Nery afirmam:[14]

"Contendo as normas constitucionais transitórias exceções à parte permanente da Constituição, não tem sentido pretender-se que o ato que as contém seja independente desta, até porque é da natureza mesma das coisas que, para haver exceção, é necessário que haja regra, de cuja existência aquela, como exceção, depende".

Crítica à proposição: Esta afirmação, extremamente danosa ao estudo científico, vem do latim *exceptio regulam probat*. Isto, é claro, somente serve de argumento de autoridade. Mas a autoridade do argumento mostra que uma única exceção infirma a regra. Carl Schmitt chegara a afirmar que a virtude da exceção é que ela confirma a regra. Se assim pensássemos, a ciência não avançaria e todos os males da humanidade seriam tratados através de uma mera "maioria dos casos", que assim estaria equiparada à "regra".

Ocorre que a denotação de algo que não se encaixe em sua conotação, em verdade, forma uma nova nota que faz parte da conotação. Não se trata de criar uma exceção à regra, mas sim de ser parte da própria regra. É como dizer: "os tributos, que não o IPTU sancionatório progressivo previsto no art. 182 da CF, não constituem sanção de ato ilícito". Em qualquer regra não há exceção, não há "sui generis" – se surgir, por meio de norma hierarquicamente inferior, será ilegal, e não parte da própria regra.

E é por isso que Paulo de Barros Carvalho, ao criticar a posição de que *o exercício da competência tributária é uma faculdade*, avisa atentamente:

"Por sem dúvida que é a regra geral (...). Todavia, a exceção vem aí para solapar o caráter de universalidade da proposição: refiro-me ao ICMS. Por sua índole eminen-

13. "Classificação dos tributos: uma visão analítica", in *Tributação e Processo*, p. 627.

14. *Constituição Federal Comentada e Legislação Constitucional*, p. 719.

temente nacional, não é dado a qualquer Estado-membro ou ao Distrito Federal operar por omissão, deixando de legislar sobre esse gravame".

Consequências quanto a proposição criticada: Todas as afirmações neste texto, como todas as proposições existentes já ditas na humanidade, seriam possíveis com a escusa da "exceção que confirma a regra". Não nos esqueçamos também de que a frase é contraditória, pois no momento que se aplica a ela mesma deverão haver exceções (regras sem exceções). A abrangência da sentença será demonstrada, ainda que indiretamente, por todo o texto a seguir.

2. Na classificação dos tributos

2.1 O conceito de tributo do CTN foi constitucionalizado pela CF/1988

Proposição em debate: Para Marco Aurélio Greco,[15] a Constituição Federal não traz a definição do conceito de tributo, mas supõe um conceito prévio que é assumido como base para cada preceito, e este conceito pressuposto é aquele previsto no CTN.

Crítica à proposição: Estevão Horvath[16] entende que o conceito do Código Tributário Nacional "coincide" com o conceito constitucional de tributo, e dessa forma, pelos dizeres do art. 3º serem compatíveis com o que é induzido pela CF, é que se aceita a definição de conceito do CTN.

Também para nós, dizer que há um conceito prévio (e que esse é o da Lei 5.172/1966) dá margem a admitir que legislação infralegal pode superar uma possível definição constitucional de tributo, o que é inadmissível. Basta o constituinte querer um tributo como sanção de ato ilícito ou que não deva ser instituído por lei, e o será.

15. Cf. "Breves notas à definição de tributo adotada pelo Código Tributário Nacional do Brasil", *passim*. In *Curso de Direito Tributário e Finanças Públicas*, p. 423.

16. Cf. "Classificação dos tributos", in *Curso de Iniciação em Direito Tributário*, p. 38.

Além do mais, o art. 9º da Lei 4.320/1964 (Lei Geral do Orçamento) é bastante utilizada, de forma aliada ao art. 3º do CTN, à definição do conceito de tributo. É por isto, por exemplo, que a Taxa de Marinha e o FGTS são considerados não tributários: o primeiro seria receita originária e o segundo não entraria para os cofres públicos. Critérios estes tão definidores do conceito de tributo quanto os do art. 3º do Código Tributário. Não se justifica, portanto, a escolha e "constitucionalização" da norma.

Consequências quanto a proposição criticada: Podemos encontrar definições de tributos na Constituição com facilidade. O art. 145 diz que a União, os Estados, o Distrito Federal e os Municípios poderão instituir impostos, taxas e contribuições de melhoria. O art. 148 autoriza a União a instituir empréstimos compulsórios. O art. 149, a instituir contribuições sociais, de intervenção no domínio econômico e de interesse das categorias profissionais ou econômicas. O art. 149-A diz que os Municípios e o Distrito Federal poderão instituir contribuição para o custeio do serviço de iluminação pública. O art. 154, II, traz, ainda, os impostos extraordinários. Todos, artigos do Capítulo "Sistema Tributário Nacional".

Não encontramos, contudo, definição do conceito de tributo na Carta. E, para corroborar isto, a própria Constituição atribui ao Congresso Nacional, mediante lei complementar, em seu art. 146, inciso III, alínea "a", a competência para elaborar a "definição de tributos e suas espécies". Não se olvida com isso que a análise das normas constitucionais possa vir a confirmar ou infirmar definições do conceito de tributo de inferior hierarquia, nem se deve esquecer que os tributos indicados na Constituição são tributos independentemente das notas definitórias de outros veículos introdutores de normas.

O único critério para a definição de conceito possível de ser encontrado na Constituição Federal é a pertinência da exação com a localização no texto constitucional. São tributos, assim, as espécies localizadas no

Título VI – Da Tributação e do Orçamento, Capítulo I – Do Sistema Tributário Nacional, e, também, as que são ligadas por referência a este capítulo, como é o caso das contribuições previdenciárias, como no art. 195, § 4º – *a lei poderá instituir outras fontes destinadas a garantir a manutenção ou expansão da seguridade social, obedecendo o disposto no art. 154, I* (grifamos). Não se olvide, também, do pedágio, tido como tributo no art. 150, § 6º, e também da CPMF e de todos os "adicionais" do ADCT.

2.2 Impostos não podem ter arrecadação vinculada (art. 167, IV)

Proposição em debate: Para grande parte da doutrina estrangeira, as contribuições sociais reduzem-se a impostos.[17] É também parte do pensamento nacional, que as classifica em impostos ou taxas.[18] Em geral, tais autores obedecem ao art. 4º do CTN e não levam em conta a destinação dos tributos para a "natureza jurídica específica" do tributo, ou seja, para a detecção de sua espécie tributária. Estes, contudo, são a minoria, e como visto no item 1.1, se contrapõem à posição jurisprudencial.

Contudo, os que consideram as contribuições sociais diferentes dos impostos o fazem justamente pela afirmação de que "impostos não podem ter arrecadação vinculada, ao contrário das contribuições". Adotando aquela premissa a doutrina conclui uníssona desta forma. Nós agora buscamos nos redimir por fazer parte deste grupo de pessoas que publicaram tal afirmação.[19]

Crítica à proposição: A justificativa de que os impostos não são destinados se voltam à "exceção que confirma a regra" (conforme comentado no item 1.2), onde se lê no art. 167 que, salvo certos casos específicos, é vedada "a vinculação de receita de impostos a órgão, fundo ou despesa". Isto é outra forma de dizer que *os impostos devem ser destinados* nos casos previstos naquele artigo. Aliás, adotada a palavra "regra" no sentido de "maioria", vemos que a "regra" é a do vínculo da destinação, e não o contrário. Há vínculo da repartição do produto da arrecadação dos impostos nos casos tanto de mero repasse como de vínculo específico:

Origem do imposto	Repasse
IR-Fonte sobre rendimentos pagos pelos Estados, suas autarquias e fundações (art. 157, I)	Estados e DF, 100%
Novos impostos criados pela União (art. 154, I c/c art. 157, II)	Estados e DF, 20%
IR-Fonte sobre rendimentos pagos pelos Municípios, suas autarquias e fundações (art. 158, I)	Municípios, 100%
ITR situados na área do Município (art. 158, II)	Municípios, 50%
ITR situados e fiscalizados na área do Município (art. 153, § 4º, III c/c art. 158, II)	Municípios, 100%
IPVA arrecadado no Município (art. 158, III)	Municípios, 50%
ICMS arrecadado no Município (art. 158, IV)	Municípios, 25%
IR e IPI (art. 159, I, "a")	Estados e DF, 21,5%
IR e IPI (art. 159, I, "b")	Municípios, 22,5%
IPI das exportações (art. 159, II)[20]	Estados, 10%

17. Paulo Ayres Barreto lista, como adeptos desse pensamento, Antonio Berliri (Itália), Fernando Sainz de Bujanda (Espanha), Diogo Leite de Campos e Mônica Horta Leite de Campos (Portugal). *Contribuições: Regime Jurídico, Destinação e Controle*, pp. 80-84.

18. Roque Antonio Carrazza, *Curso de Direito Constitucional Tributário*, p. 568. Assim conclui o Professor da PUC/SP: "Portanto, estas 'contribuições' são verdadeiros *tributos* (embora qualificados pela finalidade que devem alcançar). Conforme as hipóteses de incidência e base de cálculo que tiverem, podem revestir a natureza jurídica de *imposto* ou *taxa*".

19. Em gráfico dissemos que os impostos pertencem à classe dos "não destinados". Cf. Fernando Gomes Favacho, *Definição do Conceito de Tributo*, p. 176.

20. Estados devem repassar desse valor 25% aos Municípios.

A Constituição trata do vínculo à destinação de todos os impostos, conforme abaixo:

Origem do imposto	Destinação
Recursos da União (art. 198, § 2º, I)[21]	Saúde pública
Impostos municipais e repasses recebidos pelos Estados/DF (art. 198, § 2º, II)	Saúde pública
Impostos municipais e repasse recebidos pelo Município (art. 198, § 2º, III)	Saúde pública
Impostos da União (art. 212)	Ensino público, 18%
Impostos dos Estados e Municípios (art. 212)	Ensino público, 25%

Por fim, há o adicional de imposto para o Fundo de Combate e Erradicação da Pobreza, que estabelece alíquotas adicionais em impostos incidentes sobre industrialização, vendas de produtos e prestação de serviços:

Origem do imposto	Destinação
Adicional na alíquota do IPI, incidente sobre produtos supérfluos (art. 80 do ADCT)	FCEP, 5%
Imposto sobre Grandes Fortunas (art. 80, III, do ADCT)	FCEP, 100%
Adicional na alíquota do ICMS, sobre produtos e serviços supérfluos (art. 82, § 1º, do ADCT)	FCP Estadual, 2%
Adicional na alíquota do ISS, sobre produtos supérfluos (82, § 2º, do ADCT)	FCP Municipal, 0,5%

Somado a isto, ainda que não se possa falar propriamente de vínculo específico da arrecadação, não há dúvidas de que a Constituição ordena que a realização de atividades da administração tributária (art. 37, XXII) possui recursos prioritários. Mais ainda, há a previsão de prestação de garantias às operações de crédito por antecipação de receita dos impostos estaduais e municipais (arts. 165, § 8º; 167, § 4º).

Consequências quanto a proposição criticada: Como visto nas tabelas, não se trata somente de repartição das receitas de impostos, mas também de destinação a fundos específicos. O dinheiro arrecadado com os impostos está cada vez mais vinculado, e inclusive se vê com mais clareza o porquê da União diminuir impostos e aumentar contribuições, como se verá adiante.

Historicamente tem se classificado a receita tributária com base em conhecimentos prévios à noção jurídica, como afirma Régis Fernandes de Oliveira.[22] Desta forma, temos as taxas como arrecadadas para interesses de alguns e impostos para suprir o interesse geral. Com esta explicação, ouvir que impostos não podem ter destinação vinculada a uma contraprestação estatal soa mais como política do direito do que como ciência – mais como desejo que como descrição jurídica – pois não possui suporte legal/constitucional para tal entendimento.

2.3 Contribuições devem ter arrecadação vinculada

Proposição em debate: Ao lado da proposição anterior, e até para diferenciar contribuições de impostos, costuma-se afirmar que as contribuições devem ter a sua arrecadação vinculada. Diz-se isso através de uma interpretação isolada do art. 149 da Constituição, onde se lê: "compete exclusivamente à União instituir contribuições sociais, de intervenção no domínio econômico e de interesse das

21. Este artigo é regido pela Lei Complementar 141/2012, onde em seu art. 5º diz que a União deve aplicar, anualmente, em ações e serviços públicos de saúde o montante correspondente ao valor empenhado no exercício financeiro anterior, acrescido de, no mínimo, o percentual correspondente à variação nominal do Produto Interno Bruto ocorrida no ano anterior ao da lei orçamentária anual. A exigência já ocorria de forma similar com o art. 77 do ADCT. Tal montante poderá incluir a receita dos impostos.

22. *Curso de Direito Financeiro*, p. 128.

categorias profissionais ou econômicas, como instrumento de sua atuação nas respectivas áreas", e do art. 195, "a seguridade social será financiada por toda a sociedade (...) mediante recursos provenientes (...) das seguintes contribuições sociais".

Novamente, fizemos parte da doutrina majoritária sobre a assertiva, e agora buscamos a redenção.[23]

Crítica à proposição: De fato, para instituir uma contribuição, é necessária a paralela criação de norma que afete sua arrecadação, prevendo a destinação a fundo, órgão ou despesa – instituindo, se for o caso, novo fundo. Aí reside a diferença – na norma de criação das contribuições, e não no destino específico do dinheiro. Todas têm destinação constitucional específica. Mas, conforme o Ato das Disposições Constitucionais Transitórias, mais especificamente no art. 76, "É desvinculado de órgão, fundo ou despesa, até 31 de dezembro de 2015, 20% (vinte por cento) da arrecadação da União de impostos, contribuições sociais e de intervenção no domínio econômico, já instituídos ou que vierem a ser criados até a referida data, seus adicionais e respectivos acréscimos legais".

As chamadas DRUs – Desvinculações das Receitas da União, promovidas pelas Emendas Constitucionais 27, 42, 56 e 68 – desvinculam o percentual de 20% dessas receitas de qualquer órgão, fundo ou despesa, de forma temporária, com duração até dezembro de 2015. É claro, este procedimento não deixou de sofrer críticas da doutrina:

"O procedimento adotado através destas Emendas Constitucionais acarretou a utilização de verbas vinculadas (afetadas) a uma destinação para outros fins que não aqueles constitucionalmente previstos, e que, *in casu*, afetaram vastamente a concretização dos direitos humanos (ou, como deseja parte da doutrina, dos direitos fundamentais sociais) por falta de recursos para sua implementação, destinados a outras finalidades".[24]

Eis o motivo da União preferir as contribuições aos impostos: a desvinculação de 20% das receitas, dando maior liberdade ao gestor do *quantum* arrecadado, não necessitando promover a divisão da receita tributária com os outros entes federativos.

Ainda assim tais emendas não alteraram a exigência de paralela criação de norma de afetação quando da criação das contribuições. E, neste momento, reencontramos o sentido do art. 4º do CTN, ao afirmar que *é irrelevante para qualificar a natureza jurídica específica do tributo a destinação legal do produto da sua arrecadação*. De fato, o destino do dinheiro não altera a sua natureza jurídica específica, até porque, constitucionalmente, existem impostos destinados e contribuições não destinadas!

Consequências quanto à proposição criticada: Nem por isso se pode dizer que impostos e contribuições não possuem diferenças práticas. O Fundo de Universalização dos Serviços de Telecomunicações (FUST) é imposto? Não, pois impostos afetados precisam de alteração na Constituição Federal. É contribuição? Sim, pois foi instituído com destinação específica que não as dos impostos (art. 167, IV). Logo, a nosso ver, não se aplica o § 3º do art. 155 da CF, que veda a incidência de outros *impostos* a serviços de telecomunicação.

Vale dizer: ainda que o FUST tenha como critério material "prestar serviços de telecomunicações" idêntico ao do ICMS e base de cálculo próxima ao do IR e do PIS, qual seja a receita operacional bruta, decorrente da prestação de serviços de telecomunicações, excluídos o ICMS, PIS e COFINS, julgou-se no RE 146.733-SP a constitucionalidade tanto do critério material quanto do quantitativo. *In verbis*:

23. Em gráfico dissemos que as contribuições pertencem à classe dos tributos com arrecadação "destinada" (ob. cit., p. 176).

24. Fernando Facury Scaff, "Direitos humanos e a Desvinculação das Receitas da União – DRU", in *Revista de Direito Administrativo* 236/48-49.

"RE 146.733-SP. Por fim, não se pode ver inconstitucionalidade no fato de a contribuição sob análise ter fato gerador e base de cálculo idênticos aos do Imposto de Renda e do PIS. Pelo singelo motivo de que *não há, na Constituição, nenhuma norma que vede a incidência dupla de imposto e contribuição sobre o mesmo fato gerador, nem que proíba tenham os dois tributos a mesma base de cálculo*" (grifos nossos).

As diferenças que ainda persistem são: se a União criar novos impostos, deverá destinar um percentual para saúde e educação, além de repartir 20% da arrecadação com os outros entes federados. Se desejar criar uma nova Contribuição, terá 80% da arrecadação afetada com uma destinação específica que preferir, desde que constitucionalmente permitida.

Conclusões

Paralelamente às afirmações iniciais, no plano lógico das classificações, concluímos que *Classificações são certas (ou erradas)*; Regras não possuem exceção. A exceção infirma a regra. E na classificação dos tributos: *O conceito de tributo do CTN não alçou "status" constitucional pela CF/1988; Todos os impostos possuem arrecadação vinculada; Depois das DRUs as contribuições não têm mais arrecadação vinculada.*

Didaticamente, o tema "classificação dos tributos" serve hoje mais como um estudo inicial das diferentes exações do que da formulação real de soluções para problemas jurídicos tributários. Com a decisão no STF de que as contribuições previdenciárias são tributárias, encerrou-se a principal discussão teórica sobre o assunto. O fim da polêmica fez com que não mais enfrentemos com profundidade este tema basilar, e assim passamos a nos fundamentar em opiniões baseadas nos problemas passados, que não consideram as novas situações apresentadas, e nova legislação válida – o texto no plano da literalidade, real limite à interpretação.

Fazemos nova doutrina baseada em doutrina antiga, que por sua vez foi construída em realidades diferentes das atuais. Tal como no filme de Christopher Nolan, *Inception* (*A Origem*), passamos a viver em um sonho artificial, sem que nos preocupemos em saber se a realidade que nos lastreia é, na verdade, outro sonho.

Referências bibliográficas

BALEEIRO, Aliomar. *Uma Introdução à Ciência das Finanças*. 16ª ed. rev. e atual. por Dejalma de Campos. Rio de Janeiro: Forense, 2008.

BARRETO, Paulo Ayres. *Contribuições: Regime Jurídico, Destinação e Controle*. São Paulo: Noeses, 2006.

CARRAZZA, Roque Antonio. *Curso de Direito Constitucional Tributário*. 23ª ed. São Paulo: Malheiros Editores, 2007.

CARVALHO, Paulo de Barros. *Direito Tributário, Linguagem e Método*. 3ª ed. São Paulo: Noeses, 2010.

ECHAVE, Delia Teresa; URQUIJO, María Eguenia; GUIBOURG, Ricardo A. *Lógica, Proposición y Norma*. 6ª ed. Buenos Aires: Astrea, 2002.

FAVACHO, Fernando Gomes. *Definição do Conceito de Tributo*. São Paulo: Quartier Latin, 2011.

GORDILLO, Augustín. *Tratado de Derecho Administrativo*. Vol. 1. Buenos Aires: Macchi, 1990.

GRECO, Marco Aurélio. "Breves notas à definição de tributo adotada pelo Código Tributário Nacional do Brasil", in SANTI, Eurico Marcos Diniz de (Coord.). *Curso de Direito Tributário e Finanças Públicas*. São Paulo: Saraiva, 2008.

HORVATH, Estevão. "Classificação dos tributos", in BARRETO, Aires F., BOTTALLO, Eduardo Domingos (Coords.). *Curso de Iniciação em Direito Tributário*. São Paulo: Dialética, 2004.

MORTARI, Cezar. *Introdução à Lógica*. São Paulo: Imprensa Oficial, 2001.

MOUSSALLEM, Tárek Moysés. "Classificação dos tributos (uma visão analítica)", in *IV Congresso Nacional de Estudos Tributários: Tributação e Processo*. São Paulo: Noeses, 2007.

NERY JUNIOR, Nelson; NERY, Rosa Maria de Andrade. *Constituição Federal Comentada e Legislação Constitucional*. 2ª ed. São Paulo: Ed. RT, 2009.

OLIVEIRA, Régis Fernandes de. *Receitas Não Tributárias (Taxas e Preços Públicos)*. 2ª ed. São Paulo: Malheiros Editores, 2003.

______. *Curso de Direito Financeiro*.

SANTI, Eurico Marcos Diniz de. "As classificações no sistema tributário brasileiro", in *Justiça Tributária*, p. 131.

______. *Decadência e Prescrição no Direito Tributário*. 2ª ed. São Paulo: Max Limonad, 2001.

SCAFF, Fernando Facury. "Direitos Humanos e a Desvinculação das Receitas da União – DRU", in *Revista de Direito Administrativo* 236/33-50. Ed. Rio de Janeiro: Renovar, abr.-jun./2004.

TARSKI, Alfred. *Introduction to Logic and to the Methodology of Deductives Sciences*. Trad. Olaf Helmer. New York: Dover Publications, 1995.

ESTUDOS & COMENTÁRIOS

TAXA DE OCUPAÇÃO DE TERRENO DE MARINHA: UM IMPOSTO RESIDUAL*

MICHEL HABER NETO

Doutorando e Mestre em Direito Econômico, Financeiro e Tributário na USP.
Professor de Seminário do Curso de Especialização em Direito Tributário da COGEAE-PUC/SP e IBET.
Advogado.

RODRIGO LEAL GRIZ

Doutorando e Mestre em Direito Tributário na PUC/SP.
Professor de Seminário do Curso de Especialização em Direito Tributário da COGEAE-PUC/SP e IBET.
Advogado.

1. Delimitação do problema. 2. Locação, cessão, aforamento e ocupação de bens da União. 3. A ambiguidade do termo "taxa de terreno de marinha". 4. Da natureza jurídica da "taxa de marinha". 5. Espécies de tributo: regime jurídico específico da taxa de terreno de marinha. 6. Análise da constitucionalidade do imposto sobre ocupação do terreno de marinha: observações sobre o ITR e o IPTU. 7. Conclusões.

1. Delimitação do problema

A denominada taxa de marinha remonta, no direito positivo vigente, ao Decreto-lei (DL) n. 9.760, de 5 de setembro de 1946. Editado sob a Constituição de 1937, discute-se sua recepção pela Constituição de 1946, promulgada dias depois, em 18 de setembro de 1946, e seguintes, inclusive a Constituição Federal de 1988 (CF/1988). Mais recentemente, temos o DL n. 2.398/1987 e o DL n. 2.422/1988, que alteraram sua alíquota, bem como a Leis ns. 9.636/1998 e 11.481/2007, que lhe deram novo tratamento.

Apesar da complexidade da matéria, este assunto não repercutiu na doutrina e na jurisprudência como era de se esperar, carecendo de debates mais sérios e dedicados. Embora raro, discute-se sobre a natureza jurídica da taxa de marinha, pois pode ser vista como: (i) tributo, estando submetida ao regime jurídico tributário; ou (ii) foro, decorrente de

* Os autores agradecem ao amigo Lucas Galvão de Brito pela leitura e debate das ideias veiculadas neste artigo.

aforamento ou enfiteuse, estando submetida ao regime próprio do Direito Civil. A primeira opção, nesse sentido, revelaria uma possível inconstitucionalidade que reclama análise mais atinada.

2. Locação, cessão, aforamento e ocupação de bens da União

Segundo o art. 64 do DL n. 9.760/1946, os bens imóveis da União não utilizados em serviço público, inclusive os terrenos de marinha, poderão ser alugados, cedidos ou aforados, independentemente de sua natureza.

A *locação*, segundo Clóvis Beviláqua, é um contrato em que as partes se comprometem a fornecer, durante um lapso temporal, mediante remuneração paga por uma à outra, (i) o uso e gozo de uma coisa infungível (locação de coisa), (ii) a prestação de um serviço apreciável economicamente (locação de serviço) ou (iii) a execução de alguma obra determinada (locação de obra).[1] O Código Civil de 2002, em seu art. 565, positiva a locação de coisa: "na locação de coisas, uma das partes se obriga a ceder à outra, por tempo determinado ou não, o uso e gozo de coisa não fungível, mediante certa retribuição".

Segundo o DL n. 9.760/1946, a locação tem por finalidade tornar o imóvel produtivo, conservando a União sua plena propriedade (art. 64, § 1º). Assim, os bens da União não utilizados em serviço público podem ser alugados: (i) para residência de autoridades federais ou de outros servidores da União, no interesse do serviço; (ii) para residência de servidor da União, em caráter voluntário; ou (iii) a quaisquer interessados (art. 86). A locação deve ser feita mediante concorrência pública e pelo maior preço oferecido na base mínima do valor locativo fixado (art. 95, parágrafo único).

1. *Apud* Maria Helena Diniz, *Curso de Direito Civil Brasileiro: Teoria das Obrigações Contratuais e Extracontratuais*, 3 vols., 21ª ed., rev. atual., São Paulo, Saraiva, 2005, p. 258.

A *cessão*, por sua vez, tem por objeto o interesse da União em concretizar, com a permissão da utilização gratuita de imóvel seu, auxílio ou colaboração que entenda prestar (art. 64, § 3º, do DL n. 9.760/1946). À luz do art. 18 da Lei n. 9.636/1998, com redação dada pelo Decreto n. 3.725/2001, o instituto passou a ter novo tratamento, ficando estabelecido que "a critério do Poder Executivo poderão ser cedidos, gratuitamente ou em condições especiais, sob qualquer dos regimes previstos no Decreto-lei n. 9.760/1946, imóveis da União". Para tanto, será autorizada em ato do Presidente da República e "formalizada mediante termo ou contrato, do qual constarão expressamente as condições estabelecidas, entre as quais a finalidade da sua realização e o prazo para seu cumprimento" (§ 3º).

Já o *aforamento*, enfiteuse ou emprazamento é um instituto jurídico de direito privado, tratado hodiernamente no art. 2.038 do Código Civil de 2002, segundo o qual "fica proibida a constituição de enfiteuses e subenfiteuses, subordinando-se as existentes, até sua extinção, às disposições do Código Civil anterior". Seu § 2º adverte que a enfiteuse dos terrenos de marinha e acrescidos é regulada por lei especial.

Anteriormente previsto no art. 678 do Código Civil de 1916, o aforamento era constituído por ato entre vivos ou de última vontade, pelo qual o proprietário – senhorio direto – atribuía a outrem – enfiteuta – o domínio útil do imóvel, ficando este obrigado ao pagamento de uma pensão ou foro anual, certo e invariável, àquele. Mais importante: o contrato de enfiteuse era *perpétuo*, considerando-se arrendamento a enfiteuse por tempo limitado (art. 679). Ainda, ao enfiteuta cabe mais uma restrição: na alienação, tem o senhorio direto o direito de preferência, pelo mesmo preço e nas mesmas condições (art. 683); não exercido este direito, deve o enfiteuta pagar laudêmio (art. 868).

Orlando Gomes define o instituto como "o direito real limitado que confere a alguém, perpetuamente, os poderes inerentes ao domínio, com a obrigação de pagar ao dono da coisa uma renda anual".[2] Constitui um *jus in re aliena*, o mais amplo dos direitos reais na coisa alheia por permitir que seu titular comporte-se como se fosse o dono da coisa ao conferir-lhe "todas as vantagens materiais da propriedade".[3] A forma de constituição do instituto é o contrato, o testamento ou a sentença judicial.[4]

O aforamento, contudo, também está previsto em legislação especial, no art. 64, § 2º, do DL n. 9.760/1946. Aplica-se, portanto, o § 2º do art. 2.038 do Código Civil de 2002, segundo o qual "o aforamento se dará quando coexistirem a conveniência de radicar-se o indivíduo ao solo e a de manter-se o vínculo da propriedade pública" e "dependerá de prévia autorização do Presidente da República, salvo se já permitida em expressa disposição legal" (art. 99). Seu regime de concessão, atualmente, está previsto no art. 12 da Lei n. 9.636/1998, e demanda "leilão ou concorrência pública".

Em certa medida, o aforamento de bens imóveis da União apresenta inúmeros aspectos em que se assemelha à locação de coisa: é um contrato em que uma parte se compromete a fornecer o uso e gozo de uma coisa infungível, durante um lapso temporal, mediante remuneração paga pela outra.

À parte do aluguel, da cessão e do aforamento dos bens da União, existe ainda o regime de ocupação, que se diferencia desses outros institutos. Isto porque não há, neste caso específico, qualquer contrato firmado entre a União e os particulares, requisitos estabelecidos pela legislação pátria para que aqueles se configurem.

A previsão da *ocupação* consta no art. 127 do DL n. 9.760/1946: "os atuais ocupantes de terrenos da União, sem título outorgado por esta, ficam obrigados ao pagamento anual da taxa de ocupação". É, pois, decorrente do poder de império do Estado e prescinde da vontade do particular. Ou seja, uma vez não firmado entre a União e o particular qualquer contrato (aluguel, cessão ou aforamento), deve o particular se sujeitar a este regime unilateralmente imposto.

A Lei n. 9.636/1998 veio a dar novo tratamento à ocupação. Seu art. 7º, com redação dada pela Lei n. 11.481/2007, prescreve que sua inscrição é ato administrativo precário, resolúvel a qualquer tempo, e que pressupõe o efetivo aproveitamento do terreno pelo ocupante, nos termos do regulamento, sendo outorgada pela administração depois de analisada a conveniência e a oportunidade.

Por fim, o regime de ocupação não importa o reconhecimento da União de "qualquer direito de propriedade do ocupante sobre o terreno ou ao seu aforamento" (DL n. 9.760/1946).[5] Ademais, o art. 132 do mesmo texto legal autoriza a União a imitir-se na posse do terreno e promover, de forma sumária, sua desocupação, cabendo-lhe, por óbvio, indenizar os particulares de boa-fé.[6]

Nasce, pela ocupação, a obrigatoriedade do pagamento anual de um valor, costumeiramente denominado de *taxa de ocupação*.

3. A ambiguidade do termo "taxa de terreno de marinha"

A Constituição Federal prescreve, nos termos do art. 20, inciso VII, serem bens da União "os terrenos de marinha e seus acrescidos". Sua definição, contudo, é aproveitada desde muito antes e consta no DL n. 9.760/1946. E, ao que tudo indica, foi recepcionada na nova Ordem:

2. *Direitos Reais*, 20ª ed., atualizada por Luiz Edson Fachin, Rio de Janeiro, Forense, 2010, p. 277.

3. Idem, pp. 277-278.

4. Idem, p. 284.

5. A única ressalva é a preferência quando do eventual pacto de aforamento para os ocupantes inscritos até o ano de 1940 (art. 105, § 4º, do DL n. 9.760/1946).

6. A Lei n. 9.636/1998, inclusive, prescreve a obrigação da União de imitir-se na posse quando as ocupações estejam em desacordo com a lei. Considera-se ocupação irregular aquelas do art. 9º, I e II: I – ocorreram após 27 de abril de 2006; ou estejam concorrendo ou tenham concorrido para comprometer a integridade das áreas de uso comum do povo, de segurança nacional, de

"Art. 2º. São terrenos de marinha, em uma profundidade de 33 (trinta e três) metros, medidos horizontalmente, para a parte da terra, da posição da linha do preamar-médio de 1831:

"a) os situados no continente, na costa marítima e nas margens dos rios e lagoas, até onde se faça sentir a influência das marés;

"b) os que contornam as ilhas situadas em zona onde se faça sentir a influência das marés.

"Parágrafo único. Para os efeitos deste artigo a influência das marés é caracterizada pela oscilação periódica de 5 (cinco) centímetros pelo menos, do nível das águas, que ocorra em qualquer época do ano.

"Art. 3º. São terrenos acrescidos de marinha os que se tiverem formado, natural ou artificialmente, para o lado do mar ou dos rios e lagoas, em seguimento aos terrenos de marinha."

A demarcação desses terrenos, constante da determinação da posição das linhas do preamar médio do ano de 1831 e da média das enchentes ordinárias, é, conforme art. 9º do DL n. 9.760/1946, de competência do Serviço do Patrimônio da União (SPU). Tal demarcação tem procedimento próprio, inclusive com realização de edital para convite dos interessados (arts. 11 a 14 do DL n. 9.760/1946 com redação dada pela Lei n. 11.481, de 31 de maio de 2007).[7]

Um ponto, agora, deve ser estabelecido para que não entremos em contradição e, mais importante, evitemos confusões entre essas figuras jurídicas. Os bens da União podem ser utilizados pelos particulares em quatro situações (conforme já observamos da dicção dos arts. 64 e 127 do DL n. 9.760/1946): (i) locação; (ii) cessão; (iii) aforamento; ou (iv) ocupação.

Isto posto, os terrenos de marinha, bens da União que são, somente podem ser utilizados mediante uma dessas quatro figuras. Excetuando-se o caso da cessão – cuja característica é exatamente a gratuidade, mesmo que condicionada –, o particular deve inevitavelmente pagar um valor por esta utilização. Esta importância é chamada de "taxa de marinha", porque pagos pela utilização de um terreno de marinha.

Essa taxa, consequentemente, pode ser empregada em acepções completamente diversas e aqui mora a angústia em tratar desse tema. Genericamente, significa apenas "valor pago pela utilização do terreno de marinha". Contudo, esta utilização do bem público pode se revestir de dois regimes jurídicos: um (i) contratual, reservado à locação e ao aforamento; e outro (ii) não contratual, imposto como consequência da ocupação.

Conforme já observado, aluguel ou aforamento são espécies de contratos firmados entre a União e o particular interessado. Há nestes casos a vontade do particular em estabelecê-lo. A relação, apesar de ser qualificado pelo regime de direito público, é formada a partir da vontade do particular, inclusive nos casos de aforamento, quando este participa de um processo licitatório, previsto no art. 12 da Lei n. 9.636/1998.[8] O contrato certamente

preservação ambiental ou necessárias à preservação dos ecossistemas naturais e de implantação de programas ou ações de regularização fundiária de interesse social ou habitacionais das reservas indígenas, das áreas ocupadas por comunidades remanescentes de quilombos, das vias federais de comunicação e das áreas reservadas para construção de hidrelétricas ou congêneres, ressalvados os casos especiais autorizados na forma da lei.

7. Na ADI 4.264, em 16.3.2011, o STF deferiu liminar suspendendo a aplicação do art. 11 do DL n. 9.760/1946, na nova redação que lhe foi dada pelo art. 5º da Lei n. 11.418/2007. Entendeu-se que a notificação dos envolvidos por edital contraria os princípios do contraditório e da ampla defesa. Segundo o voto do Min. Luiz Fux: "Toda intimação tem que ser pessoal, nenhuma norma deve se sobrepor ao devido processo legal. No campo do direito de defesa não se pode partir para a flexibilização".

8. "Art. 12. Observadas as condições previstas no § 1º do art. 23 e resguardadas as situações previstas no inciso I do art. 5º do Decreto-lei n. 2.398, de 1987, *os imóveis dominiais da União, situados em zonas sujeitas ao regime enfitêutico, poderão ser aforados,* ***mediante leilão ou concorrência pública***, respeitado, como preço mínimo, o valor de mercado do respectivo domínio útil, estabelecido em avaliação de precisão, realizada, especificamente para esse fim, pela SPU ou, sempre que necessário, pela Caixa Econômica Federal, com validade de seis meses a contar da data de sua publicação."

é administrativo, mas ainda assim permeado pela autonomia da vontade dos pactuantes, situação que afastaria a compulsoriedade do pagamento da taxa.

Insistimos: a taxa de ocupação é prevista, exatamente, para os casos em que os bens da União não foram objeto de contrato de aluguel, cessão ou aforamento. Nos casos em que os terrenos de marinha forem objeto da ocupação, a taxa cobrada é denominada "taxa de terreno marinha".

Devemos, pois, ter em mente a diferença entre 1) "taxa de marinha", decorrente da ocupação dos terrenos de marinha; 2) foro, oriundo do contrato de aforamento; 3) e o valor pago a título de aluguel. O próprio STJ confunde os institutos, não raro se referindo à taxa de ocupação como "foro":

"Administrativo. Processual Civil. Agravo Regimental na Medida Cautelar. Terreno de marinha. Taxa de ocupação. Reajuste. Atualização. Reavaliação do valor do domínio pleno do imóvel. Legalidade. Concessão de efeito suspensivo a Recurso Especial admitido na origem. Ausência de comprovação do *fumus boni iuris*. Indeferimento liminar do pedido. Agravo não provido.

"(...).

"3. De outra banda, tratando-se de simples atualização da taxa de ocupação, ainda que mediante reavaliação do valor do domínio pleno do imóvel, é desnecessária a instauração de novo processo administrativo.

"4. Assim, a mera atualização anual do valor do domínio pleno para fins de se calcular o valor do foro está prevista no art. 101 do Decreto-lei n. 9.760/1946 (com a redação que lhe foi dada pela Lei n. 7.450/1985), cabendo privativamente ao Serviço do Patrimônio da União – SPU, conforme o disposto no art. 67 da mesma norma, a fixação do valor locativo e venal dos imóveis. Precedentes do STJ."[9]

Em consequência ao arguido, a denominação "taxa de marinha" será aqui exclusivamente atribuída à taxa de ocupação incidente sobre os terrenos de marinha e que, portanto, não são objeto de contrato de locação, aforamento ou cessão. Qualquer outra acepção fugirá do presente estudo.

4. Da natureza jurídica da "taxa de marinha"

Segundo Paulo de Barros Carvalho, tributo é utilizado no direito positivo em mais de seis acepções, sendo a mais relevante aquela apresentada pelo art. 3º do CTN, que determina o objeto central do direito tributário, e implica a fenomenologia da incidência tributária, "desde a norma instituidora, passando pelo evento concreto, nela descrito, até o liame obrigacional que surde à luz com a ocorrência daquele fato".[10]

Essa é a definição do conceito de tributo apresentada pelo próprio ordenamento brasileiro, constatável no enunciado prescritivo presente no art. 3º do Código Tributário Nacional (CTN): "tributo é toda prestação pecuniária compulsória, em moeda ou cujo valor nela se possa exprimir, que não constitua sanção de ato ilícito, instituída em lei e cobrada mediante atividade administrativa plenamente vinculada".

Neste sentido, um tributo sempre apresentará quatro características que o separam dos demais institutos jurídicos: é (i) toda prestação pecuniária compulsória, (ii) que não constitua sanção, (iii) seja instituída em lei e (iv) cobrada mediante atividade administrativa plenamente vinculada.

Não se pode, entretanto, fechar os olhos ao disposto no art. 9º da Lei n. 4.320/1964, que também define o conceito de tributo. Segundo o dispositivo em questão, "tributo é a receita derivada instituída pelas entidades de direito público, compreendendo os impos-

9. STJ, AgRg na MC 16.331-SC, 1ª T., rel. Min. Arnaldo Esteves Lima, publicado em 11.4.2011. No mesmo sentido: EDcl no AgRg no REsp 1.100.543; AgRg no REsp 1.173.386-SC, REsp 1.146.557-SC. Em sentido contrário, realizando a diferença: REsp 1.159.820-SC e REsp 1.095.955-SC.

10. *Curso de Direito Tributário*, 21ª ed., São Paulo, Saraiva, 2009, p. 24.

tos, as taxas e as contribuições nos termos da constituição e das leis vigentes em matéria financeira, destinando-se o seu produto ao custeio de atividades gerais ou específicas exercidas por essas entidades".

Assim, o enunciado prescritivo em questão acrescenta mais duas características aos tributos, as quais: (i) receita derivada e (ii) destinação do produto da arrecadação ao custeio de atividades gerais e específicas destas entidades.

Não há, portanto, que se falar em contradição entre o disposto no art. 3º do Código Tributário Nacional e o prescrito no art. 9º da Lei n. 4.320/1964.[11] Tais enunciados se complementam, determinando as notas que conformam o conceito de tributo no direito positivo brasileiro.[12]

Em síntese, o ordenamento jurídico brasileiro define tributo como: (i) receita derivada; (ii) oriunda de prestação pecuniária compulsória; (iii) instituída em lei; (iv) por entidades de direito público; (v) que não constitua sanção de ato ilícito; (vi) cobrada mediante atividade administrativa plenamente vinculada; (vii) e cujo produto da arrecadação será destinado ao custeio de atividades gerais e específicas das entidades de direito público.

A taxa de marinha efetivamente cria direitos e obrigações. Se há a ocupação de terreno de marinha sem título outorgado pela União, então deve ser o pagamento de um valor pelo ocupante à União. No ordenamento pátrio, seja em razão do art. 5º, II, ou em decorrência do art. 150, I, ambos da CF, ninguém será obrigado a fazer ou deixar de fazer alguma coisa senão em virtude de lei. Isto posto, a taxa de marinha deve, *sempre*, ser instituída mediante lei, sob pena de manifesta inconstitucionalidade.

Há, contudo, previsão legal para a sua instituição mediante Decretos-lei, instituto similar à medida provisória, que, como esta, possui força de lei. Sua previsão em veículos introdutores secundários ou mediante delegação seria absurda e não ocorre no caso.

A taxa de ocupação de terreno de marinha é construída com subsídio no art. 127 do DL n. 9.760/1946, segundo o qual os ocupantes de terrenos da União, sem título outorgado por esta, ficam obrigados ao pagamento anual da taxa de ocupação. A hipótese de incidência da taxa de marinha, portanto, é "ser ocupante de terreno de marinha sem título outorgado pela União".

Sanção, por sua vez, é a relação jurídica entre dois sujeitos decorrente de um fato jurídico negativamente valorado pelo direito. O conceito pode ser definido como "um castigo imposto em detrimento ao não cumprimento de um dever jurídico, isto é, uma relação jurídica, imposta em decorrência de fato ilícito".[13]

Segundo Kelsen, o termo "sanção" aparece no contexto jurídico sob duas formas: como pena e como execução forçada. Consistem, portanto, na realização compulsória de um mal ou na privação compulsória de um bem.[14] O primeiro sentido (pena) é a ideia de castigo, enquanto a execução forçada traz a sanção como a garantia externa e institucionalizada que, quando presente, é um dos identificadores da norma como jurídica.[15]

Isto posto, ser ocupante de terreno de marinha sem título outorgado pela União, por não ser um ato ilícito, mas sim um fato jurídico

11. No que tange ao disposto no art. 4º, II, do CTN, entende-se que tal enunciado prescritivo não foi recepcionado pela Constituição de 1988 haja vista a previsão expressa de espécies tributárias que se caracterizam exatamente pela destinação específica do produto da arrecadação.

12. Nesse sentido v. Luís Eduardo Schoueri, *Direito Tributário*, São Paulo, Saraiva, 2011, p. 131.

13. Aurora Tomazini de Carvalho, *Curso de Teoria Geral do Direito: o Constructivismo Lógico-Semântico*, São Paulo, Noeses, 2009, p. 303.

14. Hans Kelsen, *Teoria Pura do Direito*, trad. João Baptista Machado, São Paulo, Martins Fontes, 2006, pp. 121-122.

15. Noberto Bobbio, *Teoria da Norma Jurídica*, trad. Fernando Pavan Baptista e Ariani Bueno Sudatti, 4ª ed., Bauru, Edipro, 2008, p. 160.

lícito, implica a constituição de uma relação jurídica, mas diferente da sancionatória.

A relação jurídica da taxa de ocupação de marinha se instala entre o ocupante do terreno de marinha sem título outorgado pela União e a própria União, na qual deve o primeiro pagar a esta um valor em pecúnia. O *quantum* objeto desta prestação é obtido mediante o cálculo do valor do domínio pleno do terreno multiplicado pela alíquota estabelecida pela ocupação.

O valor do domínio pleno é calculado pela SPU, conforme implicitamente se observava do art. 67 do Decreto-lei n. 9.760/1946 e, hodiernamente, é prescrito de forma expressa no art. 1º do DL n. 2.398/1987.

Já a alíquota, anteriormente estabelecida em 1% sobre o valor do domínio pleno do terreno (art. 127, § 1º, do Decreto-lei n. 9.760/1946), foi alterada pelo art. 1º e seus incisos do Decreto-lei n. 2.398/1987, cuja redação atual é dada pelo Decreto-lei n. 2.422/1988. A alíquota é de 2% para as ocupações já inscritas e para aquelas cuja inscrição tenha sido requerida até 30 de setembro de 1988 e de 5% para a ocupação cuja inscrição venha a ser requerida ou promovida *ex officio*, a partir de 1º de outubro de 1988.

A prestação, pelo que se observa, é pecuniária e obrigatória. Diferentemente do que se dá na locação, cessão e aforamento dos bens da União, em que há leilão ou concorrência pública. Não cabe ao ocupante do terreno de marinha discutir o valor das alíquotas aplicadas ou a base de cálculo estabelecida pela União.

Já a atividade da administração pode ser vinculada ou discricionária. Por discricionariedade se entende a liberdade nos termos da lei e pode ser definida, nas palavras de Celso Antônio Bandeira de Mello, como a "margem de liberdade conferida pela lei ao administrador a fim de que este cumpra o dever de integrar com sua vontade ou juízo a norma jurídica, diante do caso concreto, segundo critérios subjetivos próprios, a fim de dar satisfação aos objetivos consagrados no sistema legal".[16] Quanto à vinculação, trata-se de uma objetividade absoluta quanto à previsão do acontecimento em função do qual o sujeito agirá, enquanto o comportamento, além de ser exigido, é exatamente especificado.[17]

A taxa de marinha é arrecadada pela União anualmente. O procedimento exige a inscrição das ocupações, seja mediante declaração dos ocupantes, seja *ex officio* pela SPU, ressaltando-se que a falta de inscrição não afasta o pagamento da taxa, devida desde o início da ocupação (art. 128 e § 1º do DL n. 9.760/1946).

No caso, recebe o ocupante do terreno da União, em sua residência, uma cobrança com o valor específico, expedida pela SPU. Não cabe aqui qualquer discricionariedade ao administrador: havendo ocupação de terreno de marinha, deve ser cobrado um valor, sob pena de responsabilização pessoal de funcionários públicos. Não há qualquer subjetividade. Por ser um ato produzido pela Administração em sua função típica e por inexistir qualquer discricionariedade sobre a possibilidade ou o valor da cobrança, trata-se inevitavelmente de uma atividade administrativa plenamente vinculada.

Ademais, a taxa de marinha perfaz uma receita derivada, eis que oriunda do constrangimento legal do patrimônio do particular. Trata-se de receita auferida mediante o exercício do poder de império da entidade pública.[18] Não há, por parte do poder público, nenhum ato que denote a exploração do seu próprio patrimônio com vistas à auferição de receitas públicas. A cobrança se dá em razão da "ocupação", que se verifica como evento

16. Celso Antônio Bandeira de Melo Mello, *Curso de Direito Administrativo*, 22ª ed., rev. atual., São Paulo, Malheiros Editores, 2007, p. 414.

17. Idem, p. 415.

18. Aliomar Baleeiro adverte que as receitas derivadas são aquelas caracterizadas pelo constrangimento legal para a sua arrecadação, enquanto que as originárias seriam aquelas em que o Estado cobra do particular sem exercer seu poder de autoridade (Aliomar Baleeiro, *Uma Introdução à Ciência das Finanças*, 16ª ed., Rio de Janeiro, Forense, 2006, p. 127).

realizado pelo particular, independente de atos do poder público.

Finalmente, tem-se que o produto da arrecadação da cobrança da taxa de marinha é destinado ao custeio de atividades gerais e específicas da própria União Federal, pessoa política de direito público interno competente para a criação deste imposto residual.

Assim, pode-se concluir que a taxa de marinha possui a natureza jurídica de tributo, porquanto suas características se subsomem perfeitamente às notas que perfazem o conceito positivado no ordenamento jurídico brasileiro. Esta é uma das qualidades maiores de uma definição precisa: a identificação de institutos pela subsunção de classes.

5. *Espécies de tributo: regime jurídico específico da taxa de terreno de marinha*

Várias são as teorias sobre a classificação das espécies dos tributos. Há quem os classifique em duas,[19] três,[20] quatro[21] ou cinco espécies. Não olvidamos a lição de Carrió de que não existem classificações certas ou erradas, mas mais aceitas ou menos aceitas, mais ou menos úteis.[22] Contudo, apenas uma classificação deve ser adotada e entendemos mais útil a classificação dos tributos em cinco espécies.

Márcio Severo Marques, em estudo aprofundado sobre a classificação dos tributos, atenta para o fato de existirem três critérios – classificação intra e internormativa – para a definição do regime jurídico a ser adotado: (i) exigência constitucional de previsão legal de vinculação da materialidade do antecedente normativo ao exercício de uma atividade por parte do Estado ao contribuinte; (ii) exigência constitucional de previsão legal de destinação específica para o produto de arrecadação do tributo;[23] (iii) exigência constitucional de previsão legal de devolução do montante arrecadado ao contribuinte ao cabo de determinado período.[24]

A partir desses três critérios, podemos construir cinco espécies de tributos: imposto, taxa, contribuição melhoria, contribuições especiais e empréstimos compulsórios. Os impostos são tributos não vinculados a uma atuação estatal, sem destinação específica e sem arrecadação obrigatoriamente restituível ao contribuinte. As contribuições especiais são tributos não vinculados a uma atuação estatal, com destinação específica e sem arrecadação obrigatoriamente restituível ao contribuinte. As contribuições de melhoria são tributos vinculados a uma atuação estatal, sem destinação específica ou arrecadação obrigatoriamente restituível ao contribuinte. As taxas são tributos vinculados a uma atuação estatal; com destinação específica e sem arrecadação obrigatoriamente restituível ao contribuinte. Enfim, os empréstimos compulsórios são tributos não vinculados a uma atuação estatal, com destinação específica e com arrecadação obrigatoriamente restituível ao contribuinte.

Ao se observar a taxa de terreno de marinha, podemos reconhecer que sua materialidade, i.e., "ser ocupante de terreno de marinha sem título outorgado pela União", independe de qualquer atividade estatal e, consequentemente, é um tributo sem previsão legal de vinculação ao exercício de uma atividade por parte do Estado ao contribuinte.

19. Alfredo Augusto Becker, *Teoria Geral do Direito Tributário*, 4ª ed., São Paulo, Noeses, 2007, pp. 394-395.

20. Geraldo Ataliba, *Hipótese de Incidência Tributária*, 6ª ed., São Paulo, Malheiros Editores, 2009, p. 130.

21. Luciano Amaro, *Direito Tributário Brasileiro*, 15ª ed., São Paulo, Saraiva, 2009, p. 81.

22. Genaro A. Carrió, *Notas sobre Derecho y Lenguaje*, Buenos Aires, Abeledo-Perrot, 1973, p. 72.

23. Neste ponto, reconhecemos a não recepção do inciso II do art. 4º do CTN em razão de sua desconformidade com o art. 149 da CF.

24. Marcio Severo Marques, *Classificação Constitucional dos Tributos*, São Paulo, Max Limonad, 2000, pp. 223-224.

Também podemos ver, sem dificuldades, que os valores arrecadados pelo pagamento da ocupação do terreno de marinha não possuem uma destinação específica. Isto porque não há qualquer previsão legal no ordenamento do que se fazer com tal receita derivada: não há previsão de fundo para fins específicos. A destinação de seu produto é de uso completamente discricionário.

O último critério não cria dúvidas: inexiste qualquer previsão legal de devolução do montante arrecadado ao contribuinte ao fim de determinado período.

Reconhecida, portanto, a taxa de marinha como um tributo não vinculado a qualquer atividade estatal, sem previsão legal de destinação específica ou de devolução do valor arrecadado, outra não pode ser sua classificação senão a de um *imposto*, aplicando-se-lhe este regime jurídico específico.

Sua comum denominação de "taxa de terreno de marinha", logo, é um equívoco que decorre da idiossincrasia do legislador que, sem precisão científica, chamou de "taxa de ocupação" o valor pago pela ocupação dos terrenos da União ao que deveria ter sido denominado de "imposto sobre a ocupação".

Enfatizamos aqui, com fins a esclarecer o posicionamento, que a natureza jurídica específica do tributo é determinada pela hipótese de incidência da respectiva obrigação, sendo irrelevantes para qualificá-la a denominação e demais características formais adotadas pela lei.

Nas palavras do mestre Geraldo Ataliba: "O art. 4º, assim, muito oportunamente, vem trazer esta advertência a quem pretendesse alegar que ele seja supérfluo. Porque é uma decorrência natural dos princípios científicos já colocados; e bastava lembrar a prática diária da nossa aplicação do direito tributário no Brasil e as questões que são levadas ao Judiciário, a persistência do vício, até mesmo na nossa magistratura, mesmo do Supremo Tribunal Federal, de ainda se apegar ao *nomen juris*, ao contrário de buscar no instituto a sua natureza específica, ou, em outras palavras, a determinação da espécie tributária da qual se cogita".[25]

Esta previsão do inciso I do art. 4º do CTN é extremamente didática, prescritiva e foi recepcionada pela CF/1988. É irrelevante que o montante pago pela ocupação do terreno de marinha sem título concedido pela União seja denominado taxa. A "taxa de marinha" é, em verdade, um *Imposto sobre a ocupação do Terreno de Marinha* (ITM). Podemos, inclusive, estabelecer os critérios da regra-matriz de incidência tributária:

Antecedente

- **Critério material**: ser ocupante de terreno de marinha sem título outorgado pela União;
- **Critério temporal**: qualquer dia do ano, conforme estabelecido pelo SPU (esse dia costuma variar);
- **Critério espacial**: qualquer terreno de marinha.

Consequente

- **Critério pessoal**

  Sujeito ativo: União;

  Sujeito passivo: o titular inscrito na SPU;
- **Critério quantitativo**

  Base de cálculo: valor do domínio pleno;

  Alíquota: 2% para ocupações inscritas até 30 de setembro de 1988 e 5% para as ocupações inscritas até 1º de outubro de 1988.

Estabelecida a taxa de marinha como um verdadeiro imposto, podemos então verificar sua constitucionalidade com a Constituição Federal de 1988.

25. Rubens Gomes de Souza, Geraldo Ataliba e Paulo de Barros Carvalho, *Comentários ao Código Tributário Nacional*, 2ª ed., São Paulo, Quartier Latin, 2007, p. 56.

6. Análise da constitucionalidade do imposto sobre ocupação do terreno de marinha: observações sobre o ITR e o IPTU

Segundo Luciano Amaro, competência tributária é *aptidão para criar tributos*, e "engloba, portanto, um amplo poder político no que respeita a decisões sobre a própria criação do tributo e sobre a amplitude da incidência, não obstante o legislador esteja submetido a vários balizamentos".[26]

A competência impositiva é a autorização que cada ente político possui para a instituição de tributos. Relativamente aos impostos da União, foram-lhe atribuídos, conforme arts. 153 e 154 da CF, a competência impositiva sobre a importação de produtos estrangeiros (II), exportação, para o exterior, de produtos nacionais ou nacionalizados (IE), renda e proventos de qualquer natureza (IR), produtos industrializados (IPI), sobre as operações de crédito, câmbio e seguro, ou relativas a títulos ou valores mobiliários (IOF), propriedade territorial rural (ITR), sobre grandes fortunas, nos termos de lei complementar (IGF), além dos impostos extraordinários e residuais. Os impostos extraordinários apenas podem ser instituídos "na iminência ou no caso de guerra externa" (art. 154, II, da CF) e, portanto, não é o caso do imposto sobre a ocupação do terreno de marinha, uma vez que o Brasil não se encontra em guerra externa ou em sua iminência. Já os impostos residuais não possuem materialidade ou situação específica para a sua instituição. Seu ponto de partida é o enunciado do art. 154, I, da CF, segundo o qual a União poderá instituir, mediante lei complementar, impostos nela não previstos expressamente para os demais entes políticos, desde que sejam não cumulativos.

Para o reconhecimento em qual espécie de imposto o ITM se enquadra faz-se necessária a análise comparativa do critério material com a base de cálculo. O critério material estipula conotativamente a ação que deve ser realizada para que nasça uma obrigação tributária. Já a base de cálculo é um enunciado prescritivo conotativo que indica a forma de medição da proporção pecuniária do fato jurídico realizando funções mensuradora, objetiva e comparativa do critério material.[27] Conjugam-se, pois, estes dois critérios para determinar a hipótese de incidência.

O critério material do ITM, já vimos, é ser ocupante de terreno de marinha sem título outorgado pela União. Demonstra-se, pois, razoável uma análise da ocupação frente às materialidades do IPTU e do ITR, que abarcam a propriedade, o domínio útil e a posse, conforme determinam os arts. 29 e 32 do CTN.

Já a base de cálculo do ITM é o valor do domínio pleno do terreno calculado pela SPU. "Domínio pleno", contudo, é uma expressão não definida em lei e que tem sido entendida como o valor venal do imóvel. O STJ, no REsp 1.159.820-SC, sob a relatoria do Ministro Mauro Campbell Marques, se pronunciou afirmando que "a atualização das taxas de ocupação – que se dá com a atualização do valor venal do imóvel – não se configura como imposição ou mesmo agravamento de um dever, mas sim recomposição de patrimônio, devida na forma da lei".[28]

O Imposto sobre a propriedade Territorial Rural é de competência privativa da União e está previsto no art. 153, VI, da CF/1988. Sua hipótese tributária, prevista no art. 29 do CTN e no art. 1º da Lei n. 9.393/1996, é a propriedade, o domínio útil ou a posse de imóvel por natureza, localizado fora da zona urbana do município.

O conceito de propriedade rural é contraposto ao de propriedade urbana: parte-se do conceito desta para, somente por exclusão, chegar-se ao conceito daquela. Isto

26. *Direito Tributário Brasileiro*, 15ª ed., São Paulo, Saraiva, 2009, p. 93.

27. Paulo de Barros Carvalho, *Direito Tributário: Fundamentos Jurídicos da Incidência*, 6ª ed. rev., São Paulo, Saraiva, 2008, p. 203.

28. No mesmo sentido: REsp 1.095.955 e AgRg no REsp 1.165.259-SC.

posto, o que não for imóvel situado em área urbana, definida esta pelos art. 32, § 1º, do CTN cumulado com o art. 1º, § 2º, da Lei n. 9.393/1996, será imóvel rural.[29]

Segundo Aires Fernandino Barreto, a Constituição Federal de 1988 utilizou o vocábulo "propriedade" não na acepção técnico-jurídica esposada no Código Civil, mas no sentido de "patrimônio imobiliário rural", abrangendo tanto a propriedade, quanto o domínio útil e a posse a qualquer título de bem imóvel.[30]

O mesmo ocorreu com o Imposto sobre a propriedade Predial e Territorial Urbana. Este imposto é de competência privativa dos Municípios e está previsto no art. 156, I, da CF/1988. Sua hipótese tributária, estabelecida no art. 32 do CTN, é a propriedade, o domínio útil e a posse de bem imóvel por natureza ou por acessão física, conforme definido em lei civil, situado em zona urbana.

O conceito de zona urbana segue definido no art. 32, § 1º, do CTN, pelo qual se considera zona urbana aquela prescrita em lei municipal e que possua, pelo menos, dois melhoramentos construídos e mantidos pelo Poder Público. Já a classificação dos bens imóveis, por natureza ou por acessão física, pode ser obtida no Código Civil de 1916, vigente à época da edição do CTN. Isto porque o legislador do Código Civil de 2002 cingiu-se a prescrever que bens imóveis são o solo e tudo quanto se lhe incorporar natural ou artificialmente (art. 79).

O ITR e o IPTU têm em seu critério material a propriedade, o domínio útil e a posse. Diferenciando-se apenas em dois pontos: o primeiro restringe-se, enquanto o segundo alcança também as construções.

Orlando Gomes define a propriedade à luz de três critérios: sinteticamente, é a submissão da coisa, em todas as suas relações, a uma pessoa; analiticamente, o direito de usar, fruir, dispor e reaver um bem de quem injustamente o possua; descritivamente, é direito complexo, absoluto, perpétuo e exclusivo, pelo qual uma coisa fica submetida à vontade de uma pessoa, com as limitações da lei.[31] De acordo com o Código Civil de 2002, que adotou a definição analítica (art. 1.228), "O proprietário tem a faculdade de usar, gozar e dispor da coisa, bem como o direito de reavê-la do poder de quem quer que injustamente a possua ou detenha".

O domínio útil, por sua vez, é conceito que remete à enfiteuse (aforamento) e concede o direito de usar, gozar e dispor da coisa. Porém, não de vendê-la ou de dá-la em pagamento, porquanto cabe ao senhorio direto o direito de preferência, pelo mesmo preço e nas mesmas condições, devendo o aforado informá-lo previamente da venda ou dação em pagamento.[32]

Já a posse, nos termos do art. 1.196 do Código Civil, é o direito daquele que tem de fato o exercício, pleno ou não, de algum dos poderes inerentes à propriedade, adotando-se, portanto, a teoria objetiva de Ihering. Pode ser direta, quando aquele que detém a coisa pode defendê-la por iniciativa própria, ou seja, sem assistência ou intervenção do possuidor indireto, e indireta, quando a coisa está na posse direta de outrem e entre estes dois possuidores vigore relação jurídica de que derive o desdobramento da posse.[33]

De início, fácil percebemos que inexiste conflito entre o ITM e o ITR ou o IPTU quando a incidência destes dois impostos se der sobre a propriedade do imóvel. O raciocínio é simples: se o ITR e o IPTU incidirem sobre a propriedade, então a União não será a proprietária e o imóvel, jamais, um terreno de marinha, afastando-se por completo a materialidade do ITM. Isso em razão da imunidade recíproca (art. 150, VI, "a", CF/1988).

29. Regina Helena Costa, *Curso de Direito Tributário: Constituição e Código Tributário Nacional*, São Paulo, Saraiva, 2009, pp. 359–360.

30. Aires Fernandino Barreto, "Impostos sobre a propriedade imobiliária", *RDT* 58/228, São Paulo, 1991.

31. *Direitos Reais*, 20ª ed., atualizada por Luiz Edson Fachin, Rio de Janeiro, Forense, 2010, p. 103.

32. Maria Helena Diniz, *Código Civil Anotado*, 13ª ed., rev. aum. atual., São Paulo, Saraiva, 2008, p. 1.383.

33. Orlando Gomes, idem, pp. 58–59.

Quando a materialidade do ITR e do IPTU consistirem no domínio útil, também não há qualquer conflito com o ITM. Isto porque a ocupação apresenta materialidade completamente diversa do domínio útil, uma vez que a União pode, em qualquer tempo que necessitar do terreno, imitir-se na posse do mesmo, promovendo sumariamente a sua desocupação (art. 132 do DL n. 9.760/1946). O domínio útil, ao contrário, traduz-se no direito de usar, gozar e dispor da coisa sem interferência do senhorio direto. A diferença para a propriedade consiste no direito deste de preferência do senhorio direto na alienação e o laudêmio pago quando não exercida a preferência, situação deveras díspar da ocupação.

Incidirá, portanto, o ITR ou o IPTU sobre o domínio útil nos casos dos antigos aforamentos mantidos pelo Código Civil de 2002, segundo seu art. 2.038 e ainda regidos pelo Código Civil de 1916, bem como nos aforamentos que venham a ser firmados pela União com fundamento de validade na Lei n. 9.636/1998.

Não se encontra, por outro lado, diferença entre ocupação e posse. Em verdade, ocupação implica meramente no direito de posse. Isto porque o ocupante detém o direito de usar e gozar da coisa, não podendo, contudo, dispor do bem, porquanto à União cabe o direito de promover sumariamente a desocupação e imitir-se na posse, nos termos do art. 132 do DL n. 9.760/1946.[34]

Uma distinção essencial, no entanto, deve ser estabelecida e consiste na jurisprudência já pacífica do STJ entre posse com ânimo definitivo e posse sem ânimo definitivo. Em voto paradigma no REsp 325.489[35] distinguiu-se "a posse oriunda de direito real, situação em que assume o possuidor o ônus do proprietário, da oriunda de direito pessoal, quando detém esse título pela só existência de um contrato, tal como a locação, o comodato, etc.". Este julgado, ao final, determinou a impossibilidade do comodatário ser sujeito passivo do IPTU, a despeito do que a leitura apressada do art. 34 do CTN possa levar a crer, uma vez que se trata de possuidor sem *animus domini*, fundado, logo, em direito pessoal e não real. Raciocínio idêntico se aplica à sujeição passiva no ITR.

Neste sentido, a materialidade do ITR e do IPTU, por tratar de posse com *animus domini*, também não se confunde com a materialidade do ITM. O ocupante do terreno de marinha sem título outorgado pela União, por ser mero possuidor do bem imóvel sem *animus domini*, não pode ser sujeito passivo de um daqueles dois tributos. Se a propriedade é da União e nunca poderá ser vendida por vedação constitucional, não há como sustentar a vontade futura de vir a ser o proprietário do bem.

Resta, então, uma única análise: a observância do ITM com um imposto residual. Assim reza a Carta Magna:

"Art. 154. A União poderá instituir:

"I – mediante lei complementar, impostos não previstos no artigo anterior, desde que sejam não cumulativos e não tenham fato gerador ou base de cálculo próprios dos discriminados nesta Constituição;"

Viu-se que o critério material do ITM não se confunde com a hipótese tributária de qualquer outro tributo. Todavia, é possível estabelecer uma identificação de sua base de cálculo com a do IPTU, uma vez que o domínio pleno do imóvel pode ser visto como seu valor venal, na forma estabelecida pelo STJ nos julgados acima apresentados, ou seja, dá-se a atribuição de dois nomes diversos para a mesma coisa.

34. Orlando Gomes, idem, p. 57.

35. STJ, REsp 325.489-SP, 2ª T., rela. Min. Eliana Calmon, *DJe* 24.2.2003. No mesmo sentido: STJ, AgRg no REsp 1.163.544-SP, 1ª T., rel. Min. Benedito Gonçalves, *DJe* 8.6.2011; STJ, AgRg no Ag 1.349.385-SP, 2ª T., rel. Min. Cesar Asfor Rocha, *DJe* 16.3.2011; STJ, AgRg no REsp 1.198.430-SP, 2ª T., rel. Min. Humberto Martins, *DJe* 1.12.2010; STJ, AgRg no Ag 1.263.139-SP, 2ª T., rela. Min. Eliana Calmon, *DJe* 11.5.2010; AgRg no Ag 1.108.292-SP, 1ª T., rel. Min. Teori Albino Zavascki, *DJe* 11.5.2009; STJ, AgRg no Ag 658.526-SP, 1ª T., rela. Min. Denise Arruda, *DJe* 10.10.2005; STJ, REsp 46.434-0-MG, 1ª T., rel. Min. Milton Luiz Pereira, *DJe* 21.11.1994.

Certo que o ITM teve seus critérios estabelecidos por decretos-lei e leis anteriores à CF/1988, seria necessário observar se foram recepcionados com *status* de lei complementar a exemplo do que ocorreu com o CTN. Inexistia a previsão competencial para a União criar impostos residuais na CF/1937, o que *per se* já seria suficiente para determinar a inconstitucionalidade em seu nascimento e a impossibilidade de recepção na Ordem atual não fosse a discutível decisão do STF no sentido de reconhecer que à União cabia tal competência ainda que não prevista na Constituição Federal.[36]

Vê-se, pois, que o ITM, na forma em que positivado hodiernamente, apresenta constitucionalidade duvidável, seja por não existir a previsão de imposto residual quando da edição do Decreto-lei (DL) n. 9.760/1946, seja por não ter sido produzido mediante lei complementar (retirando o fundamento de validade de algumas legislações como as Leis ns. 9.636/1998 e 11.481/2007 que modificaram a forma de inscrição na SPU e sua alíquota), seja por apresentar base de cálculo pertencente à de outro imposto previsto na CF/1988.

Todavia, reveste-se com a aparência de um imposto residual que terá por incidência a ocupação de terreno de marinha sem título outorgado pela União, quando, concomitantemente, não poderão incidir o IPTU e o ITR, uma vez que o particular não teria a propriedade, não se trata de aforamento para se falar em domínio útil e a posse não preenche o requisito do *animus domini*.

7. Conclusões

Quatro são as formas de utilização dos bens imóveis da União: aluguel, aforamento (ou enfiteuse), cessão e ocupação. As três primeiras dão-se mediante contrato firmado entre o particular e a União; já a última possui um regime jurídico residual aplicado às situações que não compreendam estas três primeiras e decorre do poder de império do Estado, prescindindo da vontade do particular. Exceto a cessão, que tem por característica a gratuidade, todos os outros três institutos exigem o pagamento de um valor por aquele que utiliza o bem imóvel.

Entre os bens da União estão aqueles chamados de terrenos de marinha e seus acrescidos, cuja definição está presente nos arts. 2º e 3º do Decreto-lei n. 9.760/1946. A utilização destes bens apenas pode ser dada mediante aluguel, aforamento, cessão e ocupação.

Inexistindo contrato firmado entre as partes, o regime jurídico a ser aplicado é, obrigatoriamente, o da ocupação, pela qual o ocupante deverá pagar um valor chamado pelo legislador de taxa. Se o bem for um terreno de marinha, a taxa é usualmente chamada de "taxa de terreno de marinha".

Essa taxa, todavia, apresenta-se como um verdadeiro tributo, porquanto é instituída mediante lei, não é sanção a ato ilícito e decorre de prestação pecuniária compulsória cobrada mediante atividade administrativa plenamente vinculada. Sua denominação, nesse sentido, é uma das várias idiossincrasias do legislador. Em verdade, trata-se de um imposto, tendo em vista não ser vinculada a uma atividade estatal e inexistir previsão legal de destinação específica para o produto de arrecadação do tributo ou de devolução do montante arrecadado ao contribuinte ao cabo de determinado período. É um imposto sobre a ocupação do terreno de marinha sem título outorgado pela União (ITM).

A ocupação é uma forma de posse do bem imóvel, uma vez que cabe ao ocupante o direito de usar, gozar e dispor da coisa, exceto se a União exercer seu direito de possuidora indireta para reaver a propriedade plena do imóvel independentemente da vontade do particular.

Porém, não se confunde com uma específica hipótese de incidência do IPTU e do ITR, qual seja a posse, uma vez que inexiste

36. Hugo de Brito Machado, *Curso de Direito Tributário*, 29ª ed., rev. atual. amp., São Paulo, Malheiros Editores, 2008, p. 352.

na ocupação o *animus domini*: se a propriedade é da União e a CF/1988 não autoriza a venda de terrenos de marinha, não há como sobrevir a transferência futura da propriedade para o ocupante.

É discutível, no entanto, se a União detinha competência para instituir impostos residuais sob a égide da Ordem de 1937. Ademais, é possível ver no ITM uma violação à Carta Magna de 1988 quando o STJ reconhece que sua base de cálculo, isto é, o domínio pleno, é identificada com aquela prevista para o IPTU, o valor venal do imóvel, e, portanto, vedada para um imposto residual.

Incorre a União, ainda, em alguns erros competenciais por tratar o ITM como uma espécie de aforamento sem licitação e sem contrato porque produz legislações que o regulam sem respeitar o procedimento de lei complementar exigido no art. 154, I, da CF (Leis ns. 9.636/1998 e 11.481/2007), não repassa o valor de sua arrecadação para os Estados e o Distrito Federal (vinte por cento, conforme previsto no art. 157, II, da CF), bem como por autorizar a ocupação, ou seja, a posse sem *animus domini*, ao prescrever ser possível imitir-se na posse a qualquer tempo, o que certamente viola direitos do contribuinte.

Noutro sentido, erra a União ao cobrar ITR e erram também os Municípios ao cobrarem IPTU sobre esses mesmos terrenos de marinha. Como se viu, a ocorrência do critério material de um desses três tributos exclui automaticamente a incidência dos outros dois e, nesse sentido, não é aceitável que haja cobrança concomitante do ITM com o ITR ou IPTU.

ESTUDOS & COMENTÁRIOS

A RESPONSABILIDADE POR INFRAÇÕES NO CÓDIGO TRIBUTÁRIO NACIONAL

MARIA ÂNGELA LOPES PAULINO

Mestre e Doutoranda em Direito Tributário pela PUC/SP.
Professora no Curso de Especialização em Direito Tributário do IBET/SP e
Professora Assistente de Direito Tributário na FD/USP e PUC/SP.
Advogada.

1. Tema proposto. 2. A responsabilidade por infrações prevista no art. 136 do CTN: 2.1 Fundamentos em favor da teoria da responsabilidade por infrações objetiva, estatuída como regra geral no art. 136 do CTN; 2.2 A objetividade na constituição da infração e temperamentos na cominação da sanção. 3. A responsabilidade por infrações pessoal do agente, prevista no art. 137 do CTN: o elemento volitivo para a sua caracterização. 4. A responsabilidade por infrações de terceiros elencados nos arts. 134 e 135 do CTN: 4.1 Síntese acerca da responsabilidade por infrações de terceiros. 5. Conclusão.

1. Tema proposto

Propomos aqui breve estudo sobre *as regras jurídicas enunciadas no Código Tributário Nacional que dispõem sobre a responsabilidade por infrações tributárias*, especificamente acerca das significações construídas a partir dos enunciados dos arts. 134, 136 e 137 do CTN.

A despeito de ser matéria pouco explorada pelo discurso científico, o tema há de merecer um estudo atento da comunidade jurídica, concentrando-se o debate nas seguintes reflexões, dentre outras: a responsabilização pelo descumprimento de condutas, no âmbito do Direito Tributário, é genericamente objetiva ou subjetiva, isto é, o elemento volitivo é essencial para a imposição sancionatória? A responsabilidade do agente, que atua em nome e por conta de terceiro, é pessoal, subsidiária ou solidária? Quais os requisitos para a responsabilidade pessoal preconizada no Código Tributário Nacional?

Com o escopo de tentar trazer algumas respostas teóricas ansiadas pelos estudiosos do Direito, faz-se necessário, em um primeiro momento, definir a *regra geral da responsabilidade por infrações* prevista pelo legislador complementar, se *objetiva* ou *subjetiva* (art. 136). Em seguida, deter-se-á, com afinco, sobre os enunciados que disciplinam a *responsabilidade do agente ou de terceiros* por ilícitos tributários, oportunidade em que analisaremos o requisito do *dolo específico*, bem como a qualificação da *responsabilidade por infrações de terceiros*, se *subsidiária*, *solidária* ou *pessoal* (arts. 134, 135 e 137).

2. A responsabilidade por infrações prevista no art. 136 do CTN

Como regra geral, para a responsabilização por infrações tributárias é irrelevante a intencionalidade do agente ou responsável na prática da conduta ilícita, bem como não importam os efeitos danosos dela decorrentes, consoante preconiza o art. 136 do Código Tributário Nacional, *in verbis*:

"Art. 136. Salvo disposição de lei em contrário, a responsabilidade por infrações da legislação tributária independe da intenção do agente ou do responsável e da efetividade, natureza e extensão dos efeitos do ato".

Nota-se que a Lei n. 5.172/1966 emprega os termos "agente" e "responsável". "Agente" refere-se àquele que efetivamente praticou a infração; trata-se do executor material do ilícito (ex.: prepostos, mandatários e administradores que agem em nome e por conta de terceiro), ao passo que "responsável" denota a pessoa que está na posição de sujeito passivo, seja o próprio contribuinte, seja o responsável tributário eleito pela lei para responder pela obrigação tributária (ex.: a pessoa por conta da qual o agente atua). Com o escopo de evitar confusões semânticas, Luciano Amaro faz preciosa distinção entre os termos empregados:

"Se o 'agente' é o indivíduo que pratica determinada ação (omissiva ou comissiva), que configura uma infração à lei tributária, o 'responsável', à vista de alternativa (agente ou responsável), é alguém que não se confunde com o agente, em nome do qual este atua. Assim, por exemplo, o administrador, o mandatário, o gerente, o preposto são os agentes, em relação ao administrado, ao mandante, ao gerido, ao preponente, que seriam os 'responsáveis'".[1]

A hermenêutica do art. 136 traz a necessidade de esclarecer qual a amplitude semântica atribuída ao termo "intenção", cuja definição poderá implicar conclusões díspares: de um lado, a interpretação pela responsabilidade objetiva, de outro, pela responsabilidade por infrações tributárias subjetiva.

Em linhas gerais, a responsabilidade objetiva independe da culpa ou do dolo, sendo imputada quando comprovada a presença de três requisitos: a) conduta; b) resultado/dano; e c) nexo de causalidade entre conduta e resultado/dano. Enquanto que, na responsabilidade subjetiva, o elemento volitivo consiste em critério classificatório, de modo que se configurará, subjetivamente, a responsabilidade quando verificados os seguintes pressupostos: a) conduta; b) resultado/dano; c) nexo de causalidade entre conduta e resultado/dano; e d) dolo (intenção de praticar o fato contrário à lei e de produzir o resultado)[2] ou culpa (negligência, imprudência ou imperícia).

Parte da doutrina entende que a expressão "independe da intenção do agente ou do responsável" está a significar que a imputação da responsabilidade por infrações tributárias independe da vontade consciente de praticar a conduta (dolo), porém não afasta a culpa, de tal sorte que, se comprovado que o responsável ou agente não realizou atos *negligentes*, *imprudentes* ou *imperitos* a influir no descumprimento da obrigação tributária, a infração restaria descaracterizada e, por conseguinte, não haveria que se falar em responsabilidade.

Acompanham este entendimento os saudosos Ruy Barbosa Nogueira[3] e Fábio

1. Luciano Amaro, *Direito Tributário Brasileiro*, 13ª ed., São Paulo, Saraiva, 2007, p. 442.

2. Segundo o criminalista Damásio E. de Jesus, "o dolo possui os seguintes elementos: a) consciência da conduta e do resultado; b) consciência da relação causal objetiva entre a conduta e o resultado; c) vontade de realizar a conduta e produzir o resultado" (*Direito Penal*, 1º vol., *Parte Geral*, 26ª ed., São Paulo, Saraiva, 2003, pp. 288-289).

3. "(...) o que o art. 136, em combinação com o item III do art. 112, deixa claro é que para a matéria de autoria, imputabilidade ou punibilidade, somente é exigida a intenção ou dolo para os casos de infrações fiscais mais graves e para os quais o texto de lei tenha exigido esse requisito. Para os demais, isto é, não dolosas, é necessário e suficiente um dos três graus de culpa. De tudo isso decorre o princípio fundamental e universal, segundo o qual, se não houver dolo nem culpa, não existe

Fanucchi,[4] Luciano Amaro,[5] Alberto Xavier[6] e Hugo de Brito Machado,[7] segundo os quais a responsabilidade por infrações, como regra geral, pressupõe a culpa e, nos moldes do art. 136, somente a intenção consistente na vontade consciente de lesionar o Fisco e de burlar a arrecadação e fiscalização tributárias, ou seja, a conduta dolosa não é, salvo disposição de lei em contrário, elemento do tipo tributário e, portanto, pressuposto para a imputabilidade.

Em corrente doutrinária divergente, à qual nos filiamos, temos Sacha Calmon Navarro, Ives Gandra da Silva Martins,[8] Paulo de Barros Carvalho,[9] Ângela Maria da Motta Pacheco,[10] Aliomar Baleeiro[11] e Ricardo Lobo Torres,[12] para os quais o enunciado do art. 136, disciplinador que é das relações intersubjetivas firmadas no âmbito do Direito Tributário, prescreve, como regra geral, que tanto a culpa como o dolo do responsável ou agente são prescindíveis para a responsabilidade. Estende-se a interpretação do termo "intenção" a todo e qualquer aspecto da vontade, abarcando, além do *dolo*, tam-

infração da legislação tributária" (Ruy Barbosa Nogueira, *Curso de Direito Tributário*, 14ª ed., São Paulo, Saraiva, 1995, pp. 106-107).

4. "A impressão que eu tenho com o art. 136, do Código Tributário Nacional, é de que ele consagra a possibilidade de infrações tributárias por culpa. A intenção aí referida seria aquela vontade livre, consciente, dirigida no sentido do ilícito, portanto, seria a definição de dolo" (Fábio Fanucchi, "Curso de Especialização em Direito Tributário (aulas e debates)", in Geraldo Ataliba e Paulo de Barros Carvalho (Coords.), *VI Curso de Especialização em Direito Tributário – Notas Taquigráficas das Aulas e Debates*, vol. II, São Paulo, PUC/SP, 1975; São Paulo, Resenha Tributária, 1978, p. 728).

5. "(...) o dispositivo não diz que a responsabilidade por infrações independa de culpa. Ele diz que independe da intenção. Ora, intenção aqui significa vontade: eu quero lesar o Fisco. Eu quero ludibriar a arrecadação do tributo. Isto é intenção" (Luciano Amaro, "Infrações tributárias", artigo na *Revista de Direito Tributário* 67); ainda, "o preceito questionado diz, em verdade, que a responsabilidade não depende da intenção, o que torna (em princípio) irrelevante a presença de dolo (vontade consciente de adotar uma conduta ilícita), mas não afasta a discussão de culpa (em sentido estrito). Se ficar evidenciado que o indivíduo não quis descumprir a lei, e o eventual descumprimento se deveu a razões que escaparam a seu controle, a infração ficará descaracterizada, não cabendo, pois, falar-se em responsabilidade" (Luciano Amaro, *Direito Tributário Brasileiro*, 13ª ed., São Paulo, Saraiva, pp. 444-445).

6. "A primeira conclusão é, portanto, de que o art. 136, ao invés do que certas posições preconizaram, não consagra a responsabilidade objetiva, mas se trata ainda da expressão da responsabilidade subjetiva, embora o legislador tenha declarado a irrelevância do dolo" (Alberto Xavier, "Curso de Especialização em Direito Tributário (aulas e debates)", in Geraldo Ataliba e Paulo de Barros Carvalho (Coords.), *VI Curso de Especialização em Direito Tributário...*, vol. II, cit., 1978, p. 730).

7. "O art. 136 do CTN não estabelece a responsabilidade objetiva em matéria de penalidades tributárias, mas a responsabilidade por culpa presumida. A diferença é simples. Na responsabilidade objetiva não se pode questionar a respeito da intenção do agente. Já na responsabilidade por culpa presumida tem-se que a responsabilidade independe da intenção apenas no sentido de que não há necessidade de se demonstrar a presença de dolo ou culpa, mas o interessado pode excluir a responsabilidade fazendo prova de que, além de não ter a intenção de infringir a norma, teve a intenção de obedecer a ela, o que não lhe foi possível fazer por causas superiores à sua vontade" (Hugo de Brito Machado, *Curso de Direito Tributário*, 26ª ed., São Paulo, Malheiros Editores, 2005, p. 170).

8. Cf. Ives Gandra da Silva Martins, *Da Sanção Tributária*, 2ª ed., São Paulo, Saraiva, 1998.

9. "Nota-se aqui (art. 136) uma declaração de princípio em favor da responsabilidade objetiva. Mas, como sua formulação não está em termos absolutos, a possibilidade de dispor em sentido contrário oferta espaço para que a autoridade legislativa construa as chamadas infrações subjetivas" (Paulo de Barros Carvalho, *Curso de Direito Tributário*, 22ª ed., São Paulo, Saraiva, 2010, p. 628).

10. "Entende-se que o simples descumprimento da obrigação principal 'de dar' ou da obrigação acessória 'de fazer' é suficiente para determinar a responsabilidade do contribuinte. Independentemente da sua intenção: pagar ou não pagar, escriturar ou não o livro fiscal. O fato objetivo – não pagamento – tipifica a infração. É a responsabilidade objetiva" (Angela Maria da Motta Pacheco, *Sanções Tributárias e Sanções Penais Tributárias*, São Paulo, Max Limonad, p. 236).

11. "A infração fiscal é formal. O legislador, além de não indagar da intenção do agente, salvo disposição de lei, também não se detém diante da natureza e extensão dos efeitos" (Aliomar Baleeiro, *Direito Tributário Brasileiro*, Rio de Janeiro, Forense, 1990, p. 493).

12. "Aderiu o CTN, em princípio, à teoria da objetividade da infração fiscal. Não importa, para a punição do agente, o elemento subjetivo do ilícito, isto é, se houve dolo ou culpa na prática de ato. Desimportante também que se constate o prejuízo da Fazenda Pública" (Ricardo Lobo Torres, *Curso de Direito Financeiro e Tributário*, 5ª ed., Rio de Janeiro, Renovar, 1998, p. 228).

bém a *culpa* manifestada pelas modalidades "imprudência", "negligência" e "imperícia" e exigindo apenas o nexo de causalidade entre a conduta e o resultado, sem qualquer valoração subjetiva.

2.1 Fundamentos em favor da teoria da responsabilidade por infrações objetiva, estatuída como regra geral no art. 136 do CTN

A responsabilidade objetiva surgiu a partir da ideia do "homem social", ou seja, aquele que tem responsabilidade na medida em que vive em sociedade, permitindo o ressarcimento da "vítima" por meio da adoção da teoria do risco. Alvino de Lima aponta os alicerces desta teoria:

"(...) a teoria do risco, embora partindo do fato em si mesmo, para fixar a responsabilidade, tem raízes profundas nos mais elevados princípios de justiça e equidade. Ante a complexidade da vida moderna, que trouxe a multiplicidade dos acidentes que se tornaram anônimos, na feliz expressão de Josserand, a vítima passou a sentir uma insegurança absoluta ante a impossibilidade de provar a culpa, em virtude de múltiplos fatores (...)".[13]

No campo do Direito Tributário, a aplicação da responsabilidade objetiva, excluindo o papel da vontade sob qualquer ótica, permite a socialização de eventual dano ao Erário de forma mais eficiente. Sua instituição se justifica em função da própria finalidade da arrecadação dos tributos, mormente a repartição pelos cidadãos dos custos do Estado. A imputação subjetiva não se mostraria suficiente ao atendimento dos anseios do interesse público, revelando-se a de caráter objetivo a mais satisfatória diante da incerteza do Estado em receber os valores, tendo em conta a heterogeneidade da região material das condutas intersubjetivas, cuja massificação gradual é inerente ao período contemporâneo e servindo, ainda, a objetividade como um instrumento de garantia da eficácia da norma primária tributária.

Outro ponto a ser analisado concerne à "culpabilidade", compreendida pela dicotomia dolo e culpa e pressuposto de imputabilidade na esfera do Direito Penal, pois sem culpabilidade, embora praticada a conduta ilícita e danosa, tem-se como inadmissível a irrogação de penas (*nulla poena sine culpa*). Não se pode perder de vista que a essência da culpabilidade, para fins de subjetivação da responsabilidade penal, está atrelada à pessoa humana e à sua consciência na prática da conduta.

Em contrapartida, essa ideia central de "culpabilidade", ínsita à esfera criminal, faz-se inapropriada quando os comandos jurídicos se dirigem às pessoas jurídicas, cuja atuação é ostensiva e efetiva, principalmente, no campo dos tributos, figurando como verdadeiro sujeito passivo da relação jurídico-tributária. Com esse mesmo entendimento, conclui Aldo de Paula Júnior,[14] em excelente pesquisa científica sobre o tema: "*a ideia de 'culpabilidade' do Direito Penal (liberal-individualista) não é suficiente para a realidade fáctica-jurídica das infrações administrativas*".

O Professor Sacha Calmon, em parecer publicado na *Revista Dialética de Direito Tributário* acerca do assunto, expõe as razões que vêm a corroborar o seu posicionamento no sentido de que a infração fiscal, genericamente, materializa-se pelo simples descumprimento dos deveres tributários, não cabendo indagar se o sujeito passivo deixou de emitir uma fatura ou de pagar o tributo por dolo ou por culpa, sob pena de arruinar o próprio sistema de fiscalização e arrecadação dos tributos, estruturado em

13. Alvino Lima, *Culpa e Risco*, 2ª ed. rev. e atual. pelo Prof. Ovídio Rocha Barros Sandoval, São Paulo, Ed. RT, 1998, pp. 194-199.

14. Aldo de Paula Júnior, *Responsabilidade por Infrações Tributárias*, Dissertação de Mestrado da PUC/SP, 2007, p. 176.

prol do interesse público. O Professor quer, assim, demonstrar que o Direito Tributário Sancionador, em linhas gerais, é incompatível com a ideia de culpabilidade na forma como originalmente aplicada às penalidades penais, dada a essência da culpabilidade estar atrelada à consciência humana, o que, por certo, não condiz com a aplicação das normas tributárias, cujos comandos se destinam, em grande parte, às pessoas jurídicas. Dada a qualidade argumentativa do seu raciocínio, suas razões merecem ser aqui relacionadas sinteticamente.

Segundo o ilustre jurista, "em princípio, a intenção do agente (melhor seria dizer do sujeito passivo) é irrelevante na tipificação do ilícito fiscal. E deve ser assim", pelos seguintes motivos:

(i) o ilícito fiscal não se ramifica em doloso e culposo, "tampouco se valorizam, dentro do tipo, o erro de direito e o erro de fato";

(ii) "se fosse permitido alegar a ignorância da lei fiscal, (...), estaria seriamente embaraçada a ação do Estado contra os sonegadores de tributos, e aberto o *periculum in mora*. Seria um pretexto elástico a favorecer certos *experts* antes que um imperativo de justiça em favor de supostos homens de *bona fide*";

(iii) "se o ilícito fiscal se baseasse exclusivamente na responsabilidade subjetiva, impossível seria transferir a multa a terceiros (sub-rogração passiva das penalidades). A punição não deveria, nesse caso, passar da pessoa do infrator, o que, em muitos casos, seria um verdadeiro absurdo"; e

(iv) "seria impossível apenar administrativamente as pessoas jurídicas, porquanto essas não possuem vontade, senão que são representadas por seus órgãos".[15]

Complementando os fatores elucidados acima, mencionemos aqui as preciosas colocações de Paulo de Barros Carvalho sobre o assunto:

"A verdade é que todas as infrações que se consubstanciam no não recolhimento de um imposto de um tributo são todas elas objetivas. A administração não quer saber, na aplicação da lei, se o contribuinte não pode pagar, se não teve condições, se gastou no Jóquei Clube, ou se gastou em remédios, não quer saber! E há uma dose de razão nisso, porque realmente é um campo difícil de certificar. Quais seriam as razões que levariam o contribuinte a não cumprir sua obrigação na data aprazada? A verificação desse fato, eu diria até que é impossível. É impossível saber se ele agiu com culpa, ou não agiu com culpa".[16]

Ante as considerações acima delineadas podemos afirmar que são vários os fatores a influírem na atribuição da responsabilidade por infrações objetiva, a título de regra geral, a partir de uma presunção *juris et jure* de culpabilidade, autorizando-se atribuição de responsabilidade diante do simples ilícito objetivamente constatado.

2.2 A objetividade na constituição da infração e temperamentos na cominação da sanção

Não obstante o art. 136 do CTN tenha consagrado a responsabilidade objetiva por infrações tributárias, tal regramento poderá sofrer abrandamentos mediante recursos supletivos de interpretação da legislação tributária, até porque quando se fala em punição está se tratando da atuação concreta do poder sancionatório do Estado. Deveras, prescrever, no plano geral e abstrato, a responsabilidade objetiva por infrações, não impede, no nível individual e concreto, de levar em conta peculiaridades e circunstâncias do dado empírico, conferindo efetividade a outras

15. Sacha Calmon Navarro Coêlho, "Multas fiscais. O art. 136 do CTN, a responsabilidade objetiva e suas atenuações no sistema de direito tributário pátrio", *Revista Dialética de Direito Tributário – RDDT* 138/123-131.

16. Paulo de Barros Carvalho, "Curso de Especialização em Direito Tributário (aulas e debates)", in Geraldo Ataliba e Paulo de Barros Carvalho (Coords.), *VI Curso de Especialização em Direito Tributário – Notas Taquigráficas das Aulas e Debates*, vol. II, cit., 1978, p. 732.

normas jurídicas, especialmente aquelas de maior hierarquia.

A responsabilidade, por força do art. 136 do CTN, é objetiva na fase de constatação da infração, isto é, na tarefa de verificar se a conduta transgressora de um dever tributário restou, materialmente, tipificada, subsumindo-se o evento ilícito ao fato infracional descrito na hipótese da norma primária sancionatória. Observada a legalidade e tipicidade na constituição do ilícito fiscal, tem-se, via de regra, como irrelevante a intenção (dolo ou culpa) do agente e o resultado danoso causado para a imposição das consequências jurídicas.

Contudo, referida objetividade não afeta, impreterivelmente, a relação sancionatória, prescrita no consequente normativo, cuja construção é passível de atenuações autorizadas pelo próprio ordenamento vigente, mediante a ponderação de valores envolvidos no caso concreto. Ultrapassado o momento da constituição objetiva da infração fiscal, parte-se para a graduação da sanção, fase em que nada impede que se considerem as peculiaridades do caso concreto, o devido processo legal em sua projeção substantiva (princípio da proporcionalidade), a individualização das penas (art. 5º, XLVI, CR/1988) e a equidade (art. 108, IV, CTN) para a efetiva garantia do tratamento justo e isonômico na imposição de sanções, bem como a regra do *in dubio pro reo*, corolário do princípio constitucional da presunção de inocência (art. 5º, LIV, CR/1988) e enunciado no art. 112 do CTN, que determina a interpretação de maneira mais favorável ao infrator em caso de dúvida acerca da aplicação das normas sancionatórias. "O art. 112 (do CTN) não confronta o art. 136 (do CTN). Aqui se cuida do ilícito, ali do seu julgamento pelos órgãos".[17]

Reforçando nossas assertivas, vale a menção de um precedente do Superior Tribunal de Justiça em que, apesar de configurada a infração tributária, o julgador se vale de outras normas jurídicas para aplicar a sanção fiscal:

"Tributário. (...). Art. 136 do CTN c/c art. 112 do CTN. (...) 1. A responsabilidade do agente pelo descumprimento das obrigações tributárias principais ou acessórias, via de regra, é objetiva, na dicção do Código Tributário Nacional: 'Art. 136. Salvo disposição de lei em contrário, a responsabilidade por infrações da legislação tributária independe da intenção do agente ou do responsável e da efetividade, natureza e extensão dos efeitos do ato'. 2. Deveras, a constatação objetiva da infração tributária é matéria diversa da dosimetria da sanção. É que, na atividade de concreção, o magistrado há de pautar a sua conclusão iluminado pela regra de hermenêutica do art. 112, do CTN, *verbis*: 'Art. 112. A lei tributária que define infrações, ou lhe comina penalidades, interpreta-se da maneira mais favorável ao acusado, em caso de dúvida quanto: I – à capitulação legal do fato; II – à natureza ou às circunstâncias materiais do fato, ou à natureza ou extensão dos seus efeitos; III – à autoria, imputabilidade, ou punibilidade; IV – à natureza da penalidade aplicável, ou à sua graduação'. (...). 11. Recurso especial desprovido" (1ª T., rel. Min. Luiz Fux, REsp 1.095.822-SC, j. 16.12.2010, *DJe* 22.2.2011).

Para fins elucidativos, tomemos como exemplo um caso simplista elencado pelo já citado Sacha Calmon Navarro Coêlho,[18] em que um comerciante escriturou as operações de forma correta, apurou o tributo devido, preencheu a guia devidamente e, no dia do respectivo vencimento, solicitou ao seu subalterno para efetuar o pagamento no banco. Porém, este é atropelado e recolhido ao hospital; o destino quis que a autoridade fiscal tomasse ciência do fato e, no dia seguinte, aparecesse no estabelecimento do comerciante para autuá-lo. Pois bem, nesse caso, é indiscutível que a infração, objetivamente,

17. Sacha Calmon Navarro Coêlho, "Multas Fiscais...", art. cit., *Revista Dialética de Direito Tributário – RDDT* 138/123-131.

18. Sacha Calmon Navarro Coêlho, *Infrações Tributárias e suas Sanções*, São Paulo, Resenha Tributária, 1982, p. 58.

ocorreu, mas, tendo em conta as circunstâncias particulares do evento, é possível o relevamento da penalidade *ex officio*, por motivos de equidade (art. 108, IV, CTN), obedecidos os procedimentos legais.

Como consequência prática do entendimento exposto, se a infração tributária é objetiva, o autor da ilicitude, na tentativa de se eximir da aplicação das penalidades cabíveis, não poderá alegar, por exemplo, o desconhecimento da lei qualificadora jurídica dos fatos e que teria praticado a infração "de boa-fé", sem intenção de lesionar o Erário, tampouco a ausência de condições econômico-financeiras para pagar o tributo. Nesses casos, o caráter volitivo atribuído ao ato lesivo praticado pelo agente é prescindível para a tipificação do ilícito. A objetividade a ser observada na fase da constatação da infração, porém, não interfere na graduação das penalidades, as quais serão aplicadas à luz de princípios e demais regras ditadas pelo ordenamento.

3. A responsabilidade por infrações pessoal do agente, prevista no art. 137 do CTN: o elemento volitivo para a sua caracterização

De outra parte, a responsabilidade por infrações com base no art. 137, incisos I, II e III, do CTN, exige a vontade do agente em realizar o fato infringente, senão vejamos:

"Art. 137. A responsabilidade é pessoal do agente:

"I – quanto às infrações conceituadas por lei como crimes ou contravenções, salvo quando praticadas no exercício regular de administração, mandato, função, cargo ou emprego, ou no cumprimento de ordem expressa emitida por quem de direito;

"II – quanto às infrações em cuja definição o dolo específico do agente seja elementar;

"III – quanto às infrações que decorram direta e exclusivamente de dolo específico:

"a) das pessoas referidas no art. 134, contra aquelas por quem respondem;

"b) dos mandatários, prepostos ou empregados, contra seus mandantes, preponentes ou empregadores;

"c) dos diretores, gerentes ou representantes de pessoas jurídicas de direito privado, contra estas."

De acordo com a literalidade do dispositivo, se a responsabilidade por infrações é pessoal, nem ao legislador ordinário, tampouco ao Fisco foi atribuída qualquer discricionariedade para escolher a quem imputará a responsabilidade pela prática da infração; tal escolha já foi feita pelo legislador complementar, qual seja: o agente que atua em nome e por conta de terceiro, executor material das ilicitudes, na forma prescrita nos incisos citados. Deduz-se também, da leitura do dispositivo em comento, que o legislador complementar cuidou de tratar da responsabilidade por infrações abrangendo tanto aquelas com reflexos penais quanto às definidas em leis tributárias.

O inciso I do art. 137 determina a aplicação da responsabilidade pessoal do agente quando a infração resta tipificada como crime ou contravenção contra a ordem tributária, nos moldes do previsto na legislação penal. Observa-se que a redação do preceito normativo prescreve que a responsabilidade será pessoal do agente quanto a infrações "conceituadas" por lei como crimes ou contravenções. Ao enunciar o vocábulo "conceituadas", o intérprete é levado a crer que é suficiente a infração tributária ser punível penalmente. Nesse sentido entende Ives Gandra da Silva Martins, para o qual o mero "rótulo" de delito atribuído pela lei penal a uma infração tributária é suficiente para que se aplique o art. 137, I, do CTN. Ressalva o insigne jurista que, nesta hipótese de responsabilidade pessoal por infrações tributárias, admite-se impor sanções tributárias ainda que ausente o dolo do agente, uma vez que para os crimes e contravenções a mera culpa do não recolhimento do tributo pode ser também elemento de materialidade da conduta ilícita. Nesse sentido, conclui Ives Gandra:

"Assim, nas infrações consideradas como crimes ou contravenções, o princípio da responsabilidade pessoal e excludente ocorre mesmo que o crime possa ser apenas culposo. Se a infração, todavia, for somente tributária, o dolo tem que ser elemento definido e formador da responsabilidade".[19]

Com respeito ao ilustre Professor, tal entendimento não merece prosperar. Ainda que admitidos crimes contra ordem tributária na modalidade culposa, no âmbito da responsabilidade pessoal por infrações dos sujeitos que agem em nome e por conta de outrem, a sua imputação, com suporte no art. 137, somente poderá se efetivar quando comprovado o elemento volitivo doloso na prática da conduta em detrimento de outrem, nos moldes do art. 135 do CTN. A mera negligência, imperícia ou imprudência, vale dizer, a mera culpa não ensejará a responsabilidade por infrações do agente. Deste modo, o art. 137, I, do CTN, a nosso ver, somente terá aplicabilidade nas hipóteses em que a conduta decorreu de conduta dolosa do agente, constituída, com base na linguagem das provas, mediante a produção de norma individual e concreta pela Administração Fazendária.

A exceção prescrita na parte final do inciso I do art. 137 só vem a corroborar a necessidade da presença de dolo na conduta ilícita do agente. Isso porque, se ela for praticada, no "exercício regular da administração, mandato, função, cargo ou emprego, ou no cumprimento de ordem expressa emitida por quem de direito", a conduta não resultará na responsabilização pessoal do agente pelo descumprimento do prescrito na norma tributária.

Já, nos incisos seguintes, II e III, do art. 137, anteriormente transcritos, determina-se que a responsabilidade será pessoal diante de infrações cuja tipificação impõe o dolo específico do agente ou decorram, direta e exclusivamente, de dolo específico das pessoas enumeradas nas alíneas "a", "b" e "c".

Maria Rita Ferragut define "dolo específico" como sendo "a prática de ilícito por agente que possua a vontade de executar o ato, e de produzir um determinado resultado (ou ao menos assumia o risco de produzi-lo). Por isso, deve necessariamente existir uma finalidade especial do agente".[20]

A partir da definição da autora, faz-se necessário, em um primeiro momento, percorrermos, ainda que brevemente, os meandros do Direito Penal para melhor elucidação acerca da definição do conceito de "dolo específico" e o alcance de sua aplicação no Direito Tributário.

Na esfera penal, há diversas teorias e classificações em torno do instituto do "dolo". Tal diversidade se justifica, pois os ilícitos penais assumem tipos dos mais variados, conjugados a finalidades também distintas. Desfecho diverso se dá na esfera tributária na medida em que o ilícito tributário assume certa constância. Com efeito, no antecedente da norma primária sancionatória, descreve-se um fato infringente restrito a duas condutas, basicamente: o descumprimento de obrigação tributária ou de dever instrumental.

Interessa-nos, para os propósitos deste trabalho, as classificações empregadas na distinção entre (i) dolo direto e dolo eventual e (ii) dolo genérico e dolo específico.

O Código Penal, no seu art. 18, define crime doloso *quando o agente quis o resultado ou assumiu o risco de produzi-lo*. A primeira parte do dispositivo faz referência ao denominado "dolo direto", no qual o indivíduo quer produzir o resultado almejado, ao passo que a segunda parte alude ao "dolo eventual", hipótese em que o sujeito não quer o resultado, mas aceita o risco dele ocorrer. Neste caso, o infrator, ao realizar a conduta ilícita, é indiferente quanto ao resultado.

19. Ives Gandra da Silva Martins, *Da Sanção Tributária*, 2ª ed., São Paulo, Saraiva, 1998, p. 79.

20. Maria Rita Ferragut, *Responsabilidade Tributária e o Código Civil de 2002*, São Paulo, Noeses, 2009, p. 151.

Particularmente, no Direito Tributário Sancionador, a vontade de produzir o resultado está afeta tão somente ao "querer", sem abranger o "arriscar-se". Para que reste tipificada a infração tributária subjetiva é imperioso que se comprove que o agente, dolosamente, não quis pagar o tributo, tampouco cumprir o dever instrumental, a fim de prejudicar o Erário. Desta forma, verificada a inadimplência da obrigação tributária e das formalidades legais, independentemente da extensão do dano causado ao Fisco, deverá ser demonstrado que o sujeito passivo diligenciou, intencionalmente, para prejudicar a fiscalização e a arrecadação tributárias, caso contrário não há que falar em conduta dolosa.

Cumpre agora diferençar "dolo genérico" do "dolo específico". Tradicionalmente, os penalistas entendem que o primeiro se caracteriza pela vontade de concretizar os elementos objetivos do tipo que, no caso do crime de homicídio, por exemplo, compreendem o "matar" "alguém". Enquanto que o segundo estaria presente nos tipos penais que exigem o elemento subjetivo específico do tipo "para o fim de", "com a finalidade de" etc. Aqui, há um fim especial a que se dirige a conduta do agente, além da vontade genérica. A teoria mais moderna não faz mais uso dessa classificação, distinguindo 3 (três) elementos do tipo penal: (i) os elementos objetivos ou descritivos (expressões em que existe um juízo de certeza; seria o "matar" "alguém"); (ii) os elementos normativos (dependem de uma interpretação da lei em face do caso concreto. Por ex., "repouso noturno"); e (iii) os elementos subjetivos, que são o motivo (antecedentes da ação), o dolo e a finalidade. Neste último elemento subjetivo – "finalidade", se encaixaria o tradicionalmente denominado "dolo específico". Assim, atualmente, se fala que o tipo penal não só exige o dolo como elemento subjetivo, como também pode exigir um elemento subjetivo específico consistente em atingir uma finalidade especial.

Adequemos tais considerações, usualmente afetas ao Direito Criminal, às prescrições contidas no art. 137 do Código Tributário Nacional. De acordo com a literalidade dos seus incisos II e III, a responsabilidade pessoal por infrações àquele que atua em nome e por conta de terceiro impõe a comprovação do dolo específico por parte do agente. Em tais figuras infringentes tributárias, o tipo é integrado pela intenção de se evadir, parcial ou integralmente, da obrigação tributária, com o fim específico de prejudicar o contribuinte, em nome de quem ele atua. Em outros termos, imputa-se a responsabilidade pessoal do agente que, além de não ter recolhido o tributo dolosamente (dolo genérico), ele assim o fez prejudicando aquele por cujo patrimônio tinha a obrigação de zelar (há uma circunstância finalística específica).

Ademais, não vem a propósito distinguir entre "infrações cuja definição o dolo específico seja elementar" (inciso II) e "infrações que decorram direta e exclusivamente de dolo específico" (inciso III), assumindo referidas redações legislativas o mesmo conteúdo jurídico-semântico acima delimitado.

A diferença entre os incisos reside na qualificação específica do agente que pratica a conduta. No inciso III, não basta o dolo específico do agente, mas que este se revista de qualidades especiais na forma preconizada nas alíneas "a", "b" e "c", agindo contra os interesses das pessoas que representam. Tais alíneas vêm a evidenciar que, na configuração da materialidade da infração, temos o infrator e uma terceira pessoa que, junto com o Fisco, torna-se vítima do ato executado. Têm-se um ilícito tributário e outro, de natureza civil.

Ao distinguir as ilicitudes prescritas nos incisos II e III do art. 137 conclui a já mencionada Maria Rita Ferragut:

"Portanto, para a tipificação da conduta no inciso III não é suficiente que se lese o Fisco mediante ato criminoso ou contravenção:[21]

21. Segundo a autora, as hipóteses contempladas nos incisos II e III, tal como no inciso I, fazem referência às condutas tipificadas por lei como crime ou contravenção, sob o argumento de que não há que se falar na existência de dolo específico senão naquelas situações

imperioso que tal resultado seja atingido mediante a prática de um ato contrário ao interesse de um dos terceiros mencionados nas referidas alíneas desse inciso. Estando presente essa característica adicional, a tipificação da conduta deverá ser a do inciso III, e não a do inciso II".[22]

Os Tribunais, na mesma esteira das assertivas retroafirmadas, têm-se posicionado no sentido de que, para imputar a responsabilidade pessoal ao agente, exige-se a comprovação de conduta dolosa prejudicial àquele em nome de quem o agente atua, restando vedada a aplicação do art. 137 quando a infração é praticada no exercício regular da função.[23] Um caso concreto emblemático, pertinente à interpretação e aplicação do art. 137, foi o reconhecimento na jurisprudência da ilegalidade do art. 41 da Lei n. 8.212/1991, o qual determinava a responsabilidade por multa do dirigente de órgão ou entidade da Administração Pública quando verificada infração tributária relativa às obrigações previdenciárias prescritas na mencionada lei, independentemente da prova do dolo específico.[24]

4. A responsabilidade por infrações de terceiros elencados nos arts. 134 e 135 do CTN

A responsabilidade por infrações imputada a terceiros deve ser estudada mediante a interpretação conjunta dos arts. 134, 135 e 137, inciso III, alíneas "a", "b" e "c", todos do Código Tributário Nacional.

Referidos dispositivos elencam hipóteses de responsabilidade das pessoas que atuam em nome e por conta de outrem, conforme ali relacionadas, vale dizer, responsabilizam o indivíduo que tinha de agir com cautela, diligência e probidade em consonância com os deveres que lhe foram atribuídos, porém não assim procedeu.

em que também há a responsabilidade penal. A diferença entre o inciso I e os incisos seguintes, argumenta ela, consiste no fato de que naquele primeiro o dolo exigido é o genérico.

22. Maria Rita Ferragut, *Responsabilidade Tributária e o Código Civil de 2002*, cit., p. 153.

23. "(...) A responsabilidade por infração à legislação deve recair sobre a pessoa jurídica e só pode ser imputada pessoalmente ao agente se comprovado excesso de mandato ou dolo ou culpa. Arts. 135 e 137 do CTN. Entendimento consolidado no Eg. STJ. 1. Não procedente a pretensão do INSS de responsabilizar pessoalmente servidor municipal que exerceu o cargo de secretário municipal de administração do Município Sapucaia/RJ, por infringência ao disposto no art. 32, inciso IV, § 5º da Lei 8.212/1991, com fundamento no Decreto 3.048/1999. 2. Por se tratar de pessoa jurídica de direito público a sua representação caberia ao agente político (o Prefeito) que, nessa situação, atua no exercício regular de um mandato ou emprego público, de forma que a responsabilidade por infração à legislação tributária, porventura cometida, deve recair sobre a própria pessoa jurídica. A responsabilidade só pode ser imputada pessoalmente ao agente se comprovado o excesso de mandato ou o cometimento de infração com dolo ou culpa, pois a regra (há) ser interpretada em harmonia com o disposto nos arts. 135 e 137, do CTN. 3. Entendimento consolidado no Eg. Superior Tribunal de Justiça. 4. Remessa necessária e recurso de apelação não providos" (TRF-2, 3ª T. Especializada, AC 2005.51.13.000340-9-RJ, decisão 6.12.2011, *DJ* 14.12.2011).

24. "Tributário. Previdenciário. Auto de infração. Aplicação de multa em virtude de falta de apresentação de GFIP'S. Responsabilidade pessoal e direta do diretor de administração e finanças do CONDEPE. Impossibilidade. Art. 137, I, do CTN. Apelação improvida. 1. A presente questão versa sobre a possibilidade ou não de responsabilização pessoal de dirigente de pessoa jurídica de direito público pelo pagamento de multa, aplicada com base no art. 41 da Lei 8.212/1991, em face de descumprimento de obrigação tributária acessória, no caso em concreto, a não apresentação, no prazo legal, das GFIP's. Sendo o objeto da presente demanda a responsabilização pessoal do agente decorrente de obrigação tributária, o dispositivo legal a ser aplicado a esta lide é o art. 137, do Código Tributário Nacional, que exclui, expressamente, a responsabilização tributária pessoal daqueles que agem no exercício regular de administração, mandato, função, cargo ou emprego. 4. Ademais, o art. 137, II e III, do CTN, exige, para a responsabilização pessoal do agente, a comprovação, quando da prática de infrações, de dolo específico, o que, no entanto, somente poderia ser apurado através do devido processo legal, assegurado o direito de defesa, sem prejuízo de eventual responsabilização por ilícito fiscal. 5. Não há que se aplicar, portanto, ao presente caso o art. 41, da Lei Ordinária 8.212/1991, (...)" (TRF-5, Apelação em MS 200283000153135, rel. Des. Federal Élio Wanderley de Siqueira Filho, publicado em 17.9.2007). V. tb. (i) REsp 834.267-AL, rela. Min. Eliana Calmon, 2ª T., j. 16.10.2008, *DJe* 10.11.2008, e (ii) REsp 1.203.454-PR, rel. Min. Herman Benjamin, 2ª T., j. 19.10.2010, *DJe* 3.2.2011.

O art. 134[25] estabelece, em seus incisos, a responsabilidade tributária solidária de terceiros decorrente da mora do contribuinte, nos atos em que intervierem ou pelas omissões de que forem responsáveis. Conquanto o dispositivo afirme ser a responsabilidade solidária, ao também enunciar logo na primeira parte do *caput* "nos casos de impossibilidade de exigência do cumprimento da obrigação principal pelo contribuinte", há de concluir que a responsabilidade assume caráter subsidiário.[26] Ainda, segundo referido artigo, especificamente, no seu parágrafo único, a responsabilidade das pessoas relacionadas nos incisos I ao VII compreende, em matéria de penalidades, as de caráter moratório (multa pelo pagamento em atraso), afastando, indubitavelmente, as multas *ex officio*. Ou seja, não são objeto de responsabilidade subsidiária de terceiros, com suporte no art. 134, as multas, cujas constituições exigem sempre um procedimento administrativo para a incidência da norma sancionatória, culminando na lavratura do auto de infração (por ex.: multa pelo não pagamento, multa qualificada e multa formal).[27]

Depreende-se, portanto, consoante o art. 134, parágrafo único, que, se os terceiros indicados nos incisos do *caput* respondem, supletivamente, pelo tributo devido por aqueles por quem tinham deveres de zelar, mas não o fizeram, descumprindo com suas obrigações, referida responsabilidade abrangerá o valor do tributo devido, acrescido da multa de mora e dos juros. Nessa hipótese, frise-se, a exigência pela exação tributária e pela sanção moratória em face das pessoas referidas no art. 134 se dá, cumulativamente, em função da impossibilidade de exigência do cumprimento da obrigação principal pelo contribuinte (responsabilidade subsidiária) e da presença de um dever descumprido, por negligência, imperícia ou imprudência, que, de algum modo, deu origem à infração tributária,[28] o que se afere pela frase "nos atos

25. "Art. 134. Nos casos de impossibilidade de exigência do cumprimento da obrigação principal pelo contribuinte, respondem solidariamente com este nos atos em que intervierem ou pelas omissões de que forem responsáveis: I – os pais, pelos tributos devidos por seus filhos menores; II – os tutores e curadores, pelos tributos devidos por seus tutelados ou curatelados; III – os administradores de bens de terceiros, pelos tributos devidos por estes; IV – o inventariante, pelos tributos devidos pelo espólio; V – o síndico e o comissário, pelos tributos devidos pela massa falida ou pelo concordatário; VI – os tabeliães, escrivães e demais serventuários de ofício, pelos tributos devidos sobre os atos praticados por eles, ou perante eles, em razão do seu ofício; VII – os sócios, no caso de liquidação de sociedade de pessoas.

"Parágrafo único. O disposto neste artigo só se aplica, em matéria de penalidades, às de caráter moratório".

26. "(...) Flagrante ausência de tecnicidade legislativa se verifica no art. 134, do CTN, em que se indica hipótese de responsabilidade solidária 'nos casos de impossibilidade de exigência do cumprimento da obrigação principal pelo contribuinte', uma vez cediço que o instituto da solidariedade não se coaduna com o benefício de ordem ou de excussão. Em verdade, o aludido preceito normativo cuida de responsabilidade subsidiária (...)" (1ª T., rel. Min. Luiz Fux, AgRg nos EDcl no REsp 1.177.895-RS, j. 5.8.2010, *DJe* 17.8.2010).

27. Confira: "Execução fiscal contra sociedade – Penhora de bens de sócio minoritário que não exercia poderes de gerência – Falecimento do sócio gerente e majoritário – Irrelevância. O sócio quotista só responde pelas obrigações da sociedade quando houver praticado atos de gerência com excesso de poderes, infração à lei, ou ao contrato social. O art. 135 do CTN não contempla a responsabilidade por omissão de quem, não tendo poderes de gerência, deixa de promover a liquidação da sociedade quando do falecimento do outro sócio. Hipótese que também não encontra enquadramento na responsabilidade subsidiária do art. 134 do CTN, porque se trata de execução por penalidade que não tem caráter moratório" (TRF-4, 4ª T., Apelação Cível 9604606352, *DJ* 15.12.1999).

"(...) Quanto às responsabilidades do espólio, pela multa imposta, mister se faz tecer algumas considerações sobre a interpretação dos arts. 134 (...). Diz o art. 134 ao se referir às responsabilidades de terceiros: (...) *Parágrafo único. O disposto neste artigo só se aplica, em matéria de penalidades, às de caráter moratório*. Depreende-se de sua leitura que o inventariante, como nos demais casos arrolados, é responsável pelo recolhimento dos tributos devidos pelo espólio, porém, não pelas multas punitivas. Isto posto, julga-se parcialmente procedente o recurso, para o fim de excluir a multa imposta, mantida a cobrança do imposto" (TIT, Processo n. DRT. 8, 868/85, rela. Edda Gonçalves Maffei, 6ª C., j. 19.3.1986, publicado em 25.7.1987).

28. Um caso emblemático de que a infração tributária, ainda que tipificada, não ensejaria a responsabilidade de terceiros seria quando o tutor ou curador declara determinado rendimento como isento, tendo em

em que intervierem ou pelas omissões de que forem responsáveis".

Desfecho diverso ocorrerá nas situações previstas nos arts. 135[29] e 137, III, que cominam a responsabilidade exclusiva e pessoal ao sujeito que tenha realizado condutas *com excesso de poderes ou infração à lei, contrato social ou estatutos* ou que tenha praticado *infrações que decorram direta e exclusivamente de dolo específico*, respectivamente. Na prática, o agente, ardilosamente, foge aos deveres de sua função, agindo em seu próprio interesse. São casos, por exemplo, em que os pais agem dolosamente contra os interesses do filho; o inventariante, contra os interesses do espólio; o preposto, contra o preponente; e os diretores ou gerentes, contra o interesse das pessoas jurídicas.

Referidos enunciados, portanto, estabelecem a responsabilidade pessoal tributária e por infrações subjetivas, em que, embora a pessoa não seja quem realizou o fato descrito na hipótese de incidência da norma primária tributária, ela é responsabilizada em função de um ato ilícito seu, praticado dolosamente.

É preciso ter em mente que, nos termos do art. 135, *caput* e inciso I, não haverá o benefício de ordem previsto no art. 134, desqualificando-se a responsabilidade subsidiária para exclusiva e pessoal, quando comprovada alguma das condutas dolosas ali prescritas: *excesso de poderes, infração de lei, infração de contrato social ou do estatuto*.

Edmar Oliveira Andrade Filho afirma que: "a questão da responsabilidade pessoal prevista no art. 137 do CTN tem uma importante consequência prática na medida em que ele prescreve a nítida separação entre o sujeito passivo da obrigação tributária e o sujeito ativo da penalidade", concluindo, logo em seguida, que "portanto, os autos de infração, lavrados nas hipóteses previstas no art. 137, poderão ter como sujeitos pessoas diferentes, ou seja, o responsável pelo tributo e o responsável pelas penalidades".[30]

Com as devidas escusas de estilo, não é possível conceber a aplicação do art. 137, inciso III, isolada da incidência do art. 135. Isso porque configurado o dolo específico das pessoas enumeradas no art. 137, III, coincidentes com aquelas relacionadas no art. 135, a responsabilidade do sujeito que agiu contra os interesses daquele que representa abrangerá não só os tributos (art. 135), como também as penalidades (art. 137, III). Ora, só há que imaginar uma conduta dolosa, por parte dos "terceiros" (agentes), consistente em não pagar o tributo devido pelo contribuinte (representado), prejudicando-o, se caracterizado qualquer dos pressupostos do art. 135: *excesso de poderes ou infração de lei, contrato social ou estatuto*. Com efeito, a conduta com dolo específico do art. 137, III, corresponde aos atos tipificados no *caput* do art. 135.

No mais, o entendimento aqui exposto se fortalece quando trazemos à baila a redação original do dispositivo, constante do anteprojeto do CTN, que correspondia ao art. 137, inciso III. O outrora art. 291, inciso III, do anteprojeto imputava a responsabilidade pessoal "em todos os casos em que a lei tributária determine expressamente a responsabilidade tributária de terceiro em caráter exclusivo, ou com exclusão do direito de regresso".

Destarte, comprovado, nos termos do art. 137, III, o agir dolosamente, traduzido em conduta comissiva ou omissiva do agente que vise a mascarar a ocorrência do fato gerador ou de qualquer informação importante

conta o informe de rendimentos fornecido pela fonte pagadora, sendo que, posteriormente, é surpreendido com uma autuação exigindo o tributo e as penalidades. Nessa hipótese não restou configurada qualquer prática de ato ou omissão, pelo tutor ou curador, que tenha provocado a infração.

29. "Art. 135. São pessoalmente responsáveis pelos créditos correspondentes a obrigações tributárias resultantes de atos praticados com excesso de poderes ou infração de lei, contrato social ou estatutos: I – as pessoas referidas no artigo anterior; II – os mandatários, prepostos e empregados; III – os diretores, gerentes ou representantes de pessoas jurídicas de direito privado."

30. Edmar Oliveira Andrade Filho, *Infrações e Sanções Tributárias*, 1ª ed., São Paulo, Dialética, 2003, p. 194.

para a quantificação da obrigação tributária, implicando algumas das situações fixadas no *caput* do art. 135 ("atos praticados com excesso de poderes, infração de lei, contrato social ou estatutos") e prejudicando o contribuinte, por cuja obrigação fiscal deveria zelar, a responsabilidade por infrações imputada aos agentes infratores, por ser pessoal e exclusiva, alcançará, além do tributo, as penalidades, não lhes aplicando o parágrafo único do art. 134. Em outros termos, havendo infração tributária subjetiva de caráter doloso praticada pelos terceiros aplicam-se, cumulativamente, os institutos da responsabilidade de terceiros e responsabilidade por infrações previstas, respectivamente, nos arts. 135 e 137, ambos do Código Tributário Nacional.

4.1 Síntese acerca da responsabilidade por infrações de terceiros

Diante do exposto no tópico antecedente, não basta a mera ausência de pagamento do tributo para ensejar a responsabilidade por infrações dos terceiros. Daí porque, restará, suficientemente, imputada a responsabilidade por infrações a uma das pessoas qualificadas nos dispositivos tratados, quando, além da existência do débito:

(i) na *responsabilidade subsidiária*, estejam presentes a impossibilidade de exigir o tributo do contribuinte e um dever descumprido, por negligência, imperícia ou imprudência, pelas pessoas tituladas no art. 134 do CTN, respondendo, supletivamente, pelo tributo e, em matéria de penalidades, pelas de caráter moratório (art. 134, parágrafo único); e

(ii) na *responsabilidade pessoal*, o descumprimento da obrigação tributária seja resultante de atos praticados com excesso de poderes ou infração de lei, contrato social ou estatutos, pressupostos previstos no art. 135, *caput*, e que se conformam à caracterização do dolo específico prescrito no art. 137, inciso III e alíneas. Aqui, o terceiro responde pessoalmente pela exação e pela sanção tributária qualificada, aplicada *ex officio* pela Administração Fazendária.[31]

5. Conclusão

I. O enunciado do art. 136 prescreve, como regra geral, que tanto a culpa como o dolo do responsável ou agente são prescindíveis para a responsabilidade, significando o termo "intenção", posto pelo legislador, todo e qualquer aspecto da vontade e exigindo apenas o nexo de causalidade entre a conduta e o resultado.

II. São fatores que influem em favor da responsabilidade objetiva por infrações tributárias, como regra geral: a) valorações subjetivas da conduta não vão ao encontro do interesse público visado pelas normas tributárias, seja porque, diante da heterogeneidade e complexidade da região material das condutas, seria praticamente impossível apurar quais fatos levaram o sujeito a descumprir a prestação tributária, seja porque, sendo possível aduzir o desconhecimento da lei fiscal, a boa-fé na prática da conduta ou, ainda, alegar genericamente a ausência de condições econômico-financeiras para pagar o tributo, restaria obstaculizada a arrecadação dos tributos; e b) a culpabilidade (dolo e culpa), ínsita à responsabilidade penal, atrelada à pessoa humana e à consciência na prática de ilicitudes, não se revela adequada ao Direito Tributário, cujos comandos se dirigem, em grande parte, às pessoas jurídicas.

31. Ao empreender a distinção entre a responsabilidade pessoal (art. 135 c/c art. 137, CTN) e subsidiária (art. 134, CTN), o atual Ministro do STF Luiz Fux, quando ainda atuando na Corte Superior, citou em seu julgado a doutrina de Sacha Calmon: "Em suma, o art. 135 retira a 'solidariedade' do art. 134. Aqui a responsabilidade se transfere inteiramente para os terceiros, liberando os seus dependentes e representados. A responsabilidade passa a ser pessoal, plena e exclusiva desses terceiros. Isto ocorrerá quando eles procederem com manifesta malícia (*mala fides*) contra aqueles que representam, toda vez que for constatada a prática de ato ou fato eivado de excesso de poderes ou com infração de lei, contrato social ou estatuto" (Sacha Calmon Navarro Coêlho, 'Obrigação Tributária', *Comentários ao Código Tributário Nacional*, cit., p. 319)" (1ª T., rel. Min. Luiz Fux, REsp 1.104.064-RS, j. 2.12.2010, *DJe* 14.12.2010).

III. A objetividade na fase da constatação da infração não interfere, impreterivelmente, na graduação da relação sancionatória, cuja construção é passível de atenuações autorizadas pelo próprio ordenamento vigente, mediante a ponderação de valores envolvidos no caso concreto, à luz de princípios e regras ditadas pelo ordenamento (*v.g.* princípio da proporcionalidade, da individualização das "penas", equidade e o princípio do "in dúbio pro reo").

IV. Para imputar a responsabilidade pessoal ao agente, exige-se a comprovação de conduta dolosa prejudicial àquele em nome de quem o agente atua (dolo específico), restando vedada a aplicação do art. 137 quando a infração é praticada no exercício regular da função.

V. A responsabilidade por infrações de terceiros se dá de forma: (i) *subsidiária* quando comprovada conduta culposa, hipótese em que serão aplicadas apenas penalidades de caráter moratório (art. 134); e (ii) *pessoal*, quando comprovado que o ilícito tributário decorre de atos praticados com excesso de poderes ou infração de lei, contrato social ou estatutos, pressuposto previsto no art. 135, *caput*, e que se adequam ao conceito de dolo específico do art. 137, inciso III e alíneas, incidindo penalidade qualificada.

Referências bibliográficas

AMARO, Luciano. *Direito Tributário Brasileiro*. 13ª ed. São Paulo: Saraiva, 2007.

______. "Infrações tributárias", *Revista de Direito Tributário* 67.

ANDRADE FILHO, Edmar Oliveira. *Infrações e Sanções Tributárias*. São Paulo: Dialética, 2003.

ATALIBA, Geraldo. "Curso de Especialização em Direito Tributário (aulas e debates)". In: ATALIBA, Geraldo; CARVALHO, Paulo de Barros (Coords.). *VI Curso de Especialização em Direito Tributário – Notas Taquigráficas das Aulas e debates*. vol. II. São Paulo, PUC/SP, 1975; São Paulo: Resenha Tributária, 1978.

BALEEIRO, Aliomar. *Direito Tributário Brasileiro*. Rio de Janeiro: Forense, 1990.

CARVALHO, Paulo de Barros. *Curso de Direito Tributário*. 23ª ed. São Paulo: Saraiva, 2011.

COÊLHO, Sacha Calmon Navarro. *Infrações Tributárias e suas Sanções*. São Paulo: Resenha Tributária, 1982.

______. "Multas fiscais. O art. 136 do CTN, a responsabilidade objetiva e suas atenuações no sistema de direito tributário pátrio", *Revista Dialética de Direito Tributário – RDDT* 138.

FERRAGUT, Maria Rita. *Responsabilidade Tributária e o Código Civil de 2002*. 2ª ed. São Paulo: Noeses, 2009.

JESUS, Damásio E. de. *Direito Penal*. 1º vol., *Parte Geral*. 26ª ed. São Paulo: Saraiva, 2003.

LIMA, Alvino. *Culpa e Risco*. 2ª ed. revista e atualizada pelo Prof. Ovídio Rocha Barros Sandoval. São Paulo: Ed. RT, 1998.

MACHADO, Hugo de Brito. *Curso de Direito Tributário*. 26ª ed. São Paulo: Malheiros Editores, 2005.

MARTINS, Ives Gandra da Silva. *Da Sanção Tributária*. 2ª ed. São Paulo: Saraiva, 1998.

NOGUEIRA, Ruy Barbosa. *Curso de Direito Tributário*. 14ª ed. São Paulo: Saraiva, 1995.

PACHECO, Angela Maria da Motta. *Sanções Tributárias e Sanções Penais Tributárias*. São Paulo: Max Limonad, 1997.

PAULA JÚNIOR, Aldo de. *Responsabilidade por Infrações Tributárias*. Dissertação de Mestrado em Direito. São Paulo: PUC/SP, 2007.

TORRES, Ricardo Lobo. *Curso de Direito Financeiro e Tributário*. 5ª ed. Rio de Janeiro: Renovar, 1998.

ESTUDOS & COMENTÁRIOS

O DEVER INSTRUMENTAL INFORMATIZADO E A DENÚNCIA ESPONTÂNEA

ANDRÉIA FOGAÇA MARICATO

Doutoranda, Mestre e Especialista em Direito Tributário pela PUC/SP.
Professora Seminarista do IBET de São Paulo.
Coordenadora do IBET de São José dos Campos.
Advogada.

1. Introdução. 2. Delimitação do objeto. 3. Dever instrumental informatizado. 4. Denúncia espontânea. 5. Impactos da informatização na denúncia espontânea. 6. Conclusões. 7. Referências bibliográficas.

Resumo: Nosso objeto de estudo compõe-se na análise das mudanças trazidas com a informatização fiscal nos deveres instrumentais e quais seus impactos no instituto da denúncia espontânea, tema que gera ainda muita discussão na doutrina e na jurisprudência.

Para isto, tomamos o direito como um conjunto de normas jurídicas válidas, que se materializam na forma de enunciados prescritivos. O modo de nos aproximarmos do direito é interpretando tais enunciados, ou seja, construindo o sentido dos textos. Faremos uma interpretação sistemática dos enunciados que prescrevem os deveres instrumentais e suas sanções, para mostrar como se dá a construção das respectivas normas jurídicas.

O método adotado é o dogmático, e a técnica a hermenêutica-analítica, procurando deixar o trabalho situado na linha doutrinária denominada *constructivismo lógico-semântico*.

Palavras chave: dever instrumental; informatização fiscal; denúncia espontânea.

Abstract: Our object of study consists in analyzing the changes brought about by the computerization tax obligations in which instruments and their impact on the institution of voluntary disclosure, an issue that still generates a lot of discussion on the doctrine and jurisprudence.

For this, we take the law as a set of valid legal norms, which materialize in the form of prescriptive statements. The way to approach the right is playing such statements, i.e., constructing the meaning of texts. We will make a systematic interpretation of statements which prescribe the duties and their instrumental sanctions, to show how is the construction of the respective law.

The method adopted is the dogmatic, and the hermeneutic-analytical technique, trying to leave work situated within the doctrinal constructivism called logical-semantic.

Keywords: duty vehicle; tax computerization, voluntary disclosure.

1. Introdução

O tema "deveres instrumentais", por não ser tão explorado, levanta inúmeros conflitos, propiciando o surgimento de questões bastante atuais e polêmicas. Por se tratar de assunto de alta complexidade, detentor de muitas particularidades, as questões que envolvem o assunto ora proposto ainda merecem a atenção dogmática do Direito.

A tecnologia chegou aos deveres instrumentais, formando um sistema de cruzamento de dados, via digital. Atualmente, mais da metade das declarações enviadas ao Fisco são entregues via digital. Isto significa que, em pouco tempo, todos os documentos serão eletrônicos e a forma de fiscalização dos tributos será totalmente digital.

Tudo isto porque a informatização fiscal tem como objetivo facilitar a cobrança de tributos e reduzir o custo operacional do uso de pessoas e arquivos físicos que dependam de papel, além de diminuir a sonegação.

A informatização fiscal gera a necessidade de revisão teórica de vários institutos jurídicos do direito tributário; em especial, analisaremos o impacto da informatização fiscal nos deveres instrumentais, implicando mudanças sistemáticas no lançamento tributário.

Em paralelo, estudaremos a denúncia espontânea, a que se refere o art. 138 do CTN, que, assim como vários temas do direito tributário, também suscitou controvérsias, sendo seu texto aberto a inúmeras interpretações, muitas vezes conflitantes.

Tomamos por pressuposto que a interpretação mais adequada da norma jurídica é aquela que melhor garante os valores nela inseridos. Deste modo, entendemos que o enunciado do art. 138 CTN tem como objetivo trazer o infrator da lei tributária de volta para uma situação de regularidade. Para isto, analisamos os aspectos mais polêmicos do enunciado prescritivo.

A principal questão que provoca divergências entre o Fisco, doutrinadores e tribunais é a que diz respeito ao alcance do art. 138 do CTN; delimitar-nos-emos ao fato de que o descumprimento do dever instrumental (obrigação acessória) informatizado possibilitaria ao contribuinte se beneficiar do instituto da denúncia espontânea, afastando-se para além das multas de ofício, de mora e isoladas.

Para isto, optamos por fazer neste trabalho, num primeiro plano, investigação semântica sobre os conceitos dos deveres instrumentais informatizados, em seguida da denúncia espontânea, para, posteriormente, analisar as hipóteses de exclusão das multas: de ofício, de mora e isoladas, quando do descumprimento dos deveres instrumentais informatizados, uma vez que a informatização altera toda a sistemática do lançamento atual, criando indagações ainda não regulamentadas.

2. Delimitação do objeto

Faremos um corte metodológico na apreensão do processo de conhecimento. Na medida em que não pretendemos tratá-lo como objeto autônomo de investigação, limitar-nos-emos a explicar o papel desempenhado pela linguagem dentro da operação cognitiva, mostrando em que medida a linguagem, enquanto manifestação cultural, influencia a teoria do conhecimento.

Firmada a premissa que o conhecimento se opera mediante construção linguística, podemos afirmar que não existe fato antes da interpretação. É mediante interpretações, construções de sentido e significações que o homem chega aos eventos, aos acontecimentos do mundo circundante, sendo imprescindível a existência de um corpo linguístico para fazer a conexão entre o homem e a realidade. Todavia, isto não significa que inexiste qualquer objeto físico quando não houver linguagem. O que estamos falando é que só teremos acesso às coisas que existem no mundo por meio da linguagem. Como leciona Paulo de Barros Carvalho,[1] "conheço determinado objeto na medida em que posso expedir enunciado sobre ele, de tal arte que o conhecimento se apresenta pela linguagem, mediante proposições descritivas ou indicativas". O conhecimento pressupõe a existência de linguagem, cria ou constitui a realidade, sendo impossível conhecer as coisas como elas se apresentam fisicamente, fora dos discursos a que elas se referem.

1. *Direito Tributário: Fundamentos Jurídicos da Incidência*, 2008, p. 110.

Por isto, o mundo não é um conjunto de coisas que primeiro se apresentam e, depois, são nomeadas ou representadas por uma linguagem. Isso que chamamos de mundo nada mais é que uma interpretação, sem a qual nada faria sentido.[2]

Adotada a posição de que o conhecimento se opera mediante construção linguística, temos que a linguagem não só fala do objeto (Ciência do Direito – metalinguagem), como participa de sua constituição (direito positivo – linguagem-objeto). Assim, não há manifestação do direito sem uma linguagem, idiomática ou não, que lhe sirva de veículo de expressão, aqui tomado na sua acepção normativa, como conjunto de normas jurídicas válidas vigentes num sistema, em um determinado momento histórico.

3. Dever instrumental informatizado

O Código Tributário Nacional denomina os vínculos jurídicos que não apresentam cunho patrimonial de obrigações acessórias. Entretanto, adotamos a terminologia "deveres instrumentais" para as chamadas "obrigações acessórias", pois, como imposições de um fazer ou de um não fazer o dever instrumental não pode caracterizar uma obrigação, já que é despido de conteúdo de cunho patrimonial.

Por serem verdadeiros deveres, não são tais obrigações acessórias, porque a Administração Tributária fará uso do cumprimento dos deveres impostos aos contribuintes para aferir se houve ou não a concreção da hipótese de incidência da norma de tributação. No caso da comprovação da não ocorrência do fato jurídico tributário e a não instauração do vínculo obrigacional (obrigação tributária principal), diversos deveres foram cumpridos (entrega de documentos, preenchimentos de guias, declarações, etc.), mas nenhuma relação jurídica de cunho patrimonial se instaurou. Portanto, as impropriamente denominadas obrigações acessórias são vínculos jurídicos que não apresentam cunho patrimonial e têm caráter instrumental, cujo objetivo é assegurar a efetividade da arrecadação e a fiscalização dos tributos.

Portanto, os deveres instrumentais constituem-se, sim, em dever, porque decorrem da lei e são instrumentais, por terem a função de operacionalizar a regra-matriz de incidência tributária, servindo como instrumento da atividade de arrecadação e fiscalização dos tributos.[3]

Neste contexto, os deveres instrumentais cumprem um importante papel na implantação do tributo. Por se tratar de um dever de fazer ou não fazer, a sua observância depende de documentação, em linguagem competente, de tudo o que diz respeito ao tributo.

Os deveres instrumentais regulam a atuação do contribuinte, pois são tidos como normas de conduta. Paulo de Barros Carvalho[4] os define como sendo os elos concebidos visando ao aparecimento de deveres jurídicos, que os súditos do Estado, sujeito ativo (Fisco), têm a obrigação de respeitar, no sentido de imprimir efeitos práticos à percepção dos tributos. Em suas palavras:

"São liames concebidos para produzirem o aparecimento dos deveres jurídicos, que os súditos do Estado hão de observar, no sentido de imprimir efeitos práticos à percepção dos tributos. É dever de todos prestar informações ao poder público, executando certos atos e tomando determinadas providências de interesse geral, para que a disciplina do relacionamento comunitário e a administração da ordem pública ganhem dimensões reais concretas. Nessa direção, o cumprimento de incontáveis deveres é exigido de todas as pessoas, no plano sanitário, urbanístico, agrário, de trânsito, etc., e também, no que entende com a atividade tributante que o Estado exerce".

2. Fabiana Del Padre Tomé, *A Prova no Direito Tributário*, 2005, p. 5.

3. Andréia Fogaça Maricato, *Deveres Instrumentais: Regra-Matriz e Sanção*, Dissertação do Mestrado, São Paulo, PUC, 2009, p. 128.

4. *Curso de Direito Tributário*, 2008, p. 804.

Deste modo, exceto a obrigação de levar certa quantia em dinheiro aos cofres públicos, advinda da relação jurídica tributária em sentido estrito, estabelecendo o vínculo entre sujeito ativo (Fisco) e o sujeito passivo (contribuinte), e, por conseguinte, o direito subjetivo ao Estado, por meio da Administração. Todos os demais deveres impostos a esse mesmo sujeito passivo, defronte ao tributo instituído, com a inerente característica da impossibilidade de mensuração econômica, de cunho administrativo, devem ser entendidos como deveres instrumentais.

A causa geradora dos deveres instrumentais é a lei. Assim, ocorrida a situação descrita na norma, nasce o dever de fazer, não fazer ou tolerar, sem cunho pecuniário.

A lei tributária estabelece diversos deveres ao sujeito passivo, a fim de que constituam em linguagem competente eventos do mundo social sobre os quais o direito atua, com o objetivo de atingir seus propósitos originários, ou seja, enquanto sujeito passivo, cumpre os deveres instrumentais que lhe são impostos, relata em linguagem os eventos do mundo fenomênico, dando ao Fisco a possibilidade de constituir o fato jurídico tributário, que, sem os deveres instrumentais, muitas vezes não poderá ser constituído na forma jurídica própria.

É por meio dos deveres instrumentais que o Estado consegue fazer o controle, no que tange à observação do cumprimento das obrigações inerentes à instituição dos gravames fiscais e nos casos em que, como exemplos, temos: a expedição de notas fiscais, a prestação de informações, a escrituração de livros, o registro do papel imune, dentre outros.

O objetivo principal de tais deveres é instrumentalizar a atividade de arrecadação e a fiscalização dos tributos. São regras constituídas com a finalidade de controlar a ocorrência de fazer com que os contribuintes suportem e ajudem na fiscalização, para apurar o eventual nascimento de obrigação tributária material ou demonstrar o seu não nascimento, como nos casos de imunidade. Portanto, são medidas necessárias ao controle da ação de tributar e são dirigidas diretamente à conduta dos contribuintes ou a quem a lei determinar, impondo-lhes deveres de tomar certas medidas destinadas a possibilitar à Administração controlar o nascimento ou não do fato jurídico tributário.

Ocorrido o evento do dever instrumental no mundo fenomênico, ele só se tornará fato jurídico do dever instrumental mediante linguagem competente fornecida por meio da teoria das provas. Assim tanto a regra-matriz de incidência tributária quando os deveres instrumentais necessitam de uma linguagem competente que os constituam. Ou seja, a relação jurídica de conteúdo não patrimonial, determinando em seu objeto a prestação de fazer ou não fazer do dever instrumental nascerá por meio da linguagem competente.

O fato jurídico do dever instrumental para integrar o mundo jurídico necessita de sua publicação. Ou seja, não basta que exista uma lei de dever instrumental determinando em sua hipótese que "A", ao circular mercadoria, deve emitir nota fiscal. Faz necessário que "A", ao circular mercadoria no mundo fenomênico, emita a nota fiscal, e, ao emiti-la, constituiu-se o fato jurídico do dever instrumental (linguagem competente). Por outro lado, se "A" realizar a operação de circular mercadoria sem a emissão da nota fiscal, não há o fato jurídico do dever instrumental; mas, se, posteriormente, o agente fiscal verificar o não cumprimento do dever instrumental no estabelecimento de "A", constituirá em linguagem competente o fato jurídico do dever instrumental com a aplicação do Auto de Infração e Imposição de Multa, pelo seu descumprimento.

Portanto, podemos afirmar que os deveres instrumentais necessitam de linguagem competente para que surtam efeitos no mundo jurídico; caso contrário, eles serão um mero evento que se perde no tempo e no espaço.

A implementação e utilização da informatização fiscal nos deveres instrumentais vêm para facilitar a identificação do valor correto do tributo devido, e, ao mesmo tempo, o Fisco passa a ter condições de confrontar os dados informados pelo contribuinte com demais dados existentes e disponíveis nos sistemas digital central, dados estes relevantes à apuração do valor correto dos tributos devidos, presente nos demais órgãos públicos, em outras unidades da federação, outros países ou em quaisquer lugares em que se encontrem e possam ser rastreados por um mecanismo tecnológico.[5]

Pode se notar que o Fisco, de porte desta tecnologia, vem utilizando diversos mecanismos tecnológicos na formatação legal dos deveres instrumentais, para fiscalização dos tributos, ocasionando diversas mudanças nas formas de constituição do crédito tributário.

Um dos instrumentos tecnológicos que vêm sendo muito utilizados pelo Fisco no dever instrumental digitalizado é o Sistema Público de Escrituração Digital – SPED; neste novo sistema, encontram-se a nota fiscal eletrônica, a escrituração fiscal digital e a escrituração contábil digital, dentre outros.

Fabiana Lopes Pinto[6] destaca que, "Com a implementação da informatização fiscal que está sendo inserida no ordenamento jurídico, a partir do momento em que o contribuinte relatar o evento descrito no critério material, em fato social, este fato social, passará ter relevância para mundo jurídico, isto porque ele está sendo informado ao Fisco no exato momento de seu acontecimento, muitas vezes em momentos que antecedem o próprio fato jurídico (...)".

Segundo a autora, isto significa dizer que, neste novo modelo, o fato social passa a ser uma parte do fato jurídico, visto que há a informação enviada ao Fisco de forma parcelada através dos mecanismos tecnológicos. Com a soma de todas as partes do "fato" que foram ao longo do mês ou do ano (de acordo com o imposto) informados ao Fisco, chegando-se ao fato jurídico da norma.

Importante destacar que toda vez que fato social realizado pelo sujeito passivo for representado por um documento eletrônico que manda informações diretamente ao Fisco, estaremos diante de um fato social jurídico, com relevância para o mundo jurídico, diferentemente daquele fato social, irrelevante para o direito.

Assim, quando o contribuinte cumpre os deveres instrumentais, neste novo modelo tecnológico e digital, pela simples entrega das declarações, o Fisco passar a ter possibilidade de lançar de ofício, sem a necessidade de ir à empresa conferir toda a documentação, uma vez que tais documentos passarão a ser digitais e guardados no sistema do Fisco.

Seguindo este entendimento, futuramente, com alterações legislativas, poderá ter mais lançamento de declaração e lançamento de ofício do que lançamento por homologação, isto porque as novas normas de informatização fiscal dão ao Fisco as informações necessárias para lançar de ofício, identificando com precisão o fato jurídico e sua respectiva base de cálculo, de forma a tornar o valor devido inquestionável.

Neste novo sistema, a informatização fiscal pode vir a alterar a forma de lançamento, uma vez que as informações prestadas pelo contribuinte serão suficientes para que o Fisco lance de ofício, como no caso da pré-validação, para a emissão da nota fiscal eletrônica, gerada pelo contribuinte, o qual a envia para o servidor interno da Secretaria de Estado da Fazenda do Estado de Origem, aguardando a pré-validação; o sistema do Fisco faz a triagem dos requisitos exigidos para a validação e, automaticamente, identifica se a NF-e será autorizada ou não. Uma vez possuídas todas as exigências para validação, o contribuinte recebe a NF-e autorizada e imprime o DANFE (recibo). Esta pré-validação pode vir a ser o lançamento de ofício.

Portanto, com a evolução dos diversos mecanismos tecnológicos que vêm sendo introduzidos de forma compulsória para a

5. Tema tratado por Fabiana Lopes Pinto, *Informatização Fiscal: o Uso da Tecnologia no Sistema Tributário Nacional*, Tese de Doutorado, São Paulo, PUC, 2012.

6. Fabiana Lopes Pinto, *Impacto Financeiro da Sonegação Fiscal – Penal*, *www.lopespinto.com.br/adv/publier4.0/dados/anexos/617_4.ppt*.

entrega das diversos deveres instrumentais de todos os tributos, é possível que, com mudanças legislativas, outros fatos informativos do contribuinte venham a viabilizar a sincronicidade total das informações necessárias à constituição do fato jurídico tributário. Isto porque, tendo o Fisco em mãos todas as informações recebidas pelos diversos fatos informativos oriundos da obrigatoriedade de qualquer dever instrumental digital (como na da emissão eletrônica de nota fiscal), poderá o Fisco lançar de ofício imediatamente pelo sistema.[7]

Neste contexto, se todos os tributos passarem a ser por lançamento de ofício, poderemos ter mudanças significativas na denúncia espontânea, visto que, em sendo todas as informações enviadas ao Fisco de forma imediata e instantânea, faz com que o ente competente (sujeito ativo) apure eventual nascimento de obrigação tributária material.

E não sendo cumprido qualquer dever instrumental, via digital, pelo contribuinte, a Administração poderá enviar a notificação do início da fiscalização *on-line*. Com isto, o prazo para o contribuinte regularizar suas omissões ficará limitado. Por outro lado à denúncia espontânea que hoje é tão discutida e limitada, poderá ser muito mais utilizada pelo contribuinte, conforme veremos no próximo item.

4. Denúncia espontânea

O art. 138 do CTN prescreve o instituto da denúncia espontânea do direito tributário brasileiro, impedindo que a constituição do descumprimento de um dever seja concretizado em nível individual e concreto pelo agente competente, assim disposto:

"Art. 138. A responsabilidade é excluída pela denúncia espontânea da infração, acompanhada, se for o caso, do pagamento do tributo devido e dos juros de mora, ou do depósito da importância arbitrada pela autoridade administrativa, quando o montante do tributo dependa de apuração.

"Parágrafo único. Não se considera espontânea a denúncia apresentada após o início de qualquer procedimento administrativo ou medida de fiscalização, relacionados com a infração."

Como se vê, o art. 138 do CTN prescreve a possibilidade de exclusão da responsabilidade pela denúncia espontânea da infração, nos casos do pagamento do tributo devido e dos juros de mora, ou do depósito da importância arbitrada pela autoridade administrativa, quando o montante do tributo depender de apuração. Neste sentido, a denúncia espontânea é aquela apresentada antes do início de qualquer procedimento administrativo ou medida de fiscalização, relacionados com a infração.

Portanto, é espontânea, a denúncia da infração cometida pelo sujeito passivo, antes da existência de procedimento administrativo ou medida de fiscalização, relacionados com a infração, da qual o sujeito passivo tenha sido regularmente notificado. Ou seja, se o Fisco houver dado ciência ao sujeito passivo quanto ao início de qualquer procedimento fiscal relacionado com a infração a ser denunciada, fica afastada a possibilidade da denúncia espontânea. Por outro lado, se a infração se refere a matéria estranha àquela objeto da fiscalização ou do procedimento administrativo já iniciado, é possível a sua denúncia espontânea.

A denúncia espontânea no direito tributário brasileiro é mecanismo normativo que permite ao sujeito passivo tributário, mesmo diante de um evento moratório, evitar que o fato moratório seja constituído pelo sujeito competente e, portanto, impedir que a constituição do descumprimento de um dever seja concretizada em nível individual e concreto.

Dessa forma, quando o sujeito passivo toma a iniciativa de cumprir a conduta prevista em norma tributária, corrigindo

7. Fabiana Lopes Pinto, *Informatização Fiscal: o Uso da Tecnologia no Sistema Tributário Nacional*, cit., p. 274.

informações imprescindíveis para o Fisco constituir o crédito tributário, nas hipóteses de lançamento originariamente de ofício, ou quando o próprio contribuinte constitui o crédito tributário, naquelas hipóteses em que o CTN lhe atribui a competência, originalmente, para realizar o chamado lançamento por homologação (art. 150).

A denúncia espontânea constitui-se em instrumento normativo hábil a mutilar os efeitos jurídicos da mora no direito tributário.

Muito se discute sobre as hipóteses de cabimento da denúncia espontânea, em especial, nos tributos sujeitos ao lançamento por homologação e nas obrigações acessórias autônomas. O Superior Tribunal de Justiça firmou o seguinte entendimento:

Súmula 360, STJ: "O benefício da denúncia espontânea não se aplica aos tributos sujeitos a lançamento por homologação regularmente declarados, mas pagos a destempo".

E mais: é categórico em proibir o instituto da denúncia espontânea nas chamadas obrigações acessórias autônomas, conforme demonstrado nos seguintes julgados:

"Processo Civil. Denúncia espontânea. Obrigação acessória. Multa administrativa. Pretensão já colhida pelo acórdão recorrido. Falta de interesse processual.

"1. Na origem, cuida-se de mandado de segurança impetrado contra ato do Delegado da Receita Federal do Brasil, no qual se pleiteia o não pagamento das penalidades pecuniárias (multas), em razão da não entrega das Declarações de Imposto Retido na Fonte (DIRFs) dos anos de 1994 e 1997.

"2. Segundo orientação firmada nesta Corte, '*a denúncia espontânea não tem o condão de afastar a multa decorrente do atraso na entrega da declaração de rendimentos, uma vez que os efeitos do art. 138 do CTN não se estendem às obrigações acessórias autônomas*' (2ª T., rel. Ministro Castro Meira, AgRg no AREsp 11.340-SC, j. 13.9.2011, *DJe* 27.9.2011).

"3. A Corte de origem reconheceu que é 'legítima a exigência da multa administrativa', afastando a aplicação da denúncia espontânea. Assim, as alegações no sentido que não ocorreu denúncia espontânea em relação à multa administrativa é infundada, pois tal pretensão já foi acolhida pela Corte Regional, revelando-se, portanto, a falta de interesse recursal da recorrente.

"Agravo regimental improvido" (2ª T., Ministro Humberto Martins, AgRg no REsp 1.279.038-MG, *DJe* 9.2.2012) (grifo nosso).

"Processual Civil. Embargos de Declaração. Existência de contradição e erro material no acórdão. Correção. Pagamento integral do débito. Multa. Denúncia espontânea. Inaplicabilidade.

"1. Os embargantes confessam que efetivaram o pagamento do tributo após o vencimento, embora sem pressão do Fisco. Tal circunstância é suficiente para que não seja aplicada a denúncia espontânea.

"2. A configuração da 'denúncia espontânea', como consagrada no art. 138 do CTN não tem a elasticidade pretendida, *deixando sem punição as infrações administrativas pelo atraso no cumprimento das obrigações fiscais*. A extemporaneidade no pagamento do tributo é considerada como sendo o descumprimento, no prazo fixado pela norma, de uma atividade fiscal exigida do contribuinte. É regra de conduta formal que não se confunde com o não pagamento do tributo, nem com as multas decorrentes por tal procedimento.

"3. *As responsabilidades acessórias autônomas, sem qualquer vínculo direto com a existência do fato gerador do tributo, não estão alcançadas pelo art. 138 do CTN. Precedentes*.

"4. Não há denúncia espontânea quando o crédito tributário em favor da Fazenda Pública encontra-se devidamente constituído por autolançamento e é pago após o vencimento.

"5. Inexistência de parcelamento, na hipótese, que se reconhece, com a sua correção.

"6. Embargos acolhidos, porém, sem efeitos modificativos. Acórdão mantido."

No referido julgado os Ministros, por unanimidade acolheram os Embargos de Declaração, sem efeitos modificativos, nos termos do voto do Sr. Ministro Relator. Os Srs. Ministros Francisco Falcão, Luiz Fux, Teori Albino Zavascki e Denise Arruda votaram com o Sr. Ministro Relator.

Em seu relatório, o Ministro José Delgado destaca que nos Embargos de Declaração interpostos foi apontando a existência de erro material, assim transcrito:

"A parte embargante, sustenta que:

"a) o *decisum* embargado julgou o caso dos autos como se tratasse de hipótese de pagamento parcelado de débitos em atraso, quando, na verdade, não é o caso de parcelamento, mas, sim de pagamento espontâneo integral, visto que a fundamentação contida no acórdão impugnado destina-se aos casos em que a denúncia espontânea é descaracterizada pelo parcelamento, o que não é o caso *sub examine*;

"b) os argumentos utilizados, portanto, não se aplicam aos presentes autos, até mesmo porque é assente nesta Corte que o pagamento integral caracteriza denúncia espontânea e enseja a incidência do art. 138 do CTN.

"Requer, por fim, seja sanado o erro material existente para determinar a aplicação do art. 138 do CTN, já que todos os requisitos para configuração da denúncia espontânea estão presentes.

"Voto do Ministro

"A decisão hostilizada tem dois fundamentos:

"a) a denúncia espontânea não se aplica para os casos de tributos vencidos e pagos com atraso;

"b) idem quando o débito foi submetido ao benefício do parcelamento.

"A embargante confessa que efetivou o pagamento do tributo após o vencimento, embora sem pressão do Fisco. Tal circunstância é suficiente para que não seja aplicada a denúncia espontânea.

"Quanto a ter existido parcelamento ou não da multa, a embargante tem razão.

"Ocorre que não é da multa parcelada ou não que se está tratando. A multa é uma decorrência do tributo que foi pago com atraso.

"A respeito, o acórdão embargado, realmente, incidiu em interpretação errônea dos fatos. Afasto, consequentemente, esse argumento.

"Mantém-se, porém, o acórdão embargado pelo primeiro fundamento: o de não se caracterizar denúncia espontânea quando o débito tributário já constituído e vencido é pago com atraso.

"A configuração da 'denúncia espontânea', como consagrada no art. 138, do CTN, não tem a elasticidade pretendida, deixando sem punição as infrações administrativas pelo atraso no cumprimento das obrigações fiscais.

"A extemporaneidade no pagamento do tributo é considerada como sendo o 'descumprimento, no prazo fixado pela norma, de uma atividade fiscal exigida do contribuinte'.

"É regra de conduta formal que não se confunde com o não pagamento do tributo, nem com as multas decorrentes por tal procedimento.

"A responsabilidade de que trata o art. 138 do CTN, é de pura natureza tributária e tem sua vinculação voltada para as obrigações principais e acessórias àquelas vinculadas.

"As denominadas obrigações acessórias autônomas não estão alcançadas pelo art. 138 do CTN. Elas se impõem como normas necessárias para que possa ser exercida a atividade administrativa fiscalizadora do tributo, sem qualquer laço com os efeitos de qualquer fato gerador do mesmo.

"A multa aplicada é em decorrência do poder de polícia exercido pela administração pelo não cumprimento de regra de conduta imposta a uma determinada categoria de contribuinte.

"Por tais razões, acolho os Embargos, corrijo o erro material do acórdão, porém, mantenho-o pelo primeiro fundamento apresentado e, consequentemente, a sua conclusão.

"É como voto" (1ª T., Ministro José Delgado, EDcl no REsp 573.355-RS, *DJ* 31.5.2004, p. 213) (grifo nosso).

"Processual Civil. Embargos de Declaração em Recurso Especial. Presença de omissão. Embargos de Declaração acolhidos com efeitos infringentes. Denúncia espontânea. Reconhecimento. Tributo pago a destempo sem procedimento administrativo anterior e antes da entrega da DCTF referente ao imposto devido.

"1. O *acórdão embargado afastou o instituto da denúncia espontânea*, contudo se omitiu para o fato de que a hipótese dos autos, tratada pelas instâncias ordinárias, refere-se a tributo sujeito à lançamento por homologação (IRRF), tendo o ora embargante recolhido o imposto no dia seguinte ao vencimento, antes de qualquer procedimento fiscalizatório administrativo, bem como antes da entrega da DCTF referente ao débito em questão.

"2. Não tendo havido prévia declaração pelo contribuinte, configura denúncia espontânea, mesmo em se tratando de tributo sujeito a lançamento por homologação, a confissão da dívida acompanhada de seu pagamento integral, anteriormente a qualquer ação fiscalizatória ou processo administrativo. Esse é o entendimento pela 1ª Seção do Superior Tribunal de Justiça, ao julgar o REsp 886.462-RS, Min. Teori Albino Zavascki, *DJ* 28.10.2008, sob o regime do art. 543-C do CPC, que impõe sua adoção aos casos análogos como o presente.

"3. Embargos de declaração acolhidos com efeitos infringentes para negar provimento ao recurso especial" (2ª T., rel. Min. Mauro Campbell Marques, EDcl no REsp 1.055.853-PR, *DJe* 23.4.2009) (grifo nosso).

Mesmo na existência de Súmula e de diversos acórdãos que vedam o uso da denúncia espontânea nas "obrigações acessórias autônomas", há também julgados que confirmam o benefício da denúncia espontânea em relação aos descumprimentos de deveres instrumentais à inexistência ou não de tributo decorrente do cumprimento daquele referido dever.

"Tributário. Pagamento da exação após a data de vencimento, mas antes da entrega da DCTF. Denúncia espontânea. Inteligência do art. 138 do CTN.

"1. Controverte-se nos autos a respeito da configuração da denúncia espontânea na hipótese em que o tributo declarado é pago depois do vencimento. *A peculiaridade é que o pagamento intempestivo ocorreu quando presentes simultaneamente as seguintes circunstâncias: a) a quitação se deu em data anterior à da entrega da DCTF, e b) inexiste qualquer outra medida de fiscalização*.

"2. De acordo com a disciplina conferida pelo legislador (art. 138 do CTN), não se diferencia se o tributo é sujeito ao lançamento direto (*ex officio*) ou por homologação. Em ambas as hipóteses, o fim social da lei – que serve de norte para a sua interpretação e aplicação – é estimular o contribuinte a se antecipar à autoridade fiscal e, assim, efetuar o recolhimento da exação mediante dispensa do pagamento da multa.

"3. Dito de outro modo, concedeu-se benefício em favor do contribuinte, por meio do qual este deixará de ser punido (não incidência da multa moratória) quando efetuar o pagamento do crédito tributário que poderia ter sido constituído, mas não o foi e não se encontra em fase de constituição.

"4. A técnica arrecadatória consistente na previsão para que o cumprimento da obrigação acessória ocorra em data posterior ao da obrigação principal não tem força jurídica para revogar ou anular o instituto da denúncia espontânea.

"5. Recurso Especial não provido" (Min. Herman Benjamin, RE 1.025.951-PR, *DJe* 24.9.2010).

No referido acórdão o relator Ministro Herman Benjamin, destacou que o STJ firmou entendimento favorável à tese de que inexiste denúncia espontânea nas hipóteses em que o crédito tributário foi regularmente constituído e pago com atraso, a seguir:

"Tributário. Tributo declarado pelo contribuinte e pago com atraso. Denúncia espontânea. Não caracterização. Súmula 360/STJ.

"1. Nos termos da Súmula 360/STJ, 'O benefício da denúncia espontânea não se aplica aos tributos sujeitos a lançamento por homologação regularmente declarados, mas pagos a destempo'. É que a apresentação de Declaração de Débitos e Créditos Tributários Federais – DCTF, de Guia de Informação e Apuração do ICMS – GIA, ou de outra declaração dessa natureza, prevista em lei, é modo de constituição do crédito tributário, dispensando, para isso, qualquer outra providência por parte do Fisco. Se o crédito foi assim previamente declarado e constituído pelo contribuinte, não se configura denúncia espontânea (art. 138 do CTN) o seu posterior recolhimento fora do prazo estabelecido.

"2. Recurso especial desprovido. Recurso sujeito ao regime do art. 543-C do CPC e da Resolução STJ 8/2008" (1ª Seção, rel. Ministro Teori Albino Zavascki, REsp 962.379-RS, j. 22.10.2008, *DJe* 28.10.2008).

Por outro lado, a questão proposta, é outra, ou seja, "se há denúncia espontânea se *o pagamento, ainda que intempestivo (quando considerada a data do vencimento), é realizado em momento anterior ao da entrega da DCTF, da GIA ou de documento equivalente?*".

E afirmou que:

"Com efeito, de acordo com a legislação tributária, há o estabelecimento de prazos para o cumprimento da obrigação principal (vencimento do tributo a ser pago) e da obrigação acessória (entrega da declaração).

"Esses prazos podem coincidir (o vencimento do tributo coincide com a data-limite para entrega da declaração) ou não. Nesta segunda hipótese, as seguintes situações podem ocorrer: o tributo deve ser pago em data anterior ou posterior à entrega da declaração.

"(...).

"Retornando à discussão travada nos autos, quando o vencimento do tributo ocorrer em data posterior à do cumprimento da obrigação acessória – e este tiver efetivamente ocorrido –, não há dúvida de que inexistirá a denúncia espontânea, pois o crédito tributário estará constituído e o Fisco dispensado da realização de qualquer atividade relacionada ao montante declarado.

"Dessa forma, se o pagamento ocorrer de modo intempestivo, a multa moratória será devida.

"*Como proceder, contudo, na hipótese em que o vencimento do tributo for anterior ao do prazo estabelecido para cumprimento da obrigação acessória?*

"Nesse último caso, defende a recorrida, a caracterização da denúncia espontânea depende do confronto entre o pagamento realizado e a data da entrega da declaração.

"A recorrida afirma que a jurisprudência do STJ a respeito da matéria examinou apenas a situação em que o pagamento do tributo ocorre em data posterior à da entrega da declaração (na tabela exemplificativa acima, situação 'B').

"Quando o tributo for pago fora do prazo de vencimento legalmente definido, mas antes da entrega da declaração (situação 'A'), estará configurada a denúncia espontânea, pois não será possível cogitar da 'regular declaração e pagamento posterior', mas sim do 'pagamento anterior e da regular declaração'.

"A Fazenda Nacional, por outro lado, afirma que é irrelevante a data da entrega da declaração. Se esta foi apresentada, o pagamento do tributo fora da data de vencimento deverá ser acrescido da multa moratória, pouco importando se realizado antes ou depois da entrega da DCTF.

"Não reputo jurídica a conclusão fazendária.

"Conquanto pareça confusa a questão, a verdade é que o instituto da denúncia espontânea leva em consideração apenas e tão somente um único parâmetro: a comunicação da infração, acompanhada do pagamento – se for o caso – *anterior à iniciativa do Fisco*.

"De acordo com a lei (art. 138 do CTN), optou-se por estimular a iniciativa do contribuinte, dispensando-o da punição (multa) relativa à intempestividade no cumprimento da obrigação tributária. É verdade que a aplicação da denúncia espontânea, nas hipóteses em que o pagamento intempestivo for realizado antes da entrega da DCTF, pode implicar a inobservância da data do vencimento do tributo, estipulada em lei. Mas, note-se, não vejo como justificar o entendimento favorável à incidência da multa moratória para um crédito tributário que nem sequer está constituído.

"Em conclusão, o tratamento conferido pelo legislador não diferencia se o tributo é sujeito ao lançamento direto (*ex officio*) ou por homologação. Em ambas as hipóteses, o fim social da lei – que deve orientar a sua interpretação e aplicação – é estimular o contribuinte a efetuar o recolhimento da exação, dispensado do pagamento da multa.

"Finalmente, verifico que no próprio julgamento do REsp 962.379-RS, no rito dos recursos repetitivos, essa questão foi enfrentada. Com efeito, transcrevo o seguinte excerto do voto condutor proferido pelo e. Ministro Teori Zavascki (grifos meus):

"'Importante registrar, finalmente, que *o entendimento esposado na Súmula 360/STJ não afasta de modo absoluto a possibilidade de denúncia espontânea em tributos sujeitos a lançamento por homologação*. A propósito, reporto-me às razões expostas em voto de relator, que foi acompanhado unanimemente pela 1ª Seção, no AgRG nos EREsp 804.785-PR, *DJ* 16.10.2006:

"'"(...). 4. Isso não significa dizer, todavia, que a denúncia espontânea está afastada em qualquer circunstância ante a pura e simples razão de se tratar de tributo sujeito a lançamento por homologação. Não é isso. O que a jurisprudência afirma é a não configuração de denúncia espontânea quando o tributo foi previamente declarado pelo contribuinte, já que, nessa hipótese, o crédito tributário se achava devidamente constituído no momento em que ocorreu o pagamento. *'A contrario sensu', pode-se afirmar que, não tendo havido prévia declaração do tributo, mesmo o sujeito a lançamento por homologação, é possível a configuração de sua denúncia espontânea, uma vez concorrendo os demais requisitos estabelecidos no art. 138 do CTN.* Nesse sentido, o seguinte precedente:

"'"Processual Civil. Tributário. Agravo Regimental em Agravo de Instrumento. Art. 545 do CPC. Recurso Especial. Denúncia espontânea. CTN, art. 138. Pagamento integral do débito fora do prazo. IRRF. Tributo sujeito a lançamento por homologação. Diferença não constante da DCTF. Possibilidade de exclusão da multa moratória.

"'"1. É cediço na Corte que *'Não resta caracterizada a denúncia espontânea, com a consequente exclusão da multa moratória, nos casos de tributos sujeitos a lançamento por homologação declarados pelo contribuinte e recolhidos fora do prazo de vencimento'* (1ª T., rel. Min. Teori Albino Zavascki, REsp n. 624.772-DF, *DJ* 31.5.2004).

"'"2. A inaplicabilidade do art. 138 do CTN aos casos de tributo sujeito a lançamento por homologação funda-se no fato de não ser juridicamente admissível que o contribuinte se socorra do benefício da denúncia espontânea para afastar a imposição de multa pelo atraso no pagamento de tributos por ele próprio declarados. Precedentes: REsp n. 402.706-SP, 1ª T., rel. Min. Humberto Gomes de Barros, *DJ* 15.12.2003; AgRg no REsp n. 463.050-RS, 1ª T., Rel. Min. Francisco Falcão, *DJ* 4.3.2002; e EDcl no AgRg no REsp n. 302.928-SP, 1ª T., rel. Min. José Delgado, *DJ* 4.3.2002.

"'"3. Não obstante, configura denúncia espontânea, exoneradora da imposição de multa moratória, o ato do contribuinte de efetuar o pagamento integral ao Fisco do débito principal, corrigido monetariamente e acompanhado de juros moratórios, antes de iniciado qualquer procedimento fiscal com o intuito de apurar, lançar ou cobrar o referido montante, tanto mais quando este débito resulta de diferença de IRRF, tributo sujeito a lançamento por homologação, que não fez parte de sua correspondente Declaração de Contribuições e Tributos Federais.

"'4. *In casu*, o contribuinte reconhece a existência de erro em sua DCTF e recolhe a diferença devida antes de qualquer providência do Fisco que, em verdade, só toma ciência da existência do crédito quando da realização do pagamento pelo devedor.

"'5. Ademais, a inteligência da norma inserta no art. 138 do CTN é justamente incentivar ações como a da empresa ora agravada que, verificando a existência de erro em sua DCTF e o consequente autolançamento de tributos aquém do realmente devido, antecipa-se a Fazenda, reconhece sua dívida, e procede o recolhimento do montante devido, corrigido e acrescido de juros moratórios (1ª T., Min. Luiz Fux, AgRg no Ag 600.847-PR, *DJ* 5.9.2005'.

"Note-se que, na hipótese acima, o contribuinte havia declarado o débito e providenciado a sua quitação. No entanto, constatou a existência de saldo devedor, razão pela qual retificou a declaração e, concomitantemente, pagou a diferença. Em síntese, incidiu o benefício da denúncia espontânea em relação à parcela do débito não recolhida na data original, pois esta foi apurada, declarada e concomitantemente recolhida pelo contribuinte, antes de qualquer ação fiscal por parte da autoridade administrativa. Se a denúncia espontânea incide no caso do tributo recolhido concomitantemente à declaração, *com maior razão estará caracterizada quando o pagamento ocorrer antes da data da constituição do crédito tributário*. Em conclusão, há violação do art. 138 do CTN quando se exclui o benefício da denúncia espontânea para a hipótese de pagamento intempestivo realizado, contudo, antes da entrega da DCFT e, simultaneamente, antes de qualquer medida fiscalizatória de iniciativa da autoridade administrativa."

Desta forma, podemos notar que, segundo o entendimento do Superior Tribunal de Justiça, a Súmula não tem aplicação absoluta, visto que, se o contribuinte não declarou, ou seja, não cumpriu o seu dever instrumental de declarar o fato, para que o crédito tributário seja constituído, caberá o benefício da denúncia espontânea.

Tal afirmação volta na antiga discussão da concepção de base da expressão "obrigação[8] acessória", que, sem ser genuína obrigação, por ausência de dimensão econômica, também nem sempre o cumprimento das condutas ali prescritas dá ensejo ao nascimento da obrigação tributária principal cujo conteúdo seja tributo, assim denominado no art. 3º, do CTN, conforme visto no item anterior.

Portanto, não havendo a declaração e, consequentemente, a constituição do crédito tributário, mediante o lançamento por homologação, o contribuinte pode até ter cometido o crime de sonegação fiscal, mas, por outro lado, também será beneficiado pela denúncia espontânea.[9]

Nos termos do parágrafo único do art. 138, para obter o benefício da denúncia espontânea, é requisito indispensável que o pedido seja feito antes de qualquer procedimento de ofício, ou seja, de que a mesma seja precedida de qualquer fiscalização concernente à infração.

Luciano da Silva Amaro[10] interpreta este parágrafo, traçando um comparativo entre

8. Paulo de Barros Carvalho, *Curso de Direito Tributário*, 18ª ed., São Paulo, Saraiva, 2007, p. 303, reúne bem os elementos da crítica à expressão "obrigação acessória". Diz o Mestre: "Já no que toca à expressão do Código – Obrigações Acessórias – a objeção é mais abrangente. Os deveres de que falamos não têm natureza obrigacional, por faltar-lhes conteúdo dimensível em valores econômicos. E, além de não serem obrigações, nem sempre são acessórias (...). Imaginemos uma série de atos, compostos dentro de um procedimento de fiscalização, armados para certificar a ocorrência de um evento tributário. Depois de exaustivas diligências, em que o sujeito passivo se viu compelido a executar atos de informação, de comprovação, de esclarecimentos, concluem as autoridades fazendárias que não se deu o evento de que cogitavam e, portanto, não nascera a relação jurídica obrigacional".

9. Guilherme Cezeroti, "O crime de sonegação fiscal previsto no art. 2º da Lei n. 8.137/1990 e a denúncia espontânea do débito tributário", *RDDT* 177/28-40.

10. Luciano da Silva Amaro, *Direito Tributário Brasileiro*, 2ª ed., São Paulo, Saraiva, 2008, p. 40.

o conceito normativo do parágrafo único e o momento da conduta do agente passivo, exemplificando quanto à existência de espontaneidade: "Se eu agir porque estou com medo do Fisco, eu estou agindo espontaneamente. Se eu agir porque a fiscalização está no meu vizinho, eu estou agindo espontaneamente. Se eu agir porque o Fisco diz que a partir de amanhã ele dará início a fiscalização – eu estou agindo espontaneamente (...)".

E continua o autor em suas exemplificações, agora quanto à falta de conduta espontânea: "Depois que o fiscal lavrou o termo de início de fiscalização, onde disse que vai investigar tal ou qual coisa, isso já está fora da espontaneidade. Mas qualquer outra coisa, eu continuo podendo denunciar espontaneamente. Se ele fiscalizar as minhas despesas de certa natureza, eu posso denunciar outro assunto, que não esteja dentro do escopo do que ele veio ver".[11]

Portanto, o contribuinte que promove a denúncia espontânea deve ser beneficiado com a exclusão de qualquer penalidade, seja ela decorrente da falta de cumprimento da obrigação principal ou acessória, uma vez que o artigo que trata sobre a matéria não faz distinção, apenas que a denúncia pode ser acompanhada do pagamento ou não, a depender da situação.

A denúncia espontânea é mecanismo normativo que permite ao sujeito passivo tributário, mesmo diante de um evento sancionatório, evitar que o fato jurídico sancionatório seja constituído pelo sujeito competente e, portanto, impedir que a constituição do descumprimento de um dever seja concretizada em nível individual e concreto.

Nesse sentido, Paulo de Barros Carvalho[12] preleciona:

"Para que se tenha denúncia espontânea, necessário se faz a conjugação dos seguintes elementos:

"(i) Comunicação espontânea, ao Fisco, da infração praticada;

"(ii) Tratando-se de infração consistente na ausência ou insuficiência de pagamento, o recolhimento do tributo devido, acompanhado de juros de mora; e

"(iii) Inexistência de procedimento administrativo ou medida de fiscalização instalados para apurar aquela ilicitude."

Robson Maia Lins[13] destaca que "em momento algum, a prestação ou não de informação do sujeito passivo ao Fisco aparece como relevante para se excluir a aplicação da denúncia espontânea".

Portanto, nos tributos sujeitos ao "autolançamento", cuja competência está prescrita no art. 150, CTN, há plena aplicação do instituto da denúncia espontânea prevista no art. 138, CTN. Isto porque o referido dispositivo não empresta qualquer importância ao fato de o Fisco ter conhecimento do fato jurídico tributário e da relação jurídica tributária constituída pelo contribuinte na DCTF ou GIA.

Tanto a multa de mora quanto a multa punitiva (sancionatória), embora com nomes distintos, têm como seu pressuposto o fato jurídico "descumprir um dever jurídico", sendo o consequente o "dever de pagar de uma quantia em dinheiro". Não importa o nome: multa punitiva e multa moratória têm a mesma configuração normativa de sanção e, por isso, devem ser excluídas quando da denúncia espontânea.[14]

No entanto, toda esta discussão acerca da denúncia espontânea está prestes a ter um fim, em decorrência da informatização fiscal no cumprimento dos deveres instrumentais visto no item anterior.

Trataremos deste novo modelo aplicado à denúncia espontânea, demonstrando que, em um futuro próximo, o benefício da denúncia espontânea poderá ser mais utilizado pelos contribuintes.

11. Ibidem.

12. *Direito Tributário, Linguagem e Método*, São Paulo, Noeses, 2008, pp. 766 e 767.

13. Robson Maia Lins, "Mora e a denúncia espontânea no direito tributário", *RDT* 103/91-104.

14. Idem, ibidem.

5. *Impactos da informatização na denúncia espontânea*

Partindo do entendimento de que, com a informatização fiscal nos deveres instrumentais, como o SPED, por exemplo, com a simples entrega das declarações, o Fisco passar a ter todas as informações necessárias para lançar de ofício, sem a necessidade de ir à empresa conferir toda a documentação, uma vez que tais documentos enviados pelo contribuinte digitalmente passaram a ser guardados no sistema do Fisco; com isto, poderemos ter mais lançamento de ofício do que por homologação, uma vez que as novas normas de informatização fiscal darão ao Fisco as informações necessárias para lançar de ofício, identificando com precisão o fato jurídico e sua respectiva base de cálculo, de forma a tornar o valor devido inquestionável.

Na sistemática atual, o contribuinte, ao cumprir o dever instrumental de não recolher o tributo ou, até mesmo, de constituir o crédito tributário nas hipóteses prescritas em lei, a autoridade fiscal só tem condições de lançamento de ofício através do auto de infração, e, para isto, o agente fiscal tem que ir à empresa solicitar a documentação; neste caso, depende ainda da boa vontade do contribuinte em apresentar os documentos fiscais no tempo exigido, confrontar as informações que foram prestadas pelo contribuinte, para, posteriormente, efetuar o lançamento de ofício.

Neste novo cenário informatizado,[15] quando o contribuinte cumprir os deveres instrumentais informatizados, entregando os documentos via digital, através de diversos mecanismos tecnológicos criados (por exemplo, o Sistema Público de Escrituração Digital que congrega a obrigatoriedade da emissão da nota fiscal eletrônica, NF-e, da escrituração fiscal digital e da escrituração contábil, além de outros mecanismos), o agente público passa a ter possibilidade de identificar o valor do tributo devido, facilitando e agilizando todo o processo de fiscalização de tributos.

Além disso, com toda esta tecnologia ligada aos deveres instrumentais e aos mecanismos de fiscalização, já se podem intuir algumas alterações substanciais, tais como o aumento da utilização do lançamento de ofício direto, a autuação fiscal *on-line* via certificação digital, haja vista que a maioria das informações será inquestionável, dentre vários outros.

Neste mundo informatizado, o Fisco não precisará mais visitar a empresa para conseguir fiscalizar. Basta cruzar algumas informações tecnológicas já fornecidas pelos contribuintes, apurando-se o valor exato dos tributos devidos e facilitar o processo de fiscalização. Isso torna possível reduzir a dificuldade do Fisco de identificar eventuais erros no lançamento por homologação ou encontrar os fatos não declarados e os crimes contra a ordem tributária.

E mais, neste novo modelo, há possibilidade do aumento do lançamento de ofício e/ou declaração, e futuramente os contribuintes poderão se beneficiar mais da denúncia espontânea, que atualmente se encontra limitada, uma vez que a maioria dos tributos se dá por lançamento por homologação, e, cada dia, nasce uma nova limitação para o contribuinte usufruir do benefício da denúncia espontânea, como visto no item acima.

Mas, o que estamos querendo destacar é que toda esta mudança tecnológica nos deveres instrumentais derrubará grandes questões que envolvem a denúncia espontânea atualmente, tais como: a possibilidade ou não de denúncia espontânea no chamado lançamento por homologação; no parcelamento; compensação; no dever instrumental (obrigação acessória), tema muito bem explorado por Robson Maia Lins.[16]

Tudo isto porque, tendo o Fisco todos os dados necessários para efetuar o lançamento

15. Muito bem desenvolvido por Fabiana Lopes Pinto, *Informatização Fiscal: o Uso da Tecnologia no Sistema Tributário Nacional*, cit., 2012.

16. "Mora e a denúncia espontânea no direito tributário", *Revista de Direito Tributário* 103/91-104.

de ofício, todas as informações prestadas pelo contribuinte, em cumprimento ao dever instrumental, passam a ser informações e não mais norma individual e concreta da constituição do crédito tributário. Ou seja, podemos concluir que todas estas informações prestadas ao Fisco passarão a ser informações para que o Fisco lance de ofício, aumentando também os tributos sujeitos ao lançamento por declaração, que atualmente se encontram extintos.

Uma vez que, não sendo informados todos os fatos para o lançamento tributário e antes que se inicie o processo de fiscalização ou medida de fiscalização instalados para apurar aquela ilicitude, o contribuinte de forma espontânea comunicar ao Fisco a infração praticada, poderá denunciar espontaneamente, sendo-lhe excluídas todas as infrações, incluindo as multas moratórias, que também têm caráter punitivo, nos casos de infração consistente na ausência ou insuficiência de pagamento, ou de recolhimento do tributo devido, acompanhado de juros de mora.

Por outro lado, com toda esta informatização, o contribuinte deverá ficar bem mais ágil no pedido de denúncia espontânea, isto porque, uma vez envidada todas as informações digitais via internet em todas as esferas (União, Estados e Municípios), o Fisco fará a verificação, através do cruzamento de informações dadas pelo contribuinte, podendo iniciar a fiscalização mais rapidamente, notificando o contribuinte, via internet, do início do processo de fiscalização.

Explicando melhor, com a informatização fiscal e o cruzamento de informações, ficará mais fácil e ágil ao Fisco verificar as informações prestadas e as não prestadas. Isto porque, uma vez o contribuinte estar obrigado em cumprir o dever instrumental através de arquivos digitais, automaticamente deverá gerar eletronicamente a maioria das informações fiscais que anteriormente eram encaminhadas ao Fisco em papel. Com isto, os entes políticos Federal, Estadual e Municipal terão acesso à totalidade dos dados, das notas e das obrigações ficais e contábeis de todas as empresas, por meio de documento digital de fácil utilização pela informatização fiscal para identificação do crédito tributário. Assim, o contribuinte, em querendo se beneficiar com a denúncia espontânea, deverá fazê-la o quanto antes, do contrário arcará com todas as punições previstas, por sua demora.

Todos os dados encaminhados pelos contribuintes através destes novos modelos de emissão de documento fiscal, como é o caso da nota fiscal eletrônica e cumprimento de deveres instrumentais fiscais e contábeis (SPED Fiscal e Contábil), poderão ser cruzados; com isto, caso haja a omissão de valores devidos a título de tributo pelos contribuintes e esta omissão for identificada pelo sistema de cruzamento de informações fiscais, o contribuinte poderá sofrer autuação fiscal e ser tipificado no de crime de sonegação fiscal. Todavia, caso venha a fazer a denúncia espontânea antes de qualquer procedimento Fisco, será beneficiado.

6. Conclusões

Podemos concluir que os novos deveres instrumentais e os mecanismos de fiscalização, instituídos com a informatização fiscal, podem vir a alterar toda a sistemática do lançamento tributário, em especial poderemos ter um aumento da utilização do lançamento por declaração e de ofício, consequentemente uma diminuição do autolançamento; o Fisco poderá notificar e até autuar o contribuinte *on-line*, via certificação digital; haverá diminuição na sonegação fiscal e maior utilização do benefício da denúncia espontânea, além de várias outras consequências. Isto porque, sendo todas as informações digitais e intercruzadas, passarão a ser inquestionáveis, por terem sido prestadas pelo próprio contribuinte, no cumprimento dos deveres instrumentais, ou colhidas pelos mecanismos de fiscalização.

Neste novo modelo, grande parte das questões envolvendo a denúncia espontânea, será derrubada, tendo maior aplicabilidade o art. 138 do CTN. Em contrapartida, poderão surgir novas questões ainda não regulamentadas, tais como quando se concretiza a notificação, dando início ao procedimento administrativo ou medida de fiscalização, relacionados com a infração, do envio do *e-mail* por parte do Fisco ou da leitura do *e-mail* por parte do contribuinte.

7. Referências bibliográficas

ALUTE, Caldas F. J. *Dicionário da Língua Portuguesa*. São Paulo: 2005.

AMARO, Luciano. *Direito Tributário Brasileiro*. 14ª ed. São Paulo: Saraiva, 2008.

ATALIBA, Geraldo. *Hipótese de Incidência Tributária*. São Paulo: Malheiros Editores, 2004.

______. *Noções de Direito Tributário*. São Paulo: Ed. RT, 1971.

______. *Sistema Constitucional Tributário Brasileiro*. São Paulo: Ed. RT, 1968.

______. "Imposto de Renda. Multa punitiva", *Revista de Direito Administrativo*. Rio de Janeiro: 1997.

BOBBIO, Norberto. *Teoria do Ordenamento Jurídico*. 9ª ed. Brasília: UnB, 1997.

CARVALHO, Paulo de Barros. *Curso de Direito Tributário*. São Paulo: Saraiva, 2008.

______. *Direito Tributário: Fundamentos Jurídicos da Incidência*. 2ª ed. São Paulo: Saraiva, 2008.

______. *Apostila de Filosofia do Direito I: Lógica Jurídica*. São Paulo: PUC, 2007.

______. *Apostila do Curso de Teoria Geral do Direito*. São Paulo: IBET, 2006.

______. *Direito Tributário, Linguagem e Método*. São Paulo: Noeses, 2008.

DINIZ, Maria Helena. *Dicionário Jurídico*. 4 vols. São Paulo: Saraiva, 1998.

INSTITUTO BRASILEIRO DE DIREITO FINANCEIRO. *Codificação do Direito Tributário*. Rio de Janeiro: 1955.

KELSEN, Hans. *Teoria Geral do Direito e do Estado*. São Paulo: Martins Fontes, 2000.

______. *Teoria Pura do Direito*. São Paulo: Martins Fontes, 2006.

______. *Teoria Geral das Normas*. Trad. José Florentino Duarte.

MACHADO, Hugo de Brito. *Curso de Direito Tributário*. 26ª ed. São Paulo: Malheiros Editores, 2008.

______. "Fato gerador da obrigação acessória", *Revista Dialética de Direito Tributário* 96/31. São Paulo: set./2003.

______. *Comentários ao Código Tributário Nacional – Arts. 96 ao 138*. vol. II. São Paulo: Atlas, 2008.

MARTINS, Ives Gandra (coord.). *Curso de Direito Tributário*. São Paulo: Saraiva, 2000.

MELO, José Eduardo Soares de Melo. *Curso de Direito Tributário*. 8ª ed. São Paulo: Dialética, 2008.

MINISTÉRIO DA FAZENDA. *Trabalhos da Comissão Especial do Código Tributário Nacional*. Rio de Janeiro: 1954.

MIRANDA, Pontes de. *Comentários da Constituição de 1967*. São Paulo: Ed. RT, 1970.

MORAES, Bernardo Ribeiro de. *Compêndio de Direito Tributário*. 3ª ed. Rio de Janeiro: Forense, 1997.

NOGUEIRA, Ruy Barbosa. *Curso de Direito Tributário*. 15ª ed. São Paulo: Saraiva, 1999.

PAULSEN, Leandro. *Direito Tributário: Constituição e Código Tributário à Luz da Doutrina e da Jurisprudência*. 9ª ed. Porto Alegre: Livraria dos Advogados, 2007.

PEIXOTO, Marcelo Magalhães; LACOMBE, Rodrigo Santos Masset (coords.). *Comentários ao Código Tributário Nacional*. São Paulo: MP, 2005.

PINTO, Fabiana Lopes. *Impacto Financeiro da Sonegação Fiscal – Penal. www.lopespinto.com.br/adv/publier4.0/dados/anexos/617_4.ppt*. Acesso 15.2.2012.

SANTI, Eurico Marcos Diniz de. *Lançamento Tributário*. São Paulo: Max Limonad, 2001.

SOUZA, Rubens Gomes de; ATALIBA, Geraldo; CARVALHO, Paulo de Barros. *Comentário ao Código Tributário Nacional*. São Paulo: Ed. RT, 1975.

______. SOUSA, Rubens Gomes de. *Anteprojeto de Código Tributário Nacional*. Rio de Janeiro: Departamento de Imprensa Nacional, 1953.

______. *Compêndio de Legislação Tributária. Parte Geral*. 3ª ed. Rio de Janeiro: Financeiras, 1964.

TOMÉ, Fabiana Del Padre. *A Prova no Direito Tributário*. São Paulo: Noeses, 2005.

VILANOVA, Lourival. *As Estruturas Lógicas e o Sistema do Direito Positivo*. 3ª ed. São Paulo: Noeses, 2005.

______. *Causalidade e Relação no Direito*. 4ª ed. São Paulo: Ed. RT, 2000.

______. *Sobre o Conceito do Direito*. Recife: Imprensa Oficial, 1947.

ESTUDOS & COMENTÁRIOS

O PRINCÍPIO DA VINCULAÇÃO FÍSICA NO *DRAWBACK* SUSPENSÃO

BEATRIZ VERÍSSIMO DE SENA

Mestranda do Instituto Brasiliense de Direito Público – IDP.
Pós-Graduada em Direito Tributário pelo Instituto Brasileiro de Estudos Tributários – IBET e em Direito Material e Processual do Trabalho pela Universidade Presbiteriana Mackenzie.
Advogada.
Ex-Conselheira da 3ª Seção do Conselho Administrativo de Recursos Fiscais do Ministério da Fazenda.

1. Introdução. 2. Regimes aduaneiros especiais. 3. "Drawback". 4. "Drawback" suspensão: 4.1 Conceito; 4.2 Condições gerais do regime de "drawback suspensão"; 4.3 A vinculação física no "drawback" suspensão. 5. Considerações finais.

Área do Direito: Direito Tributário.

Resumo: este estudo objetiva analisar a necessidade de vinculação física dos insumos importados aos produtos exportados no regime aduaneiro especial denominado "*drawback* suspensão". Analisa-se a obrigatoriedade de demonstração do uso dos exatos insumos importados sob o regime *drawback* suspensão na fabricação ou beneficiamento do produto a ser exportado. O trabalho parte do conceito geral de regimes aduaneiros especiais e analisa a natureza jurídica e o funcionamento do sistema de importação "*drawback* suspensão" no Brasil. Considerando-se a doutrina e a jurisprudência sobre o tema, expressou-se no trabalho a ideia de que a vinculação física no regime "*drawback* suspensão" não concorre com os objetivos principais do regime, além de ser inconstitucional.

Palavras chave: importação, exportação, *drawback* suspensão, vinculação física.

Abstract: This study aims to examine the need to show the exact linkage of imported inputs for exported products in the customs regime called "suspended drawback". It analyzes the requirement for accurate demonstration of the use of imported inputs on the manufacturing process of the product that will be exported under drawback regime. This work examines the general concept of customs regimes and the legal nature and operation of import drawback suspension in Brazil. Considering the doctrine and jurisprudence on the subject, it concludes that it is not required to demonstrate the exact linkage between inputs and the production of the drawback suspension's products. It also shows that the demonstration required is unconstitutional.

Keywords: import, export, drawback, physical linking.

1. Introdução

O presente trabalho tem por objetivo analisar a necessidade de observância no regime aduaneiro especial *drawback* suspensão do chamado "princípio da vinculação física", assim entendido como a necessidade de se comprovar a utilização do insumo efetivamente importado no processo de produção da mercadoria a ser exportada.

O trabalho partiu do exame de casos concretos administrativos e jurisprudenciais, à luz da doutrina e da jurisprudência pátria sobre o regime de *drawback* suspensão.

Para alcançar o devido exame do tema partiu-se da análise dos regimes aduaneiros especiais e da natureza jurídica do *drawback* suspensão.

2. Regimes aduaneiros especiais

São denominados *regimes aduaneiros especiais* "aqueles que se distinguem do regime comum de importação e de exportação em decorrência de incentivos fiscais concernentes aos impostos sobre comércio exterior e de controle aduaneiro em relação aos bens objeto da operação".[1]

A distinção entre os regimes comum e especial pressupõe a existência de um conjunto de regras sobre a generalidade dos fatos submetidos à incidência do imposto e, por oposição, o estabelecimento de exceções, que constituem o regime especial. Partindo dessa premissa, Paulo de Barros Carvalho diz que "toma-se por regime aduaneiro o tratamento jurídico-tributário aplicado à mercadoria importada, que pode dar-se em três modalidades: geral, especial e atípico".[2] Portanto, o regime especial diferencia-se do geral por nele não existir importação com caráter definitivo, ao passo que no regime geral a importação é feita com *animus* permanente. No regime especial o destino dos bens importados é a sua reexportação, após o devido beneficiamento industrialização ou uso.

Os Regimes Aduaneiros Especiais regulam, primordialmente, benefícios fiscais incidentes sobre o Imposto sobre Importação, Imposto sobre a Exportação, Imposto sobre Produtos Industrializados incidente sobre importação e, em face da Lei n. 11.945/2009, Contribuição para o PIS/PASEP e da COFINS, da Contribuição para o PIS/PASEP-Importação e da COFINS-Importação. Por serem, precipuamente, instrumentos de regulação aduaneira, os regimes aduaneiros especiais restringem-se aos tributos incidentes sobre as operações de comércio exterior.

Ressalte-se que, ainda que em sede de regulação aduaneira, via de regra, é vedado à União Federal instituir benefícios sobre impostos municipais e estaduais por meio dos regimes aduaneiros especiais. Em razão do art. 151, III, da Constituição Federal, falece à União competência para estender benefícios fiscais nas operações de comércio exterior sobre tributos de competência de outras unidades da Federação. Para tanto, é indispensável lei específica estadual ou municipal regulando o assunto sobre sua esfera de competência. A exceção é feita, apenas, nas operações de exportação, nas quais a União foi autorizada pelo art. 155, § 2º, XII, "c", e art. 156, § 3º, II, da Constituição Federal a afastar a incidência de ISS e ICMS. Cumpre considerar, que a exportação de produtos industrializados é imune em relação ao ICMS, independentemente de qualquer regime aduaneiro especial.

São vários os regimes aduaneiros especiais, dentre os quais citamos os regimes de trânsito aduaneiro, admissão temporária, entreposto aduaneiro, entreposto industrial, exportação temporária, Área de Livre Comércio e Amazônia Ocidental, Zona de Processamento de Exportação – ZPE e o regime chamado de "*drawback*".

3. "Drawback"

O termo "*drawback*" é expressão oriunda da composição das palavras da língua inglesa "*to draw*" (tirar) e "*back*" (outra vez). Ela designa "o sistema tributário admitido nas importações para criação de *direitos de compensação* aos produtores, com a reversão ou restituição dos impostos pagos pela *matéria-prima*, uma vez transformada em

1. Liziane Angelotti Meira, *Regimes Aduaneiros Especiais*, São Paulo, IOB, 2002, p. 161.

2. Paulo de Barros Carvalho, *Direito Tributário, Linguagem e Método*, 2ª ed., São Paulo, Noeses, 2008, p. 633.

produtos ou mercadorias, que se destinem à exportação".[3]

Analisando sua legislação, observamos que o *drawback* oferece, ao mesmo tempo, benefícios creditícios e fiscais.

Com efeito, a realização de importação sem a correspondente tributação influirá nos custos finais do produto a exportar, consistindo em um efetivo incentivo fiscal à exportação. Por outro lado, a dispensa de pagamento de tributos, mesmo aqueles suscetíveis de recuperação posterior (como o Imposto sobre Produtos Industrializáveis), significa um incentivo creditício à exportação, na medida em que "a empresa importadora poderá alocar esses recursos em outras atividades, evitando-se, assim, um desembolso antecipado, que se constituirá em custo financeiro adicional".[4]

O regime de *drawback* é adequado para a importação de insumos a serem utilizados na fabricação ou produção de mercadoria a ser exportada. No *drawback*, "a mercadoria importada não retorna para o exterior, mas sim, outra mercadoria é exportada, e essa outra mercadoria consumiu-a em seu processo de fabricação".[5] Por isso, diz-se que o objetivo do *drawback* é "promover o incremento das exportações, pela possibilidade de colocar a produção nacional no mercado externo, o que evidentemente irá traduzir-se no desenvolvimento de determinados setores produtivos do país".[6] Dessa forma, o regime aduaneiro especial de *drawback* busca incentivar a exportação de produtos industrializados pela redução de custos dos insumos importados, de modo a dispor, para os exportadores, matéria-prima industrializável com preços compatíveis com o mercado exterior.

Osíris Lopes Filho[7] aponta a similitude entre o *drawback* e o entreposto industrial. A diferença mais marcante consiste no uso. No entreposto industrial, a industrialização é realizada dentro do próprio estabelecimento do beneficiário, com o objetivo de exportar o produto final e, se for o caso, nacionalizar parte da produção. No regime de *drawback* a liberdade de industrialização é maior, apesar de não se admitir a nacionalização dos produtos sem desfazimento do regime. Em ambos os regimes, porém, busca-se incentivar a industrialização no país objetivando a exportação. Para isso, permite-se a importação de matérias-primas e produtos intermediários, ao preço do mercado internacional, para que sejam incorporados internamente.

O *drawback* também não se confunde com o regime de admissão temporária. Enquanto na admissão temporária o objetivo é possibilitar a entrada no território nacional de mercadorias estrangeiras para feiras, mostras, exposições, sempre sem modificação da mercadoria, no *drawback* permite-se que bens de procedência estrangeira sejam importados para o Brasil, industrializados e depois reexportados.

Há distinção entre a admissão temporária e o *drawback* também quanto ao volume comercial envolvido nesses dois regimes. O regime de *drawback* é concedido para processos contínuos de importação, produção e reexportação, sendo necessário para tanto a aprovação do plano de exportação pelo Poder Executivo. Já no regime de admissão temporária é concedido para volumes menores, para importações isoladas, em face da necessidade de beneficiamento ou acondicionamento do próprio produto importado. Por isso nele dispensa-se a aprovação prévia de plano de exportação.

A atribuição de conceder o regime especial de *drawback* nas modalidades

3. Luis Gustavo Bregalda Neves e Rafael de Mamede Oliveira Ramos da Costa Leite, "A prática do *drawback* nas relações internas e internacionais", in *Revista de Estudos Tributários* 55/25, Ano IX, mai.-jun. 2007.

4. José Augusto de Castro, *Drawback*, 5ª ed., Rio de Janeiro, Fundação Centro de Estudos do Comércio Exterior, 1985, p. 11.

5. Paulo Werneck, *Comércio Exterior & Despacho Aduaneiro*, 4ª ed., Curitiba, Juruá, 2008, p. 235.

6. Paulo de Barros Carvalho, *Direito Tributário, Linguagem e Método*, 2ª ed., São Paulo, Noeses, 2008, p. 633.

7. Osíris de Azevedo Lopes Filho, *Regimes Aduaneiros Especiais*, São Paulo, Ed. RT, 1984.

"suspensão" e "isenção" é do Ministério do Desenvolvimento, Indústria e Comércio (MDIC), exercida por seus órgãos denominados Secretaria de Comércio Exterior (SECEX) e Departamento de Comércio Exterior (DECEX). A competência para regulamentar e conceder o regime especial de *drawback* do tipo "restituição" é da Receita Federal do Brasil. A fiscalização do regime e a regulamentação dos procedimentos pertinentes são prerrogativas da Receita Federal em relação a todas as espécies de *drawback*.

Atualmente, a base legal do *drawback* reside, principalmente, no art. 78 do Decreto-lei n. 37/1988, art. 5º da Lei n. 8.032/1990, art. 1º da Lei n. 8.402/1992 e Lei n. 11.945/2005, combinado com os arts. 136, 171 e 383 e ss. do Decreto n. 6.759/2009 (Regulamento Aduaneiro) e Portaria da Secretaria do Comércio Exterior do Ministério do Desenvolvimento, Indústria e Comércio Exterior n. 36, de 22 de novembro de 2007, publicada no *DOU* de 26.11.2007, além de outras disposições esparsas.

A legislação prevê diversas formas de operações especiais de *drawback*. No *drawback* genérico não é realizada individualização da mercadoria a importar e o seu respectivo valor, concedendo-se o benefício sem vinculação específica dos produtos utilizados e exportados. No *drawback* sem cobertura cambial, como o próprio nome diz, é deferido o benefício para operações sem cobertura cambial, parcial ou total, da importação. No *drawback* intermediário realiza-se a importação de mercadorias por empresas denominadas fabricantes-intermediários, que serão posteriormente destinadas a processo de industrialização de produto intermediário a ser fornecido a empresas industriais exportadoras. O *drawback* para embarcação é regime específico de importação de mercadoria utilizada em processo de industrialização de embarcação, destinada ao mercado interno. Semelhante é o *drawback* para fornecimento no mercado interno, no qual são importadas matérias-primas, produtos intermediários e componentes destinados à fabricação de máquinas e equipamentos a serem fornecidos no mercado interno para participação em licitação internacional. Esses regimes especiais, contudo, seguem as linhas gerais das três modalidades básicas de *drawback*: isenção, restituição e suspensão, previstas no art. 78 do Decreto-lei n. 37/1966.

No *drawback* isenção ao invés de o interessado solicitar a restituição de tributos pagos, realiza nova importação de insumos em quantidade e qualidade equivalente aos já utilizados, desta vez, porém, com isenção dos tributos exigíveis da importação.[8] O benefício fiscal da isenção é concedido antes da importação, sujeitando-se à posterior controle do cumprimento das condições previstas no ato concessório correspondente.

No *drawback* restituição, por sua vez, procede-se ao recolhimento dos tributos no momento da importação para, posteriormente, requer-se a restituição ou compensação de impostos federais pagos na importação, desde que comprovado que os insumos importados foram, de fato, utilizados no processo de industrialização importação.[9] É deferido após o processo de importação.

No modo "suspensão" de *drawback*, a exigibilidade do crédito tributário relativo aos tributos incidentes sobre o fato da entrada de mercadorias importadas no território nacional fica suspensa por determinado prazo, deferido pela Administração. Nesse ínterim, ocorre o retorno do produto ao mercado externo, já devidamente manufaturado ou industrializado. Comprovada a operação, nos termos do regulamento, a modalidade "suspensão" converte-se em isenção do pagamento de impostos.

4. *"Drawback" suspensão*

4.1 Conceito

O regime aduaneiro especial *drawback*, modalidade suspensão, tem previsão legal no

8. Paulo Werneck, *Comércio Exterior & Despacho Aduaneiro*, 4ª ed., cit., p. 236.

9. Idem, ibidem.

inciso II do art. 78 do Decreto-lei n. 37, de 18 de novembro de 1966. Trata-se de modalidade de incentivo fiscal que foi confirmada pelo inciso I do art. 1º da Lei n. 8.402, de 9 de janeiro de 1992, além dos arts. 386 a 392 do atual Regulamento Aduaneiro, aprovado pelo Decreto n. 6.759, de 5 de fevereiro de 2009.

Alguns juristas, dentre os quais Osíris Lopes Filho,[10] defendem que o *drawback* é mecanismo de suspensão do crédito tributário não consignado no art. 151 do Código Tributário Nacional (CTN – Lei n. 5.172/1966), na medida em que o Decreto-lei n. 37/1966, arts. 73, 75, 78, inciso II, e 89, estabelecem a possibilidade de importação de mercadorias com suspensão de tributos.

No entanto, cumpre observar que, em razão do exposto no inciso I do art. 111 do Código Tributário Nacional, o rol de hipóteses de suspensão do crédito tributário prevista no art. 151 do Código Tributário Nacional é taxativa. Não poderia, portanto, ser estendida por analogia, pelos costumes ou legislação infralegal. Por outro lado, o Decreto-lei n. 37/1966 não poderia ter inovado sobre o rol de hipóteses dos incisos do art. 151 do CTN por não possuir *status* de lei complementar.

Outro ponto a se considerar quanto à natureza do *drawback* é que, se cumprido o regime, o tributo nunca virá a ser exigido. Uma vez que a suspensão pressupõe o pagamento do tributo em algum momento, a suspensão perpétua, ainda que condicional, descaracterizaria o instituto.

Acompanhamos, assim, a posição da maioria da doutrina no sentido de que o *drawback* suspensão é, na verdade, hipótese de isenção tributária, ainda que condicionada.

A isenção é regra de estrutura que investe contra um ou mais critérios de incidência tributária, mutilando-o parcialmente de modo a reduzir o campo de incidência das normas tributárias. Assim, "a regra de isenção é integrada, pelo intérprete, à regra de incidência tributária, com campo de abrangência mais restrito em virtude da limitação causada pela regra isentiva".[11]

Toda norma jurídica é composta por um antecedente normativo (hipótese) e um consequente (tese) que lhe é deonticamente imputado. No consequente também reside um deve-ser modalizado, determinando uma obrigação, uma proibição ou uma permissão. A norma de incidência tributária (ou regra-matriz de incidência) não foge a essa regra. Assim, na regra-matriz de incidência tributária temos, em sua hipótese, o critério material, o critério espacial e o critério temporal. Já no consequente, há o critério pessoal e o critério quantitativo, permeados por um dever-ser modalizado. Ambos são interligados por um dever-ser neutro (imputativo).

Ocorrido no mundo fenomênico evento que se subsuma aos critérios do antecedente normativo, se seguirá o consequente normativo, pelo qual o sujeito ativo tem direito a uma prestação do sujeito passivo. Essa relação jurídica impõe uma prestação a ser cumprida em determinado lugar (critério espacial) e em um devido tempo (critério temporal).

O critério temporal da hipótese de incidência, por sua vez, "impõe o momento escolhido pelo legislador para se reputar ocorrida a ação descrita no critério material. Sem o critério temporal não há a ocorrência do fato gerador".[12] Assim, é forçoso reconhecer que a "suspensão" sob condição resolutiva prevista no *drawback* recai, na verdade, sobre o critério temporal, desconstruindo-o. Isso porque o fato gerador somente ocorrerá se descumprida a condição resolutiva. Se o contribuinte, pelo contrário, cumprir todos os pressupostos legais para fruição do *drawback*, não se caracterizará no tempo o fato gerador nem o crédito, porque suprimido o critério temporal.

10. Osíris de Azevedo Lopes Filho, *Regimes Aduaneiros Especiais*, cit.

11. Liziane Angelotti Meira, *Regimes Aduaneiros Especiais*, cit., p. 88.

12. Guilherme Soares Diniz, "*Drawback* – Suspensão para fornecimento no mercado interno: natureza jurídica, requisitos e condições", in *Revista Dialética de Direito Tributário* 173/78, fev. 2004.

"Em suma, quando se expede o ato concessório concedendo o regime [de *drawback*], traz-se para a zona de não incidência a importação das mercadorias constantes no referido ato e no período e condições em que viger o mesmo. Nessa esteira de raciocínio, tem-se que o *drawback* suspensão é uma hipótese de isenção. Mais especificamente, uma hipótese de isenção sob condição resolutiva e nisso difere do *drawback* isenção.

"Contudo, em ocorrendo o implemento da condição resolutiva, resolve-se o ato concessório *sponte sua* e com efeitos *ex tunc*, tendo em vista que a validade do regime está condicionada ao cumprimento de todos os pressupostos legais: na falta de um que seja, não há regime."[13]

Assim, no *drawback* suspensão a manutenção da isenção é condicionada à comprovação do posterior cumprimento do ato concessório. Em outras palavras, o regime aduaneiro especial *drawback* suspensão consiste na suspensão do pagamento dos tributos incidentes na importação de insumos, mediante o compromisso de aplicá-los na fabricação de produtos destinados à exportação. Trata-se, portanto, de ato jurídico celebrado sob condição resolutória, em que o evento futuro e incerto consiste no adimplemento do compromisso de exportar o produto resultante da industrialização da matéria-prima importada conforme condições estabelecidas no ato concessório expedido pela Secretaria de Comércio Exterior (SECEX).

A isenção prevista no *drawback* suspensão incide, portanto, sobre o elemento temporal da regra-matriz dos impostos incidentes sobre as operações de importar, retirando-se condição de exigibilidade. Isso porque no *drawback* suspensão prevê-se que o fato gerador ocorrerá, por ficção, se e quando a mercadoria foi nacionalizada. Com efeito, a norma prevê isenção tributária no *drawback* suspensão na medida em que, "no momento em que a mercadoria é despachada para consumo, admitida no regime geral de importação, tem-se configurada uma isenção condicionada à destinação da mercadoria, nos termos do art. 12 do Decreto-lei n. 37/1966".[14]

4.2 Condições gerais do regime de "drawback" suspensão

A operação de *drawback* suspensão pode ser definida, em termos práticos, "como suprimento ou provimento de estoque, com insumos importados, para permitir a fabricação de produtos para exportação".[15] Insumos, nesse caso, devem ser entendidos não apenas como matéria-prima, material secundário e embalagem, mas também de produtos industrializados a serem submetidos a novo processo de industrialização (acabamento, acondicionamento, montagem etc.) para oportuna exportação.

As operações vinculadas ao Regime de *Drawback* estão sujeitas às normas gerais de importação e exportação, bem como às condições específicas de habilitação previstas na Portaria do Secretário de Comércio Exterior do Ministério do Desenvolvimento, Indústria e Comércio Exterior (SECEX) n. 36, de 22 de novembro de 2007, publicada no *DOU* de 26 de novembro de 2007.

Por ser processo de suprimento ou provimento de estoque, logicamente, a operação deve ser proposta antes da importação dos insumos. Além disso, por não possuir natureza de isenção em caráter geral, o *drawback* suspensão deve ser concedido mediante despacho da autoridade administrativa, a teor do art. 179 do Código Tributário Nacional.

De acordo com a Portaria SECEX n. 36/2007, compete ao Departamento de Operações de Comércio Exterior (DECEX) a concessão do regime de *drawback*, compreendidos os procedimentos que tenham por finalidade sua formalização, bem como

13. Idem, ibidem.

14. Paulo de Barros Carvalho, *Curso de Direito Tributário*, 20ª ed., São Paulo, Saraiva, 2008, p. 637.

15. Leone Soares de Resende, *Exportação e Drawback*, São Paulo, Aduaneiras, 1984, p. 51.

o acompanhamento e a verificação do adimplemento do compromisso de exportar.

Nos termos do art. 72 da Portaria SECEX n. 36/2007, a lista de possibilidades de concessão de *drawback* não é taxativa. Dentre outras possibilidades, o regime de *drawback* poderá ser concedido a operações de:

a) transformação exercida sobre matéria-prima ou produto intermediário, importe na obtenção de espécie nova;

b) beneficiamento, assim entendido o processo que importe em modificar, aperfeiçoar ou, de qualquer forma, alterar o funcionamento, a utilização, o acabamento ou a aparência do produto;

c) montagem, no sentido de reunir produto, peças ou partes, resultando em novo produto ou unidade autônoma, ainda que sob a mesma classificação fiscal;

d) renovação ou recondicionamento, considerada a atividade que, exercida sobre produto usado ou parte remanescente de produto deteriorado ou inutilizado, renove ou restaure o produto para utilização;

e) acondicionamento ou reacondicionamento, alterando a apresentação do produto, pela colocação de embalagem, ainda que em substituição da original, salvo quando a embalagem colocada se destine apenas ao transporte de produto;

f) importação de animais destinados ao abate e posterior exportação;

g) importação de matéria-prima e outros produtos que, embora não integrando o produto a exportar ou exportado, sejam utilizados em sua industrialização, em condições que justifiquem a concessão;

h) insumos utilizados no cultivo de produtos agrícolas ou na criação de animais a serem exportados, definidos pela Câmara de Comércio Exterior (CAMEX).

Para usufruir do regime de *drawback* suspensão, as empresas industriais ou comerciais interessadas devem estar habilitadas em operar em comércio exterior nos termos, limites e condições estabelecidos na legislação pertinente. O ingresso no regime é realizado mediante requerimento da empresa interessada, por intermédio do preenchimento do módulo específico "*drawback*" do Sistema Integrado de Comércio Exterior (SISCOMEX). Quando do pedido, poderá ser exigida a apresentação de documentos adicionais que se façam necessários à análise da concessão do regime. É imprescindível que a interessada forneça os valores estimados para seguro, frete, comissão de agente, eventuais descontos e outras despesas.

No exame do Pedido de *Drawback*, considera-se o resultado cambial da operação, isto é, pela comparação do valor total das importações, aí incluídos o preço da mercadoria no local de embarque no exterior e as parcelas estimadas de seguro, frete e demais despesas incidentes, com o valor líquido das exportações, assim entendido o valor no local de embarque deduzido das parcelas de comissão de agente, eventuais descontos e outras deduções. Ainda, poderá ser concedido o regime de *drawback* suspensão em razão dos fluxos financeiros de importações e exportações, observados os ganhos cambiais e respeitada a compatibilidade entre as mercadorias por importar e aquelas por exportar.

Uma vez deferido o pedido, é lavrado documento denominado "Ato Concessório", no qual são determinadas as condições do regime *drawback*. O prazo de validade do Ato Concessório de *Drawback* será compatibilizado com o ciclo produtivo do bem a exportar. O pagamento dos tributos incidentes na importação poderá, então, ser suspenso por prazo de até 5 (cinco) anos, a depender o ciclo de produção. Poderá, ainda, ser concedida prorrogação do prazo de cumprimento do regime, desde que respeitado o limite de 2 (dois) anos para a permanência da mercadoria importada no País, com suspensão dos tributos. Os prazos de suspensão de tributos terão como termo final a data limite estabelecida no Ato Concessório para a efetivação das exportações vinculadas ao Regime.

Ressalte-se, opor oportuno, que se admite que a concessão do Regime possa ser condicionada à prestação de garantia limitada ao valor dos tributos suspensos de pagamento, a qual será reduzida à medida que forem comprovadas as exportações.

Uma vez deferido o regime e realizadas as exportações, o cumprimento do regime (para a consequente "transformação" da suspensão tributária em isenção) é verificado pelas autoridades administrativas. Observa-se nesse processo se as importações e exportações foram realizadas na qualidade e quantidade previstas no Ato Concessório, se as declarações de importação e exportação foram devidamente vinculadas ao Ato Concessório correspondente e se os prazos fixados para cumprimento das obrigações foram observados.

Nessa apuração reside controvérsia quanto à extensão das obrigações compromissadas. Os operadores do direto divergem quanto à necessidade de cumprimento apenas do volume exportado, seja em termos físicos, seja em termos financeiros, e à necessidade de comprovação do uso completo dos insumos importados no processo de beneficiamento, com aplicação do "princípio da vinculação física".

4.3 A vinculação física no "drawback" suspensão

O "princípio da vinculação física" é o nome dado pela jurisprudência administrativa fiscal para a exigência realizada de comprovar-se a utilização do insumo efetivamente importado no processo de produção da mercadoria a ser exportada. Em outras palavras, trata-se da necessidade de demonstração de que os exatos produtos importados – nem mais, nem menos – foram integralmente utilizados no processo de produção da mercadoria a ser exportada, independentemente da qualidade de tais produtos.

Há intensa controvérsia no âmbito administrativo e judicial sobre a necessidade de comprovação da chamada "vinculação física" no regime de *drawback* suspensão para que seja aperfeiçoada a isenção tributária pretendida, especialmente quando é realizada importação de insumos fungíveis.

A fiscalização tributária tem considerado indispensável a vinculação física, tendo lavrado notificações de lançamento quando não logra verificar a correspondência entre os insumos importados e os produtos exportados.

No Conselho Administrativo de Recursos Fiscais do Ministério da Fazenda – CARF não há uma posição consolidada sobre o princípio da vinculação física e o *drawback* suspensão.

A Câmara Superior de Recursos Fiscais já proferiu acórdão unânime reconhecendo a fungibilidade dos insumos importados dentro do prazo concessório no regime de *Drawback*. Transcreve-se a ementa abaixo, para melhor ilustrar a questão:

"*Drawback*. Comprovação do compromisso de exportar. A essencialidade para fruição do Regime Aduaneiro Especial de *Drawback* está no cumprimento do compromisso de exportação, e, uma vez cumprido tal compromisso, faz jus o contribuinte ao direito de não pagar os tributos incidentes na importação dos insumos com benefício fiscal.

"*Drawback*. Fungibilidade. A fungibilidade dos insumos importados, dentro do prazo do ato concessório, permite a sua substituição por idênticos do gênero, quantidade e qualidade, o que não descaracteriza a exportação objeto do compromisso do importador no regime *Drawback*, conforme Parecer Normativo CST n. 12/1997 e Ato Declaratório n. 20/1996 da Coordenação-Geral do Sistema de Tributação.

"Recurso especial negado."[16]

Em contrapartida, vários outros acórdãos foram proferidos na 3ª Seção do Conselho Administrativo de Recursos Fiscais no mesmo sentido da ementa abaixo:

"*Assunto*: Regimes Aduaneiros

16. 3º Conselho de Contribuintes (atual 3ª Seção do Conselho Administrativo de Recursos Fiscais – CARF), Processo n. 11065.001986/95-31, Recurso n. 301-119997, 3ª Turma da Câmara Superior de Recursos Fiscais, Sessão de 21.8.2006, Acórdão n. CSRF/03-04.975, rel. Cons. Nilton Luiz Bartoli.

"*Período de apuração*: 26.5.1999 a 1.2.2005

"*Assunto*: Processo Administrativo Fiscal

"*Ementa*: *Drawback*. Modalidade suspensão. Inadimplemento. Impostos incidentes na importação. Lançamento. Prazo decadencial. Inocorrência.

"O termo inicial do prazo de caducidade do direito de lançar o crédito tributário suspenso pela aplicação do regime aduaneiro de *drawback*, modalidade suspensão, tem início no primeiro dia do exercício seguinte ao ano do vencimento do prazo do regime, que se efetiva 30 (trinta) dias após o vencimento do ato concessório, e término no final do quinto ano seguinte (art. 173, I, do CTN, c/c o art. 319 do Regulamento Aduaneiro de 1985).

"Inexiste decadência do crédito tributário lançado se o sujeito passivo é cientificado do auto de infração antes de expirado o citado prazo de 5 (cinco) anos."

"*Drawback*. Modalidade suspensão. Princípio da vinculação física. Descumprimento. Inadimplemento do regime. Tributos suspensos. Exigibilidade. Possibilidade.

"A mercadoria importada ao amparo do regime *drawback*, modalidade suspensão, deve ser exportada após beneficiamento ou destinada à fabricação de outra a ser exportada, impondo-se, assim, que seja integralmente empregada no processo industrial do produto exportado.

"A legislação que disciplina o regime *drawback*, modalidade suspensão, não admite substituição de matéria-prima importada ao amparo desse regime por outra de origem nacional ou importada, ainda que equivalentes. A fungibilidade entre insumos importados, dá-se apenas no âmbito do *drawback* isenção, que também inadmite entre insumo importado e nacional, exceto em situações excepcionais devidamente prevista em lei.

"É ônus do beneficiário do regime comprovar que atendeu o critério vinculação física exigido na aplicação do regime *drawback*, modalidade suspensão, demonstrando que ocorreram as exportações dos produtos industrializados mediante o emprego da matéria-prima importada com o incentivo fiscal, bem como, que foram atendidas as demais condições estabelecidas no ato concessório. Na ausência dessa comprovação, passam a ser exigíveis os tributos suspensos em razão da adoção do regime, acrescidos dos encargos legais devidos.

"Recurso voluntário negado."[17]

O Poder Judiciário pouco se pronunciou sobre a matéria. Destacam-se alguns acórdãos do Tribunal Regional Federal da 4ª Região, tanto no sentido de dispensar a vinculação física, quanto no sentido de entenderem ser indispensável o consumo dos exatos insumos importados no processo de industrialização.[18]

De maneira geral, a fiscalização tributária aplica o princípio da vinculação física no *drawback* suspensão com base na literalidade do art. 389 do Regulamento Aduaneiro (Decreto n. 6.759/2009), que dispõe que "As mercadorias admitidas no regime, na modalidade de suspensão, deverão ser integralmente utilizadas no processo produtivo ou na embalagem, acondicionamento ou apresentação das mercadorias a serem exportadas".

Os defensores da vinculação física no *drawback* suspensão aplicam a literalidade do art. 389 do Regulamento Aduaneiro por entender que, por se tratar de isenção, as condições do *drawback* suspensão devem ser interpretadas restritivamente. Por se tratar de isenção de caráter especial, nos termos do art. 179 do Código Tributário Nacional combinado com o Regulamento Aduaneiro,

17. Conselho Administrativo de Recursos Fiscais – CARF, Processo 10314.008934/2004-41, Recurso n. 342.869, 2ª Turma da 1ª Câmara da 3ª Seção do CARF, Sessão de 24.5.2010, rel. designado Cons. José Fernandes Nascimento.

18. São exemplos dessa jurisprudência do TRF-4ª R. o acórdão proferido no processo AC 1998.04.01.057669-4, 1ª T., rel. Álvaro Eduardo Junqueira, *DJe* 6.10.2009; bem como o acórdão proferido no processo AC 2006.72.07.000073-3, 2ª T., rel. Vânia Hack de Almeida, *DJe* 1.7.2009.

caberia ao beneficiário do regime fazer a comprovação do integral cumprimento do regime, nos exatos termos previstos na legislação em vigor.

Assim, indefere-se a isenção tributária prevista ao final do *drawback* suspensão se não demonstrado pelo contribuinte que os insumos importados na Declaração de Importação vinculada foram utilizados na produção da mercadoria cuja exportação foi compromissada. Se utilizados insumos de outra origem, indefere-se a isenção, ainda que a exportação venha a ser realizada nos termos do ato concessório.

Ademais, por ser "ato jurídico celebrado sob condição resolutória, em que o evento futuro e incerto consiste no adimplemento do compromisso de exportar o produto resultante da industrialização da matéria-prima importada",[19] seria condição resolutiva do regime de *drawback* suspensão que insumos importados sejam obrigatoriamente utilizados na industrialização dos produtos a serem exportados.

Por outro lado, a inobservância do princípio da vinculação física provocaria concorrência desleal, pois "os beneficiados com o regime de *drawback* obteriam insumos não tributados, enquanto que seus concorrentes, não".[20]

Frise-se que verificação da vinculação física, ainda que para produtos fungíveis, pode ser verificada pelos mecanismos de fiscalização do Poder Público. Isso porque, para realizar a fiscalização, é assegurado à Secretaria de Comércio Exterior (SECEX) e à Receita Federal do Brasil o livre acesso, a qualquer tempo, à escrituração fiscal e aos documentos contábeis do beneficiário do regime, bem como ao seu processo produtivo, a fim de possibilitar o controle da operação. Enquanto que à SECEX foi reservado o controle administrativo do regime, de feição meramente formal, especificamente destinado à verificação do adimplemento do compromisso de exportar com base apenas nos documentos apresentados pelo beneficiário do regime, à Receita Federal do Brasil tem o poder-dever de realizar não apenas a verificação do regular cumprimento formal dos requisitos e condições fixados no ato concessório e na legislação que disciplina o regime, mas também para inspecionar os procedimentos de importação, industrialização e exportação, bem como a escrituração contábil e fiscal.

No entanto, entendemos que a aplicação do princípio da vinculação física não resiste a uma interpretação sistemática da legislação, em face, principalmente, do texto constitucional.

A previsão legal dos regimes aduaneiros especiais encontra amparo no art. 150, § 6º, da Constituição Federal, que prevê que "qualquer subsídio ou isenção (...) poderá ser concedido mediante lei específica, federal, estadual ou municipal, que regule exclusivamente as matérias acima enumeradas ou o correspondente tributo ou contribuição, sem prejuízo do disposto no art. 155, § 2º, XII, *g*". Isto é, toda isenção – incluindo o *drawback* suspensão – somente pode ser concedido por meio de lei em sentido estrito. Segundo Liziane Angelotti Meira, o objetivo dessa norma constitucional "foi submeter ao princípio da legalidade a concessão de qualquer isenção ou redução tributárias, independentemente do nome que lhes seja conferido pelo legislador ordinário".[21]

Por isso, o conceito de isenção é pressuposto pelo legislador constitucional e não poderia ser alterado ou restringido por ato normativo de hierarquia inferior, como foi realizado pelo art. 389 do Regulamento Aduaneiro.

Com efeito, isenções e reduções tributárias não podem ser criadas nem alteradas por meio de ato infralegal. A disposição do § 2º do art. 78 do Decreto-lei n. 37/1966 não se coaduna com o art. 176 do CTN e art. 150, § 6º, da Constituição Federal.

19. Guilherme Soares Diniz, "*Drawback* – Suspensão para fornecimento no mercado interno: natureza jurídica, requisitos e condições", in *Revista Dialética de Direito Tributário* 173/80, fev. 2004.

20. Idem, ibidem.

21. Liziane Angelotti Meira, *Regimes Aduaneiros Especiais*, cit., p. 324.

É certo que o Poder Executivo tem competência para, mediante regulamento, prescrever o limite mínimo para aplicação dos regimes aduaneiros. Porém, essa regulação deve partir dos limites da lei em sentido estrito, sendo vedado ao Poder Executivo disciplinar além do que prevê a lei. Sobre o *drawback*, o único dispositivo legal que prevê, expressamente, a necessidade de vinculação física é o art. 389 do Regulamento Aduaneiro. Não se observou, portanto, o princípio da estrita legalidade. Por outro lado, o direito tributário não pode ser analisado a par dos conceitos gerais do direito.

De acordo com o art. 85 do Código Civil, "São fungíveis os móveis que podem substituir-se por outros da mesma espécie, qualidade e quantidade". A seu turno, são infungíveis os bens que, pela sua qualidade individual, têm um valor especial, não podendo, por isso, ser substituído sem que isso acarrete uma alteração de seu conteúdo, como um quadro de um pintor célebre. São infungíveis aqueles bens que, pela sua qualidade individual, não podem ser substituídos sem que isso acarrete uma alteração de seu conteúdo.

"A fungibilidade é própria dos bens móveis, sendo o resultado da comparação entre duas coisas equivalentes. Eis a razão pela qual Ferrara considera fungíveis os bens homogêneos, equivalentes e por isso substituíveis entre si (carvão, açúcar, lenha, dinheiro, café etc.), sendo, portanto, infungíveis os que, pela sua qualidade individual, têm um valor especial, não podendo, por isso, ser substituído sem que isso acarrete uma alteração de seu conteúdo, como um quadro de um pintor célebre. P. ex.: se houver compra e venda de um quadro de Renoir, o vendedor está adstrito a entregá-lo, sem poder substituí-lo por um equivalente. Portanto, se a dívida é de coisa certa e específica, o devedor não se libera da obrigação enquanto não entregar esse mesmo bem. Já as coisas fungíveis têm poder liberatório, pois o devedor libera-se de sua obrigação, entregando ao credor uma coisa em substituição a outra, desde que do mesmo gênero, qualidade e quantidade, observando-se que não poderá dar a coisa pior nem será obrigado a prestar melhor (CC, art. 244, 2ª Parte)."[22]

Ora, a troca de bens fungíveis entre si no cumprimento de uma obrigação não descaracteriza o seu adimplemento. Com efeito, uma vez compromissada a importação de insumos fungíveis, por sua própria natureza, seria possível sua substituição por outro de mesma qualidade e na mesma qualidade sem prejuízo da relação obrigacional perpetrada entre contribuinte e a Fazenda Pública para fins de contratação de *drawback*. A natureza do bem produzido continuará a mesma.

Além do óbice legal e constitucional, há barreiras de ordem prática à vinculação física dos bens fungíveis no *drawback* suspensão. Em razão da otimização dos meios de produção por meio da adoção de mecanismos mais simples e menos onerosos de estoque de insumos, bem como considerando a semelhança qualitativa entre produtos importados e adquiridos no mercado interno, a observância de uma estrita vinculação física é prejudicada. Usualmente, os estoques são realizados em conjunto, misturando produtos equivalentes de procedências distintas.

"A comunidade profissional brasileira envolvida em operações de comércio exterior dessa natureza [*drawback*] é unânime em alertar as empresas quanto ao risco envolvido nas operações de *drawback* na modalidade suspensão, principalmente quando os materiais importados são comuns à produção de produtos destinados à venda no mercado local e àqueles voltados ao mercado externo.

"Esse temor é fundamentado pelo apego da fiscalização da Receita Federal do Brasil ao 'princípio da vinculação física', como foi denominado pela própria fiscalização e jurisprudência do 3º Conselho de Contribuintes a exigência normativa contida no art. 389 do novo Regulamento Aduaneiro, aprovado pelo Decreto n. 6.759/2009, de 5.2.2009. (...).

"O dispositivo constava do Regulamento Aduaneiro anterior, aprovado pelo Decreto

22. Maria Helena Diniz, *Direito Civil Brasileiro: Teoria Geral do Direito Civil*, 1º vol., 21ª ed., São Paulo, Saraiva, 2004, p. 305.

n. 4.543/2002. Com base nesse artigo, o importador que destinar incorretamente os materiais na fabricação de produtos vendidos no mercado interno, estará sujeito a questionamentos fiscais, em caso da falta ser constatada em auditoria.

"Ocorre que essa exigência tem seu cumprimento dificultado, ou até impossibilitado, por ser contrária aos princípios da indústria moderna, que compreendem simplificação de processos e estoques baixos. Isso porque para um rígido respeito ao estabelecido as empresas necessitariam segregar estoques de materiais idênticos, criando uma duplicidade de códigos, o que é inaplicável em muitas empresas que têm sistemas corporativos de planejamento de recursos (ERP) globais, com códigos de estoque (*part numbers*) mundiais."[23]

Na verdade, não é essencial que no produto exportado esteja agregado especificamente o mesmo insumo importado. Considerando-se a finalidade do regime "*drawback*", o compromisso assumido de promover a exportação de determinada quantidade de produtos é cumprido quando realizadas as condições do Ato Concessório: importação dos insumos identificados na quantidade e valores discriminados, com a posterior exportação de produtos industrializados na quantidade e valores especificados.

Por outro lado, se fungíveis os insumos importados, não cabe ao Fisco presumir o suposto descumprimento do benefício concedido, uma vez que a fungibilidade dos insumos dentro do prazo de validade do ato concessório permite a sua substituição por idênticos no gênero, quantidade e qualidade, não descaracterizando o compromisso do regime *drawback*. Dessa forma, não constitui desvio de finalidade, para fins tributários, a utilização de matéria-prima importada fungível com o benefício do *drawback* na produção de bens destinados ao mercado interno se a mesma quantidade e qualidade da matéria-prima nacional tiver sido utilizada na elaboração do produto exportado.

5. *Considerações finais*

O *drawback* aduaneiro especial *drawback* suspensão consiste na suspensão do pagamento dos tributos incidentes na importação de insumos, mediante o compromisso de aplicá-los na fabricação de produtos destinados à exportação. Comprovada a operação, nos termos do regulamento, a modalidade "suspensão" converte-se em isenção do pagamento de impostos. Pode-se afirmar, assim que o *drawback* suspensão é espécie de isenção tributária prevista no art. 78 do Decreto-lei n. 37/1966, regulado pelo novo Regulamento Aduaneiro e a Portaria SECEX n. 36/2007.

Seja em face do art. 150, § 6º, da Constituição Federal, seja em razão de eventual fungibilidade dos insumos importados, não é essencial ao *drawback* suspensão que no produto exportado estejam agregados especifica e exatamente os mesmos insumos importados sob o amparo desse regime. Considerando-se a finalidade do regime "*drawback*", o compromisso assumido de promover a exportação de determinada quantidade de produtos é cumprido quando realizadas as condições do Ato Concessório: importação dos insumos identificados na quantidade e valores discriminados, com a posterior exportação de produtos industrializados na quantidade e valores especificados.

Portanto não constitui desvio de finalidade, para fins tributários, a utilização de matéria-prima importada fungível com o benefício do *drawback* na produção de bens destinados ao mercado interno, ou a utilização de insumos nacionais na fabricação de produto importado, se utilizada matéria-prima na quantidade e qualidade previstas no Ato Concessório para a elaboração do produto exportado e, ainda, se forem cumpridas as exportações compromissadas no Ato Concessório.

23. Alexandre Lira de Oliveira, "Novo RA mantém o 'princípio da vinculação física' no *drawback* suspensão", in *Aduaneiras*, disponível em *http://www.aduaneiras.com.br/destaque/NovoRA_AlexandreLira_S.pdf*, acesso 1.11.2010.

COMPETÊNCIA TRIBUTÁRIA E SUAS IMPLICAÇÕES NA DELIMITAÇÃO DO PODER DE INSTITUIÇÃO DE DEVERES INSTRUMENTAIS TRIBUTÁRIOS

CAIO AUGUSTO TAKANO

Pós-Graduando em Direito Tributário pelo IBET. Bacharel em Direito pela Universidade de São Paulo – USP. Membro do IBDT. Advogado em São Paulo.

1. Considerações propedêuticas. 2. Contornos típicos dos deveres instrumentais. 3. O interesse da arrecadação ou da fiscalização dos tributos e a regra do art. 113, § 2º, do CTN. 4. Competência tributária e sua interrelação com os deveres instrumentais. 5. A interpretação dos conceitos constitucionais para a delimitação da competência tributária. 6. Consequências práticas dos limites impostos pela competência tributária à instituição de deveres instrumentais. 7. Conclusões.

1. Considerações propedêuticas

A identificação de limites impositivos aos deveres instrumentais tributários revela-se, hodiernamente, tarefa de elevada importância. Se no campo das incidências tributárias encontramos um sistema complexo, com expressivo número de exações, denominações e regimes jurídicos, no campo dos deveres instrumentais defrontamo-nos com um sistema ainda mais complexo, composto por um número substancialmente maior de deveres instituídos com alto grau de liberdade pela Administração Pública, sob o argumento de serem necessários aos "interesses da Administração".

Em verdade, diversos são os argumentos para se justificar a imposição de deveres instrumentais: eficiência administrativa e arrecadatória, fomentar o "interesse público", evitar a evasão fiscal, proteger o erário público, etc. Não há dúvidas que realizar tais objetivos é importante e necessário, no entanto, a primeira indagação que se coloca é se toda e qualquer medida que se mostrar adequada para fomentar tais objetivos se justifica perante nosso ordenamento jurídico e, se negativo, quais então poderiam fazê-lo satisfatoriamente para a imposição de deveres instrumentais.

Desde logo, afastamos a ideia de que qualquer medida apta a realizar aqueles objetivos se justificaria de forma automática, porquanto equivaleria admitir que haveria situações em que a intervenção em direitos fundamentais do contribuinte – notadamente liberdade e livre iniciativa – seria sempre permitida, independentemente de qualquer ônus argumentativo, o que não é aceitável em nosso sistema jurídico.

Assim, restaria ainda a segunda indagação, a qual a análise de nosso ordenamento jurídico se mostra suficiente para respondê-la. Não obstante a Constituição Federal não tenha disciplinado diretamente o regime jurídico dos deveres instrumentais, delegou de forma expressa tal função para a lei complementar.[1] E a lei complementar de caráter nacional[2] que trata precipuamente de normas gerais de direito tributário, hoje em vigor, é o Código Tributário Nacional que, em seu art. 113, § 2º, prescreve que a instituição de deveres instrumentais se justifica sempre que estes forem necessários ao "interesse da arrecadação ou da fiscalização dos tributos".

Não é tarefa simples identificar no que consiste, juridicamente, o "interesse da arrecadação ou da fiscalização dos tributos", ou mesmo quais as situações abrangidas por tal interesse. No entanto, a delimitação é necessária, pois, à sua míngua, abre-se espaço a abusos e distorções pelo Fisco, sempre em prejuízo do contribuinte. Nesse intento, o estudo da competência tributária dos entes federativos, não obstante seja comumente relacionada apenas à obrigação tributária principal, pode se revelar uma importante ferramenta para gizar os limites impositivos aos deveres instrumentais, porquanto possuir competência tributária é um dos fatores que contribuem para a conformação do "interesse da arrecadação ou da fiscalização dos tributos".[3]

Destarte, a compreensão da relação entre as normas de competência tributária e aquelas que instituem, não as normas de incidência de tributos, mas deveres instrumentais, bem como, especificamente, o modo pelo qual as referidas normas de competência influenciam a imposição de tais deveres, limitando a atuação do legislador infraconstitucional, é tarefa relevante, e que será objeto do presente estudo.

2. Contornos típicos dos deveres instrumentais

O estudo dos limites impositivos aos deveres instrumentais impõe, como condição necessária e logicamente anterior, que se estabeleça algumas premissas, tomando posição em alguns pontos relevantes, principalmente porque não há consenso sobre o regime jurídico e, até mesmo, sobre a natureza jurídica de tais deveres, o que será feito, em breves pinceladas, antes de investigar propriamente as limitações a que se submetem.

Foge dos lindes do presente estudo qualquer pretensão de análise aprofundada desses importantíssimos temas, uma vez que imporia retratar as complexas discussões doutrinárias existentes tanto no âmbito nacional quanto no direito comparado. Não obstante, é imprescindível gizar seus contornos típicos para o desenvolvimento das ideias que serão apresentadas.

Um primeiro traço típico dos deveres instrumentais é a sua autonomia sintática em relação à obrigação tributária principal, cuja prestação é de pagar tributo. Essa autonomia é bastante reconhecida pela doutrina estrangeira. José Juan Ferreiro Lapatza, Professor Catedrático de Barcelona, defende que dentro da relação jurídica há uma obrigação pecuniária, consistente no pagamento do tributo; obrigações não pecuniárias, acessórias à obrigação principal pecuniária e por ela reguladas, cuja finalidade é assegurar o seu cumprimento; e obrigações de caráter não pecuniário, nas hipóteses em que não exista uma obrigação

1. Não obstante o rol do art. 146 da Constituição Federal tenha apenas mencionado genericamente o signo "obrigação", ainda que se entenda que nele só há referência à obrigação tributária principal (uma vez que os deveres instrumentais não são obrigações em seu sentido técnico-jurídico), em razão de sua importância, instituir as diretrizes do regime jurídico dos deveres instrumentais parece ser matéria reservada a lei complementar. Ademais, o rol do art. 146 não tem pretensão de ser taxativo, daí por que utilizou o "especialmente sobre", evidenciando seu aspecto meramente exemplificativo.

2. Por todos, Geraldo Ataliba, *Estudos e Pareceres de Direito Tributário*, vol. III, São Paulo, Ed. RT, 1980, pp. 14-15.

3. Caio Augusto Takano, "Os limites impositivos aos deveres instrumentais tributários", *Revista Direito Tributário Atual* 27/284-304, São Paulo, Dialética, 2012.

tributária real e efetiva, consistente no dever genérico de suportar o poder de fiscalização da Administração.[4]

Também Giuliani Fonrouge, para quem a obrigação tributária consiste sempre em uma obrigação de dar (prestação jurídica patrimonial), que nasce com a realização do pressuposto de fato previsto em lei, inconfundível com outros deveres e omissões a cargo do contribuinte, consistentes em prestações de fazer ou não fazer.[5] Desta forma, considera autônomas as obrigações tributárias e os deveres instrumentais, como o faz a maioria dos autores brasileiros e como, inclusive, já se manifestou o Superior Tribunal de Justiça em diversas oportunidades.[6]

Sobre os deveres instrumentais constituírem obrigações jurídicas ou não, autores de boa nota, embora reconheçam o seu caráter não patrimonial, defendem que isto não configuraria óbice para reconhecê-los como obrigações. Sustentam que obrigação é uma categoria jurídico-positiva, o que implica reconhecer que não há "atributos essenciais" do instituto obrigação, pois seus contornos são todos definidos pelo direito positivo.[7]

Contudo, parece-nos correto que o conceito jurídico positivo de obrigação se faz somente com a concomitância de todos os elementos que a caracteriza, bastando que falte uma de suas características essenciais – como a patrimonialidade ou a transitoriedade – para que ela não se configure.[8] Patrimonialidade, entendida aqui como a existência de conteúdo econômico subjacente à relação jurídica, e transitoriedade, assim compreendida como a inexorável tendência daquela relação à sua extinção.[9]

Como argutamente aponta Luís Eduardo Schoueri, é exatamente o aspecto da transitoriedade que não se encontra presente em todas as obrigações acessórias, denunciando, em caráter decisivo, sua natureza não obrigacional, mas de vero dever jurídico. Com efeito, vezes sem conta, trata-se de um vínculo contínuo, que não se extingue com a prestação de seu objeto, podendo ser regularmente exigido até que seja extinta a obrigação tributária a que se refere.[10] Daí por que não atendendo nem ao requisito da transitoriedade nem ao da patrimonialidade, tratam-se essas relações jurídicas de deveres administrativos.[11]

Por fim, outro traço característico do dever instrumental é a sua instrumentalidade, prestando-se a auxiliar o efetivo cumprimento da obrigação tributária. Sua "acessoriedade" deve ser compreendida, portanto, como instrumentalidade, pois inexiste uma relação de dependência entre a obrigação tributária principal e aquela tida como "acessória" pelo CTN, podendo uma subsistir sem a outra.[12] Mas isso, vale enfatizar, não significa que elas não mantenham relação alguma, pelo contrário, o dever instrumental só possui

4. José Juan Ferreiro Lapatza, "Relación jurídico-tributaria – La obligación tributaria", *Revista de Direito Tributário* 41/10, São Paulo, Ed. RT, 1987.

5. C. M. Giuliani Fonrouge, *Conceitos de Direito Tributário*, trad. Geraldo Ataliba e Marco Aurélio Greco, São Paulo, Lael, 1973, p. 93.

6. Por todos, STJ, 1ª T., rel. Luiz Fux, REsp 1.040.578-SP, j. 16.6.2009.

7. José Souto Maior Borges, *Obrigação Tributária (Uma Introdução Metodológica)*, 2ª ed., São Paulo, Malheiros Editores, 1999, pp. 38-39. Nesse sentido, também, Misabel Abreu Machado Derzi, "Notas", in Aliomar Baleeiro, *Direito Tributário Brasileiro*, 11ª ed., Rio de Janeiro, Forense, 2010, pp. 698-702.

8. Geraldo Ataliba, *Elementos de Direito Tributário*, São Paulo, Ed. RT, 1978, p. 60.

9. Paulo de Barros Carvalho, "A relação jurídica tributária e as impropriamente chamadas obrigações acessórias", *Revista de Direito Público* 17/384, São Paulo, 1972.

10. Luís Eduardo Schoueri, *Direito Tributário*, São Paulo, Saraiva, 2011, p. 418.

11. Paulo de Barros Carvalho, "A relação jurídica tributária e as impropriamente chamadas obrigações acessórias", *Revista de Direito Público* 17/384, cit.

12. Entre os doutrinadores que repudiam a utilização do signo "obrigação acessória" por irremediável imprecisão terminológica, pode-se citar o posicionamento de Paulo de Barros Carvalho, para quem os deveres instrumentais tributários distam de ser liames jurídicos obrigacionais, em razão da ausência de qualquer caráter patrimonial, ou seja, não se pode representar seu objeto por intermédio de expressão financeira alguma e nem serem transitórios (Paulo de Barros Carvalho, *Direito Tributário: Linguagem e Método*, 3ª ed., São Paulo, Noeses, 2009, p. 614).

sentido se existir uma obrigação tributária, cuja existência se dê no mínimo no campo abstrato, a qual ela se possa referir.[13]

Só há sentido a "acessoriedade" em relação à obrigação de pagar tributo sob uma perspectiva global da obrigação tributária, i.e., os deveres instrumentais só existem para instrumentalizar a obrigação principal, sem a qual careceria de justificação sua existência.[14] Sua função precípua é assegurar o cumprimento da relação jurídica tributária principal e possibilitar sua fiscalização.

Portanto, entendemos como traços característicos dos deveres instrumentais sua caracterização como vero dever instrumental, sintaticamente autônomo à relação tributária principal, consistente em uma prestação de fazer ou não fazer, cuja finalidade precípua é instrumentalizar (auxiliar) o cumprimento da obrigação principal. Por tal razão, optamos por utilizar a expressão "deveres instrumentais tributários" neste estudo, porquanto melhor condiz com o instituto a que se refere.

3. O interesse da arrecadação ou da fiscalização dos tributos e a regra do art. 113, § 2º, do CTN

Em relação ao regime jurídico positivo dos deveres instrumentais tributários, estamos convencidos de que a regra contida no art. 113, § 2º, do CTN, pela qual condiciona a instituição daqueles deveres ao "interesse da arrecadação ou da fiscalização dos tributos", atua como núcleo semântico para a compreensão dos limites impositivos a que se submetem os deveres instrumentais, razão pela qual merece especial atenção, principalmente no tocante ao seu conteúdo e alcance.

É imprescindível perceber que esse dispositivo estabelece um limite ao âmbito de liberdade da administração pública para instituir deveres instrumentais. Trata-se, pois, de verdadeira garantia dos administrados e limitação à Administração.

Daí por que o "interesse da arrecadação e da fiscalização" não pode, dentro de um Estado Democrático de Direito, servir como um subterfúgio para que o Poder Público justifique toda e qualquer imposição de deveres que, direta ou indiretamente, possam interessar a arrecadação ou a fiscalização de qualquer ente político. Tal interpretação daria azo para que se pudesse atentar livremente contra diversos princípios e garantias constitucionais, notadamente a liberdade e a livre iniciativa, em prol de qualquer aumento de eficiência administrativa ou arrecadatória.

Por tal razão é que se mostra de basilar importância a real compreensão do conteúdo e funcionalidade de uma regra instituída pelo legislador complementar no Código Tributário Nacional, após o sopesamento de importantes princípios constitucionais: de um lado, a praticabilidade e eficiência da administração pública; do outro, a liberdade e a livre iniciativa.

Cumpre notar que tal regra sequer precisaria estar expressa em um sistema jurídico em que se garanta ampla proteção aos direitos fundamentais de seus cidadãos, de sorte que toda intervenção estatal na esfera de tais direitos deve ser fundamentada e proporcional. No entanto, se o legislador complementar não precisaria, pela própria coerência do sistema jurídico, mas optou por fazê-lo, cumpre compreender a relevância de sua instituição.

Precisa o art. 113, § 2º, a causa (justificação) dos deveres instrumentais tributários, pela qual é possível verificar o atendimento dos pressupostos e limites para o exercício da competência impositiva de tais deveres, explicitando as hipóteses em que é permitida a intervenção do Estado sobre o âmbito de proteção da liberdade e da livre iniciativa:

13. Tércio Sampaio Ferraz Júnior, "Obrigação tributária acessória e limites de imposição: razoabilidade e neutralidade concorrencial do Estado", in Heleno Taveira Tôrres (Coord.), *Teoria Geral da Obrigação Tributária: Estudos em Homenagem ao Professor José Souto Maior Borges*, São Paulo, Malheiros Editores, 2005, p. 265.

14. Hugo de Brito Machado, "Algumas questões a respeito da obrigação tributária acessória", in Heleno Taveira Tôrres (Coord.), *Teoria Geral da Obrigação Tributária: Estudos em Homenagem ao Professor José Souto Maior Borges*, cit., p. 298.

sempre que houver o interesse da arrecadação ou da fiscalização de tributo.

Nesta ordem de ideias, a identificação da causa (justificação) positivada dos deveres instrumentais imediatamente já denuncia a necessidade de o conteúdo da norma jurídica que veicule tais deveres guarde relação com a finalidade que a lei assinalou como própria, ou seja, seu fundamento jurídico positivado: o "interesse da arrecadação ou da fiscalização dos tributos".[15]

Daí a importância de se compreender o alcance do signo "interesse" de forma sistemática. Não deve ser interpretado de forma isolada, com base unicamente nos significados não técnicos que possui ou que da leitura que do texto, isoladamente, poder-se-ia aferir.[16] Deve-se buscar, pois, seu significado técnico-jurídico. Contudo, não obstante a intepretação sistemática comumente presuma a "constância terminológica", apenas a análise do contexto em que está inserida determinada expressão é que poderá determinar o seu significado.[17]

Parece que a interpretação do vocábulo "interesse", em virtude de sua demasiada amplitude, deve primeiro observar o contexto no qual ele foi empregada, atentando-se para seu complemento "da arrecadação ou da fiscalização dos tributos", buscando-se extrair daí o sentido técnico da expressão como um todo, única em nosso ordenamento jurídico.

E qual seria o significado técnico-jurídico do signo "interesse" dentro do contexto normativo em que foi positivado? Estamos convencidos de que sua interpretação deve ser feita de forma restrita, sob pena de aviltar o limite que visou a conferir o legislador complementar à Administração. Assiste razão Luís Eduardo Schoueri ao aduzir que se verifica o interesse da arrecadação ou da fiscalização na medida em que os deveres instrumentais se revelem necessários (imprescindíveis) para assegurar o cumprimento da obrigação tributária principal[18] ou, complementamos, atestar a inexistência do tributo nos casos específicos de imunidade e isenção. Verificação esta, adiantamos, operada pelo exame da proporcionalidade.

Assim, ao lado de importantes princípios jurídicos, como legalidade,[19] isonomia, livre concorrência e livre iniciativa, e também de outros direitos fundamentais, que protegem contribuintes e não contribuintes de intervenções estatais injustificadas, o "interesse da arrecadação e fiscalização do tributo" é um conceito nuclear delimitador do regime jurídico dos deveres instrumentais tributários, consistente na explicitação do sopesamento feito pelo legislador complementar, entre os vários princípios constitucionais que atuam sobre a matéria, pelo qual precisou os exatos limites dentro dos quais se permite que a Administração Pública intervenha sobre o âmbito de proteção daqueles direitos, mediante a instituição deveres instrumentais.

Em outras palavras, trata o referido dispositivo de uma verdadeira garantia do contribuinte, e não de um "cheque em branco" ao Fisco, o qual poderá utilizá-lo sempre que desejar impor um dever instrumental. Tal

15. Celso Antônio Bandeira de Mello, *Curso de Direito Administrativo*, 27ª ed., São Paulo, Malheiros Editores, 2009, p. 409.

16. Daí o porquê Eros Grau sempre enfatizar: "A interpretação de qualquer texto de direito impõe ao intérprete, sempre, em qualquer circunstância, o caminhar pelo percurso que se projeta a partir dele – do texto – até a Constituição. Um texto de direito isolado, destacado, desprendido do sistema jurídico, não expressa significado normativo algum" (Eros Roberto Grau, *Ensaio e Discurso sobre a Interpretação/Aplicação do Direito*, 5ª ed., São Paulo, Malheiros Editores, 2009, p. 44).

17. Ricardo Guastini, *Distinguiendo: Estudios de Teoría e Metateoría del Derecho*, Barcelona, Gadisa, 1999, pp. 229-230.

18. Luís Eduardo Schoueri, *Direito Tributário*, cit., p. 419.

19. Também em virtude do art. 113, § 2º, do CTN que podemos afirmar que a própria legalidade é mitigada no que se refere a deveres instrumentais. Como ensina Luís Eduardo Schoueri, a expressa menção à "legislação tributária" no dispositivo em questão denuncia que o legislador complementar quis abranger mais do que a mera lei, incluindo atos da própria administração, como possíveis veículos introdutores de deveres instrumentais. Cf. Luís Eduardo Schoueri, *Direito Tributário*, cit., p. 419.

é a sua importância que é possível separar didaticamente três funções primordiais que exerce, limitando a atuação da Administração Pública: finalística, delimitadora e controladora.

A função finalística da regra do art. 113, § 2º, do CTN atesta que os deveres instrumentais e seus liames jurídicos não são fins em si mesmos, mas meios para se assegurar o adimplemento da obrigação tributária. Isto é, as prestações de fazer ou não fazer, instituídas em função de deveres instrumentais, são preordenadas a facilitar o conhecimento, o controle e a arrecadação da importância devida como tributo,[20] em outras palavras, visam a possibilitar e a assegurar o fiel cumprimento da obrigação tributária principal.[21] Daí por que é caracterizável como uma imposição de fazer ou não fazer de caráter finalístico, e, em virtude desse caráter, sujeita-se à relação "meio/fim".[22]

Da função finalística exsurgem três consequências relevantes. A primeira é uma limitação lógica à imposição de deveres instrumentais: deverão ser, necessariamente, um meio apto para a realização daquela finalidade positivada. Daí decorre que só é permitida a intervenção estatal no âmbito de proteção do direito à liberdade e livre iniciativa dos contribuintes e não contribuintes, em prol da praticabilidade e da eficiência da administração tributária, nos específicos casos em que houver um interesse concreto na arrecadação ou na fiscalização de tributos e as medidas impostas forem aptas para assegurar aquele interesse, seja porque é relevante para o cumprimento da obrigação tributária principal ou, simplesmente, para sua fiscalização.

Vale advertir que nem toda medida que seja apta a assegurar o cumprimento das obrigações tributárias será aceita em nosso ordenamento jurídico, tampouco toda e qualquer medida considerada relevante para a fiscalização de tributos. Passar pelo crivo da proporcionalidade é determinante para precisar quais medidas se justificam perante o ordenamento jurídico ou não. Daí a segunda consequência da função finalística: a possibilidade de submeter os deveres instrumentais, caso a caso, ao exame da proporcionalidade, em decorrência de sua sujeição à relação meio/fim, cujas consequências serão analisadas oportunamente.

A terceira consequência refere-se à razoabilidade, pois o "interesse da arrecadação ou da fiscalização de tributos" (finalidade positivada) age como importante elemento balizador da criação, em abstrato, da exigência administrativa, de sorte que qualquer prestação que exceder o estritamente necessário para atingir aquele fim, caracterizará um enriquecimento sem causa ou excesso por parte da Administração Pública. Deveras, a razoabilidade impõe a equivalência entre a medida adotada e o seu critério dimensionador. Se nos deveres instrumentais aquele está umbilicalmente ligado ao "interesse na arrecadação e na fiscalização dos tributos", não poderão tais deveres prescrever condutas que excedam o necessário para atingir tais objetivos.[23]

Outra importante função decorrente da positivação da causa dos deveres instrumentais tributários é a delimitadora, pois, ao instituir o "interesse da arrecadação ou da fiscalização dos tributos" como justificação para a instituição de deveres instrumentais, delimitam as hipóteses em que tal imposição é legítima, excluindo automaticamente aquelas em que inexistir o referido interesse.

Exatamente sobre esta função que a competência tributária age como importante

20. Paulo de Barros Carvalho, *Curso de Direito Tributário*, 23ª ed., São Paulo, Saraiva, 2011, p. 359.

21. Ricardo Lobo Torres, *Curso de Direito Financeiro e Tributário*, 17ª ed., Rio de Janeiro, Renovar, 2009, p. 240.

22. Tércio Sampaio Ferraz Júnior, "Obrigação tributária acessória e limites de imposição: razoabilidade e neutralidade concorrencial do Estado", in Heleno Taveira Tôrres (Coord.), *Teoria Geral da Obrigação Tributária: Estudos em Homenagem ao Professor José Souto Maior Borges*, cit., p. 268.

23. Humberto Ávila, *Teoria dos Princípios: da Definição à Aplicação dos Princípios Jurídicos*, 9ª ed., São Paulo, Malheiros Editores, 2009, p. 160.

vetor na delimitação dos limites impositivos aos deveres instrumentais, razão pela qual será estudada com maior atenção separadamente. Por ora, considerando a acepção restrita de interesse da arrecadação ou da fiscalização de tributos, tal qual proposta aqui, é imperioso indagar: há o referido interesse se ente político que visa a instituir um determinado dever instrumental não é detentor da competência tributária para criar, em abstrato, o tributo ao qual aquele dever busca controlar seu cumprimento ou, eventualmente, atestar sua inexistência em razão de imunidade ou isenção? E nos casos em que o dever instrumental afeta indivíduos que estão fora do âmbito de alcance da competência tributária do ente político? Eis as perguntas que nos empreenderemos a responder ao final deste estudo.

Por fim, a terceira função da regra veiculada pelo art. 113, § 2º, do Código Tributário Nacional é a função controladora, pela qual possibilita o efetivo controle da atividade estatal pelos contribuintes e não contribuintes sujeitos aos deveres instrumentais impostos, sempre que o conteúdo destes se mostrar desproporcional à finalidade buscada, isto é, o interesse da arrecadação ou da fiscalização (sua justificação positivada).

Neste sentido, Roque Carrazza afirma ser indispensável a aplicação da proporcionalidade, porquanto os deveres instrumentais não poderão acarretar encargos a contribuintes ou não contribuintes desproporcionais aos objetivos arrecadatórios visados, da mesma forma que não poderão restringir, de forma excessiva e desproporcional, a atuação profissional daqueles, sob pena de ferir a livre iniciativa.[24]

A proporcionalidade, portanto, revela-se de grande importância para o controle da instituição dos deveres instrumentais. Cumpre, agora, analisar no que consiste a regra da proporcionalidade. Ensina Humberto Ávila que o exame da proporcionalidade há de ser feito a partir da identificação da finalidade da norma, por intermédio de três exames: adequação, necessidade e proporcionalidade em sentido estrito.

Em apertada síntese, a regra da proporcionalidade busca estabelecer critérios de pertinência entre meios e fins de uma norma jurídica: um meio será adequado se, no momento em que for instituído, for eficiente para contribuir com a realização gradual do fim; será necessário se inexistir outro meio que promova aquele fim com igual intensidade e que implique menor restrição aos direitos fundamentais afetados; e, derradeiramente, será proporcional em sentido estrito se, no caso concreto, houver um equilíbrio entre a importância da realização do fim e a intensidade de restrição dos direitos fundamentais que o meio escolhido implica, isto é, se as vantagens que serão obtidas pelo fim correspondem às desvantagens inerentes à escolha do meio.[25]

Tais critérios exigem elevado grau de subjetividade e dependerão do caso a qual serão aplicados, sendo certo que somente a norma que responder afirmativamente a todas estas questões obedecerá às exigências da proporcionalidade.

Portanto, a instituição de deveres instrumentais se justifica apenas se for indispensável ao controle da obrigação tributária principal (necessidade); haja um equilíbrio entre o poder-dever de fiscalizar e o dever de prestar informações que conduzem ao pagamento da obrigação principal (adequação); e deverá ser proporcional, vedando à Administração Pública que aja com excesso (proporcionalidade em sentido estrito).[26]

Em breves linhas, esse é o conteúdo e o alcance da regra do art. 113, § 2º, do Código

24. Roque Antonio Carrazza, *Reflexões sobre a Obrigação Tributária*, São Paulo, Noeses, 2010, p. 223.

25. Humberto Ávila, *Sistema Constitucional Tributário*, 4ª ed., São Paulo, Saraiva, 2010, pp. 414-424.

26. Tércio Sampaio Ferraz Júnior, "Obrigação tributária acessória e limites de imposição: razoabilidade e neutralidade concorrencial do Estado", in Heleno Taveira Tôrres (Coord.), *Teoria Geral da Obrigação Tributária: Estudos em Homenagem ao Professor José Souto Maior Borges*, cit., pp. 271-272.

Tributário Nacional, cuja observância é mandamental em nosso ordenamento jurídico.

4. Competência tributária e sua interrelação com os deveres instrumentais

A expressão "competência tributária" não é unívoca, havendo múltiplas acepções. Em razão do Direito se manifestar em linguagem para prescrever condutas humanas, aos signos por ele utilizados poderá o intérprete adjudicar diferentes significados. Não cabe aqui apontar se existe um certo ou privilegiar a algum, mas estudar seus diversos significados e indicar o mais adequado ao estudo proposto.

A primeira acepção que merece destaque neste estudo é *competência tributária*, como uma das parcelas entre prerrogativas legiferantes das quais são portadoras as pessoas políticas, consubstanciada na faculdade de legislar para a produção de normas jurídicas sobre tributos.[27] Trata-se tal prerrogativa de competência legislativa, sendo que as normas que versam sobre competência, neste sentido, são exclusivamente constitucionais.

Não há de se olvidar que a expressão *competência tributária* também poderá ser utilizada para se referir às competências infralegislativas, ou "competência executiva" (para executar a legislação tributária), a que se refere Ronald Watts,[28] dentre a qual se encontram as competências administrativas, jurisdicionais e privadas.[29]

A distinção é relevante. Se entendida em seu sentido restrito, então competência tributária será unicamente a competência legislativa para criar tributos em abstrato; se em seu sentido amplo, então também possui competência tributária a administração pública para instituir deveres instrumentais. Por tal razão, opta-se neste estudo a utilização do termo "competência tributária", em seu sentido estrito, para se referir exclusivamente à competência legislativa para a criação de tributos.

O estudo proposto terá como foco a análise da interrelação entre as normas de competência tributária e as limitações aos deveres instrumentais tributários. Com efeito, a regra pela qual só se justificam os deveres instituídos no "interesse da arrecadação ou da fiscalização dos tributos" delimita as hipóteses em que tal imposição é legítima: somente nas hipóteses em que o referido interesse estiver presente, excluindo-se todas aquelas em que ele inexistir.

Essa assertiva, não obstante seja intuitiva, merece o devido desenvolvimento, sob pena de insuficiência. E nesse intento, as normas de competência tributária revelam-se importantes ferramentas para a compreensão do que se encontra dentro do conceito restrito de "interesse da arrecadação ou da fiscalização" já apresentado.

Isto porque só há o referido interesse nas hipóteses em que o dever instrumental seja necessário para assegurar o cumprimento da obrigação tributária principal ou atestar a inexistência do tributo nos casos específicos de imunidade e isenção, em outras palavras, apenas nas situações em que o ente político possuir competência legislativa positiva para a instituição de tributos. Daí se evidencia a importância de compreender os limites ínsitos das competências tributárias impositivas, discriminadas na Constituição de 1988.

Nesse sentido os ensinamentos de Ferreiro Lapatza, para quem a obrigação de declarar e o dever se suportar a fiscalização da Administração Pública só se justificam para proteger uma possível obrigação tributária.[30]

27. Paulo de Barros Carvalho, *Direito Tributário: Linguagem e Método*, 3ª ed., cit., p. 236.

28. Ronald L. Watts, *Sistemas Federales Comparados*, Madrid, Ediciones Jurídicas y Sociales, 2006, p. 137.

29. Tácio Lacerda Gama, *Competência Tributária: Fundamentos para uma Teoria da Nulidade*, São Paulo, Noeses, 2009, p. 278.

30. José Juan Ferreiro Lapatza, "Relación jurídico-tributaria – La obligación tributaria", *Revista de Direito Tributário* 41/11, cit.

Como se vê, a necessidade de possuir competência tributária é patente.

Há de se notar que, embora a imunidade seja uma hipótese de não competência, colaborando, negativamente, para traçar a área de competência tributária dos entes tributantes, determinando os limites materiais e formais à atividade legiferante,[31] o fato de haver ou não uma norma de imunidade não afeta o campo possível de instituição de deveres instrumentais, visto que tais deveres também se prestam a verificar se há, de fato, uma das situações específicas e suficientemente caracterizadas abrangidas pela imunidade tributária,[32] desde que, logicamente, respeitando os limites da razoabilidade.

Assim, o primeiro limite imposto pela discriminação de competências tributárias é a necessidade de que o dever imposto seja instrumental a uma obrigação tributária cujo aspecto material da hipótese de incidência esteja dentro do âmbito semântico das normas de discriminação de competência positiva. As restrições disso decorrentes serão melhores examinadas oportunamente. Por ora, basta a afirmação de que a regra é da coincidência do âmbito de competência tributária positiva (*prima facie*) com o âmbito de competência para instituição de deveres instrumentais.

Ademais, não basta a mera potencialidade de instituição de tributo pelo exercício da competência tributária, é necessária a existência de prévia cominação abstrata de tributo – resultado do efetivo exercício de competência tributária –, sem o qual não haverá interesse na arrecadação ou fiscalização e, portanto, carecerá de sentido sua existência ou permanência na ordem jurídica.[33]

Não vemos, com isso, contradição com a afirmação de que os deveres instrumentais se prestam para verificar uma "obrigação tributária de possível ocorrência", termo utilizado, *verbi gratia*, por Ferreiro Lapatza. Isto porque não se trata das hipóteses de não exercício da competência impositiva, mas dos casos em que, embora exercida tal faculdade e instituída a norma de incidência em lei, aquele sobre o qual recairá o dever instrumental está, em princípio, protegido por norma imunizante ou isentiva. Com efeito, se por um lado o autor afirma que há deveres instrumentais mesmo se não existir uma obrigação tributária real e efetiva, surgida pela ocorrência do fato jurídico, por outro, isto não significa que não haja necessidade de existir uma obrigação tributária abstrata e possível, instituída em lei.

Portanto, inexistindo um tributo cuja existência se dê ao menos no plano abstrato, isto é, instituído em lei pelo ente competente, a Administração Pública não possuirá nenhum "interesse", uma vez que tais deveres não se revelariam essenciais para assegurar o cumprimento de uma obrigação tributária ou fiscalizar os casos em que esta não seja exigível.

As fronteiras ínsitas da repartição de competência tributária agem, dessarte, como um importante limitador da competência para instituição de deveres instrumentais, porquanto, frise-se, carece de interesse a arrecadação e a fiscalização de um determinado tributo pela pessoa política diversa do ente tributante competente.[34] Dessa forma, os deveres instrumentais que forem instituídos em lei, ou em virtude de lei, por pessoa política incompetente, não têm o condão de obrigar

31. Paulo de Barros Carvalho, *Positivação e Derivação no Direito Tributário*, vol. III, São Paulo, Noeses, 2011, p. 172.

32. Paulo de Barros Carvalho, *Curso de Direito Tributário*, 23ª ed., cit., p. 236.

33. Aires F. Barreto, *Curso de Direito Tributário Municipal*, São Paulo, Saraiva, 2009, p. 123.

34. Roque Antonio Carrazza, *Curso de Direito Constitucional Tributário*, 26ª ed., São Paulo, Malheiros Editores, 2010, p. 358. Também esse é o entendimento de Aires Barreto, para quem: "(...) os deveres instrumentais, além de estarem condicionados à exigência de uma obrigação tributária anterior a cargo do contribuinte, necessitam, para serem legitimamente criados e exigidos, estar correlacionados a uma obrigação principal compreendida no campo tributável da pessoa política, conforme rigidamente demarcado no Texto Constitucional" (Aires F. Barreto, *Curso de Direito Tributário Municipal*, cit., p. 124).

contribuintes e não contribuintes a realizarem prestações de fazer ou não fazer exigidas pela Administração Pública, pois extravasam a sua competência para instituir tais deveres.[35]

Por fim, cumpre uma observação: mesmo nas hipóteses em que um ente político possuir capacidade tributária ativa, mas o titular da competência tributária for outro, este é quem deve instituir o dever instrumental em lei e prever a possibilidade do ente que será sujeito ativo da obrigação institui-los por ato infralegal no interesse de sua arrecadação ou fiscalização, em virtude do art. 5º, inciso II, da Constituição Federal.

5. A interpretação dos conceitos constitucionais como delimitação da competência tributária

Não apenas interessa para o estudo dos deveres instrumentais aspectos da competência tributária, tais quais sua titularidade ou a efetividade de seu exercício – culminando na existência de tributo em abstrato – como seus aspectos semânticos, relacionados com o próprio conteúdo das normas de competência, porquanto delimitam os limites e alcance do "interesse da arrecadação ou da fiscalização dos tributos".

Torna-se relevante, portanto, o estudo da linguagem empregada pelo legislador constituinte na repartição de competências tributárias, balizadora dos limites para o seu exercício, pela qual circunscreveu a atuação do legislador ordinário ao demarcar as fronteiras ínsitas do campo de competência impositiva dos entes federativos.

Para isto, um primeiro obstáculo deve ser superado: há de se verificar se os signos utilizados na Constituição Federal denotam conceitos, tipos ou apresentam conteúdo vazio a ser preenchido pelas leis infraconstitucionais. A distinção é relevante, pois, a depender da premissa adotada, conclusões diversas poderão ser alcançadas em relação às possibilidades e limitações ao exercício da competência tributária e, consequentemente, às condições impostas à instituição de deveres instrumentais.

Não olvidamos que em nosso ordenamento jurídico há a convivência entre conceitos e tipos, ainda que em permanente tensão.[36] No entanto, como adverte Luís Eduardo Schoueri, não obstante ambos sejam formas das quais se vale o Direito para captar a realidade, a norma jurídica, por implicar abstração, sempre utilizará apenas um deles para se referir ao seu objeto.[37]

No momento, cumpre diferençar, ainda que brevemente, tipos e conceitos, visando a verificar qual das formas de interpretação dos signos constitucionais coaduna melhor com a linguagem prescritiva da Constituição Federal para proceder à análise das consequências da adoção de uma ou outra para o exercício da competência tributária e para o regime jurídico dos deveres instrumentais.

Conceitos são estruturas rígidas e inflexíveis, cujo escopo é selecionar, limitar, reduzir o espectro de atuação do legislador infraconstitucional, que deverão se pautar sempre pelos limites estabelecidos no texto constitucional. Conforme preleciona Karl Larenz, os conceitos implicam abstração, pela qual se formam notas distintivas, gerais e isoladas, de um determinado objeto apreendido da experiência, permitindo a subsunção de todos aqueles outros objetos que apresentem todas as notas recolhidas na definição do conceito.[38] A utilização de conceitos permite, outrossim, o exame daquilo que está sendo por ele alcançado, bem como as hipóteses em que não há subsunção.[39]

35. Misabel Abreu Machado Derzi, "Notas", in Aliomar Baleeiro, *Direito Tributário Brasileiro*, 11ª ed., cit., p. 993.

36. Misabel Abreu Machado Derzi, *Direito Tributário, Direito Penal e Tipo*, 2ª ed., São Paulo, Ed. RT, 2007, p. 80.

37. Luís Eduardo Schoueri, *Direito Tributário*, cit., p. 253.

38. Karl Larenz, *Metodologia da Ciência do Direito*, 4ª ed., Lisboa, Fundação Calouste Gulbenkian, 2005, pp. 624-627.

39. Paulo Ayres Barreto, *Elisão Tributaria: Limites Normativos*, tese apresentada ao concurso a Livre-Docên-

Nessa ordem de ideias, entendido os signos constitucionais como conceitos, o espaço de atuação do legislador infraconstitucional ficaria circunscrito ao papel de dar contornos mais nítidos e precisos aos conceitos já identificados em exegese constitucional. Se o tributo, em virtude da rígida discriminação de competências, vem prefinido na própria Constituição, bem como a extensão e os limites possíveis para o exercício da competência estão enformados na escultura constitucional com balizas nítidas e bem delimitadas,[40] então o "definir", utilizado no art. 146, inciso III, ao dispor sobre as funções da lei complementar, deve ser entendido como explicar, delimitar, dar fins, dentro dos limites ínsitos dos conceitos constitucionais.

Também a interpretação dos signos constitucionais não deverá se limitar apenas aos limites semânticos do signo, mas observar as demais normas jurídicas que pertencem ao sistema no qual está inserido. Daí por que Mizabel Derzi, após profundo estudo na matéria, adere à corrente conceitual, em razão da existência de princípios constitucionais como o federalismo e a rigidez, que devem ser necessariamente obedecidos.[41]

Por sua vez, o tipo é uma ordenação dos dados existentes na realidade segundo critérios de semelhança, obtidos por indução, representando uma média ou a normalidade de uma determinada situação da vida real ou da norma jurídica. Nele se admitem especificidades e até dessemelhanças, desde que não se transformem em desigualdades ou anormalidades.[42]

Os tipos são estruturas abertas, flexíveis e graduais, apresentando características essenciais que tipicamente costumam ocorrer.[43] O pensar tipológico é, pois, um pensamento sistemático orientado por valores, pelo qual se descrevem características que preferencialmente aquelas situações devam possuir, sendo as notas escolhidas renunciáveis. Não há subsunção, mas ordenação de características comuns à sua ocorrência.[44]

Daí por que Klaus Tipke afirmar que o tipo "é aberto a características como uma caricatura, que ocasionalmente apenas empregue um único caracter para reproduzir o tipo combinado com um juízo de valor".[45]

A postura que nos parece mais adequada ao ordenamento jurídico pátrio, favorável à adoção de tipos constitucionais, é aquela defendida por Luís Eduardo Schoueri, para quem, considerando que o Direito Tributário não convive com indefinições, principalmente no tocante às suas normas de incidência tributária, a Constituição Federal, embora tenha adotado tipos, delegou ao legislador complementar a tarefa de conceituá-los (defini-los) de modo a evitar eventuais conflitos de competência, como disposto em seu art. 146, inciso III.[46] Desta forma, embora reconheça a necessidade de haver conceitos delimitados em matéria tributária, não concorda que o legislador constituinte que os positivou, engessando a interpretação do Direito.

Por fim, há ainda uma terceira forma de interpretação dos signos constitucionais: a estritamente legalista. A esta corrente, não interessa o que as ciências pré-jurídicas entendam pelo signo, pois sua significação será aquela que a lei atribuir. Foi o posicionamento, por exemplo, adotado pelo Ministro Nelson Jobim no RE n. 201.465-6-MG, no

cia do Departamento de Direito Econômico e Financeiro – Área de Direito Tributário – da Faculdade de Direito da USP, São Paulo, 2008, p. 71.

40. Aires Fernandino Barreto, *Base de Cálculo, Alíquota e Princípios Constitucionais*, 2ª ed., São Paulo, Max Limonad, 1998, p. 34.

41. Misabel Abreu Machado Derzi, *Direito Tributário, Direito Penal e Tipo*, 2ª ed., cit., p. 137.

42. Ricardo Lobo Torres, "O princípio da tipicidade no direito tributário", in Ricardo Lodi Ribeiro e Sérgio André Rocha, *Legalidade e Tipicidade no Direito Tributário*, São Paulo, Quartier Latin, 2008, p. 137.

43. Luís Eduardo Schoueri, *Direito Tributário*, cit., p. 251.

44. Idem, ibidem.

45. Klaus Tipke e Joaquim Lang, *Direito Tributário*, vol. I, Porto Alegre, Sergio Antonio Fabris Editor, 2008, p. 310.

46. Luís Eduardo Schoueri, *Direito Tributário*, cit., pp. 249 e ss.

qual afirmou que o conceito de renda seria aquele que a lei definisse.

Fortes críticas são dispensadas a esse posicionamento, dentre as quais são as mais relevantes: (i) esvazia o esforço do legislador constituinte para discriminar as competências tributárias;[47] e (ii) ignora limites semânticos mínimos dos signos utilizados pela Constituição Federal.[48]

A discussão, como se nota, é rica, complexa e ainda bastante controvertida. Contudo, o importante é perceber as consequências que implica cada um desses entendimentos, principalmente em relação à amplitude da atuação do legislador infraconstitucional na definição do aspecto material da incidência tributária.

De nossa parte, estamos convencidos de que a discriminação de competências tributárias se dá por conceitos determinados,[49] lindes intransponíveis ao labor legislativo infraconstitucional. Como sempre enfatizou Geraldo Ataliba, a rigidez é o princípio mais importante e característico do sistema tributário brasileiro,[50] e na discriminação de competências, pedra angular do ordenamento, não poderia estar ausente.

Adotado o caminho da corrente conceitual, outro obstáculo deve ser superado: como deve ser realizada a interpretação dos signos constitucionais, pelo qual lhes adjudica significado?

Certamente, não basta apenas a aproximação sob a perspectiva lexical, é necessário buscar seu sentido técnico-jurídico. É que, embora a aproximação lexical possa servir como interessante ferramenta do processo interpretativo (possibilitando o conhecimento do "sentido comum" atribuído àquele signo), a significação do conceito, em seu sentido técnico-jurídico, apenas exsurgirá após a verificação de sua recepção pela ordem jurídica estabelecida, com base em sua acepção preexistente, ou de sua alteração ou transformação.

Interessante proposta apresenta Andrei Pitten Velloso, para quem há a incorporação *prima facie* dos conceitos jurídicos vigentes à época da promulgação da Constituição. Desta forma, salvo a expressa modificação pelo legislador constituinte, situação em que é inquestionável a positivação de um conceito autônomo, a regra é da incorporação dos conceitos constitucionais anteriormente vigentes.[51]

Outro ponto importante a ser analisado é a forma de interpretação dos conceitos constitucionais, se dinâmica ou estática. Com efeito, a alteração da significação extraída a partir do texto constitucional poderá implicar mudanças na própria competência legislativa, ainda que por via informal.[52]

A interpretação estática consiste na compreensão de um determinado signo utilizado pela Constituição com base em seu significado técnico-jurídico quando da edição da Carta Magna (em seu significado "original") e a cada alteração por emenda constitucional. Por um lado, a interpretação estática garante ampla segurança jurídica e a certeza de que a decisão fundamental do legislador constituinte prevalecerá; por outro, implica verdadeira "arqueologia jurídica", obrigando ao intérprete, sempre que for analisar o significado de um signo constitucional, reunir todas as emendas constitucionais e

47. Paulo Ayres Barreto, *Elisão Tributaria: Limites Normativos*, cit., p. 73.

48. Ricardo Mariz de Oliveira, *Fundamentos do Imposto de Renda*, São Paulo, Quartier Latin, 2008, p. 177.

49. Como sempre enfatizou Eros Grau, todos os conceitos são determinados. A indeterminação não é dos conceitos jurídicos, mas das expressões utilizadas para a eles se referir (termos). Se for indeterminado o conceito, não é conceito, mas tipo (Roberto Eros Grau, *O Direito Posto e o Direito Pressuposto*, 7ª ed., São Paulo, Malheiros Editores, 2008, p. 196).

50. Geraldo Ataliba, *Sistema Constitucional Tributário Brasileiro*, São Paulo, Ed. RT, 1968, p. 22.

51. Andrei Pitten Velloso, *Conceitos e Competências Tributárias*, São Paulo, Dialética, 2005, pp. 76-130.

52. Paulo Ayres Barreto, "Direito Constitucional: teoria geral da Constituição", in Clémerson Martins Clève e Luís Roberto Barros (orgs.), *Emenda Constitucional*, São Paulo, Ed. RT, 2011, p. 162.

legislação em vigor para verificar se houve alteração do conceito "original".[53]

Por seu turno, a interpretação dinâmica impõe que se investigue, no momento da aplicação da lei, qual é a intepretação corrente do dispositivo constitucional. Sua vantagem é a maior capacidade de adaptação do Direito às exigências sociais, permitindo a evolução da Constituição. Não obstante, sua legitimidade e necessidade são questionadas em um ordenamento em que houve tantas reformas constitucionais, inclusive para alterar, direta ou indiretamente, competências tributárias.[54]

De nossa parte, acreditamos que a interpretação estática se impõe em nosso sistema tributário constitucional, mormente em razão de sua característica precípua da rigidez e para que a discriminação de competências realizada pelo legislador constituinte de 1988 não seja amesquinhada pelo legislador ordinário, que poderia, *exempli gratia*, alterar a competência tributária ao alterar um determinado conceito no Código Civil.

Assim, deverá observar a Administração Pública, sempre que instituir um dever instrumental tributário, os limites impostos pelas regras de competência tributárias, tanto em seus aspectos sintáticos (ser sujeito passivo da norma de estrutura discriminadora de competência tributária) quanto em seus aspectos semânticos (limites da interpretação dos signos).

6. Consequências práticas dos limites impostos pela competência tributária à instituição de deveres instrumentais

Cumpre agora verificar as consequências práticas do que foi exposto, buscando a aplicabilidade dos limites impostos pela função delimitadora da regra do art. 113, § 2º, do Código Tributário Nacional.

A principal consequência é a possibilidade de enxergar, com bastante clareza, que possuir competência tributária é condição essencial para a instituição de um dever instrumental, sem a qual não haverá "interesse da arrecadação ou da fiscalização dos tributos" e a imposição carecerá de justificação em nosso ordenamento jurídico. Ademais, sempre que houver situação dessa natureza, caberá ao Poder Judiciário afastar a exigência aquele dever.

Caso paradigmático sobre este tema foi o julgamento do REsp 539.084-SP. Na ocasião, o Superior Tribunal de Justiça ponderou que os deveres instrumentais que não forem aptos, nem ao menos potencialmente, a realizar a obrigação principal careceriam de "interesse na arrecadação".

No caso, uma empresa não contribuinte do ISS recusou-se a apresentar seus livros fiscais solicitados pelos fiscais municipais durante a fiscalização de seu estabelecimento, o que resultou em cominação de multa pelo Município. Não conformada com o êxito que a empresa obteve em sua defesa em instâncias inferiores, afastando-se a aplicação da penalidade pecuniária imposta, a Fazenda municipal interpôs o Recurso Especial, que foi julgado improcedente em virtude da empresa não ser contribuinte do ISS e, por isso, faltar "interesse na arrecadação" ao Município naquela situação específica.

É importante notar que a questão principal do caso é a averiguação se determinado ente político (no caso um Município) é detentor de competência tributária para conformar o dever instrumental ao interesse da arrecadação ou da fiscalização dos tributos, necessário para sua instituição, e não apenas se a empresa autuada era contribuinte do imposto ou não. Como já exposto, desde que instituído em conformidade com o interesse da arrecadação ou da fiscalização de tributos, não há óbices para que os deveres instrumentais alcancem não contribuintes.

Por tal razão, o seguinte excerto do voto do Ministro Relator merece atenção,

53. Luís Eduardo Schoueri, *Direito Tributário*, cit., p. 664.

54. Idem, ibidem.

esclarecendo a interrelação entre competência impositiva e dever instrumental:

"Entretanto, não se pode desconsiderar, *data maxima venia*, que a função principal da obrigação acessória é tornar possível a realização da obrigação principal, que é o recolhimento do tributo devido aos cofres públicos. Ora, se inexiste tributo a ser recolhido, não há motivo/interesse para se impor uma obrigação acessória, exatamente porque não haverá prestação posterior correspondente. Exatamente por isso, o legislador incluiu no aludido § 2º do art. 113 do CTN a expressão '*no interesse da arrecadação*'".[55]

Mais uma vez, evidencia-se que só há interesse da arrecadação ou da fiscalização se houver uma obrigação tributária possível, dentro do campo de competência do ente político. É claro que aqui não estamos tratando das patologias, isto é, das hipóteses em que uma empresa é contribuinte de um determinado tributo, mas age à míngua da lei. Nessas hipóteses, em que há suspeitas de fraude, poderá a Administração Pública exigir deveres instrumentais, desde que estabelecidos nos estritos limites da proporcionalidade.

Contudo, sempre que um contribuinte ou não contribuinte se vir obrigado pela Administração Pública a cumprir deveres instrumentais, mas relativos a tributos que ente público a que pertence aquela autoridade não seja efetivamente detentora da competência tributária para os instituir, poderá o administrado solicitar a declaração da ilegalidade dessa exigência perante o Poder Judiciário, garantindo-se, naturalmente, o contraditório e a ampla defesa. E se restar comprovada a veracidade de suas alegações, então a Administração Pública não apenas estará impedida de continuar sujeitando o indivíduo às suas exigências, como também deverá ressarci-lo de todos os prejuízos decorrentes do exercício irregular do poder público.

Em decorrência disso, questões como "que é serviço?", "existe um conceito constitucional de serviço?", "onde é prestado o serviço?", que exigem, inclusive, perquirição analítica e semântica dos termos constitucionais e do ordenamento jurídico para suas respostas, são fundamentais para que se estabeleça, seguramente, os limites da administração pública para instituir deveres instrumentais. Assim, por exemplo, estando as operações de *leasing* fora do âmbito semântico de "serviço", então o Município não poderá exigir de uma empresa que se dedique exclusivamente a esta espécie de operação a exibição dos seus livros fiscais, como ocorreu no caso acima.

A competência tributária age, portanto, como importante meio de controle objetivo da legalidade de deveres instrumentais no plano concreto. Caso o dever instituído alcance pessoa que sequer esteja potencialmente sob o alcance do poder de tributar do ente político que exige o dever, então este extravasa os lindes semânticos constitucionalmente permitidos.

Daí por que a imposição de dever instrumental consistente na fiscalização de livros fiscais, que vise a sujeitar também não contribuintes, a exemplo do RICMS do Estado do Amazonas,[56] não está em consonância com a regra do art. 113, § 2º, porquanto inexistente qualquer "interesse da arrecadação ou da fiscalização" que justifique tal restrição aos direitos fundamentais (i.e. liberdade) de um não contribuinte.

Perceba-se que, neste caso, sequer é possível iniciar-se um exame de proporcionalidade, como instrumento de controle de intervenção estatal sobre direitos fundamentais. Com efeito, o juízo de proporcionalidade exige que se identifique qual a justificativa para

55. STJ, 1ª T., rel. Min. Francisco Falcão, REsp 539.084-SP, j. 18.10.2005.

56. "Art. 121. A fiscalização de estabelecimento compete, privativamente, aos Auditores Fiscais de Tributos Estaduais que, no exercício de suas funções, deverão, obrigatoriamente, exibir ao contribuinte sua identificação funcional, e será exercida sobre *todas as pessoas naturais ou jurídicas, contribuintes ou não*, que estiverem obrigadas ao cumprimento de disposições da legislação do ICMS, bem como em relação aos que gozarem de não incidência ou isenção deste imposto."

a medida restritiva de direitos fundamentais que se analise. A partir daí é que se procede às análises de adequação, necessidade de proporcionalidade em sentido estrito.

Portanto, o teste de proporcionalidade deve ser antecedido da identificação da justificativa de medida interventiva sobre direitos fundamentais e, exatamente porque esses estão postos no máximo nível hierárquico do sistema, é que só é possível cogitar justificativas com igual patamar constitucional. É dizer, só se restringem direitos fundamentais em função de outros bens constitucionais, sejam outros direitos fundamentais sejam bens coletivos.

Assim, também a exigência da emissão de nota fiscal avulsa para acobertar transporte de mercadoria, imposta, *verbi gratia*, pelo Estado do Rio de Janeiro, sempre que realizada por um não contribuinte (por exemplo, um prestador de serviço) ou terceiro por ele contratado, ilustra típica situação em que a Administração Pública extravasa a sua competência para a instituição de deveres instrumentais.[57] É evidente que a fiscalização do transporte de mercadorias é de grande importância, mas isso não pode servir de subterfúgio para se ignorar os limites impostos no Código Tributário Nacional e exigir o cumprimento de tal dever por um não contribuinte.

Merece encômios, dessarte, a postura do Estado de São Paulo sobre o tema, eximindo aquele que não for contribuinte do ICMS e, portanto, não inscrito em seu cadastro de contribuintes, de cumprir deveres instrumentais relativos àquele imposto.[58]

Outra questão relevante é se poderia a Administração Pública instituir deveres instrumentais para fiscalizar um indivíduo que realize uma situação limite de conflito de competência tributária, o qual poderá ser contribuinte ou não de um imposto de sua competência (ex.: prestação de um serviço com fornecimentos de mercadoria). Não vislumbramos óbices se o evento que se pretende fiscalizar estiver potencialmente dentro do âmbito de competência tributária do ente político, agindo, novamente, a proporcionalidade como limite a essa instituição, analisada em cada caso concreto.

Portanto, antes de invadir o direito fundamental do contribuinte da livre iniciativa e, até, seu direito geral de liberdade, deve o Fisco esgotar os meios igualmente eficazes para sua fiscalização, como averiguação dos meios disponibilizados pela própria empresa a todo o público (*e.g.*: sítios da internet) ou solicitar as informações já fornecidas a outros entes federativos (*e.g.*: convênios).

Nesta ordem de ideias, o cadastro de prestadores de serviços de outros Municípios, previsto no art. 69 do Decreto n. 53.151/2012 do Município de São Paulo (Regulamento do ISS),[59] parece ilustrar situação em que um dever instrumental alcança um não contribuinte

57. "Art. 36. A Nota Fiscal Avulsa, Anexo I, será utilizada para acobertar o transporte de mercadoria ou bem, realizado pelo próprio emitente ou por transportador por ele contratado, quando o emitente não estiver obrigado à inscrição no cadastro de contribuintes do Estado ou, quando inscrito, não dispuser, eventualmente, de documentação própria, inclusive na entrada de mercadoria ou bem procedente do exterior" (Decreto Estadual 27.427/2000 - RICMS/RJ).

58. Destacamos o seguinte trecho da Resposta à Consulta n. 131/2006, para ilustrar o entendimento consolidado da Fazenda do Estado de São Paulo: "3. Não sendo a Consulente contribuinte do ICMS e, portanto, não inscrita no cadastro de contribuintes deste Estado, não terá que cumprir nenhuma obrigação acessória relativa a este imposto"; bem como da Resposta à Consulta n. 499/1987: "No caso vertente, a consulente não pratica operações relativas à circulação de mercadorias, não é inscrita nem está sujeita à inscrição no Cadastro de Contribuintes do ICM (art. 17 do RICM). Não está obrigada, portanto, ao cumprimento das obrigações acessórias estabelecidas para os contribuintes em geral".

59. "Art. 69. O prestador de serviços que emitir nota fiscal ou outro documento fiscal equivalente autorizado por outro Município ou pelo Distrito Federal, para tomador estabelecido no Município de São Paulo, referente aos serviços descritos nos itens 1, 2, 3 (exceto o subitem 3.04), 4 a 6, 8 a 10, 13 a 15, 17 (exceto os subitens 17.05 e 17.09), 18, 19 e 21 a 40, bem como nos subitens 7.01, 7.03, 7.06, 7.07, 7.08, 7.13, 7.18, 7.19, 7.20, 11.03 e 12.13, todos constantes da lista do *caput* do art. 1º deste regulamento, fica obrigado a proceder à sua inscrição em cadastro, na forma e demais condições estabelecidas pela Secretaria Municipal de Finanças (...)."

de forma legal e proporcional. Tendo a Lei Complementar n. 116/2003, em seu art. 3º, determinando que a prestação do serviço se dá, como regra, no "local do estabelecimento prestador ou, na falta do estabelecimento, no local do domicílio do prestador" – e aqui não será discutido as diversas interpretações de "local do estabelecimento prestador", mas utilizará aquela que prevalece na jurisprudência do Superior Tribunal de Justiça: sede do prestador de serviço[60] –, é necessário que os Municípios, visando a coibir a evasão fiscal, possam ter conhecimento da localização do estabelecimento daqueles que prestarem serviços em seu território.

O cadastro para fins de fiscalização, de forma gratuita, parece ser medida juridicamente justificada e proporcional à restrição de direitos que implica, principalmente se considerar que tais prestadores poderão até ser, eventualmente, contribuintes daquele Município, nos casos por exemplo de fraude.

Por derradeiro, merece algumas considerações a decisão proferida pela 1ª Seção do STJ no julgamento do REsp 1.116.792-PB, pela qual mitigou-se a regra do art. 113, § 2º, do CTN em face da proporcionalidade e razoabilidade do dever instrumental imposto. Entenderam os Ministros que era possível a exigência de emissão de nota fiscal por não contribuinte do ICMS (no caso, uma instituição financeira), sempre que este transportasse bens de seu ativo imobilizado (não mercadorias, portanto) entre estabelecimentos próprios.[61]

Em que pese reconhecermos a elevada importância da proporcionalidade e da razoabilidade no regime jurídico dos deveres instrumentais tributários, como amplamente exposto, consistindo em importantes ferramentas de controle da atividade estatal pelo contribuinte, não é aceitável que, com base nelas, justamente se dê azo para abusos pela Administração Pública.

No caso analisado, cumpre indagar qual poderia ser o "interesse da arrecadação ou da fiscalização" na sujeição de um não contribuinte, cuja atividade nenhuma semelhança apresenta com a materialidade do ICMS, e cujos bens transportados não configuram mercadoria, seja porque não se destinam à mercancia ou porque suas transferências entre estabelecimentos não se dá de forma habitual. Igualmente, não se trataria de hipótese de prestação de serviço de transporte possivelmente onerada pelo ICMS porquanto, não obstante o transporte seja interestadual, é juridicamente impossível a prestação de serviço a si mesmo.

Por tais razões, ousamos discordar do acórdão citado, pois não parece haver "interesse da arrecadação ou da fiscalização" que justifique a imposição de dever instrumental à instituição financeira.

Por fim, cumpre observar que em qualquer dos cenários expostos, a conclusão é a mesma: o dever instrumental se submete aos ínsitos limites da repartição de competências tributárias. O "interesse da arrecadação ou da fiscalização dos tributos" impõe que o ente político que instituir um dever instrumental seja titular da competência para instituir o tributo o qual o dever instituído visa a instrumentalizar. Age, portanto, como nítida limitação ao poder da Administração Pública.

7. Conclusões

O presente trabalho buscou demonstrar que o poder para instituir deveres instrumentais tributários não é ilimitado e tampouco se subordina apenas aos juízos de conveniência e oportunidade da administração. Pelo contrário, deve se submeter, inexoravelmente, ao "interesse da arrecadação ou da fiscalização

60. Citamos, *verbi gratia*, os seguintes julgados do STJ: Agravo Regimental nos Embargos de Divergência em Agravo 1.272.811-MG, 1ª Seção, rel. Ministro César Asfor Rocha, j. 14.12.2011, *DJ* 1.2.2012; REsp 1.137.840-BA, 2ª T., rel. Ministro Castro Meira, j. 3.8.2010, *DJ* 17.8.2010; REsp 1.160.252-MG, 2ª T., rel. Ministro Castro Meira, j. 10.8.2010, *DJ* 19.8.2010; e Agravo Regimental no REsp 1.280.592-MG, 2ª T., rel. Ministro Herman Benjamin, j. 1.3.2012, *DJ* 12.4.2012

61. STJ, REsp 1.116.792-PB, 1ª Seção, rel. Ministro Luiz Fux, j. 24.12.2010.

de tributos", sua causa positivada, expressão esta que deve ser entendida em seu sentido estrito, como impõe o Estado Democrático de Direito.

O primeiro ponto que merece atenção é que a significação da expressão "no interesse da arrecadação ou da fiscalização dos tributos", constante no art. 113, § 2º, do Código Tributário Nacional, deve ser entendida em sua acepção restrita, sob pena de tolher da regra seu eminente caráter limitador. E esse interesse somente estará presente nas situações necessárias a assegurar o cumprimento da obrigação tributária principal ou certificar a sua inexistência nos casos de imunidade e isenção.

A competência tributária – em seu sentido estrito – revela-se importante instrumento no tracejo das balizas constitucionais à instituição de deveres instrumentais, porquanto configura elemento ínsito do interesse da arrecadação ou da fiscalização. Apenas onde houver competência para instituir tributos em abstrato (e que seja efetivamente exercida tal prerrogativa) é que haverá competência para instituir deveres instrumentais em matéria tributária.

Desta forma, fogem do "interesse da arrecadação ou da fiscalização dos tributos", e, portanto, perdem a sua justificação, situações que visem a fiscalizar obrigações tributárias que estejam fora do campo de competência impositiva do ente político instituidor daquele dever, como tem se manifestado o Superior Tribunal de Justiça.

Respeitar esse limite é medida que se impõe, de modo a evitar que, novamente, em nome de qualquer aumento de eficiência administrativa e de arrecadação tributária, ignorem-se garantias e direitos fundamentais de contribuintes e não contribuintes, bem como diretrizes de nosso sistema jurídico.

ESTUDOS & COMENTÁRIOS

REFLEXOS E EFEITOS DO PARÁGRAFO ÚNICO DO ART. 116 DO CÓDIGO TRIBUTÁRIO NACIONAL NO SISTEMA JURÍDICO TRIBUTÁRIO BRASILEIRO

CAIO CESAR NADER QUINTELLA

Mestrando em Direito Tributário pela Pontifícia Universidade Católica de São Paulo – PUC/SP. Advogado.

O art. 116 do CTN. O advento do parágrafo único do art. 116 do CTN. Norma geral antielisiva e planejamento tributário. Planejamento tributário e abuso de forma. Interpretação econômica na aplicação das normas tributárias. A ausência de regulamentação do parágrafo único do art. 116 do CTN. Conclusão. Bibliografia.

No presente trabalho nos propomos a tratar do advento do parágrafo único do art. 116 do Código Tributário Nacional e as consequências e efeitos de sua inserção no sistema jurídico brasileiro, mais especificamente no sistema tributário nacional, à luz das lições e convenções da doutrina moderna.

Inicialmente, antes de qualquer abordagem científica, temos que tal dispositivo é por muitos considerado portador de *Norma Geral Antielisiva*, ao passo que dele surgiria autorização para as Fazendas Públicas dos Entes Tributantes desconsiderarem negócios jurídicos, por meio da simples constatação de que estes objetivaram a ocultação da ocorrência de fato jurídico tributário, independentemente da licitude do negócio *per si*.

Nesse sentido, é fundamental a análise das circunstâncias e das vias pelas quais tal enunciado normativo fora veiculado ao sistema jurídico vigente, verificando o procedimento adotado e a atenção às imperatividades jurídicas previstas para tanto.

Não obstante, a sua carga normativa deve ser igualmente analisada minuciosamente, considerando a sua interação dinâmica com demais normas vigentes, tanto na seara tributária do ordenamento positivado, como nas suas demais regiões, a fim de identificar e delimitar as eventuais inovações jurídicas instauradas e efeitos desencadeados.

Diante destas análises, o que se espera é a verificação dos reflexos de tal enunciado normativo no subsistema jurídico tributário, suas consequências científicas e práticas, bem como estabelecer o confronto da norma que dele pode ser sacada em face daquelas outras, que norteiam e habitam a região das mais gerais, abstratas e axiologicamente carregadas do sistema.

O art. 116 do CTN

O art. 116 do CTN é o dispositivo que determina o momento da ocorrência do *fato gerador*, instante no qual se verificaria – em referência aos eventos do plano fenomênico da realidade – a realização, juridicamente efetiva, da conduta descrita como hipótese tributária:

"Art. 116. Salvo disposição de lei em contrário, considera-se ocorrido o fato gerador e existentes os seus efeitos:

"I – tratando-se de situação de fato, desde o momento em que se verifiquem as circunstâncias materiais necessárias a que produza os efeitos que normalmente lhe são próprios;

"II – tratando-se de situação jurídica, desde o momento em que esteja definitivamente constituída, nos termos de direito aplicável."

Como se observa do referido comando, o legislador faz uma distinção das *situações*, por ele mesmo tidas como *fatos geradores*.

Antes de investigarmos o conteúdo desta prescrição, faz-se necessário comentar a questão da terminologia *fato gerador*, assunto há muito explorado pelos doutrinadores do Direito Tributário.

A expressão *fato gerador*, presente na própria Constituição Federal vigente e no Código Tributário Nacional, foi considerada pelos estudiosos deste campo da Ciência do Direito como muito imprecisa, não bastando para a diferenciação entre os fatos jurídicos descritos na hipótese das normas gerais e abstratas e aqueles cuja ocorrência é verificada e relatada como fato.

Há muito, o Professor Geraldo Ataliba[1] propôs uma secção do termo ambíguo e impreciso em duas designações diferentes: *hipótese de incidência* e *fato imponível*, largamente aceitas pela comunidade acadêmica. Confiramos sua proposta:

"Duas realidades distintas – quais sejam, a descrição hipotética e a concreta verificação – não devem ser designadas pelo mesmo termo. Esta terminologia equivocada é generalizada. (...).

"Há, portanto, dois momentos lógicos (e cronológicos): primeiramente, a lei descreve um fato e di-lo capaz (potencialmente) de gerar (dar nascimento a) uma obrigação. Depois, ocorre o fato; vale dizer: acontece, realiza-se.

"(...).

"Preferimos designar o fato gerador *in abstracto* por 'hipótese de incidência' e *in concreto* por 'fato imponível', pelas razões já expostas."

Posteriormente, o Professor Paulo de Barros Carvalho,[2] em análise mais aprofundada desta celeuma, faz sua crítica ao termo em questão e apresenta, de forma cientificamente fundamentada, sua própria eleição de termos para descrever os objetos jurídicos sob estudo:

"Se todas as dicções propostas merecem coima de *ambiguidade*, interessa-nos ressaltá-la naquela que viceja no nosso meio jurídico: *fato gerador*.

"(...).

"Seria difícil surpreender uma postura dogmática mais desastrosa e que ostente tão acentuado desapreço pela função construtiva da Ciência do Direito. Acaso aceitemos, de maneira passiva e acrítica, os erros que os textos de lei cursivamente exprimem, de nada servirá a investigação do sistema positivo, bem como o trabalho descritivo que o explica.

"(...).

"Em princípio, fato imponível seria aquela ocorrência que estivesse sujeita à imposição tributária, por isso imponível, quer dizer, passível de sofrer imposição. Não é propriamente, o que se passa. Apenas surge o

1. *Hipótese de Incidência Tributária*, 6ª ed., São Paulo, Malheiros Editores, 2006, p. 55.

2. *Curso de Direito Tributário*, 21ª ed., São Paulo, Saraiva, 2009, pp. 308, 309, 311.

fato, constituído pela linguagem competente, e a incidência se dá, automática e infalível, fazendo desabrochar a relação jurídica. Não existe o fato anteriormente à incidência, de tal modo que, enquanto *imponível*, não é ainda fato e, após a incidência, de modo concomitante com seu nascimento, já assumiu, na plenitude, os dons de sua juridicidade.

"Daqui para frente utilizaremos estas duas expressões para representar, caracterizadamente, a construção de linguagem prescritiva geral e abstrata (*hipótese tributária*) e sua projeção factual (*fato jurídico tributário*)."

Feita tal reflexão, de volta à análise do art. 116 do Diploma Tributário, fica claro, então, que o termo *fato gerador* corresponde à mesma designação de *fato imponível* e, dentro da lição do Professor acima citado, por sua vez, ao termo *fato jurídico tributário*.

Na primeira hipótese (inciso I), ele se refere às *situações de fato* ensejadoras da obrigação tributária. Nesse sentido, a interpretação doutrinária e jurisprudencial é pacífica no sentido de que tais *situações* factuais seriam, por exemplo, a efetiva saída de uma mercadoria do estabelecimento comercial ou mesma a entrada de uma mercadoria, importada, no território brasileiro, implicando ambos os eventos, após vertidos em linguagem competente, no recolhimento de ICMS, como tipificado nas hipóteses tributárias de cada uma de suas modalidades de incidência.

Nestes casos, para verificação do nascimento da obrigação tributária é imperativa a constatação e relato da ocorrência efetiva dos eventos *saída* do estabelecimento e *entrada* no território nacional. Ou seja, a simples constatação de uma transação comercial, de natureza contratual – que, por qualquer motivo circunstancial, pode, no futuro, revelar-se frustrada – não seria, *per si*, capaz de lastrear a tributação pelo ICMS.

Já o segundo caso aludido pelo legislador (inciso II), que emprega o termo *situação jurídica*, remete às normas tributárias que tem descritos na sua hipótese um *ato jurídico*, operando-se a subsunção no momento de seu aperfeiçoamento jurídico, não demandando a constatação de qualquer evento fenomênico, material. Como é o exemplo do ITCMD, que incide no momento da transmissão jurídica da propriedade de bens por hereditariedade, regulada pelo Direito Civil.

Isso posto, como se observa da análise feita, a regra contida nos incisos I e II e *caput* do art. 116 do Código Tributário Nacional se reveste de uma norma de estrutura, como imposição ao aplicador da norma tributária do singular instante temporal que deve ser colhido para aplicação da lei tributária em vigor, não permitindo que este faça uma distorção temporal da ocorrência do fato imponível.

O advento do parágrafo único do art. 116 do CTN

Nessa esteira, fica clara a função do art. 116 do Código Tributário Nacional de regular a vinculação temporal da hipótese tributária ao fato jurídico tributário, delimitando o instante de sua consumação satisfatória para a subsunção.

Contudo, fazendo uma breve digressão histórica, em 1999, o Ministério da Fazenda (Poder Executivo, dentro da nomenclatura técnica do processo legislativo) apresentou o Projeto de Lei Complementar 77/1999, que visava inúmeras alterações no Código Tributário Nacional, inclusive a adição de um parágrafo único ao mencionado art. 116 daquele Diploma.

A intenção da inserção deste dispositivo sempre foi muito clara, como se observa da Exposição de Motivos do referido Projeto de Lei, constante da Mensagem do Poder Executivo à Câmara dos Deputados MSC n. 1.459/1999:[3]

"Primeiramente cumpre esclarecer que não se cogita, no presente momento, de promover uma reestruturação completa do referido código, sendo que as alterações propostas, constantes do art. 1º do mencionado

3. *Diário da Câmara dos Deputados*, de 16.10.1999.

projeto, objetivam atribuir, à Administração Tributária, condições mais adequadas ao cumprimento de suas funções institucionais, naquilo que é mais urgente.

"(...).

"A inclusão do parágrafo único do art. 116 faz-se necessária para estabelecer, no âmbito da legislação brasileira, norma que permita à autoridade tributária desconsiderar atos ou negócios jurídicos praticados com a finalidade de elisão, constituindo-se, dessa forma, em instrumento eficaz para o combate aos procedimentos de planejamento tributário praticados com abuso de forma ou de direito."

Após mais de um ano de tramitação urgente no Congresso Nacional, o Projeto de Lei foi aprovado, transformando-se na Lei Complementar n. 104, de 11 de janeiro de 2001, inserindo o parágrafo único ao art. 116 do Diploma Tributário, com a seguinte redação:

"Parágrafo único. A autoridade administrativa poderá desconsiderar atos ou negócios jurídicos praticados com a finalidade de dissimular a ocorrência do fato gerador do tributo ou a natureza dos elementos constitutivos da obrigação tributária, observados os procedimentos a serem estabelecidos em lei ordinária."

Cabe aqui comentar, brevemente, sobre a necessidade de que tal dispositivo fosse introduzido no sistema tributário brasileiro por meio de Lei Complementar, ao passo que foi considerado uma Norma Geral de Direito Tributário.

As chamadas Normas Gerais de Direito Tributário, sob o ponto de vista da doutrina recente, podem ser definidas como aquelas que têm influência e regência obrigatória em todo o sistema tributário nacional, como veículo para a implementação e garantia dos preceitos extraídos da Constituição Federal, propiciando o exercício regular da competência tributária de cada Ente Tributante.

Todavia, houve uma celeuma muito grande quanto ao veículo normativo introdutor destas regras, assim como as matérias a elas reservadas. O § 1º do art. 18 da Constituição Federal de 1967 foi objeto de tal debate, em razão de sua redação, que previa que *lei complementar estabelecerá normas gerais de direito tributário, disporá sobre conflitos de competência tributária entre a União, os Estados, o Distrito Federal e os Municípios, e regulará as limitações constitucionais do poder tributário.*

A Constituição Federal de 1988 repetiu quase todo o seu conteúdo, porém, o constituinte teve a clara intenção de listar as matérias que deveriam ser reguladas por Normas Gerais de Direito Tributário, a serem veiculadas por Lei Complementar:

"Art. 146. Cabe à lei complementar:

"I – dispor sobre conflitos de competência, em matéria tributária, entre a União, os Estados, o Distrito Federal e os Municípios;

"II – regular as limitações constitucionais ao poder de tributar;

"III – estabelecer normas gerais em matéria de legislação tributária, especialmente sobre:

"a) definição de tributos e de suas espécies, bem como, em relação aos impostos discriminados nesta Constituição, a dos respectivos fatos geradores, bases de cálculo e contribuintes;

"b) obrigação, lançamento, crédito, prescrição e decadência tributários;

"c) adequado tratamento tributário ao ato cooperativo praticado pelas sociedades cooperativas."

Como fica claro de sua leitura, não há dúvidas que de tal enunciado prescritivo constitucional constrói-se uma norma de estrutura,[4] que regula, dentro da nova ordem

4. "Disséramos haver dois tipos de normas jurídicas no ordenamento do direito positivo: as regras de comportamento e as regras de estrutura, Enquanto as primeiras estavam diretamente voltadas para a conduta das pessoas, nas suas relações de intersubjetividade, as últimas (de estrutura) dispunham sobre a criação de órgãos, procedimentos e de que maneira as normas deveriam ser criadas, transformadas ou expulsas do

constitucional instituída, com quais veículos deverão ser insertas no sistema jurídico novas *Normas Gerais de Direito Tributário*, condicionando sua validade e produção dos efeitos desejados. Confira-se o comentário do Professor Paulo de Barros Carvalho:[5]

"Uma norma 'N' é valida no sistema jurídico 'S' se, e se somente se, pertencer a esse conjunto, o que significa admitir que foi produzida por órgão previsto pelo sistema, consoante procedimento específico, nele também estipulado".

Após décadas de debate doutrinário, em suma, o entendimento dominante da academia jurídica, chamada de "corrente dicotômica", dentro já de uma interpretação sistemática do art. 146 acima colacionado, é no sentido de que as Normas Gerais de Direito Tributário se prestam para dirimir conflitos de competência e regular o poder de tributar, podendo/devendo dispor, para tanto, sobre as matérias arroladas nas alíneas "a", "b" e "c", e devendo ser introduzidas no sistema jurídico por Lei Complementar (de alcance nacional).

Sobre o tema, discorre o jurista Heleno Taveira Tôrres,[6] citando o Professor Paulo de Barros Carvalho:

"Adotamos na concepção de base de nossas investigações a corrente denominada dicotômica, cuja definição das normas gerais de direito tributário, na visão do eminente Prof. Paulo de Barros Carvalho, Titular da PUC e da USP, à luz da Constituição Federal de 1988, continuaria sendo a seguinte '(...) são aqueles que dispõem sobre conflitos de competência entre as entidades tributantes e também que regulam as limitações constitucionais ao poder de tributar. Pronto: o conteúdo está firmado. Quando mais não seja, indica, denotativamente, o campo material, fixando-lhe limites. E como fica a dicção constitucional que desprendeu tanto verbo para dizer algo bem mais amplo? Perde-se no âmago da rotunda formulação pleonástica, que nada acrescente'. Pois bem, não negamos que assim seja, nos fundamentos, mas preferimos explicitar suas possibilidades, caso a caso, agora à luz das teorias da codificação, no que tange às funções representadas nas hipóteses do art. 146, da CF".

Feita esta breve incursão, voltando à análise do dispositivo normativo tema deste estudo, como se observa da dicção desta inovação legislativa, sua função é regulamentar a ocorrência do *fato gerador* (e, diga-se, o próprio poder de tributar), inclusive, razão pela qual foi inserido, especificamente, no art. 116 daquele *Codex* – e, por isso, como já demonstrado, é considerada uma Norma Geral de Direito Tributário.

E, de fato, seu alcance é típico da Norma Geral desta matéria, na medida em que seu comando quanto à verificação de ocorrência de fato jurídico tributário é destinado às Fazendas Públicas federal, estadual, distrital e municipal, e – como demonstrado – fora devidamente inserido no sistema jurídico vigente pela via adequada.

Norma geral antielisiva e planejamento tributário

Norma geral antielisiva foi a denominação científica atribuída ao parágrafo único do art. 116 do Código Tributário Nacional. Isso posto, cabe agora, apresentar a definição do termo "elisão" no direito tributário, comum e logicamente chamada de "elisão fiscal".

Para tanto, recorremos à definição proposta pelo Professor Roque Antonio Carrazza[7] em sua mais recente obra:

"A *elisão fiscal* pode ser definida como sendo a conduta lícita, omissiva ou comissiva,

sistema" (in *Curso de Direito Tributário*, 21ª ed., São Paulo, Saraiva, 2009, p. 313).

5. *Derivação e Positivação no Direito Tributário*, vol. 1, São Paulo, Noeses, 2012, p. 70.

6. "Conflitos de fontes e de normas no direito tributário", in *Teoria Geral da Obrigação Tributária*, Coord. Heleno Taveira Tôrres, São Paulo, Malheiros Editores, 2005, p. 148.

7. *Reflexões sobre a Obrigação Tributária*, São Paulo, Noeses, 2010, p. 244.

do contribuinte, que visa evitar o nascimento da obrigação tributária, mitigar seu montante ou adiar seu cumprimento. É alcançada, pois, pela prática, permitida pela lei, de negócio jurídico tributariamente menos onerosos, como, por exemplo, a importação de um produto, Tais manobras, que beneficiam o contribuinte, não são condenadas por nosso direito positivo".

Ainda, deve ser frisada a contraposição da licitude das práticas elisivas e das práticas evasivas tributárias. Para o mesmo tributarista acima citado, dando continuidade àquela lição, a evasão consistiria em uma *conduta infracional (ilícito fiscal) que, em certas hipóteses, pode configurar até crime contra a ordem tributária.*

Assim, partindo de que a elisão fiscal é praticada por meio da conduta lícita do contribuinte, voltemos a Exposição de Motivos da criação do parágrafo único do art. 116 do Código Tributário Nacional, que o define como *norma que permita à autoridade tributária desconsiderar atos ou negócios jurídicos praticados com a finalidade de elisão.*

Observe que, da mais simples exegese, resta claro não se tratar de mecanismo jurídico sancionador da prática da evasão fiscal, direcionado ao contribuinte que, visando tal fim, pratica atos manifestamente ilícitos, gerando dano ao Erário público, em favor da preservação de seu patrimônio.

Desta forma, percebe-se, desde já, que, por traz desse dispositivo, reside a autorização das Fazendas Públicas adentrarem, para fins de arrecadação, o âmbito dos negócios de direito privado, podendo ponderar a sua *finalidade* – pondo em xeque a própria noção de segurança jurídica, que sacramenta o ato jurídico perfeito, o direito adquirido e o princípio implícito da certeza do Direito.

Em seguida, a Exposição de Motivos revela a efetiva razão e a função da criação da nova prerrogativa fazendária, afirmando tratar-se de *instrumento eficaz para o combate aos procedimentos de planejamento tributário praticados com abuso de forma ou de direito.*

Diante de tais considerações do legislador-proponente, podemos depreender que não estaríamos diante de uma condenação do Planejamento Tributário por si só, mas apenas quando este fosse praticado com o chamado "abuso de forma".

Contudo, é imperioso frisar que, apesar da semelhança da redação da Exposição de Motivos da Lei Complementar n. 104/2001 e do próprio parágrafo único do art. 116 do Código Tributário Nacional, então justificado, verifica-se – muito claramente – a substituição da expressão *abuso de forma ou de direito* – por – *com a finalidade de dissimular a ocorrência do fato gerador do tributo ou a natureza dos elementos constitutivos da obrigação tributária*, no texto finalmente aprovado, após o processo legislativo devido.

Isso nos obriga a fazer uma análise preliminar do significado e da significação da expressão *finalidade de dissimular*, efetivamente constante da redação do dispositivo estudado.

O significado do termo "dissimular", nos valendo novamente do vocabulário de De Plácido e Silva,[8] seria: *embora tendo sentido equivalente a* simulação *(disfarce, fingimento), é mais propriamente indicado como* ocultação.

Tal explicação é muito pertinente ao caso, pois mostra a proximidade e, principalmente, a diferença dos termos *simulação* e *dissimulação*, este último empregado na redação do referido parágrafo único do art. 116 do Código Tributário Nacional.

Diga-se mais, *dissimulação*, neste caso, seria a ocultação, no sentido finalístico do ato ou negócio jurídico (como será melhor abordado adiante), de forma que aquele apenas teria sido praticado, ainda que de forma absolutamente legal, para se evitar a tributação (elisão fiscal).

Se interpretarmos a palavra *dissimulação* em conjunto com os demais termos

8. *Vocabulário Jurídico*, 27ª ed., Rio de Janeiro, Forense, 2007, p. 482.

do texto legal no qual esta inserida – em comunhão com o termo *abuso de forma*, empregado na justificativa da sua criação (que pela doutrina moderna, carrega conteúdo normativo) – chegamos à conclusão que a palavra tem, categoricamente, sentido de *ocultação*.

Nesse sentido, podemos aqui afirmar que a partir deste enunciado prescritivo, regularmente inserido no Código Tributário Nacional, constrói-se uma norma que autoriza a Administração Tributária, na sua atividade fiscalizatória-arrecadatória vinculada, tributar atos jurídicos diversos daqueles descritos na Regra-Matriz de Incidência dos tributos de sua competência – com base em mera alegação/constatação de *ocultação* de fato jurídico tributário, logicamente demonstrada através do resultado final daquele fato a ser desconsiderado.

Em outras palavras, a expressão *dissimular a ocorrência do fato gerador do tributo ou a natureza dos elementos constitutivos da obrigação tributária*, amplia de modo deformador a abrangência de todas as hipóteses tributárias presentes no ordenamento, afetando até o próprio mecanismo jurídico de subsunção da norma tributária.

Isso pois, a partir de tal Norma Geral, as Fazendas Públicas, sob a alegação de prática *dissimulada*, podem aplicar tratamento jurídico-tributário (consequente normativo) diverso daquele previsto e vinculado à conduta efetiva e juridicamente realizada – diga-se, em atropelo ao princípio da tipicidade.

Melhor explicando, tendo o Direito como um objeto cultural, construído por linguagem, os termos contidos no enunciado trazido no parágrafo único do art. 116 do Código Tributário Nacional, com ênfase à expressão *dissimulação*, tornam-se o alicerce para a construção (sem grandes esforços) de norma geral e abstrata que regula a própria jurisdicização de fatos como tributários.

Como anteriormente demonstrado, a dicção do dispositivo em tela não só amplia os limites da incidência tributária pela expansão dos horizontes culturais da construção da norma que regula a ocorrência do fato jurídico tributário, como também pela alteração de sua integração dinâmica com as normas tributárias e outras do sistema jurídico.

Ilustrando a proposição acima, confira-se a lição da Professora Fabiana Del Padre Tomé:[9]

"Tomamos o direito positivo como texto, produto da atividade humana e suscetível de interpretação. Seu estudo demanda, de modo impreterível, a presença do contexto. Esse contexto decorre de relações intersubjetivas, formando pré-compreensões em determinadas condições de espaço e de tempo.

"Vilém: Eis a cultura, realizada no âmbito do historicismo social.

"Firmadas essas premissas, a construção normativa há de ater-se aos horizontes da cultura.

"Norma jurídica é a significação que apresentando-se na forma de um juízo hipotético, transmite mensagem deôntica portadora de sentido completo, tendo por finalidade a regulação das condutas humanas intersubjetivas. Essa significação é edificada a partir de um suporte físico, o qual, a despeito de não ser detentor, ele próprio, de sentido, figura como importante limite à interpretação, já que suas possíveis significações estão estabelecidas pelo sistema linguístico em que se insere."

Em complemento, como mencionado, a própria natureza da dinâmica internormativa das normas contidas no Direito Tributário resta afetada, ao passo que suas normas seriam de "sobreposição", no sentido de que incidem sobre fatos jurisdicizados, conceitualmente (definição dos elementos constitutivos dos atos/fatos jurídicos), por outras áreas do Direito, não podendo a própria norma tributária conceituar e definir (e, diga-se, delimitar) juridicamente o seu próprio objeto de incidência.

Como resultado prático, agora, a própria Autoridade Tributária, ainda que de forma

9. "Flusser e o construtivismo lógico-semântico", in *Vilém Flusser e Juristas*, Coords. Florence Haret e Jerson Carneiro, São Paulo, Noeses, 2009, p. 342.

indireta, pode redefinir a materialidade do núcleo da Regra-Matriz de Incidência de Tributária.

Dessa forma, não se trata de mais um dispositivo condenatório da prática de ato ilícito, da simulação, mas, sim, a proibição ao uso de qualquer figura jurídica lícita para promover a elisão fiscal, quando simplesmente declarado – pela própria Autoridade Administrativa Tributária – a presença *dissimulação*.

Planejamento tributário e abuso de forma

O chamado planejamento tributário pode ser definido como as escolhas de determinado indivíduo na realização de atos e negócios jurídicos, visando à menor oneração tributária.

Posto isso, fica claro que o objetivo de um planejamento tributário sempre será a elisão fiscal. Denomina-se planejamento, pois as escolhas tomadas anteriormente se projetam ao futuro, prevendo a incidência de determinada "carga tributária".

E mais, o termo planejamento, implica em escolha, e escolha implica em multiplicidade de opções. Trabalhando com a meta elisão (e não evasão), por óbvio que tais opções serão sempre lícitas.

A partir desse ponto, surge a problemática do abuso de forma. Alfredo Augusto Becker,[10] na sua célebre obra, comenta a origem e define o abuso de forma no Direito Tributário:

"A partir de 1919, uma corrente doutrinária de interpretação das leis tributárias se originou, floresceu e, por bastante tempo, predominou. Ao terminar a Segunda Grande Guerra, em 1945, a referida doutrina entrou em declínio e, hoje, embora esteja superada ela é a responsável pelo maior equívoco na história da doutrina do Direito Tributário.

"(...).

"Na interpretação da lei tributária dever-se-ia ter em conta o fato econômico ou os efeitos econômicos do fato jurídico referido na lei tributária, de tal modo que, embora o fato jurídico acontecido fosse de natureza diversa daquela expressa na lei, o mesmo tributo seria devido, bastando a equivalência dos fatos econômicos subjacentes ou dos efeitos econômicos resultantes de fatos jurídicos de distinta natureza.

"Além disso, o dever tributário não poderia ser evitado ou diminuído pelo abuso das formas jurídicas. Esse abuso ocorreria quando, na juridicização de um fato ou efeito econômico, a pessoa utilizasse ou criasse uma estrutura jurídica perfeitamente legal (porém não usual naquela época ou circunstância) a fim de evitar o tributo que a lei determinara incidir sobre uma diferente estrutura jurídica que era usual."

De tal crítica ferrenha, depreendemos que o tema abuso é extremamente controverso no âmbito do Direito Tributário há quase um século, à medida que a detecção abuso de forma dá margem a um grande subjetivismo (diga-se até arbitrariedade) nos atos de fiscalização, lançamento e interpretação da Lei Tributária.

Como mencionado, a detecção do abuso nas relações jurídicas é feito de maneira temerária à rigidez das normas de Direito Tributário, isso, pois – dentro da sistemática instaurada por esta inadequada autorização ao Estado –, todos os atos jurídicos podem (e diga-se, sob este enfoque subjetivista, devem) ser analisados de seu ponto de vista finalístico e extrajurídico.

E, apenas se houver uma justificativa econômica-social plausível, do ponto de vista do analista do ato, será aquele ato "absolvido". Comprovando tal observação, confira-se a explicação do Professor Marco Aurélio Greco[11] sobre a detecção do abuso:

"Se aquela conduta que, em si, é aparentemente excessiva tiver uma justificativa

10. *Carnaval Tributário*, 2ª ed., São Paulo, Lejus, 2004, p. 128.

11. *Planejamento Tributário*, 2ª ed., São Paulo, Dialética, 2008, p. 225.

que a explique, afasta-se a configuração do abuso.

"Temos de dar um passo adiante. Que é uma conduta desmotivada? Qualquer motivo é aceitável? Na minha opinião, não é qualquer motivo, pois se qualquer motivo fosse aceitável, o agente poderia pura e simplesmente responder às nossas perguntas da seguinte forma: 'eu fiz porque quis'. O simples querer não é motivo que justifique nenhuma conduta social atualmente."

Como se observa, apesar de eivado de bom senso e reconhecendo a aceitação da teoria da motivação dos negócios jurídicos na seara civil, comercial, etc., se tal entendimento for aplicado ao Direito Tributário e usado com a finalidade que abertamente pretendeu o legislador do art. 116 do Código Tributário Nacional, haverá uma afronta a toda hermenêutica tributária, assim como um verdadeiro atentado à segurança jurídica e à própria estabilização das expectativas normativas, inerentes ao sistema jurídico.

Para melhor demonstrar a ofensa ao instituto maior da segurança jurídica, confira-se a definição edificada pela Professora Fabiana Del Padre Tomé[12] na seguinte lição:

"A segurança jurídica pode ser considerada em duas variantes: (i) garante que os assuntos sejam tratados exclusivamente de acordo com o código do direito, sem interferência de qualquer outro interesse não contemplado pelo ordenamento jurídico; e (ii) confere previsibilidade às decisões jurídicas, em razão do conteúdo prescrito pelos programas do direito."

Acrescentando, este é o ensinamento de Paulo de Barros Carvalho,[13] citando Heleno Taveira Tôrres, sobre a verdadeira razão de ser de tal instituto jurídico:

"Ao lado do princípio da 'certeza do direito' outros valores constitucionais, explícitos e/ou implícitos, atuam para realizar o valor superior da 'segurança jurídica'. Este último é decorrência de fatores sistêmicos dirigidos à implantação de um valor específico, qual seja, o de coordenar o fluxo das interações inter-humanas, no sentido de propagar no seio da comunidade, o sentimento de previsibilidade quanto aos efeitos jurídicos da regulação da conduta. Pode-se dizer, como fez Heleno Taveira Torres, que se trata '*fim sistêmico, construído a partir do interior da Constituição*'. Tal sentimento tranquiliza os cidadãos, abrindo espaço para o planejamento de ações futuras, cuja disciplina jurídica conhecem, confiantes que estão no modo pelo qual a aplicação das normas do direito se realiza. Concomitantemente, a certeza do tratamento normativo dos fatos já consumados, dos direitos adquiridos e da força da coisa julgada lhes dá garantia ao passado. Essa bidirecionalidade passado/futuro é fundamental para estabelecer o clima de segurança das relações jurídicas e é o motivo pelo qual enfatizei que esse princípio depende de fatores sistêmicos."

Deve-se lembrar de que, nos termos do dispositivo em comento, a Autoridade Tributária será o apreciador dos motivos dos atos e negócios jurídicos, de forma unilateral, bastando para a desconsideração de uma relação jurídica válida a sua *constatação* de *dissimulação* – sem dúvida, de forma sistemática, o ordenamento não contempla e, inclusive, rechaça tal autorização ao Estado.

Os negócios lícitos, independentemente de seus efeitos, consequências ou a suposta intenção que lhes originou, não podem ser simplesmente desconsiderados em favor da atividade arrecadatória, sob pena de confronto com os sobreprincípios presentes no sistema jurídico vigente, relativizando e flexibilizando o próprio conceito operativo de licitude.

Nessa esteira, o Professor Paulo de Barros Carvalho[14] comenta em notável Parecer

12. *A Prova no Direito Tributário*, 3ª ed., São Paulo, Noeses, 2011/2012, p. 62.

13. *Derivação e Positivação no Direito Tributário*, vol. 1, São Paulo, Noeses, 2012, p. 144.

14. *Derivação e Positivação no Direito Tributário*, vol. 1, cit., p. 77.

publicado, a liberdade do contribuinte de organizar e realizar da forma que bem entender seus negócios, com fins de planejamento tributário, bastando que seja lícita:

"Sem dúvida é legítima a técnica de organização preventiva dos negócios jurídicos a serem praticados, visando à economia de tributos. Neste caso, o particular opta por praticar atos que não se enquadrem nos modelos das normas jurídicas tributárias, alcançando, porém, resultados econômicos semelhantes àqueles decorrentes da concretização dos fatos que fariam nascer débitos tributários.

"(...).

"Essa, inclusive é a leitura que se deve tomar do referido princípio ontológico de que 'tudo que não estiver juridicamente proibido, estará juridicamente permitido', que, no direito tributário, adquire maior expressão quando colocados em consonância ao princípio axiológico do subsistema constitucional tributário da estrita legalidade, nos exatos termos em que, para qualquer imposição tributária, a previsão legal expressa é a forma constitucionalmente escolhida para legitimar a cobrança de tributos."

Interpretação econômica na aplicação das normas tributárias

Posto isso, pode-se afirmar que estamos diante de uma autorização normativa pelo parágrafo único do art. 116 do Código Tributário Nacional para a interpretação econômica da incidência de tributos sobre atos jurídicos. Podendo as Fazendas Públicas se valer de argumentos exclusivamente finalísticos e econômicos para verificarem a ocorrência de fato jurídico (supostamente) tributário, com a total desconsideração da tipicidade e da estrita legalidade, imperativas à norma tributária.

A interpretação econômica do Direito Tributário destrói e esvazia o conteúdo da norma jurídica tributária, substituindo-o pelo subjetivismo da conduta do contribuinte (que existe apenas no plano dos objetos ideais) e a constatação de seu efeito econômico-social, que habita outro sistema social, que não o jurídico.

Como mencionado, o aplicador das normas tributárias deve se ater a verificar a ocorrência da realização do ato/conduta ou não, descrito com minúcia no juízo hipotético na norma tributária, de maneira objetiva e restritiva.

Dar espaço para tal hermenêutica em Direito Tributário é o mesmo que transformar a Autoridade Tributária em legislador, que poderá "criar" novas hipóteses tributárias para cada tributo, toda vez que for possível *constatar* a *dissimulação* na realização de atos lícitos.

O próprio art. 110 do Código Tributário Nacional já representaria um óbice a tal forma de interpretação, ao passo que prevê que *lei tributária não pode alterar a definição, o conteúdo e o alcance de institutos, conceitos e formas de direito privado, utilizados, expressa ou implicitamente, pela Constituição Federal, pelas Constituições dos Estados, ou pelas Leis Orgânicas do Distrito Federal ou dos Municípios, para definir ou limitar competências tributárias*.

Sem dúvidas tal dispositivo do *Codex* Tributário é igualmente uma enorme salvaguarda dos direitos do contribuinte, inserido para evitar distorções das hipóteses tributárias, como efetivamente faz a interpretação econômica, sendo esta um retrocesso, sem proporções, ao Direito Tributário, como ciência racional, implicando no desprezo da presença da segurança jurídica e da noção de legalidade e certeza do Direito neste subsistema normativo.

Nesse exato sentido, fazendo uma crítica à doutrina da interpretação do Direito Tributário segundo a realidade econômica, é a exposição de Alfredo Augusto Becker:[15]

15. *Teoria Geral do Direito Tributário*, 5ª ed., São Paulo, Noeses, 2010, p. 197.

"No silêncio do Direito Tributário, Ernest Blumenstein somente numa hipótese admite haver a transfiguração do conceito do Direito Civil. E a hipótese é a seguinte: quando o instituto ou conceito do Direito Civil foi utilizado pelos contribuintes com a finalidade de evadir (evasão legal) o tributo, neste caso, mesmo no silencio do Direito Tributário, Ernest Blumenstein entende que o intérprete da lei deverá aceitar aquele Instituto do Direito Privado como uma transfiguração ou deformação adequada à realidade econômica.

"Entretanto, a ressalva de E. Blumenstein não encontra apoio jurídico. Quem age ilegalmente (ilicitamente) é o intérprete que abstrai a estrutura jurídica para se fixar na realidade econômica; o contribuinte que escolheu estrutura jurídica de evasão agiu legalmente (juridicamente). É preciso distinguir entre evasão e fraude. A evasão é perfeitamente lícita e sua estrutura jurídica deve ser respeitada pelo intérprete da lei tributária. A fraude é ilícita, isso é, o contribuinte erguei estrutura, *violando regra jurídica ou desprezando eficácia jurídica* (efeitos) resultante da incidência de regra jurídica sobre sua hipótese de incidência. (...) Afirmação simplista e gratuita é dizer que, neste caso, o intérprete deveria abstrair a realidade jurídica e tomar a realidade econômica."[16]

Ainda, o magistério do Professor Paulo de Barros Carvalho[17] condena a adoção de qualquer interpretação com base em efeitos econômicos, não jurisdicizados para tanto:

"(...) a opção por uma ou outra estrutura societária, na medida em que inexiste quaisquer impedimentos no ordenamento jurídico vigente, é perfeitamente possível, sendo irrelevante para o subsistema jurídico do direito, e, em especial, do sistema jurídico tributário, os efeitos econômicos objetivados pela operação".

16. Deve se esclarecer que o Autor usa o termo *evasão* como atualmente, bem como no presente estudo, utiliza-se o termo *elisão*.

17. *Derivação e Positivação no Direito Tributário*, vol. 1, cit., p. 77.

A ausência de regulamentação do parágrafo único do art. 116 do CTN

Passando a uma análise mais prática do parágrafo único do art. 116 do Código Tributário Nacional, deve ser ressaltado que esta é uma norma de eficácia limitada. Isso pois, no fim da sua redação, o legislador fez a seguinte ressalva: *observados os procedimentos a serem estabelecidos em lei ordinária*.

Ao passo que é uma Norma Geral de Direito Tributário, sua regulamentação por lei propriamente dita é fundamental, evitando que as Fazendas Públicas da Federação criem, por seus próprios atos, seu procedimento para a *desconsideração* dos atos jurídico – o que poderia agravar a arbitrariedade por esta já instaurada.

Desse modo, mesmo tendo sido editada há mais de 10 anos, a Autoridade Fiscal brasileira não pode se valer – legalmente – de seu conteúdo no desenvolvimento de sua atividade arrecadatória.

Cientificamente, o processo de positivação a partir desta norma, então geral e abstrata, fica prejudicado, ao passo que a única norma que se valeria como fundamentação de uma norma individual e concreta – derivada o art. 116 do Código Tributário Nacional – não existe, lembrando que há previsão no próprio sistema para a sua edição. O resultado de tal circunstância é a ausência da sua eficácia técnica.

Contudo, em 30 de agosto de 2002, foi editada a Medida Provisória n. 66, que em seus arts. 14 ao 19 regulamentou a aplicação do parágrafo único do art. 116 do Diploma Tributário.

Todavia, na conversão da referida Medida Provisória na Lei n. 10.637/2002, tais artigos foram suprimidos pelo Congresso Nacional, voltando à famigerada Norma Geral Antielisiva a ficar com sua eficácia prejudicada.

Mais de 4 anos depois, em 21 de março de 2007, foi apresentado o Projeto de Lei n.

536/2007, trazendo em seis artigos a regulamentação do procedimentos de desconsideração dos atos jurídicos que promovem a elisão fiscal.

Observemos a redação dos §§ 1º e 2º do art. 1º de tal Projeto de Lei, elaborado pelo Ministério da Fazenda:

"§ 1º. São passíveis de desconsideração os atos ou negócios jurídicos que visem ocultar os reais elementos do fato gerador, de forma a reduzir o valor de tributo, evitar ou postergar o seu pagamento.

"§ 2º. O disposto neste artigo não se aplica nas hipóteses de que trata o inciso VII do art. 149 da Lei n. 5.172, de 25 de outubro de 1966 – Código Tributário Nacional (CTN)."

Observemos que o conteúdo destes dispositivos regulatórios, criados pelo mesmo órgão do Poder Executivo que propôs a inserção do parágrafo único do art. 116 do Código Tributário Nacional, deixa mais clara ainda a intenção do legislador de se combater o planejamento tributário lícito, ressuscitando no Direito Tributário a interpretação econômica de suas normas.

Note-se, também, que o § 2º expressamente esclarece que a *desconsideração* que este normativo regula é diferente daquela prevista no art. 149, inciso VII, do *Codex* Tributário, que dispõe que o lançamento de ofício será realizado pela Autoridade Fiscal *quando se comprove que o sujeito passivo, ou terceiro em benefício daquele, agiu com dolo, fraude ou simulação*.

Esta diferenciação entre dispositivos tem suma importância para o tema, pois, como já demonstrado, além de muitos doutrinadores afirmarem que a inovação legal de 2001 do art. 116 do Código Tributário Nacional tratar *simulação* (evasão, no sentido ilícito), outros afirmam que o dispositivo apenas reforçaria a prerrogativa fazendária prevista naquele art. 149, inciso VII – o que se revela um equívoco.

Assim, o § 2º desta proposta de lei comprovaria, definitivamente, o pensamento defendido no presente estudo, de que a *dissimulação* que trata o parágrafo único do art. 116 do Diploma Tributário não se confunde com *simulação*, fraude e qualquer conduta dolosa, revelando a verdadeira função da Norma Geral Antielisiva: instrumento de positivação do arbítrio estatal.

Diante disso, fica claro que, apesar do parágrafo único do art. 116 do Código Tributário Nacional não ter eficácia no presente momento, o legislador já esta cuidando de tornar seu alcance real e eficaz, da exata forma como seu conteúdo e efeitos foram descrito no presente estudo, afrontando – com chocante violência – aos princípios basilares e informadores de todo o sistema jurídico brasileiro.

Conclusão

Partindo da certeza da presença da segurança jurídica como *sobrenorma* principiológica no sistema jurídico brasileiro e viçoso fruto do desenvolvimento evolutivo de um Estado Democrático de Direito, que almeja o alcance da justiça e da igualdade entre os cidadãos – ainda que como objetos intangíveis – toda tentativa de conceder às entidades estatais a autorização do arbítrio deve ser rechaçada.

Como demonstrado, o advento do parágrafo único do art. 116 do Código Tributário Nacional se revela, sem dúvidas, uma manobra para incrementar a máquina arrecadatória do Estado, sob o custo da supressão das garantias do contribuinte, deformando a finalidade do Direito Tributário e provocando intemperança nas relações jurídicas entre o Estado e o cidadão.

Infelizmente, verifica-se nos últimos anos uma tendência legislativa de se criar mecanismo de fiscalização que privilegiam a arrecadação, valendo-se de presunções descabidas e prerrogativas estatais infladas (como é o caso da substituição tributária "para frente").

No caso específico do parágrafo único do art. 116 do Código Tributário Nacional, nasce uma permissão para que a Fazenda Pública se valha da comentada interpretação do Direito Tributário segundo a realidade econômica, dando margem à prática da *arrecadação predatória* do Fisco.

Predatória, pois, ao invés, a Autoridade Tributária, no desempenho de suas funções constitucionalmente autorizadas, restringindo-se à delimitação jurídica dos fatos tributários estabelecida pela estrita tipicidade inerente às normas do Direito Tributário, invade a esfera de garantias do contribuinte (protegida pela inviolabilidade do ato jurídico perfeito e do direito adquirido), em busca de fatos jurídicos que possa, impositivamente, classificar como tributários.

Tal comportamento do Estado nos remete aos Estados totalitários, nazistas e fascistas, como relata Alfredo Augusto Becker,[18] que justificam a quebra da rigidez natural e correta das normas tributárias, em favor dos interesses do *reich*.

Infelizmente, tal dispositivo atentatório à segurança jurídica já compõe validamente – à medida que adequada e lícita a sua inserção – o sistema jurídico tributário, na condição primordial de Norma Geral de Direito Tributário.

Contudo, tendo em vista sua carência de eficácia técnica, seus efeitos ainda não podem ser percebidos da forma com a qual pretendeu o legislador – intenção esta praticamente confirmada pelo Projeto de Lei n. 536/2007, que tramita no Congresso Nacional.

Assim, o que não pode adentrar o Direito Tributário – e se penetrar, deve ser expelido – é a implementação normativa da doutrina da interpretação sob o prisma da realidade econômica dos atos do contribuinte, usando o parágrafo único do art. 116 do Diploma Tributário como alicerce para tanto.

Uma correta interpretação sistemática do conjunto de garantias constitucionais do contribuinte e das Normas Gerais de Direito Tributário já permitiria a esterilização do parágrafo único do art. 116 do Código Tributário Nacional, no que tange a esta pretensão fazendária.

É manifesta a inconstitucionalidade da possibilidade de a Autoridade Fazendária desfazer negócios jurídicos na esfera administrativa, bem como valer-se de critérios totalmente subjetivos e antijurídicos para detecção da ocorrência do fato jurídico tributário, supostamente "oculto".

Por fim, deve-se ponderar que, de fato, a atividade fiscalizatória do Estado necessita se adaptar à dinâmica econômica e negocial da sociedade, da qual se verifica um crescente aumento da sua complexidade e constante renovação. Porém, deve fazê-lo pela legítima inovação legislativa, respeitando os mecanismos e garantias constitucionalmente firmados para tanto, sobretudo, a segurança jurídica na qual o contribuinte deve depositar a sua confiança.

Bibliografia

ATALIBA, Geraldo. *Hipótese de Incidência Tributária*. São Paulo: Malheiros Editores, 2006.

BECKER, Alfredo Augusto. *Carnaval Tributário*. São Paulo: Lejus, 2004.

______. *Teoria Geral do Direito Tributário*. São Paulo: Noeses, 2010.

CARRAZZA, Roque Antonio. *Reflexões sobre a Obrigação Tributária*. São Paulo: Noeses, 2010.

CARVALHO, Paulo de Barros. *Curso de Direito Tributário*. São Paulo: Saraiva, 2009.

______. *Derivação e Positivação no Direito Tributário*. vol. 1. São Paulo: Noeses, 2012.

GRECO, Marco Aurélio. *Planejamento Tributário*. São Paulo: Dialética, 2008.

LUMANN, Niklas. *Law as a Social System*. Oxford: Oxford University Press, 2004.

18. *Carnaval Tributário*, São Paulo, 2ª ed., cit., pp. 139-144.

SILVA, De Plácido e. *Vocabulário Jurídico*. Rio de Janeiro: Forense, 2007.

TOMÉ, Fabiana Del Padre. *A Prova no Direito Tributário*. São Paulo: Noeses, 2011/2012.

______. "Flusser e o construtivismo lógico-semântico", in HARET, Florence, e CARNEIRO, Jerson (Coords.). *Teoria da Obrigação Tributária*. São Paulo: Noeses, 2009.

TÔRRES, Heleno Taveira. "Conflitos de fontes e de normas no direito tributário", in TÔRRES, Heleno Taveira (Coord.). *Teoria Geral da Obrigação Tributária*. São Paulo: Malheiros Editores, 2005.

ESTUDOS & COMENTÁRIOS

O MODAL DEÔNTICO NA NORMA DE COMPETÊNCIA TRIBUTÁRIA

CARLOS AUGUSTO DANIEL NETO

Mestrando em Direito Tributário pela Pontifícia Universidade Católica de São Paulo.
Especialista em Direito Tributário.
Advogado.

Introdução. 1. Um breve escorço sobre as premissas teóricas adotadas: 1.1 Do Direito Positivo como um sistema normativo puro; 1.2 A estrutura lógica das normas jurídicas. 1.3 O Direito Positivo como um sistema dogmático. 1.4 A natureza científica do objeto do trabalho. 2. Federalismo e a autonomia financeira dos entes federados: 2.1 O papel da autonomia financeira na federação brasileira; 2.2 O tributo dentro do quadro de receitas do Estado. 3. Norma de competência tributária: estrutura e características: 3.1 O sentido da competência tributária; 3.2 Estrutura da norma de competência tributária; 3.3 As características da competência tributária; 3.4 O modal deôntico no consequente da norma de competência tributária. Conclusão. Bibliografia.

Resumo: É constante na doutrina constitucional tributária a afirmação secular de que o exercício das competências tributárias é uma faculdade dos entes públicos, apesar da dogmática brasileira excepcionar a questão do ICMS, por razões de integração do mercado nacional. Entretanto, tal concepção olvida da necessária coordenação entre o subsistema tributário e o subsistema financeiro na Constituição Federal, especialmente diante da forma federativa rigidamente adotada pelo Brasil, e do imperativo de manutenção da autonomia financeira de todas as ordens parciais da federação. Dessa forma, propõe-se uma revisitação dessa característica tão propugnada na doutrina, em vista da posterior repartição das receitas tributárias que a Carta Magna impõe aos entes tributantes.

Palavras-chave: Federalismo; Autonomia Financeira; Competência; Faculdade; Repartição de receitas.

Abstract: It is constant in the constitutional doctrine the secular claim that exercise of the taxing power is a faculty for public entities, despite the dogmatic Brazilian excepts the issue of ICMS, for reasons of national market integration. However, this conception forgets the necessary coordination between tax and financial subsystems in the Constitution, particularly in the federative form rigidly adopted by Brazil, and the imperative of maintaining the financial autonomy of all partial orders of the federation. Thus, we propose a revisitation of this characteristic so advocated by the doctrine in view of the posterior distribution of tax revenues that the Constitution imposes on.

Key-words: Federalism; Financial Autonomy, Competence, Faculty; Revenue Sharing.

Introdução

O objeto deste trabalho é a análise e crítica da cediça afirmação doutrinária quanto à facultatividade do exercício das competências tributárias, tão mansamente repousada na robusta dogmática jurídica brasileira, a partir de uma perspectiva integrativa entre dois subsistemas constitucionais, tributário e financeiro, e da necessária preservação da forma federativa do Estado brasileiro, protegido por pétrea disposição.

Procura-se empreender análise sobre a regra-matriz da norma competencial em sentido estrito, com vistas a analisar qual modal deôntico compõe o seu consequente normativo, modalizando a conduta de produzir normas gerais e abstratas em matéria tributária.

Tal mister é trespassado por questões relativas à composição do federalismo brasileiro, suas características, e o papel da autonomia financeira dos entes federados dentro desse sistema rígido de distribuição de competências tributárias e prescrições quanto à repartição das receitas advindas do exercício das mesmas, que a Constituição Federal impõe.

Ato contínuo, abordar-se-á a questão da facultatividade do exercício da competência tributária diante do papel exercido pelas rendas tributárias de um ente federado no orçamento público dos outros, e se tal participação é imperativa ao ponto de tornar a atividade legislativa tributária uma obrigação, com todas as suas implicações, dentro do sistema federativo pátrio.

Não que se esteja olvidando a preciosa lição de Alfredo Augusto Becker, de que o Direito Tributário – colocação aplicável a qualquer ramo da ciência jurídica – requer uma "atitude mental jurídica" (cf. Becker, 2007, p. 15). Ainda que se opere um corte sobre a realidade fenomenológica ("fato puro", no dizer de Lourival Vilanova) é essencial observar a comunicação necessária dos subsistemas, que através de influências recíprocas se restringem e se condicionam.

Não se propõe uma confusão entre o Direito e Ciência das Finanças, que acaba por promover a "demolição da juridicidade do Direito Tributário e gestando um ser híbrido e teratológico: o Direito Tributário invertebrado" (Becker, *apud* Carvalho, 2010), mas pretende-se operar uma interpretação sistemática das normas de competência tributária em relação às normas de direito constitucional financeiro relativas à repartição da receita tributária.

Sobretudo, o objetivo deste artigo é demonstrar que toda cogitação sobre os tributos necessariamente evoca o contraponto da despesa pública, sem a qual o tributo perde sua justificativa mais profunda, de modo que uma teoria das competências tributárias deve ser elaborada coordenadamente a uma teoria do estado e dos gastos públicos, como requisito para a compreensão do fenômeno financeiro em sua integridade (cf. Sainz de Bujanda, p. 116).

Adotar-se-á na feitura desta monografia a seguinte estrutura: na primeira parte do trabalho serão expostas de forma suficiente as premissas que serão utilizadas neste trabalho, para posteriormente – a partir delas – expor as conclusões que se espera alcançar ao fim e ao cabo desse esforço teórico, a partir de um método hermenêutico-analítico, utilizando-se de uma interpretação sistêmica voltada ao aspecto funcional das normas constitucionais financeiras e tributárias, bem como à consideração do sistema tributário como subsistema da repartição constitucional de rendas.

1. Um breve escorço sobre as premissas teóricas adotadas

1.1 Do Direito Positivo como um sistema normativo puro

O Direito Positivo é um sistema normativo puro de caráter axiomático. É um sistema axiomático pelo fato de todas as consequências previstas são deduzidas de um conjunto finito de enunciados (os axiomas do sistema), ao contrário dos sistemas dedutivos, que não possuem esses axiomas definidos. Qualquer conjunto-base de enunciados pode ser convertido em axiomas de um sistema, desde que sejam finitos – tratando-se, pois, de uma opção de quem vai construir essa estrutura sistemática, que no específico caso jurídico serão postos pelo legislador através das normas de direito positivo.

Por sua vez é um sistema normativo pelo fato de para cada caso previsto em um universo de casos (UC) pertinentes a esse sistema, há soluções previstas pelo próprio sistema para ele, atribuindo a essa estrutura consequências normativas. E pode-se adjetivá-lo ressaltando sua pureza normativa se, e somente se, não há nenhum enunciado descritivo compondo esse sistema, somente enunciados prescritivos.

Em súmula, o Direito Positivo é um sistema cujas consequências são construídas a partir de um conjunto finito de axiomas definidos pelo legislador, atribuindo a todos os casos pertinentes ao seu UC particular soluções ou consequências normativas, em uma miríade de proposições exclusivamente prescritivas e sintaticamente homogêneas.

Dentro desse sistema, a norma fundamental seria detentora daquilo que as ciências matemáticas denominam de propriedade de fechamento, no sentido que promove uma clausura sistêmica, operando papel de pressuposto gnosiológico-transcendental de conhecimento do sistema jurídico.

Como ensina Lourival Vilanova, "uma proposição normativa só pertence ao sistema se podemos reconduzi-la à proposição fundamental" (Vilanova, 2010, p. 126). Diante disso, calha lembrar a famosa lei de David Hume, que vaticina a impossibilidade de distinções morais derivarem da razão. Em síntese, expõe o autor que a razão é o descobrimento da verdade e da falsidade, consistindo elas em um acordo ou desacordo com uma relação real de ideias, ou com a existência real de um fato, de modo que o que não seja possível de se submeter aos valores de verdade e falsidade não pode ser objeto da razão humana (Hume, 2009, pp. 293-297). Diante disso, nossas ações e vontades, enquanto insusceptíveis de acordo ou desacordo por serem completos em si mesmos, não implicam referência alguma a outras vontades e ações, não podendo ser qualificadas de verdadeiras nem falsas e, logo, nem que sejam contrárias ou conformes à razão (Hume, 2009, pp. 297-300).

A partir das ideias do filósofo inglês, vários pensadores transpuseram suas ideias à lógica proposicional, afirmando que é impossível deduzir uma proposição normativa (do "dever-ser") de uma série de proposições descritivas (do "ser") e vice-versa (cf. Guibourg, 2008, p. 150). Ora, tal conclusão confirma o que defendemos acima quanto ao Direito Positivo ser um sistema puramente normativo, haja vista que tomando como ponto de partida uma norma jurídica, tudo quanto derive dela será necessariamente prescritivo, e não descritivo, de modo que todos os seus enunciados gozarão da homogeneidade sintática propugnada acima.

Essa homogeneidade sintática, como modo constante de relacionar dados empíricos segue um esquema de imputação (que será abordado com mais vagar posteriormente) na forma "Se P, deve-ser Q". Por seu turno, a unicidade do ponto de partida (norma fundamental) dá unidade sistêmica ao Direito Positivo, permitindo inferirmos a sua coerência e sua completude lógico-formal, entendida a coerência como a ausência de proposições que estejam em contradição deôntica e completude como a ausência de um caso que não tenha uma solução deduzível do sistema jurídico.

Entretanto, frise-se que essa unidade é formal, já que no plano de aplicação por vezes surgem lacunas de reconhecimento, derivadas da heterogeneidade semântica das normas jurídicas, haja vista que, apesar de normas inferiores terem fundamento de validade nas normas superiores, as normas individuais e concretas irão ultrapassar o âmbito da premissa maior, contendo conotação referencial nova e resolvendo as lacunas semânticas (Vilanova, 2009, pp. 129-130).

1.2 A estrutura lógica das normas jurídicas

Inicialmente, deve-se frisar a ambiguidade que cerca o termo "norma jurídica", sendo utilizado ao longo da construção da dogmática em diversos sentidos, o que dificulta bastante a contraposição dos pensamentos dos teóricos do Direito. Partindo das concepções explanadas alhures, entende-se que as normas jurídicas são as significações que a leitura do texto desperta em nosso espírito. É a norma jurídica o juízo hipotético que a percepção do texto provoca no plano do nosso consciente (cf. Carvalho, 2009, p. 128).

Explica-se: a realidade fenomenológica é de uma complexidade infinita e naturalmente incognoscível ao ser humano, fadado às limitações do entendimento, que somente opera com generalidades, nunca com individualidades. Assim, exerce o conceito um papel de forma de pensamento generalizante, que despreza uma infinidade de singularidades objetais, para tornar possível a cognição.

O Direito vem a ser a linguagem que promove o devido corte sobre o evento para constituir uma realidade jurídica, que nada mais é do que um fraseado normativo capaz de justapor-se como antecedente de uma norma individual e concreta, que por sua vez foi construída em observância semântica e sintática da norma geral e abstrata (cf. Carvalho, 2009, pp. 132 e ss.).

Em brilhante exposição, Paulo de Barros Carvalho ensina que a norma jurídica é: "a síntese das articulações que se processam entre as duas peças daqueles juízos, postulando uma mensagem deôntica portadora de sentido completo, pressupõe, desse modo, uma proposição-antecedente, descritiva de possível evento do mundo social, na condição de suposto normativo, implicando uma proposição-tese, de caráter relacional, no tópico do consequente. A regra assume, portanto, uma feição dual, estando as proposições implicante e implicada unidas por um ato de vontade da autoridade que legisla. (...) 'Se o antecedente, então deve-ser o consequente'. Assim diz toda e qualquer norma jurídica" (Carvalho, 2009, p. 131).

Portanto, a proposição-hipótese funciona como descritor de fatos possíveis de ocorrer, assentando-se no modo ontológico da possibilidade, o que afasta a possibilidade de constar no antecedente de uma norma jurídica fatos necessários ou impossíveis. A proposição-tese, por sua vez, prescreve uma relação intersubjetiva que deve se instaurar com a realização da hipótese, entendida como o vínculo jurídico que une dois ou mais sujeitos de direito, estabelecendo obrigações, permissões e proibições de uns em relação aos outros.

O Mestre paulistano prossegue em sua análise da norma jurídica, compondo a estrutura da regra-matriz, através da divisão do antecedente em critério material, temporal e espacial, e o consequente em critério pessoal e objetivo (quantitativo, no específico caso da norma tributária prescritora da obrigação tributária).

Por fim, sustenta o autor a repetição dessa estrutura matricial em qualquer norma jurídica, entendendo a regra-matriz como "*o mínimo irredutível de manifestação do deôntico*" (cf. Carvalho, 2009, pp. 146 e ss.). Por mínimo entenda-se que se trata do agrupamento dos critérios minimamente necessários para que se construa um fato jurídico no antecedente e para que se descreva uma relação jurídica no consequente, e por irredutível entenda-se tratar-se de uma proposição primitiva, em termos lógicos, no sentido de que não pode ser derivada de outra proposição anterior, enquanto operação básica na teoria do cálculo proposicional de Boole (cf. Silva, 2009, pp. 67-68).

O que importa nesse momento é observar que quando se maneja proposições normativas, como a linguagem do Direito, opera-se com uma lógica diferente da alética – destinada à linguagem descritiva – denominada lógica deôntica. Reforça nossa posição o argumento de Hume suscitado anteriormente da impossibilidade de derivação de proposições prescritivas das descritivas e vice-versa.

Dentro da estrutura da norma jurídica, especificamente no consequente, é encontrada uma variável relacional, exercendo a função de um *conceito relacional*, na lição de

Pfaender (*apud* Vilanova, 2009, p. 34), descrevendo uma relação jurídica entre duas pessoas. Essa variável pode assumir três valores possíveis, denominados de modais deônticos: obrigatório (O), o proibido (V) e o permitido (P), aplicando-se nesse caso a lei ontológica do quarto excluso, que impede a presença de outro modal nessa lógica trivalente.

Deve-se também frisar que, na linguagem corrente, afirmar que uma determinada conduta é permitida pode implicar duas coisas distintas: há a permissão unidirecional, sendo vedada a não realização da conduta, ou há a permissão bidirecional, no sentido de franquear a realização ou não da conduta, sendo denominada de "faculdade" (F), sendo definida em termos lógicos como a conjunção da permissão de fazer a conduta "p" e a permissão de não fazer a conduta "p" (cf. Guibourg, 2008, pp. 134-135). Apesar disso não é considerada como uma quarta possibilidade de modal deôntico, pelo fato de ser, em rigor, uma proposição molecular derivada da conjunção de duas permissões, e não monádica e interdefinível como a obrigação, proibição e permissão.

Dito isto, é matemático afirmar que as regras de competência, como qualquer outra norma, dado o primado da homogeneidade sintática já explanada, possuem estrutura lógica obediente ao que foi dito até aqui. Entra em evidência, portanto, o objeto desta monografia: analisar qual o modal deôntico presente no consequente das normas de competência tributária presentes na Constituição Federal, observando-se a sistemática do ordenamento jurídico, entendidas as regras de competência em seu sentido estrito, como aquelas que prescrevem a aptidão do ente federado de legislar em matéria tributária de forma inaugural, introduzindo normas gerais e abstratas que instituem tributos.

1.3 O Direito Positivo como um sistema dogmático

Por se tratar de um sistema desenvolvido pelo constituinte, deve se partir do pressuposto hermenêutico de que o constituinte é um *legislador racional* e que se trata de um sistema dogmático, portanto, como explica Tércio Sampaio Ferraz Júnior, ao tratar dos postulados de um sistema jurídico dogmaticamente organizado.

Defende o autor o "*princípio da proibição da negação dos pontos de partida*", de modo que qualquer decisão do sistema se reporte aos dogmas deste – como já foi dito acima ao descrever o Direito Positivo como um sistema axiomático –, e a "*proibição do non liquet*", pelo qual o sistema deve dar solução a todos os conflitos (Ferraz Júnior, 2012, p. 246).

Ottmar Ballweg (Ballweg, 1989, p. 229) desenvolveu esses postulados, apontando quatro constrangimentos dogmáticos (*Zwange*): a obrigatoriedade de positivar normas jurídicas (*Normsetzungszwang*), a obrigatoriedade de interpretar as regras positivadas (*Deutungszwang*), a obrigatoriedade de decidir (*Entscheidungszwang*) e a obrigatoriedade de fundamentar as decisões (*Begrundungszwang*).

Carlos Santiago Nino nos apresenta as características do constituinte como legislador racional, que devem ser levadas em conta no momento da interpretação constitucional:

"Em primeiro lugar, trata-se de uma figura singular, isto é, apesar da multiplicidade concreta (colegiados, parlamentos, diversos atores num processo legislativo), deve ser pressuposta sua identidade: o legislador.

"Em segundo lugar, é uma figura permanente, isto é, não desaparece com a passagem do tempo e com as mortes das vontades concretas.

"Em terceiro lugar, é único, isto é, é o mesmo para todas as normas do ordenamento, não obstante as diferenças no tempo e no espaço e as diversas competências normativas, como se todo o ordenamento obedecesse a uma única vontade.

"Em quarto lugar, é consciente, ou seja, conhece todas as normas que emana, passadas e presentes, tendo ciência global do ordenamento.

"Em quinto lugar, é finalista, isto é, ao sancionar uma norma sempre tem uma intenção.

"Em sexto lugar, é omnisciente, pois conhece todos os fatos e condutas, nada lhe escapando, sejam eventos passados, sejam presentes ou futuros.

"Em sétimo lugar, é omnipotente, pois suas normas vigem até que ele próprio as substitua soberanamente.

"Em oitavo lugar, é justo, pois jamais deseja uma injustiça, tudo se resumindo numa questão de compreendê-lo bem.

"Em nono lugar, é coerente, ainda quando, aparentemente, se contradiz, bastando para isso invocar a *lex superior*, *posterior* e *specialis*.

"Em décimo lugar, é omnicompreensivo, pois o ordenamento tudo regula, explícito ou implicitamente.

"Em décimo primeiro lugar, é econômico, isto é, nunca é redundante, nunca usa palavras supérfluas, e cada norma, ainda que aparentemente esteja a regular a mesma *facti species*, tem na verdade função própria e específica.

"Em décimo segundo lugar, é operativo, pois todas as suas normas têm aplicabilidade, não havendo normas nem palavras inúteis.

"Em décimo terceiro lugar, é preciso, pois, apesar de se valer de palavras da língua natural, vagas e ambíguas, sempre lhes confere sentido rigorosamente técnico" (Nino, 2010, pp. 386-392).

A partir do raciocínio do Mestre argentino, explica Tércio Sampaio Ferraz:

"A figura do legislador racional esclarece o dever-ser descritivo de Kelsen como um dever-ser ideal, que não assume nem uma competência jurídica nem se confunde com a vontade real. Como regra básica da estrutura da língua hermenêutica (LH), o dever-ser ideal permite entender-se a construção linguística da dogmática interpretativa, por meio da qual se faz a passagem da norma – LN – para a realidade – LR. É a essa terceira língua que se atribui o enfoque privilegiado (competente) que confere sentido à norma, em face da realidade. Por meio da língua hermenêutica reconstrói-se o discurso do ordenamento, como se o interprete 'fizesse de conta que' suas normas constituam um todo harmônico, capaz, então, de ter um sentido na realidade" (Ferraz Júnior, 2012, p. 246).

Dessa forma, fica claro que o interprete, considerando o Direito Positivo como um sistema dogmaticamente construído por um legislador racional, deve interpretar as normas jurídicas como um todo harmônico, observando a integralidade sistêmica que opera e não recortes artificialmente isolados.

1.4 A natureza científica do objeto do trabalho

Aristóteles desenvolveu o seu ideal de ciência com base na geometria euclidiana, como uma ciência dedutiva, exigindo como requisitos da mesma o cumprimento de quatro postulados: a) Postulado da realidade: todo enunciado científico deve referir-se a um domínio de entidades reais; b) Postulado da verdade: todo enunciado científico deve ser verdadeiro; c) Postulado da dedução: se um enunciado pertence a uma ciência, toda consequência lógica desse enunciado deve pertencer a essa ciência; e d) Postulado da evidência: toda ciência deve possuir enunciados tão óbvios que não necessitem de provas (cf. Alchourrón e Bulygin, 2006, pp. 82-83).

A concepção moderna de ciência racional, entretanto, abandonou o postulado da evidência aristotélico através da aplicação de rigorosas deduções pautadas nos desenvolvimentos da lógica simbólica, ao passo que a ciência empírica atenuou o postulado da realidade para se abrir à construção de um sistema dedutivo. Disso evidencia-se que a ciência jurídica pode se focar em duas ordens de problemas distintos: a) de ordem empírica, voltado à eleição de axiomas e proposições primitivas do sistema; e b) de ordem lógico-racional, com vistas à dedução de consequências a partir da base axiomática (cf. Alchourrón e Bulygin, 2006, p. 85).

Como se trata de um problema que envolve uma consequência da análise do sistema jurídico entende-se estar a questão analisada aqui dentro da categoria dos problemas de ordem lógico-racional, e não de ordem empírica, haja vista que o sistema constitucional posto, enquanto marco de unicidade sistemática garante a completude sintática suficiente à construção das conclusões colimadas.

2. Federalismo e a autonomia financeira dos entes federados

2.1 O papel da autonomia financeira na federação brasileira

Por fugir do objeto de investigação, socorre-se à incorrigível definição de Federação, presente nas lições do Mestre Geraldo Ataliba, ao dizer que é "'a autonomia recíproca da União e dos Estados, sob a égide da Constituição Federal'. Esta, por sua vez, é concomitantemente, o pacto (*foedus, foederis*) de união, de associação entre os Estados e a constituição de pessoa com quem eles se não confunde" (Ataliba, 1968, p. XIII).

O caráter federal do Estado brasileiro está insculpido em seu art. 1º,[1] que prescreve a união indissolúvel entre Estados, Municípios e o Distrito Federal, onde se distinguirão (cf. Carrazza, 2011, p. 152) em uma ordem jurídica global (Estado brasileiro) e as ordens jurídicas parciais, central (União) e periféricas (Estados-membros, Municípios[2] e Distrito Federal). Apesar da terminologia central-periférica adotada, deve-se frisar que a Federação implica igualdade jurídica entre os componentes dessas diversas ordens parciais, derivada da autonomia recíproca assinalada por Ataliba.

Analisando a amplitude desta igualdade jurídica entre as ordens estatais, observa-se que é marcada por uma autonomia (não absoluta, típica da ordem global, mas relativa), veiculada através da repartição de competências as mais diversas entre a União e as ordens periféricas, realizada pela Constituição Federal, instrumento superior a todas as ordens jurídicas parciais e que a todas submete.

Pertinente, pois, a argúcia de Victor Nunes Leal, ao apontar como três características típicas da Federação: 1) a rigidez na Constituição (podendo ser tanto absoluta como relativa); 2) a partilha constitucional das competências; e 3) a existência de um poder supremo para resolução de conflitos sobre a aplicação das disposições constitucionais (cf. Leal, 1960, pp. 110-111).

Retomando a questão da autonomia, lapidar é a lição de Antônio de Sampaio Dória, ao dizer que "na técnica do direito público moderno, pode ser tida, em sentido amplo, como a faculdade reconhecida a uma coletividade pública subordinada, de organizar, dentro de certos limites, o seu governo, para a administração do que respeite aos seus peculiares interesses" (Dória, 1963, p. 9), demonstrando que ela se manifesta politicamente, administrativamente, judicialmente e, de grande importância para o Direito Tributário, financeiramente.

Deve-se esmerar análise na autonomia financeira do ente federado.

Mais uma vez, debruçou-se proficientemente sobre o assunto Geraldo Ataliba, explanando que a autonomia política supõe, como condição, a financeira, só podendo se considerar realmente autônomo o governo

1. "Art. 1º. A República Federativa do Brasil, formada pela união indissolúvel dos Estados e Municípios e do Distrito Federal, constitui-se em Estado Democrático de Direito e tem como fundamentos: (...)."

2. Furta-se de adentrar na análise da divergência a respeito da ordem parcial periférica ser composta somente pelos Estados-membros, em atenção à colocação do Prof. Roque Carrazza (ob. cit., p. 150), por não possuírem representação política no legislativo nacional as municipalidades, apesar de terem uma dignidade quase federativa através do princípio da autonomia municipal, e a posição em sentido contrário, carreada por José Souto Maior Borges, entendendo que a Federação é como a Constituição diz que ela é – sem prender-se aos *Idealtypen* weberianos.

que possa contar com fontes próprias de receita e suficientes ao cumprimento de seus desígnios próprios, e para tal mister elege como essencial a rígida distribuição de competências tributárias na Constituição (Ataliba, 1968, pp. 24-25).

Há significativo consenso doutrinário sobre a discriminação de rendas constituir um aspecto nuclear do sistema federal. Anotou Ataliba que, assim como nosso próprio sistema tributário, a discriminação de rendas também é rígida, afirmando que a discriminação de rendas possui, como seu aspecto positivo, a outorga de competência tributária em caráter exclusivo (cf. Ataliba, 1968, p. 35). E ao decorrer de sua magistral obra, explica que a discriminação de competências tributárias entre os entes federativos é necessária para garantir o próprio regime federal, na medida em que "quem não pode legislar em matéria tributária não é senhor, mas simples fâmulo" (ob. cit., p. 42) e ressalta a importância que ela tem para se obter a autonomia financeira e, consequentemente, a autonomia política. No mesmo sentido, apontou Antônio Sampaio Dória:

"No regime federativo, entretanto, onde coexistem paralelamente sobre um mesmo território duas ou mais ordens de poderes autônomos, cada qual competente, portanto, para gravar integralmente fatos, atos ou negócios ocorridos dentro de sua esfera territorial comum, a discriminação de rendas privativamente à União, Estados e Municípios é imperiosa exigência para o equilíbrio do sistema e desenvolvimento de sua economia" (Dória, 1964, p. 115).

Em que pese à concordância com a primeira parte das colocações do Mestre Ataliba, discorda-se quanto à necessidade da rígida distribuição de competências para a garantia da autonomia financeira. Entende-se, junto com Antônio R. Sampaio Dória (cf. Dória, 1972, p. 15) e Luís Eduardo Schoueri (cf. Schoueri, 1998, p. 83) que a forma federativa assegura a autonomia financeira das pessoas políticas de direito público, ainda que seja integralmente através da previsão constitucional de repasses da União. Mas, optando o legislador constituinte pela via da repartição de competências tributárias, a discordância torna-se descompassada com a realidade que o Direito brasileiro refere, por isso não se vai prolongar a discussão.

Afirma Schoueri que "a discriminação de competências tributárias não é requisito de um sistema federal" (cf. Schoueri, 2005, p. 342). Explica que o que o sistema federal exige é a autonomia financeira, que por sua vez, não se confunde com a discriminação de competência. E prossegue: "O que importa é assegurar que os integrantes da federação tenham autonomia financeira, i.e., que tenham orçamentos próprios, com recursos assegurados independentemente de repasses de outros entres".

Ou seja, não obstante reconhecer que o fato de o legislador constituinte ter optado pela repartição de competências implica importantes consequências, afasta, de imediato, a necessidade de tal repartição como condição de existência de um Estado Federal, ao encontro do que defende Geraldo Ataliba. Defende que a discriminação de rendas, tal como ocorre nos arts. 157 e ss. da Carta Magna e no Simples Nacional (LC n. 123/2006), esta sim é condição necessária ao Estado Federal.

Dessa forma, discorda-se da colocação de Tácio Lacerda Gama ao afirmar, em termos genéricos, que a Federação teria como alicerce necessário a repartição das competências tributárias (Gama, 2010, p. 205), havendo divergência com o pensamento de Amílcar Araújo Falcão, que atribuiu o papel de alicerce federativo à discriminação de rendas, e não de competências (Falcão, 1965, p. 9).

O importante é fixar que a autonomia financeira do ente federado está estritamente ligada à capacidade de adquirir receita, independentemente da vontade dos outros entes, para a manutenção de seus desígnios próprios, delimitados constitucionalmente.

Dessa forma, observada a premissa apontada inicialmente de que o sistema deve ser interpretado como um todo harmônico fruto da atividade do *legislador racional*, é curial a conclusão de que a Constituição deve ser interpretada sempre de forma a garantir a autonomia financeira necessária à consolidação do federalismo que consagra.

2.2 O tributo dentro do quadro de receitas do Estado

O tributo apresenta-se como uma das categorias de ingresso público. A classificação que goza de maior prestígio é a que separa a receita derivada – ou de direito público – da receita originária – de direito privado (cf. Torres, 2007, p. 16), havendo relativo consenso no direito comparado. Exceções notáveis são a de Benedetto Cocivera, que as divide em entradas tributárias e não tributárias (cf. Cocivera, 1965, p. 133), e a da doutrina alemã, que separa entre *Abgaben* – sentido geral de ingresso público – e *Geldabgaben* – no sentido de prestação pecuniária decorrente de tributo (cf. Kruse, 1991, p. 225, e Hensel, 2005, p. 83).

A receita e a despesa compõem, digamos assim, um pressuposto do conhecimento do tributo, pois não há como, dentro de um Estado Democrático Fiscal, olvidar dessa análise integrada do Direito Tributário e Financeiro. E isso se reflete, sobretudo, no próprio conceito de tributo, que sobreleva a destinação às necessidades essenciais desse Estado que lhe impõe (cf. Torres, 2007, p. 35).

De fato, a doutrina ocupou-se em definir o conceito de tributo envolvendo a relação de receita-despesa, como na construção de Ferreiro Lapatza, "uma obrigação, estabelecida por Lei, de dar uma importância em dinheiro, de acordo com o princípio da capacidade, em favor de um ente público para sustentar seus gastos" (Lapatza, 2007, p. 141), e em especial na Alemanha, onde Klaus Tipke observa que a primeira limitação ao poder de tributar é o próprio conceito de tributo (cf. Tipke, 2008, p. 89), apontando que o *Bundesverfassungsgericht* (Corte Constitucional Alemã) recepcionou o conceito de tributo do § 1º do *Reichabgabenordnung* (RAO) de 1919, da lavra de Otto Mayer, sendo depois positivado no § 3º, I, do *Abgabenordnung* (AO) de 1977, onde define imposto como "(1) Steuern sind Geldleistungen, die nicht eine Gegenleistung für eine besondere Leistung darstellen und von einem öffentlich-rechtlichen Gemeinwesen zur Erzielung von Einnahmen allen auferlegt werden, bei denen der Tatbestand zutrifft, an den das Gesetz die Leistungspflicht knüpft; die Erzielung von Einnahmen kann Nebenzweck sein".[3]

E no KAG-NW,[4] § 4º II, define taxa como "(2) Gebühren sind Geldleistungen, die als Gegenleistung für eine besondere Leistung – Amtshandlung oder sonstige Tätigkeit – der Verwaltung (Verwaltungsgebühren) oder für die Inanspruchnahme öffentlicher Einrichtungen und Anlagen (Benutzungsgebühren) erhoben werden".[5]

As definições apontadas pelo tributarista alemão evidenciam a forte influência que o direito tributário alemão teve sobre os ordenamentos europeus e do além-mar, especialmente no Brasil, pela definição prescrita pelo Código Tributário brasileiro, com o acréscimo do exercício de poder de polícia como materialidade das taxas.

Mais do que a dogmática, a estatística sufraga nossa posição. Conforme levantamento realizado pelo Deputado Federal Júlio César, mais de um terço da receita para fazer frente aos orçamentos dos Estados foi decorrente de repasses constitucionais da União, derivados da arrecadação tributária, e nos Municípios os repasses são ainda mais significativos (cf. Lima, 2012, pp. 51-63).

São valores altos o suficiente para que se possa afirmar veementemente que o tri-

3. "(1) Prestação pecuniária que não representa uma contraprestação por uma prestação especial e são exigidos por um ente público para a obtenção de receitas de todos em relação aos quais se realiza o tipo, ao qual a lei coliga o dever de prestação, a obtenção de receitas pode ser fim acessório."

4. *Kommunalabgabengesetz für das Land Nordrhein-Westfale.*

5. "(2) prestações pecuniárias cobradas como contraprestação por uma especial prestação – atividade administrativa ou atividade diversa – da Administração ou para o uso de estabelecimentos ou parques públicos."

buto tem de ser analisado dentro da equação financeira composta pelas despesas que lhe são correspectivas (cf. Torres, 2007, p. 19), abrindo vista à doutrina da "*Tax Expenditures*", desenvolvida por Surrey e McDaniel, nos Estados Unidos, passando a denominar "gasto tributário" o incentivo com sede na receita e trata-lo como se fosse despesa (cf. Surrey e McDaniel, 1985, p. 1).

Chega-se a uma conclusão similar a respeito da importância dos tributos para a composição da receita – e da autonomia financeira – dos entes federados se trilhado o caminho da análise dos dispositivos referentes à ordem econômica na Constituição de 1988.

Eros Roberto Grau, reconhecido estudioso do tema, não hesita em afirmar que a atuação direta do Estado na economia, como agente, deve se dar em via excepcional, focando mais na regulação das atividades econômicas, devido à composição do atual Estado Neoconcorrencial em que se encontra o Brasil (cf. Grau, 2008, pp. 16-17).

Ora, os fortes entraves ao desenvolvimento das fontes de receita originária necessariamente reforçam a importância da receita derivada (em especial os tributos) para a composição de caixa dos entes federados.

Depois de tudo que foi dito, torna-se até trivial a afirmação de que o Estado brasileiro é um Estado Fiscal, entendido como o "Estado cujas necessidades financeiras são essencialmente cobertas por impostos" (Nabais, 2009, p. 165), baseado nas transferências da economia privada para o Estado. Expressão pertinente e de cunho longínquo, remetendo à obra de Lorenz Von Stein, *Lehrbuch der Finanzwissenschaft*, I, 1885 e II, 1886, que se tornou devidamente divulgada com o problema surgido após a 1ª Guerra Mundial, sobre um modo eficiente de capitalização dos Estados economicamente debilitados.

Enfim, todas estas colocações foram necessárias para ressaltar o papel do tributo dentro do Estado brasileiro e na determinação da autonomia financeira dos entes federados. Como Schumpeter observou, o tributo tem uma relação tão profunda com o Estado, que a expressão "Estado Fiscal" poderia ser considerada um pleonasmo (cf. Schumpeter, 1976, p. 22).

3. Norma de competência tributária: estrutura e características

3.1 O sentido da competência tributária

Estando devidamente exposto o papel da autonomia financeira dentro do Estado federal, e a importância do tributo para o alcance da referida autonomia, pode-se tranquilamente partir para a exposição a respeito das normas de competência tributária.

O Direito Positivo corresponde ao conjunto de normas jurídicas válidas em um ordenamento, como foi dito na parte inicial do trabalho. Essas normas, enquanto estruturas hipotético-condicionais prescritivas de condutas, estruturam-se hierarquicamente, remetendo a doutrina clássica (Kelsen, 2000, pp. 72-74) à forma escalonada, cujo ápice seria composto pela Norma das Normas, a Constituição.[6]

A Constituição somente tem lugar nesse intrincado *Stufenbau* (para utilizar a terminologia particular de Adolf Merkel), como explica Marcelo Neves, dentro de um contexto de diferenciação interssistêmica, como marco de separação entre subsistemas do sistema social, mas ao mesmo tempo se posta como meio de acoplamento estrutural entre esses mesmos sistemas (Neves, 2010, pp. 53-54).

Como instância mais elevada do sistema jurídico, a Constituição trespassa todas as dimensões deste, dando-lhe consistência e fechamento. Dessa forma, estabelece os pro-

6. E não a norma hipotética-fundamental, como insistem alguns leitores de Kelsen, que esquecem-se de seu caráter de pressuposto gnosiológico-transcendental, pertencendo, pois, à Filosofia do Direito e não ao Direito Positivo.

cedimentos a serem seguidos para o ingresso de normas do sistema, bem como viabiliza a comunicação com todos os subsistemas do social (tomado no seu sentido luhmanniano, como o mais abrangente dos sistemas, compondo o universo comunicacional total).

Pode-se, em analogia biológica, considerar a Constituição como a membrana mais externa da célula que é o sistema jurídico que, enquanto circunscreve o seu conteúdo, apresenta-se porosa à comunicação com outros subsistemas do social que lhe tangenciam, portando-se como filtro de irradiação e influências recíprocas.

Este ingresso de normas no ordenamento jurídico, de forma inaugural, se dá através do exercício das competências legislativas concedidas constitucionalmente aos entes federados, gênero do qual são espécies as competências legislativas tributárias, pelos órgãos estatais para tanto. Como ensina Jorge Miranda, "por órgão do Estado entende-se, pois, o centro autônomo institucionalizado de emanação de uma vontade que lhe é atribuída, sejam quais forem a relevância, alcance, os efeitos (externos ou mesmo internos) que ela assuma" (Miranda, 1997, p. 285).

Competência legislativa, segundo Paulo de Barros Carvalho, é "a aptidão de que são dotadas as pessoas políticas para expedir regras jurídicas, inovando o ordenamento positivo" (Carvalho, 2010, p. 266). Opera-se pela observância de uma série de atos, cujo conjunto caracteriza o procedimento legislativo.

No Brasil, as competências tributárias estão rigidamente e exaustivamente repartidas entre os entes federados, com a finalidade de permitir a todos a instituição de tributos suficientes à forra de suas receitas. Ataliba atribui essa rigidez na repartição a três fatores: a) manutenção da autonomia financeira; b) evitar conflitos de competência tributários; e c) obviar a bitributação jurídica (cf. Ataliba, 1968, p. 26). E nisto o constituinte se esmerou – não há notícia de sistema tão exaustivo de repartição como o brasileiro.

Dessa forma, o sentido preponderante da atribuição das competências tributárias aos entes federados, em que pesa à possibilidade de utilização extrafiscal dos tributos, é a de garantir meios de manutenção da autonomia financeira de forma independente dos outro entes, podendo dessa forma prestar utilidades públicas à população e manter o Estado em franco funcionamento – função viabilizadora da arrecadação, portanto.

3.2 Estrutura da norma de competência tributária

Em se tratando da análise sintática das normas de competência, Norberto Bobbio fez profundo estudo da estrutura lógica das mesmas (dentro de um estudo das sobrenormas em geral, da qual a norma de competência é espécie), e chegou à conclusão de que na sua estrutura existem dois modais deônticos justapostos, voltados os respectivos comandos veiculados ao legislador.

Dessa forma, partindo do dado de que a lógica deôntica – que trata das proposições jurídicas – possui a possibilidade ontológica de três modais (permitido, obrigatório e proibido), pode-se concluir que a partir dos três ele alcançou a nove combinações possíveis de modalização, que corresponderiam às categorias de normas de sobrenível (Carvalho *apud* Carrazza, 2010, p. 726). A partir deste estudo, concluiu Paulo de Barros Carvalho que a norma de competência tributária se tratava de uma permissão para obrigar (PO), estando dentro dessa competência várias outras competências conaturais como disciplinar, regular, sancionar, etc. (Carvalho *apud* Carrazza, 2010, p. 727).

Transpondo a ideia de Andrea Proto Pisani que, versando sobre o sistema da tutela jurídica, demonstra que o direito de ação pode ser visto macroscopicamente, abrangendo uma variedade de elementos conaturais ligados a ele dentro da sistemática em que se insere, e que só podem ser desvelados por uma investigação microscópica sobre o feixe normativo, podemos compreender de melhor a competência tributária e a razão do problema semântico em torno do tema.

No Direito brasileiro, a competência tributária (ainda que isolada em termos legislativos, somente) não se resume à aptidão de produzir norma jurídica instituindo o tributo, que corresponderia ao seu aspecto estrito. Ela enfeixa uma série de competências correlatas que se confundem com ela – em uma visão macroscópica – mas que saltam aos olhos se aprofundada a análise. Vários autores reconhecem a existência desses elementos conaturais, mas sem aprofundar-se nos mesmos. Inclusive os apontam com muita proficiência, como poderes derivados, quais sejam: o poder regulamentar, poder de cobrança, poder de fiscalização, poder de aplicar sanções, o poder de imputar deveres instrumentais, poder da jurisdição administrativa – todos esses "poderes derivados" relacionados à competência impositiva. Em que pese à variedade de sentidos possíveis que essa percepção do fenômeno descortina, frisa-se que o objeto dos estudos é a norma competencial em sentido estrito, sua manifestação microscópica.

E sobre isto Tácio Lacerda Gama (Gama, 2009, p. 218), em seu típico rigor analítico, concluiu que a norma de competência tributária tem no antecedente a descrição do processo de enunciação necessário à criação dos tributos, imputando-se a este fato uma relação jurídica cujo objeto é uma faculdade (permissão positiva e negativa) ou uma obrigação de produzir uma norma, conforme disposição do Ordenamento Jurídico (cf. Gama, 2003, p. 73). Nas palavras do autor: "A locução 'norma de competência tributária' pode ser entendida como o signo, formado com base nos textos de direito positivo, a partir do qual se constrói um juízo condicional que contempla em sua hipótese as condições formais de criação de uma norma e, no seu consequente, os limites materiais da competência tributária" (Gama, 2009, p. 218).

Entende-se desta posição do autor que o caráter obrigatório ou facultativo do exercício da competência deriva de uma análise sistemática do sistema constitucional tributário.

3.3 As características da competência tributária

Prosseguindo na exposição que a doutrina faz sobre o tema, é cediça a atribuição de uma série de características à competência tributária sobre as quais há poucas divergências – no mais, regras gerais e exceções. E é nesse ponto que vai residir o objeto de investigação. São características citadas na dogmática tributária: a originariedade, a incaducabilidade, privatividade, irrenunciabilidade, indelegabilidade, vinculação obrigatória, inalterabilidade e facultatividade (está última será tratada em tópico posterior).

Todas as competências constitucionais, por derivarem diretamente do poder originário, no momento de estabelecimento e distribuição nesse altiplano normativo, são entendidas como *originárias*, ao contrário daquelas que já buscam seu fundamento na própria Constituição, que seriam derivadas (cf. Torres, 2011, p. 357).

Uma implicação de tal constatação, analisada sob o prisma da premissa do Direito Positivo enquanto sistema dogmático é a necessidade de que as mesmas sejam harmônicas com a integralidade sistêmica em que estão inseridas, por derivarem da vontade do legislador racional. Além disso, sua originariedade evidencia que não se trata de uma parcela do poder constituinte, como alguns entendem, mas uma concessão constitucionalmente delimitada do constituinte aos entes federados, com o objetivo de garantir a autonomia financeira dos mesmos.

Outra característica, a *incaducabilidade* da competência tributária, era até pouco tempo incontestável, implicando que o poder de instituir o tributo não se perderia nunca por decurso do tempo. Nesse mesmo sentido o art. 8º do Código Tributário Nacional é expresso em dizer que "o não exercício da competência tributária não a defere a pessoa jurídica de direito público diversa daquela a que a Constituição a tenha atribuído". Entretanto, com a instituição da CPMF restou relativizada essa propriedade, pois havia um prazo rigorosamente delimitado para o exercício dessa competência (em que pese às sucessivas prorrogações que recebeu), como observou Tácio Lacerda (Gama, 2010, p. 271).

Entretanto, deve-se abrir vênia para apontar o equívoco que cerca a denominação dada a essa característica pela doutrina tradicional, sem observar o real sentido de caducar ou decair um direito. Parece haver, em rigor, um critério temporal restrito, de modo que o antecedente dessa norma somente poderia ser realizado durante esse tempo limitado, entretanto, não há perda do Direito, mas uma impossibilidade lógica de ocorrência do antecedente dessa norma após o transcurso do tempo, de modo que passa a norma de competência a prever no seu antecedente fato impossível, violando o modo ontológico da possibilidade ao qual está adstrito o antecedente da norma jurídica, como foi dito alhures.

O caráter *privativo* é decorrência da rígida e exaustiva repartição das competências tributárias realizada pelo constituinte, diante dos dois lados da moeda da competência: de um lado há o poder dado a um ente para tributar uma determinada materialidade, e do outro a proibição de que todos os outros exerçam essa mesma competência.

Tal propriedade também não restou indene. Paulo de Barros Carvalho contestou essa propriedade, afirmando que, em rigor, somente a competência da União seria privativa, pois no exercício da competência extraordinária ela poderia invadir os campos competenciais próprios dos outros entes federativos (cf. Carvalho, 2010, p. 272). Em sentido contrário, Roque Carrazza entende mantida a propriedade, tratando-se o caso dos impostos extraordinários, como o próprio nome indica, uma excepcionalidade que não infirma, mas confirma, a regra geral da privatividade (Carrazza, 2010, p. 453).

A *irrenunciabilidade* e *indelegabilidade* das competências também são decorrência da forma como foram distribuídas entre os entes federados, aliada à estrutura rígida da Constituição Federal, caso contrário permitir-se-ia que houvesse burla à vontade do legislador, através de atos infraconstitucionais que realocassem as competências entre os entes. Isso só evidencia que as competências são concessões do Poder Constituinte aos entes federados, estando desprovidos os mesmos de qualquer forma de disponibilidade ou propriedade sobre essa concessão, e somente podendo exercê-la em estritos lindes (cf. Berliri, 1985, p. 142).

Além disso, como observa Tácio Lacerda Gama, a indelegabilidade possui duas feições distintas: a) uma em sentido amplo, que veda a delegação de toda e qualquer faixa de competência de uma pessoa política a outra; e b) a segunda que diz respeito à impossibilidade de delegação ao poder executivo a competência que deverá ser exercida pelo poder legislativo do ente federado (cf. Gama, 2010, p. 270).

A vinculação obrigatória às tipologias tributárias é propriedade observada por Luís Eduardo Schoueri, pois "enquanto o constituinte contemplou a realidade econômica do ponto de vista tipológico, com a fluidez a ele inerente, impôs ele ao legislador complementar a tarefa de expressar a mesma realidade através de conceitos, seja por meio de definições de fatos geradores, bases de cálculo e contribuintes, seja através da imposição de limites em casos de conflitos" (Schoueri, 1998, p. 113). Para o autor, a Constituição contém conteúdos semânticos mínimos (noções genéricas) nas normas de competência, a serem observados em conjunto com os princípios e garantias constitucionais.

Discorda-se, *data maxima venia*, da opinião do autor pela "inexistência" de conceitos constitucionais para as materialidades previstas nas normas de competência, e sim tipos a serem consolidados posteriormente, pelo legislador complementar. Essa estrutura típica utilizada por eles apresentaria um pequeno núcleo duro, que se repetiria em todas as incidências típicas, mas também teria uma série de caracteres acidentais. Ou seja, em termos lógicos, poderíamos representar a função proposicional de pertinência da classe inaugurada pelo referido "tipo" da seguinte forma: ⊢: P1 . P2 .(...). Pn . Q1 v ~Q1. Q2 v Q2.(...). Qn v ~Qn.

Explicando essa construção simbólica, ela representa a existência de uma determinada quantidade de variáveis que necessitam estar preenchidas, e uma série de outras que podem ou não estar presentes (acidentais), sem alterar a adequação da hipótese à forma de pensamento.

Se bem se observa, ela reproduz *in totum* a forma de um conceito, com a existência de elementos essenciais ao objeto e elementos acidentais, para adotar a terminologia conceitual aristotélica. A repetição dos caracteres "peculiares" do tipo nas estruturas conceituais, demonstrando ao fim que a diferença entre ambos é meramente quantitativa e não qualitativa.

Retomando as características, a respeito da *inalterabilidade*, o fundamento é o mesmo: discriminação rígida e estrita das competências. Entretanto, cabe certo temperamento nessa regra, sobretudo em razão da possibilidade de mutação constitucional, que indiretamente poderia alterar a competência tributária (cf. Torres, 2011, p. 360). Em sentido contrário, Paulo de Barros Carvalho defende a possibilidade de alteração das competências tributárias através de emenda constitucional, desde que não se comprometa a integridade da autonomia financeira da Federação (Carvalho, 2010, p. 223).

3.4 O modal deôntico no consequente da norma de competência tributária

Nesse momento discutir-se-á a propriedade diretamente relacionada ao tema do trabalho: o modal deôntico no consequente da norma de competência tributária, cuja conduta prescrita é "introduzir norma tributária em sentido estrito, geral e abstrata, de forma inaugural no ordenamento jurídico".

A *facultatividade* a qual se opõe reservas neste trabalho, que consiste na afirmação de que o exercício da competência tributária é uma faculdade de seu detentor (Carvalho, 2010, p. 272). Conforme foi exposto no primeiro capítulo, teria o detentor da competência permissão para instituir o tributo ou para não fazê-lo. A seguir serão expostos os argumentos utilizados por quem defende a plenitude de tal característica, seguidos das respectivas refutações que se entende pertinentes.

O primeiro argumento que assinala respeitável doutrina é que, conquanto não possa delegar suas competências tributárias, são livres os entes para dela se utilizar ou não, socorrendo-se ao argumento *a fortiori* de que "quem pode o mais" – instituir o tributo – "pode também o menos" – não instituir (cf. Carrazza, 2011, p. 725).

De fato, o argumento *a fortiori ratione*, do tipo *a maiore ad minus*, é aplicável e válido para a construção de argumentos, conforme mansa lição dos estudiosos da Lógica (cf. Silva, 2009, p. 60). Entretanto, neste caso, deve ser visto com temperamentos, em razão de um imperativo ontológico do Direito, conjugado aos pressupostos da verdade da inferência, para evitar a produção de falácias e inverdades.

A veracidade da inferência depende de dois fatores: a) a verdade das duas premissas; e b) da transitividade das mesmas. Ocorre que a transitividade nesse caso deve ser aferida no próprio Direito – é um dado extralógico – e é caráter contingente nas relações jurídicas. Neste caso, a primeira premissa é "*ao legislador é permitido produzir determinada norma*", e a segunda é "*a permissão para fazer algo inclui a permissão para não fazê-lo*", de onde inferem que "*o legislador que tem permissão para produzir norma também tem permissão para não fazê-lo*".

Ora, a inferência não está de todo correta, pois, a segunda premissa não é necessariamente verdadeira – a permissão para uma conduta não implica necessariamente a permissão para omiti-la (somente dos casos que houver uma faculdade, que corresponde à permissão de fazer e de omitir) –, da mesma forma que uma permissão pode derivar também de uma obrigação.

Partindo do axioma lógico Pp v P-p (lei da subcontrariedade), (i) pode-se comutá-lo, chegando a P-p v Pp; (ii) aplica-se a lei de definição do condicional,[7] para se chegar a -P-p → Pp; (iii) como -P-p equivale a Op, tem-se que Op → Pp (lei de subalternação deôntica). Ou seja, tudo que é obrigatório também é permitido (cf. Guibourg, 2008, p. 131).

Portanto, entra-se em uma *petitio principii* ao utilizar o argumento *a fortiori* nesse caso, pois se pressupõe na segunda premissa que a permissão é faculdade, ou seja, há uma identidade entre a premissa e a conclusão. A falácia salta aos olhos através reconstituição das premissas, desta vez aclarados os termos desta: "ao legislador é permitido legislar" e "a permissão é uma faculdade", logo "o legislador tem a faculdade de legislar". Explicando melhor, a conclusão de que a permissão para instituir o tributo afirma a permissão para não instituí-lo só é válida se a premissa for a de que se trata de uma *faculdade*, o que não é necessariamente verdade, infirmando a posição do citado autor.

Dessa forma, o argumento *a fortiori* de nada vale para confirmar a facultatividade do exercício da competência tributária.

O segundo argumento suscitado é que o art. 8º do Código Tributário enuncia a necessária *improrrogabilidade* da competência tributária, da qual derivaria a facultatividade do seu exercício (cf. Sousa, Ataliba e Carvalho, 2007, p. 93).

Neste caso, parece haver uma falsa questão.

O fato da competência não se transferir pelo não exercício da mesma não implica necessariamente que o exercício da mesma é facultativo. Exemplos disso são certas competências fiscalizatórias às quais estão obrigados os entes federados – se eles não a exercerem, disto não decorre a transferência dessas competências para outros. Isso é uma decorrência do caráter intensivo das normas de competência, em razão da vastidão e rigidez com que foram distribuídas na Constituição, sendo absolutamente excepcionais as competências concorrentes.

Além disso, não convém alterar o regime jurídico das competências constitucionais de acordo com a legislação infraconstitucional – é um inaceitável desrespeito à hierarquia normativa.

O terceiro argumento que levantam os defensores da facultatividade é o de que ser titular de parte da receita tributária não o torna titular de parte da competência também. Concorda-se inteiramente com esse argumento, mas não se vê como isso infirma a obrigatoriedade do exercício da competência tributária em certos casos.

Sobre esses repasses, Antônio Sampaio Dória, há muito, observou que podem ter vários tipos:

"(a) pela participação na arrecadação, o ente federativo agraciado tem uma pretensão diretamente relacionada com o montante de uma específica receita fiscal, e pode exigi-la; tal participação se faz através de uma porcentagem na arrecadação (*shared taxes*), a qual é coletada pelo próprio poder beneficiado ou lhe é transferida pelo titular do imposto, ou se faz através da cobrança de um adicional sobre o tributo alheio, sendo tal arrecadação procedida pelo próprio poder beneficiado.

"(b) pela participação em fundos, a entidade favorecida tem normalmente apenas uma expectativa de recebimento da quantia proveniente da arrecadação de determinado tributo; inexiste vínculo direto entre a arrecadação e o direito de dela participar, em percentagem definida, tanto que a repartição

7. (p v q) ≡ (-p → q)

desses fundos é procedida não segundo critério de vinculação direta da cobrança tributária e órgão federativo participante (laços territoriais ou materiais), mas segundo diretrizes alheias a essa relação como grau de desenvolvimento econômico, população, superfície, nível de receitas, etc.; técnica adequada, conforme se nota, para efetuar uma redistribuição geográfica das rendas tributárias, carreando-as do local de produção para regiões delas mais necessitadas.

"(...).

"A participação não vinculada é aleatória, motivada por considerações de solidariedade federativa, quer em caráter institucionalizado, atendendo às unidades incapazes de se auto-sustentarem e financiando projetos ou atividades específicas, quer intermitente, para socorrer a calamidade ou emergências. Comumente, assume feição de auxílios e subvenções (*grants-in-aids*), conferidos de uma entidade federativa a outra, sendo a finalidade de utilização pré-determinada ou clausulada pelo poder concedente (*block grants*)" (Dória, 1972, pp. 21-22).

Disto, pode-se seguramente partilhar de conclusões esposadas por Tácio Lacerda Gama, ao inferir as seguintes consequências: a) as competências podem ser ampliadas ou restringidas desde que assegurada a repartição do produto da arrecadação ao ente que as perde, para não comprometer a autonomia financeira; b) não há empecilho à concentração dessas competências em um só ente desde que se proteja a autonomia financeira com a manutenção de um rígido sistema de repasses; logo c) as competências tributárias não estariam entre as matérias submetidas à proteção pétrea (cf. Gama, 2010, pp. 202-203).

Ora, tanto é assim que, diante da omissão do ente federado em exercer suas competências tributárias, a Lei de Responsabilidade Fiscal, em seus arts. 11 e 14, prevê duras sanções a ele caso não haja compensações às pessoas políticas eventualmente prejudicadas. E a estas, além da expectativa compensatória, restam-lhes também buscar a declaração constitucional da omissão através da ação própria, como se verá.

Por fim, um quarto argumento consiste em afirmar que o exercício da competência se trata de uma decisão política, não podendo o seu detentor ficar obrigado ao seu exercício. Trata-se de um vetusto argumento que parte da falsa concepção de um sistema político absolutamente alheio ao jurídico, esquecendo-se que a Constituição é a chave de abóbada de todos eles. Para refutá-lo, dá-se a palavra a Marcelo Neves:

"A democracia como racionalidade do sistema político importa uma legitimação por *input*: cadeia ou rede de procedimentos circularmente conectados, que vincula as decisões políticas ao apoio e ao controle do povo constitucional como instância procedimental que fecha o sistema político. Essa é a dimensão da racionalidade interna como consistência democrática do sistema político.

"(...).

"A Constituição estatal moderna surge como uma 'ponte de transição' institucional entre política e direito e, assim, serve ao desenvolvimento de uma racionalidade transversal específica, que impede os efeitos destrutivos de cada um desses sistemas sobre outro e promove o aprendizado e o intercâmbio recíproco de experiências como uma forma diversa de racionalidade" (Neves, 2009, pp. 64-67).

Palavras claras que expõem a face do constitucionalismo moderno, onde a própria racionalidade política passa pela expressão máxima do Poder Originário – a Constituição Federal.

Dessa forma, as decisões políticas não podem ser arbitrárias, mas sim racionalmente construídas conforme a observância dos preceitos constitucionais que, como ficará patente à frente, pugnam pela eventual obrigatoriedade do exercício da competência tributária.

Entende-se que tão rígido foi na repartição de competências quanto foi na discriminação constitucional das rendas tributárias, o constituinte. Prolongaram-se por seis artigos e vários incisos a minúcia constitucional sobre a forma que a renda tributária seria repartida, tamanha a importância dela para a composição das receitas dos entes federados e, consequentemente, para a garantia de sua autonomia financeira.

Conforme dito alhures, a repartição das competências tributárias não é a única forma de garantir a autonomia financeira dentro de uma Federação. Pode-se, por exemplo: a) concentrar a competência toda nas mãos da União, como o faz um Estado Unitário, e fixar rigidamente a repartição das receitas tributárias; b) estabelecer limites ao poder de tributar e deixar os entes com competências concorrentes, deixando à Corte Suprema a resolução dos conflitos e a produção da jurisprudência determinadora dos lindes da tributação, como no exemplo dos Estados Unidos; ou c) copiar certos Estados Federais que apresentam discriminação de competências através de "acordos de adesão" (Argentina) ou "convenções nacionais fiscais" (México), ou primazia tributária da ordem federal à estadual (Alemanha), elementos que enfraquecem a forma federal de Estado, aproximando-a da tênue linha que a separa da forma de Estado unitária e descentralizada (cf. Ataliba, 1968, 67-88). Com essa breve enumeração de possibilidades não se pretende sequer se aproximar de esgotá-las.

Enfim, a rígida repartição de competências tributárias bastantes e suficientes à composição da receita dos entes e a concentração das competências em um só ente, com a exaustiva distribuição da receita, compõem os *Idealtypen* evocados por Max Weber (Weber, 1985, p. 4), ficando ao talante do constituinte a composição de um meio termo, tomando elementos de cada um dos extremos, a fim de criar um método que melhor se adapte ao Estado.

No caso brasileiro, resolveu o constituinte repartir as competências e, ao mesmo tempo, determinar a repartição de certas receitas tributárias, para poder fazer frente aos orçamentos robustos de todos os entes federados. E o método, para o bem ou para o mal, vem funcionando, como foi demonstrado acima com o dado de que mais de um terço do orçamento desses entes é coberto por repasses da União, sem sequer contabilizar os repasses entre Estados e Municípios.

Como dito no início, não se pode perder de vista que a função precípua do tributo – sem desconsiderar o fenômeno da extrafiscalidade – é a arrecadação de receita para que o Estado possa cumprir seus desígnios constitucionais – comandos derivados do Poder Constituinte que pertence ao Povo.

Dessa forma, em se considerando facultativo o exercício de competência tributária no caso de um imposto cuja arrecadação pertença, toda ou parcialmente, às demais pessoas políticas da Federação, haveria de se conceber a hipótese de, por exemplo, a União cessar a cobrança de todos os seus impostos dessa natureza, sendo seguida pelos Estados. Tal situação, sem dúvida limítrofe, geraria uma absoluta carência de recursos aos Municípios, o que poria fim, por certo, em sua autonomia financeira e, logicamente, política.

Interpretar a norma de competência dessa forma é abrir ensanchas à violação da forma federativa do Estado, cláusula pétrea da Constituição. Há que se interpretar inteligentemente o texto. Não se pode olvidar da figura do *legislador racional*, pressuposto do Direito Positivo enquanto sistema dogmático, visando conciliar seus diversos, e por vezes contraditórios, dispositivos, mas buscando sempre priorizar àqueles que a própria Constituição concedeu dignidade maior, como o princípio federativo.

Ora, furtar-se de instituir o tributo nos casos que o imposto tenha repartição futura prescrita pela Constituição é burlar o sistema de mantença da autonomia financeira dos entes federados pensado pelo legislador constituinte. É possibilitar um verdadeiro "egoísmo institucional".

Não deveria causar espécie aos estudiosos do Direito Tributário tal ideia. Semelhante raciocínio já fora aplicado outrora por Paulo de Barros Carvalho, ao defender a obrigatoriedade dos Estados em instituir o ICMS. Senão veja-se:

"Todavia, a exceção vem aí para solapar o caráter de universalidade da proposição: refiro-me ao ICMS. Por sua índole eminentemente nacional, não é dado a qualquer Estado-Membro ou ao Distrito Federal operar por omissão, deixando de legislar sobre esse gravame. Caso houvesse uma só unidade da federação que empreendesse tal procedimento e o sistema do ICMS perderia a consistência, abrindo-se ao caso das manipulações episódicas, tentadas com tanta frequência naquele clima que conhecemos por 'guerra fiscal'. Seria efetivamente um desastre para a sistemática impositiva da exação que mais recursos carreia para o erário do País. O ICMS deixaria, paulatinamente, de existir" (Carvalho, 2010, p. 273).

Ora, no caso levantado pelo Mestre paulistano evidencia-se que a necessidade de manter íntegro o Estado brasileiro exige uma construção da norma de competência como uma obrigação – nesse caso para fins de manutenção da integridade do mercado nacional, e no caso que se expõe ao longo do texto, para sustentar o regime federativo.

Ainda que se diga que a receita a ser repartida é um *posterius* em relação à relação jurídica tributária, é dever do ente competente a viabilização dos meios de surgimento dessa receita (ainda que *in abstrato*), através do exercício legislativo. Negar-se a instituir o tributo nesses casos é vitanda inconstitucionalidade por omissão, por violar o princípio federativo ao comprometer a autonomia financeira, nos moldes desenhados pela CF.

Diante da constatada omissão inconstitucional, já se afasta de pronto outra eventual objeção à ideia, qual seja a ausência de métodos para impor o exercício tributário, haja vista que a declaração da omissão pelo Supremo Tribunal Federal é uma realidade (através da Ação Declaratória de Inconstitucionalidade por Omissão) e, ultrapassado o prazo concedido para a legislatura, estaria patente a possibilidade de o ente prejudicado requerer compensação financeira do ente prejudicador.

Compartilhando deste entendimento, empresta-se a palavra a Heleno Taveira Torres, Professor de Direito Tributário da Faculdade de Direito do Largo do São Francisco: "Com olhos debruçados sobre a discriminação de rendas tributárias (pelo produto), cumpre indagar: são mesmo facultativas as competências (discriminação pela fonte) quando o respectivo produto da arrecadação pertença, no todo ou em parte, às demais pessoas políticas, ou estaria obrigada, a pessoa competente, a legislar, no mais breve espaço de tempo possível, criando a receita *in abstracto*, sob pena de indiscutível inconstitucionalidade, pela afetação ao princípio do pacto federativo, provocada pela redução das rendas dos destinatários constitucionais do produto? Ora, afastado o direito à receita do tributo de vinculação obrigatória, a discriminação pela fonte (competência) perde a facultatividade, devendo ser exercida de pronto, passível de ação direta de inconstitucionalidade por omissão, para fazer valer o referido direito" (Torres, 2011, p. 360).

Não parece haver dúvida de que a interpretação mais respeitosa do sistema federativo deve rechaçar firmemente a hipótese de facultatividade no exercício da competência tributária no caso dos tributos cuja receita já seja repartida constitucionalmente, impondo-se ao ente omisso o dever de instituir o referido tributo, para o bem da pessoa política beneficiada e para o bem de toda a República Federativa do Brasil.

Conclusão

À Federação é imperativo que os seus partícipes estejam em igualdade jurídica entre si, o que demanda que todos detenham autonomias relativas à Constituição (ou seja, derivadas diretamente dela), materializadas nas disposições constitucionais que lhes concedem poderes, deveres e proibições.

Essa igualdade jurídica depende expressamente da existência de uma autonomia financeira dos entes federados, entendida como a capacidade de adquirir receita, independentemente da vontade dos outros entes, para a manutenção de seus desígnios próprios, delimitados constitucionalmente.

O tributo, como fonte derivada de receita do Estado, tem sobrelevada importância à composição dessa autonomia financeira, através do que os entes arrecadam diretamente pelo do exercício de suas competências impositivas, ou indiretamente, por meio de repasses vultuosos recebidos de outras pessoas políticas.

No caso brasileiro, resolveu o constituinte repartir as competências e, ao mesmo tempo, determinar a repartição de certas receitas tributárias, para fim poder fazer frente aos orçamentos robustos de todos os entes federados.

Considerar que o exercício da competência tributária é facultativo nos casos em que o imposto arrecadado tenha destinação parcial definida pela Constituição é coadunar com a hipótese de um "egoísmo institucional", onde os entes deixam de arrecadar impostos deste jaez, fazendo padecer a autonomia financeira e, portanto, a igualdade jurídica uns dos outros.

Com a igualdade jurídica, padeceria também a forma federativa de Estado, protegida por cláusula pétrea da Constituição Federal.

Portanto, entende-se que a melhor interpretação do sistema constitucional tributário é aquela que preserva a estrutura federativa. A estreita vinculação do tributo à autonomia financeira dos entes federados torna este alicerce do federalismo o ponto nevrálgico de determinação do modal presente no consequente da norma de competência tributária.

Portanto, se houver vinculação da receita tributária a outros entes federados por meio de disposição constitucional, o modal deverá ser o obrigatório, por imperativo à manutenção da autonomia financeira federal. Senão, o modal será o duplo permissivo, correspondente à faculdade, salvo a hipótese de ser condicionada a obrigatoriedade do exercício dessa competência por outro valor caro ao ordenamento jurídico, como no caso do ICMS.

Dessa forma, pode-se concluir que, em se tratando de impostos cujo produto tem destinação constitucional prescrita, é obrigatório o exercício da competência impositiva, sob pena de constituir-se uma omissão inconstitucional, sujeita à Ação Declaratória de Inconstitucionalidade por Omissão, perante o Supremo Tribunal Federal.

Bibliografia

ALCHOURRÓN, Carlos E.; BULYGIN, Eugenio (2006). *Introducción a la Metodología de las Ciencias Jurídicas e Sociales*. 5ª reimp. Buenos Aires: Editorial Astrea.

ATALIBA, Geraldo (1968). *Sistema Constitucional Tributário Brasileiro*. São Paulo: Ed. RT.

BALLWEG, Ottmar (1989). "Entwurf einer analytischen Rhetorik" in SCHANZE, Helmut. *Rhetorik un Philosophie*. Munchen: Wilhelm Fink.

BERLIRI, Antonio (1985). *Corso Instituzionale di Diritto Tributário*. vol. I. Milano: Giuffrè.

CARRAZZA, Roque Antonio (2011). *Curso de Direito Constitucional Tributário*. 27ª ed. São Paulo: Malheiros Editores.

CARVALHO, Paulo de Barros (2009). *Direito Tributário: Linguagem e Método*. 3ª ed. São Paulo: Noeses.

______ (2010). *Curso de Direito Tributário*. 22ª ed. São Paulo: Saraiva.

COCIVERA, Benedetto (1965). *Corso di Diritto Tributario*. Bari: Francesco Cacucci.

DÓRIA, Antônio Roberto Sampaio (1963). *Estado Federal*. Rio de Janeiro.

______ (1964). *Princípios Constitucionais Tributários e a Cláusula do "Due Process of Law"*. São Paulo: Tese de Livre-Docência, USP.

______ (1972). *Discriminação das Rendas Tributárias*. São Paulo: José Bushatsky.

FALCÃO, Amílcar Araújo (1965). *Sistema Tributário Brasileiro: Discriminação de Rendas*. Rio de Janeiro: Edições Financeiras.

FERRAZ JÚNIOR, Tércio Sampaio (2012). *Introdução ao Estudo do Direito – Técnica, Decisão, Dominação*. 6ª ed. São Paulo: Atlas.

GAMA, Tácio Lacerda (2003). *Contribuição de Intervenção no Domínio Econômico*. São Paulo: Quartier Latin.

______ (2009). *Competência Tributária – Fundamentos para uma Teoria da Nulidade*. São Paulo: Noeses.

GRAU, Eros Roberto (2008). *A Ordem Econômica na Constituição de 1988*. 13ª ed. São Paulo: Malheiros Editores.

GUIBOURG, Ricardo A.; ECHAVE, Delia Teresa; URQUIJO, María Eugenia (2008). *Lógica, Proposición y Norma*. 7ª reimpr. Buenos Aires: Editorial Astrea.

HENSEL, Albert (2005). *Derecho Tributario*. Madrid: Marcial Pons.

HUME, David (2009). *A Treatise of Human Nature*. New York: Oxford Press.

KELSEN, Hans (2000). *Reine Rechtslehre*. Wien: Verlag Osterreich.

KRUSE, Heinrich Wilhelm (1991). *Steuerrecht*. Munchen: C. H. Beck.

LAPATZA, José Juan Ferreiro (2007). *Direito Tributário – Teoria Geral do Tributo*. São Paulo: Manole.

LEAL, Victor Nunes (1960). "Leis federais e leis estaduais", in *Problemas de Direito Público*. 1ª ed. Rio de Janeiro: Forense.

LIMA, Júlio César de Carvalho (2012). *Brasil em Dados Comparativos das Unidades Federadas*. Brasília: Congresso Nacional.

MIRANDA, Jorge (1997). *Manual de Direito Constitucional*. vol. I, 6ª ed. Coimbra: Coimbra Ed.

NABAIS, José Casalta (2009). *O Dever Fundamental de Pagar Impostos – Contributo para a Compreensão Constitucional do Estado Fiscal Contemporâneo*. Coimbra: Almedina.

NEVES, Marcelo (2009). *Transconstitucionalismo*. São Paulo: Editora WMF Martins Fontes.

NINO, Carlos Santiago (2010). *Introdução à Análise do Direito*. São Paulo: Martins Fontes.

SAINZ DE BUJANDA, Fernando (1982). *Lecciones de Derecho Financiero*. vol. I. Madrid: Universidad Complutense.

SCHOUERI, Luís Eduardo (1998). "Discriminação de competências e competência residual", in *Direito Tributário, Estudos em Homenagem a Brandão Machado*. São Paulo: Dialética.

______ (2005). *Normas Tributárias Indutoras e Intervenção Econômica*. Rio de Janeiro: Forense.

SCHUMPETER, Joseph (1976). "*Die Krise des Steuerstaats* (1918)", in *Die Finanzkrise des Steuerstaats, Beiträge zur politischen Ökonomie der Staatsfinanzen*. Frankfurt: Suhrkamp.

SILVA, Vicente Ferreira da (2009). *Lógica Simbólica*. São Paulo: Realizações Editora.

SOUSA, Rubens Gomes de; Ataliba, Geraldo; Carvalho, Paulo de Barros (2007). *Comentários ao Código Tributário Nacional*. 2ª ed. São Paulo: Quartier Latin.

SURREY, Stanley S.; McDANIEL, Paul R. (1985). *Tax Expenditures*. Cambridge: Havard University Press.

TIPKE, Klaus; LANG, Joachim (2008). *Direito Tributário (Steuerrecht)*. Porto Alegre: Sérgio Antônio Fabris.

TORRES, Heleno Taveira (2011). *Direito Constitucional Tributário e Segurança Jurídica*. São Paulo: Ed. RT.

TORRES, Ricardo Lobo (2007). *Tratado de Direito Constitucional Financeiro e Tributário*. vol. IV. Rio de Janeiro: Renovar.

VILANOVA, Lourival (2010). *Estruturas Lógicas e o Sistema do Direito Positivo*. 4ª ed. São Paulo: Noeses.

WEBER, Max (1985). *Wirtschaft und Gesellschaft – Grundriss der verstehenden Soziologie*. Tubigen: J. C. B. Mohr/Paul Siebeck.

O CHAMADO CRÉDITO PRESUMIDO DE IPI (PIS E COFINS) E AS ILEGÍTIMAS RESTRIÇÕES DO FISCO

EDILSON JAIR CASAGRANDE

Mestre em Direito Tributário pela UFPR. Professor Universitário. Advogado.

1. Conceito de receita de exportação e do direito ao crédito dos produtores exportadores ainda que os produtos exportados não sejam onerados pelo IPI na saída. 2. A instituição do benefício. 3. Sistemática adotada para viabilizar o ressarcimento do PIS e COFINS através do IPI. 4. Da apuração da receita de exportação em conformidade com o art. 3º da Lei 9.363/1996. 5. Do conceito de receita de exportação para o fim do crédito das Leis 9.363 e 10.276 – Exclusão de operações para o exterior de mercadorias classificadas na TIPI como NT – Não tributadas pelo IPI: o equívoco. 6. Da Lei 10.276/2001 – Critério alternativo adotado pela contribuinte peticionante. 7. Evolução dos atos administrativos em relação ao conceito de receita de exportação – Portaria "versus" Instrução Normativa. 8. Do art. 6º da Lei 9.363/1996 – Melhor interpretação. 9. Da isonomia. 10. Conclusão.

1. *Conceito de receita de exportação e do direito ao crédito dos produtores exportadores ainda que os produtos exportados não sejam onerados pelo IPI na saída*

Em momento em que a economia nacional reclamava maior competitividade no cenário internacional o governo federal, com base no disposto no § 6º do art. 150 da Constituição Federal fez editar a Lei 9.363/1996 com o objetivo de incentivar as exportações; o chamado "crédito presumido de IPI", que objetivava o ressarcimento do valor do PIS/PASEP e COFINS pagos nas etapas anteriores da produção.

Bem se vê, de pronto, que melhor seria chamá-lo, portanto, de crédito presumido de PIS e da COFINS.[1]

Seja como for, o fato é que os contribuintes que se enquadraram no estímulo passaram a postular o crédito na instância administrativa a qual passou a indeferir ou minorar os créditos embasando-se em entendimentos equivocados.

Um deles, objeto da presente e breve reflexão, afeta diretamente às empresas nacionais que exportam produtos não sujeitos a tributação pelo IPI na saída.

1. "O crédito presumido da Lei 9.363/1996 na exportação do produto não tributado", *RDDT* 183/135-137, São Paulo, Dialética, 2010.

Analisemos a questão.

2. *A instituição do benefício*

A Lei 9.363/1996, observando § 6º do art. 150 da Constituição, é lei específica, tratando especificamente da concessão do Crédito Presumido, determinando em seu art. 1º, o fato gerador, e em seu art. 2º, a base de cálculo e alíquota:

"Art. 1º. A empresa produtora e exportadora de mercadorias nacionais fará jus a crédito presumido do Imposto sobre Produtos Industrializados, como ressarcimento das contribuições de que tratam as Leis Complementares ns. 7, de 7 de setembro de 1970, 8, de 3 de dezembro de 1970, e 70, de 30 de dezembro de 1991, incidentes sobre as respectivas aquisições, no mercado interno, de matérias-primas, produtos intermediários e material de embalagem, para utilização no processo produtivo.

"Art. 2º. A base de cálculo do crédito presumido será determinada mediante a aplicação, sobre o valor total das aquisições de matérias-primas, produtos intermediários e material de embalagem referidos no artigo anterior, do percentual correspondente à relação entre a receita de exportação e a receita operacional bruta do produtor exportador.

"§ 1º. O crédito fiscal será o resultado da aplicação do percentual de 5,37% sobre a base de cálculo definida neste artigo."

Da mesma forma a Lei 10.276/2001 criou critério alternativo de cálculo e trata especificamente da concessão do Crédito Presumido referido.

3. *Sistemática adotada para viabilizar o ressarcimento do PIS e COFINS através do IPI*

Embora o crédito que tratam as Leis 9.363/1996 e 10.276/2001 tenha o ressarcimento viabilizado através do IPI, o crédito versa sobre o crédito presumido para ressarcimento de PIS e COFINS, conforme o preâmbulo da Lei 9.363/1996: "Dispõe sobre a instituição de crédito presumido do Imposto sobre Produtos Industrializados, para ressarcimento do valor do PIS/PASEP e COFINS nos casos que especifica, e dá outras providências".

Também o art. 1º da lei quando define o fato gerador deixa claro que o crédito se refere a PIS e COFINS.

Bem se vê que o Crédito Presumido instituído pelas Leis 9.363 e 10.276 visa restituir os valores de PIS e COFINS incidentes sobre os insumos aplicados às mercadorias nacionais exportadas e não guarda qualquer relação com a incidência de IPI na saída destas mercadorias.

Conforme se pode observar na exposição de motivos da Medida Provisória 674/1994 (reeditada diversas vezes até que a Medida Provisória 1.484-27, de 22.11.1996 foi convertida na Lei 9.363/1996), dirigida ao Exmo. Presidente da República compreende-se que a intenção do legislador foi incentivar as exportações de mercadorias nacionais, Exposição de Motivos esta citada pelo Ministro Castro Meira (relator) ao apreciar o Recurso Especial n. 840.919-RS (2006/0080308-4), *DJ* 29.3.2007:

"Conforme é do conhecimento de Vossa Excelência, a desoneração dos tributos indiretos incidentes sobre as exportações é uma das práticas permitidas pelo GATT e, por isso, o instrumento mais amplamente empregado por todos os países que buscam ampliar os mercados de suas produções nacionais.

"No sistema tributário brasileiro coexistem basicamente dois tipos de tributos indiretos que incidem sobre tais operações: a) aqueles que incidem sobre o valor adicionado, como o Imposto sobre Produtos Industrializados – IPI e b) aqueles que incidem 'em cascata', como as contribuições sociais em tela.

"A desoneração do IPI sobre as exportações, assegurada por determinação constitucional, tem sido viabilizada pela própria técnica do imposto, que permite assegurar a manutenção do crédito incidente sobre as matérias-primas empregadas na fabricação do produto exportado, sem a qual o benefício da isenção na etapa final de exportação seria efetivamente menor.

"Por outro lado, o Governo de Vossa Excelência vem, diante da importância vital das exportações para o crescimento do emprego, da renda e da manutenção da capacidade de importar do País, criando condições e estímulos para a expansão das vendas externas, cabendo mencionar a isenção da COFINS e PIS na etapa final da exportação. Porém, tal benefício, ainda que importante para as exportações, perde muito de sua força em decorrência da própria mecânica de incidência dessas contribuições, que, ao contrário dos tributos sobre o valor adicionado, não permite que o montante despendido sobre as matérias-primas e produtos intermediários empregados na fabricação de um produto possa ser creditado contra os débitos registrados pelo faturamento desse bem. Desse modo, a contribuição vai se acumulando 'em cascata' em todas as fases do processo produtivo.

"Por essas razões, estou propondo o presente projeto de Medida Provisória, com o objetivo de desonerar também a etapa produtiva imediatamente anterior à exportação, da incidência daquelas contribuições, o que permitirá, no âmbito dos tributos indiretos federais, a eliminação quase total dessas incidências sobre as operações comerciais de vendas de mercadorias ao exterior.

"Finalmente destaco o caráter urgente e relevante da medida, devido à necessidade de indicar aos exportadores ações objetivas que estimulem a continuidade de suas operações com o exterior.

"As exportações de produtos manufaturados e semimanufaturados estão sendo oneradas com as contribuições sociais do PIS/PASEP e da COFINS, que incidem sobre os insumos utilizados na fabricação para a exportação, contrariando a prática internacional que recomenda a não exportação de tributos.

"A Medida Provisória institui o crédito fiscal ao exportador final, correspondente à carga tributária do PIS/PASEP e da COFINS contida nos insumos adquiridos e utilizados na produção para a exportação.

"Diante desse panorama, constata-se que o crédito instituído pela norma legal em pauta se destina ao exportador final, sendo possível reconhecer o direito pleiteado pela recorrida, como fez o Tribunal *a quo*."[2]

Como se vê, novamente, se trata do ressarcimento do PIS e da COFINS, daí ser, s.m.j., completamente irrelevante que o produto seja classificado como não tributado pelo IPI, pois não é o IPI que será ressarcido, mas sim o PIS e a COFINS. Neste sentido é esclarecedor o ponto de vista adotado pela Des. Vânia Hack de Almeida do TRF da 4ª Região ao destacar que a sistemática adotada é um referencial para quantificação do benefício, e não condição, digo eu.[3]

Apesar do crédito discutido não ter relação com o IPI, a sistemática adotada pelo governo para o ressarcimento das contribuições para o PIS e COFINS foi através do desconto de débitos de IPI para as empresas em que houvesse esta situação e o ressarcimento em dinheiro nas demais situações, conforme exposição de Motivos do Ministro da Fazenda Pedro Malan para justificar a operacionalidade do ressarcimento do crédito:

"E. M. n. 120 em 22 de março de 1995.

"Excelentíssimo Senhor Presidente da República.

"(...).

"2. Sendo as contribuições da COFINS e PIS/PASEP incidentes em cascata, sobre todas as etapas do processo produtivo, parece mais razoável que a desoneração corresponda não apenas à última etapa do processo produtivo, mas sim às duas etapas antecedentes, o que revela que a alíquota a ser aplicada deve ser elevada para 5,37%, atenuando ainda mais

2. Ministro Castro Meira, RE 840.919-RS (2006/0080308-4), *DJ* 29.3.2007, p. 5.

3. TRF-4ª R., 2ª T., rela. Vânia Hack de Almeida, AC 2009.70.03.002624-0, *DJe* 10.3.2010.

a carga tributária incidente sobre os produtos exportados, e se revelando compatível com a necessidade de ajuste fiscal.

"3. Por outro lado, as dificuldades de caixa do Tesouro Nacional demonstram que, em lugar do ressarcimento de natureza eminentemente financeira, melhor e de efeitos mais imediatos será que o exportador possa compensar o valor resultante da aplicação da alíquota com seus débitos de IPI, recebendo em espécie apenas a parcela que exceder o montante que deveria ser recolhido a esse título. Daí a opção pela concessão de um crédito presumido do IPI, no montante equivalente à aplicação da alíquota de 5,37% sobre insumos e material de embalagem que compõe o produto exportado, mantido o mesmo critério de apuração anteriormente previsto, ou seja, a parcela das aquisições na mesma proporção entre a receita de exportações e a receita operacional bruta do exportador (...)."

Conforme observado o benefício das Leis 9.363 e 10.276, não guarda relação alguma com o IPI da Lei 9.779 e, sim, visa desonerar o custo da mercadoria nacional exportada das contribuições de PIS e COFINS que incidem em cascata ao longo de toda a cadeia produtiva, ao teor do art. 1º da Lei 9.363/1996. Daí, não ser relevante a classificação da mercadoria nacional exportada na Tabela de Incidência do IPI – TIPI.

4. Da apuração da receita de exportação em conformidade com o art. 3º da Lei 9.363/1996

Em conformidade com o art. 3º da Lei 9.363/1996 e, para os efeitos desta Lei, a apuração do montante da receita operacional bruta e receita de exportação, será efetuada de acordo com as normas que regem a incidência das contribuições de PIS e COFINS, vejamos:

Lei 9.363/1996:

"Preâmbulo

"Dispõe sobre a instituição de crédito presumido do Imposto sobre Produtos Industrializados, para ressarcimento do valor do PIS/PASEP e COFINS nos casos que especifica, e dá outras providências.

"Art. 1º. A empresa produtora e exportadora de mercadorias nacionais fará jus a crédito presumido do Imposto sobre Produtos Industrializados, como ressarcimento das contribuições de que tratam as Leis Complementares ns. 7, de 7 de setembro de 1970, 8, de 3 de dezembro de 1970, e 70, de 30 de dezembro de 1991, incidentes sobre as respectivas aquisições, no mercado interno, de matérias-primas, produtos intermediários e material de embalagem, para utilização no processo produtivo.

"(...).

"Art. 3º. Para os efeitos desta Lei, a apuração do montante da receita operacional bruta, da receita de exportação e do valor das matérias-primas, produtos intermediários e material de embalagem será efetuada nos termos das normas que regem a incidência das contribuições referidas no art. 1º, tendo em vista o valor constante da respectiva nota fiscal de venda emitida pelo fornecedor ao produtor exportador."

Logo, o montante da receita de exportação deve computar o valor total da receita de exportação de mercadorias nacionais em conformidade com as normas de apuração do PIS e COFINS, conforme segue:

Regulamento das contribuições para o PIS e COFINS – Decreto 4.524/2002:

"Art. 45. São isentas do PIS/PASEP e da COFINS as receitas (Medida Provisória 2.158-35, de 2001, art. 14, Lei 9.532, de 1997, art. 39, § 2º, e Lei 10.560, de 2002, art. 3º, e Medida Provisória 75, de 2002, art. 7º):

"(...).

"II – da exportação de mercadorias para o exterior;"

Na mesma linha é o teor da *Medida Provisória 2.158-35/2002*:

"Art. 14. Em relação aos fatos geradores ocorridos a partir de 1º de fevereiro de 1999, são isentas da COFINS as receitas:

"I – dos recursos recebidos a título de repasse, oriundos do Orçamento Geral da União, dos Estados, do Distrito Federal e dos Municípios, pelas empresas públicas e sociedades de economia mista;

"II – da exportação de mercadorias para o exterior;"

De igual modo a *Instrução Normativa SRF 247/2002* que dispõem sobre as contribuições para o PIS e COFINS, devidos pelas pessoas jurídicas de direito privado em geral:

"Art. 46. São isentas do PIS/PASEP e da COFINS as receitas:

"I – dos recursos recebidos a título de repasse, oriundos do Orçamento Geral da União, dos Estados, do Distrito Federal e dos Municípios, pelas empresas públicas e sociedades de economia mista;

"II – da exportação de mercadorias para o exterior;"

Ou seja, para efeitos do crédito presumido de que tratam as Leis 9.363/1996 e 10.276/2001, s.m.j., o valor total da Receita de Exportação, deverá computar o valor resultante de operações que destinem mercadorias nacionais ao exterior, direta ou indiretamente.

Ou seja, a lei já exauriu o que seja o conceito de receita de exportação, não havendo espaço para "esclarecimentos" contraditório por atos administrativos que violem o próprio sentido da lei.

5. Do conceito de receita de exportação para o fim do crédito das Leis 9.363 e 10.276 – Exclusão de operações para o exterior de mercadorias classificadas na TIPI como NT – Não tributadas pelo IPI: o equívoco

Como se pode constatar, os arts. 1º, 2º e 3º da Lei 9.363, de 13.12.1996 não estabelecem em momento algum, que para fruição do crédito, seja necessário que o produto seja tributado pelo IPI.

A *única condição* para haver o direito do ressarcimento dos créditos das Leis 9.363/1996 e 10.276/2001, *é de a empresa ser produtora e exportadora de mercadorias nacionais*, condição desempenhada pela peticionante.

Desta forma, a empresa atende aos requisitos necessários definidos na Lei 9.363, para fazer jus ao crédito presumido para ressarcimento das contribuições do PIS e COFINS, não sendo, portanto, cabível o argumento do Fisco que para a empresa tenha direito ao crédito o produto exportado deva ser tributado pelo IPI.

Ao regulamentar a Lei 9.363/1996, através da IN 23/1997, o então Secretário da Receita Federal, fez constar no art. 8º a seguinte redação:

"Art. 8º. Para efeitos desta Instrução Normativa, considera-se:

"I – receita operacional bruta, o produto da venda de bens e serviços nas operações de conta própria, o preço dos serviços prestados e o resultado auferido nas operações de conta alheia;

"II – *receita bruta de exportação, o produto da venda para o exterior e para empresa comercial exportadora com o fim específico de exportação, de mercadorias nacionais*; (grifo nosso)

"III – venda com o fim específico de exportação, a saída de produtos do estabelecimento produtor vendedor para embarque ou depósito, por conta e ordem da empresa comercial exportadora adquirente.

"Parágrafo único. Os conceitos de produção, matérias-primas, produtos intermediários e material de embalagem são os constantes da legislação do IPI."

Na sequência, no ano de 2001, a Secretaria da Receita Federal, publicou a *Instrução Normativa 69*, de 6 de agosto de 2001, que em seu art. 21, inovou e restringiu o conceito de receita bruta de exportação, estabelecendo:

"Art. 21. Para efeitos desta Instrução Normativa, considera-se:

"I – receita operacional bruta, o produto da venda de bens e serviços nas operações de conta própria, o preço dos serviços prestados e o resultado auferido nas operações de conta alheia;

"II – *receita bruta de exportação, o produto da venda para o exterior e para empresa comercial exportadora com o fim específico de exportação, de produtos industrializados nacionais*; (grifo nosso)

"III – venda com o fim específico de exportação, a saída de produtos do estabelecimento produtor vendedor para embarque ou depósito, por conta e ordem da empresa comercial exportadora adquirente.

"§ 1º. Não integra a receita de exportação, para efeito de crédito presumido, o valor resultante das vendas para o exterior de produtos não tributados e produtos adquiridos de terceiros que não tenham sido submetidos a qualquer processo de industrialização pelo produtor-exportador, integrando, entretanto, a receita operacional bruta.

"§ 2º. Os conceitos de industrialização, matérias-primas, produtos intermediários e material de embalagem são os constantes da legislação do IPI."

Com a promulgação da Lei 10.276/2001, que trouxe método alternativo de cálculo do crédito presumido de que tratam as Leis 9.363 e 10.276, mantendo no demais as disposições contidas na Lei 9.363/1996, veio a regulamentação através da IN 315, de 3 de abril de 2003, e traz inovações conceituais, vejamos o art. 21:

"Art. 21. Para efeitos desta Instrução Normativa, considera-se:

"I – receita operacional bruta, o produto da venda de produtos industrializados de produção da pessoa jurídica, nos mercados interno e externo;

"II – *receita bruta de exportação, o produto da venda de produtos industrializados nacionais para o exterior e para empresa comercial exportadora com o fim específico de exportação*; (grifo nosso)

"III – venda com o fim específico de exportação, a saída de produtos do estabelecimento produtor para embarque ou depósito, por conta e ordem da empresa comercial exportadora adquirente.

"§ 1º. Não integra a receita de exportação, para efeito de crédito presumido, o valor resultante das vendas para o exterior de produtos não tributados e produtos adquiridos de terceiros que não tenham sido submetidos a qualquer processo de industrialização pela pessoa jurídica produtora e exportadora.

"§ 2º. Os conceitos de industrialização, MP, PI e ME são os constantes da legislação do IPI."

No exercício de 2004, a SRF publicou a IN 420, em 10 de maio, mantendo as mesmas inovações conceituais da IN 315/2003, vejamos:

"Art. 21. Para efeitos desta Instrução Normativa, considera-se:

"I – receita operacional bruta, o produto da venda de produtos industrializados de produção da pessoa jurídica, nos mercados interno e externo;

"II – *receita bruta de exportação, o produto da venda de produtos industrializados, de produção da pessoa jurídica, para o exterior e para empresa comercial exportadora com o fim específico de exportação*; (grifamos)

"III – venda com o fim específico de exportação, a saída de produtos do estabelecimento produtor para embarque ou depósito, por conta e ordem da empresa comercial exportadora adquirente.

"§ 1º. Não integra a receita de exportação, para efeito de crédito presumido, o valor resultante das vendas para o exterior de produtos não tributados e produtos adquiridos de terceiros que não tenham sido submetidos a qualquer processo de industrialização pela pessoa jurídica produtora e exportadora.

"§ 2º. Os conceitos de industrialização, MP, PI e ME são os constantes da legislação do IPI."

Precisamente no § 1º e inciso II do art. 21 da IN 69/2001, § 1º e inciso II do art. 21 da IN 315/2003 e § 1º e inciso II do art. 21 da IN 420/2004 é que ocorre agressão ao direito das empresas produtoras e exportadoras; pois, ao não considerar como Receita de Exportação o produto da venda de Mercadorias Nacionais não tributadas pelo IPI, a Instrução Normativa inova o texto da Lei 9.363, art. 3º, e evita assim, a proporcionalidade entre Receita Operacional Bruta e Receita de Exportação, eliminando a base de cálculo, sobre o qual deve incidir o Crédito Presumido, na medida em que, não se encontrará nos termos da IN, Receita Bruta de Exportação, por conseguinte, não há base de cálculo do crédito presumido.

Note-se que em nenhum momento a Lei restringiu o conceito de Receita de Exportação como sendo o produto da venda de Produtos Industrializados.

Assim, não cabe ao intérprete fazê-lo. Há que se ter presente que as Instruções Normativas são normas complementares das Leis (art. 100 do CTN) e não podem transpor, inovar ou modificar o texto das normas que complementam, consoante art. 110 do CTN.

Vale colacionar aqui, por pertinente, o ensinamento contido no voto do Excelentíssimo Sr. Ministro Marco Aurélio do Supremo Tribunal Federal, no Recurso Extraordinário 240.785-2-MG, em 24.8.2006, pp. 8 e 9: "Cumpre ter presente a advertência do ministro Luiz Gallotti, em voto proferido no Recurso Extraordinário n. 71.758: 'se a lei pudesse chamar de compra e venda o que não é compra, de exportação o que não é exportação, de renda o que não é renda, ruiria todo o sistema tributário inscrito na Constituição' – *RTJ* 66/165".

No mesmo voto prosseguiu o Sr. Ministro Marco Aurélio: "Há de se atentar para o princípio da razoabilidade, pressupondo-se que o texto constitucional mostre-se fiel, no emprego de institutos, de expressões e de vocábulos, ao sentido próprio que eles possuem, tendo em vista o que assentado pela doutrina e pela jurisprudência. Por isso mesmo, o art. 110 do Código Tributário Nacional conta com regra que, para mim, surge simplesmente pedagógica, com sentido didático, a revelar que: a lei tributária não pode alterar a definição, o conteúdo e o alcance de institutos, conceitos e formas de direito privado utilizados, expressa ou implicitamente, pela Constituição Federal, pelas Constituições dos Estados, ou pelas Leis Orgânicas do Distrito Federal ou dos Municípios para definir ou limitar competências tributárias".

Assim, não há como subsistirem as disposições de IN referidas que, à guisa de regulamentar, acabam por alterar conceitos e restringem direito.

Assim, claro está o direito em ver considerado como Receita de Exportação, o produto da venda de mercadorias nacionais ao mercado externo, devendo ser afastados o § 1º e inciso II do art. 21 da IN 69/2001, § 1º e inciso II do art. 21 da IN 315/2003 e § 1º e inciso II do art. 21 da IN 420/2004.

De fato, a própria Lei 9.363/1996 (Norma instituidora do benefício) fixou quem tem direito como sendo a empresa produtora e exportadora, conforme seu art. 1º; a respectiva base de cálculo e alíquota, consoante art. 2º e também os conceitos de Receita Operacional Bruta e Receita de Exportação a serem considerados para a apuração do crédito:

"Art. 3º. Para os efeitos desta Lei a apuração do montante da receita operacional bruta, da receita de exportação e do valor das matérias-primas, produtos intermediários e material de embalagem será efetuada nos termos das normas que regem a incidência das contribuições referidas no art. 1º, tendo em vista o valor constante da respectiva nota fiscal de venda emitida pelo fornecedor ao produtor exportador."

Relativamente ao critério alternativo estabelecido pela Lei 10.276/2001, esta também fixou, em seu art. 1º, quem tem direito, como sendo a pessoa jurídica produtora e exportadora de mercadorias nacionais. Igualmente estabelecendo a base para o cálculo do benefício e o critério para o calculo respectivo.

Note-se que as leis são claras e em nenhuma delas há qualquer artigo que estabeleça qualquer condição em relação à origem dos insumos aplicados às mercadorias exportadas e tampouco em relação à incidência ou não de IPI.

Assim fica evidente que ao falar-se em Crédito Presumido de IPI, não há que falar-se em IPI (imposto não cumulativo), pois ele (o IPI) incide apenas sobre o valor adicionado; e, o PIS e a COFINS (cumulativos) incidem nas diversas etapas do processo produtivo sem que haja o respectivo creditamento, o que efetivamente se dará, conforme vontade do legislador, na exportação, quando a empresa exportadora da mercadoria nacional fará a recuperação do crédito presumido.

Destarte, a interpretação da Receita Federal quanto ao conceito de receita de exportação ultrapassou os limites fixados pelas leis e inovou (restringiu e neutralizou) ao determinar um novo critério de apuração que, lamentavelmente, lesa o direito da empresa exportadora, além de pôr por terra o objetivo principal do benefício de incentivar as exportações de mercadorias nacionais, desonerando-as e assim de fato, reduzir o Custo Brasil.

Assim, fica evidente o direito ao crédito e a violação pela RFB, sendo que deve ser considerado como receita de exportação o valor resultante da venda ao exterior e para o fim específico de exportação das mercadorias nacionais classificadas na TIPI sob a anotação NT.

Portanto, é irrelevante para o gozo do incentivo, o fato das mercadorias exportadas serem anotadas como NT na TIPI e não estarem no campo da incidência de IPI, na medida em que a Lei 9.363 e também a Lei 10.276 objetivam estimular o ato de exportar mercadorias nacionais, desonerando o custo das contribuições ao PIS e COFINS, que incidem cumulativamente ao longo do processo produtivo da mercadoria nacional exportada.

6. Da Lei 10.276/2001 – Critério alternativo adotado pela contribuinte peticionante

Para além do já exposto, posteriormente, a partir de outubro de 2001, a Lei 10.276 instituiu critério alternativo para apuração do crédito presumido, assim disposto:

Lei 10.276:

"Art. 1º. Alternativamente ao disposto na Lei n. 9.363, de 13 de dezembro de 1996, a pessoa jurídica produtora e exportadora de mercadorias nacionais para o exterior poderá determinar o valor do crédito presumido do Imposto sobre Produtos Industrializados (IPI), *como ressarcimento relativo às contribuições para os Programas de Integração Social e de Formação do Patrimônio do Servidor Público (PIS/PASEP) e para a Seguridade Social (COFINS)*, de conformidade com o disposto em regulamento.

"§ 1º. A base de cálculo do crédito presumido será o somatório dos seguintes custos, sobre os quais incidiram as contribuições referidas no *caput*:

"I – de aquisição de insumos, correspondentes a matérias-primas, a produtos intermediários e a materiais de embalagem, bem assim de energia elétrica e combustíveis, adquiridos no mercado interno e utilizados no processo produtivo;

"II – correspondentes ao valor da prestação de serviços decorrente de industrialização por encomenda, na hipótese em que o encomendante seja o contribuinte do IPI, na forma da legislação deste imposto.

"§ 2º. O crédito presumido será determinado mediante a aplicação, sobre a base de cálculo referida no § 1º, do fator calculado pela fórmula constante do Anexo.

"§ 3º. Na determinação do fator (F), indicado no Anexo, serão observadas as seguintes limitações:

"I – o quociente será reduzido a cinco, quando resultar superior;

"II – o valor dos custos previstos no § 1º será apropriado até o limite de oitenta por cento da receita bruta operacional.

"§ 4º. A opção pela alternativa constante deste artigo será exercida de conformidade com normas estabelecidas pela Secretaria da Receita Federal e abrangerá, obrigatoriamente:

"I – o último trimestre-calendário de 2001, quando exercida neste ano;

"II – todo o ano-calendário, quando exercida nos anos subsequentes.

"§ 5º. *Aplicam-se ao crédito presumido determinado na forma deste artigo todas as demais normas estabelecidas na Lei 9.363, de 1996*" (grifos nossos).

A Lei n. 10.276/2001, mantendo os critérios e normas relativas ao benefício que trata a Lei 9.363/1996, instituiu um método alternativo de apuração do crédito presumido a ser calculado conforme "*fator de cálculo*" a ser encontrado na equação anexa a lei, conforme demonstrado *em seu anexo que se transcreve*:

"*Anexo Lei 10.276/2001:*

"$F = \frac{0{,}0365.Rx}{(Rt\text{-}C)}$, onde:

"**F** é o fator;

"**Rx** é a receita de exportação;

"**Rt** é a receita operacional bruta;

"**C** é o custo de produção determinado na forma do § 1º do art. 1º;

" $\frac{Rx}{(Rt\text{-}C)}$ é o quociente de que trata o inciso I do § 3º do art. 1º."

Assim, para a apuração do crédito, conforme a Lei e o Direito, se faz necessário verificar se a Contribuinte possui todos os elementos contidos na equação para a apuração do crédito, sendo estes:

a) Rx – Receita de Exportação:

Possui, se a Contribuinte realiza exportações de mercadorias nacionais. Além do que, o art. 3º da Lei 9.363, bem define que a Receita de Exportação, rege-se pelas normas que se aplicam às Contribuições de PIS e COFINS.

b) Rt – Receita Operacional Bruta:

Possui, se a Contribuinte aufere receitas provenientes de operações no mercado interno e externo. Do mesmo modo o art. 3º da Lei 9.363 remete às normas que regem as contribuições de PIS e COFINS.

c) Custo de Produção:

Possui, se a Contribuinte adquire matérias-primas, bem como lenha, inseticidas, embalagens, entre outros, que são utilizados como insumos no processo produtivo, donde, resultam as mercadorias exportadas.

Logo, para a mensuração do crédito, o fator encontrado nesta equação será aplicado sobre a base de cálculo prevista no § 1º do art. 1º da Lei 10.276/2001, ou seja, sobre o custo de aquisição da mercadoria.

Mas, eis que Instruções Normativas se colocaram no caminho dos contribuintes, restringindo o alcance das Leis.

Porém, salta aos olhos o fato de que os excertos as legislações referidos exaurem todos os elementos necessários para que as contribuintes usufruam do benefício em tela. Assim, ainda que possível fosse para as IN restringirem conceitos, tal, no caso, seria impraticável, pois implicaria em mitigar o espaço já bem ocupado pela legislação.

7. Evolução dos atos administrativos em relação ao conceito de receita de exportação – Portaria "versus" Instrução Normativa

Em que pese a convicção de que Portarias e Instruções Normativas não possam alterar o conceito de receita de exportação, para o caso concreto, ainda assim, a alteração somente poderia ocorrer após a regulamentação da Portaria MF 64/2003, de 24 de março de 2003, que alterou o conceito de receita de exportação revogando a Portaria MF 38/1997.

Vejamos o Histórico Legal comparando os conceitos de receita de exportação adotados pela Lei 9.363/1996 e a Portarias MF 38/1997 e 64/2003, que ao longo das edições de atos administrativos, deslocou o fato gerador do benefício da Lei 9.363/1996, que partiu por Lei do ato de exportar mercadorias nacionais, para o ato de exportar produtos industrializados nacionais, tributados pelo IPI:

Lei 9.363/1996:

"Art. 1º. A empresa produtora e exportadora de mercadorias nacionais fará jus a crédito presumido do Imposto sobre Produtos Industrializados, como ressarcimento das contribuições de que tratam as Leis Complementares ns. 7, de 7 de setembro de 1970, 8, de 3 de dezembro de 1970, e 70, de 30 de dezembro de 1991, incidentes sobre as respectivas aquisições, no mercado interno, de matérias-primas, produtos intermediários e material de embalagem, para utilização no processo produtivo."

Inicialmente o Ministério da Fazenda adotou a Portaria MF 38/1997 com redação idêntica à Lei, veja-se:

Portaria MF 38/1997

"Dispõe sobre o Cálculo e a Utilização do Crédito Presumido instituído pela Lei n. 9.363, de 13 de dezembro de 1996.

"O Ministro de Estado da Fazenda, no uso de suas atribuições, e tendo em vista o disposto no art. 6º da Lei n. 9.363, de 13 de dezembro de 1996, resolve:

"Art. 1º. O crédito presumido do Imposto sobre Produtos Industrializados-IPI, como ressarcimento da contribuição para o PIS/PASEP e da Contribuição para a Seguridade Social-COFINS, incidentes sobre as respectivas aquisições, no mercado interno, de matérias-primas, produtos intermediários e materiais de embalagem utilizados no processo produtivo de bens destinados à exportação para o exterior, de que trata a Lei n. 9.363, de 13 de dezembro de 1996, será apurado e utilizado de conformidade com o disposto nesta Portaria.

"*Direito ao Crédito Presumido*

"Art. 2º. Fará jus ao crédito presumido a que se refere o artigo anterior a empresa produtora e exportadora de mercadorias nacionais.

"Parágrafo único. O direito ao crédito presumido aplica-se, inclusive, no caso de venda a empresa comercial exportadora, com o fim específico de exportação para o exterior.

"*Apuração do Crédito Presumido*

"Art. 3º. O crédito presumido será apurado ao final de cada mês em que houver ocorrido exportação ou venda para empresa comercial exportadora com o fim específico de exportação.

"(...).

"§ 15. Para os efeitos deste artigo, considera-se:

"I – receita operacional bruta, o produto da venda de bens e serviços nas operações de conta própria, o preço dos serviços prestados e o resultado auferido nas operações de conta alheia;

"II – receita bruta de exportação, o produto da venda para o exterior e para empresa comercial exportadora com o fim específico de exportação, de mercadorias nacionais;"

Já em 24 de março de 2003, o Ministério da Fazenda revogou a Portaria MF 38/1997, mediante Portaria 64/2003, alterando os respectivos conceitos, isto tudo, sem que houvesse alteração na Lei instituidora do benefício, Lei 9.363/1996, vejamos:

Portaria MF 64/2003:

"Dispõe sobre o cálculo e a utilização do crédito presumido do Imposto sobre Produtos Industrializados (IPI) de que trata a Lei n. 9.363, de 13 de dezembro de 1996.

"O Ministro de Estado da Fazenda, no uso de suas atribuições, e tendo em vista o disposto no art. 6º da Lei n. 9.363, de 13 de dezembro de 1996, e na Lei n. 10.637, de 30 de dezembro de 2002, resolve:

"Art. 1º. O crédito presumido do Imposto sobre Produtos Industrializados (IPI), como ressarcimento das contribuições para o

PIS/PASEP e da Contribuição para a Seguridade Social (COFINS), incidentes sobre as respectivas aquisições, no mercado interno, de matérias-primas (MP), produtos intermediários (PI) e materiais de embalagem (ME) utilizados na industrialização de produtos destinados à exportação para o exterior, de que trata a Lei n. 9.363, de 13 de dezembro de 1996, com as alterações da Lei n. 10.637, de 30 de dezembro de 2002, será apurado e utilizado de conformidade com o disposto nesta Portaria.

"*Direito ao Crédito Presumido*

"Art. 2º. Fará jus ao crédito presumido a que se refere o art. 1º a pessoa jurídica produtora e exportadora de produtos industrializados nacionais.

"Parágrafo único. O direito ao crédito presumido aplica-se, inclusive, no caso de venda a empresa comercial exportadora, com o fim específico de exportação para o exterior.

"*Apuração do Crédito Presumido*

"Art. 3º. O crédito presumido será apurado ao final de cada mês em que houver ocorrido exportação ou venda para empresa comercial exportadora com o fim específico de exportação.

"(...).

"§ 12. Para os efeitos deste artigo, considera-se:

"I – receita operacional bruta, o produto da venda de produtos industrializados pela pessoa jurídica produtora e exportadora nos mercados interno e externo;

"II – receita bruta de exportação, o produto da venda para o exterior e para empresa comercial exportadora com o fim específico de exportação, de produtos industrializados nacionais;"

Como se pode observar a Lei 9.363/1996 concede crédito presumido aos produtores de mercadorias nacionais, não condicionando o crédito ao produto industrializado, nem somente ao industrial.

Nesta esteira, a Portaria MF 38/1997 em consonância com a lei também regulamenta em suas definições que o crédito é concedido a empresa produtora e exportadora de mercadorias nacionais.

Somente com a edição da Portaria MF 64/2003, de 24 de março de 2003, é que estes conceitos são alterados administrativamente e, agora, condicionando o crédito ao ato de exportar produto industrializado, porém sem haver nenhuma modificação legislativa relativa ao fato gerador do crédito que trata a Lei 9.363/1996.

Vale dizer, primeiramente veio Portaria 38, de 27 de fevereiro de 1997, que em seu inciso II, do § 15, do art. 3º, ao definir Receita Bruta de Exportação, a define como sendo o produto da venda ao exterior de mercadorias nacionais, mantendo o conceito estabelecido da Lei 9.363/1996.

A IN 23/1997, em que pese ter violado o direito dos contribuintes quanto ao direito de crédito dos fornecedores pessoas físicas e cooperativas, manteve o conceito de receita de exportação tal qual a Portaria 38/1997, isto em seu inciso II do art. 8º.

A inovação administrativa que restringiu o direito dos contribuintes exportadores de mercadorias nacionais se materializou na IN 69, de 6 de agosto de 2001 – onde restringiu o conceito de receita de exportação, como sendo o produto da venda para o exterior de produtos industrializados nacionais, não contemplando os produtos não tributados pelo IPI, isto no § 1º, inciso II, art. 21, da IN 69/2001.

Ocorre que este novo conceito de Receita de Exportação já adotado desde agosto de 2001, só foi introduzido pela Portaria 64, de 2003, sendo certo, s.m.j., que a IN não poderia ser editada e restringir direitos do contribuinte, sem prévia autorização por Portaria do Ministro da Fazenda, o que ocorreu na Portaria MF 64/2003.

Ou seja, essa IN 69/2001 foi editada na vigência da Portaria 38/1997.

Mais tarde as IN 313 e 315, de 3 de abril de 2003, apenas reiteraram a violação.

Logo a IN 69 foi editada ao arrepio da Portaria 38/1997, que não havia alterado tais conceitos. Nova Portaria se fez em 26 de março de 2003, qual seja a MF 64/2003, agora sim alterando o conceito de receita de exportação. O que, todavia, é ilegal.

Tudo isto é dito para compreender a evolução de atos administrativos e o fato de que mesmo admitindo-se que possa uma IN alterar conceitos legais, existe período no qual as restrições do Fisco não prevalecem pelo simples fato de que não estava apta a produzir efeitos posto que a Portaria vigente na sua época admitia o conceito de receita de exportação tal qual fixado na lei.

Todavia, como bem enfrentado no Recurso Representativo de Controvérsia, Recurso Especial n. 993.164-MG, "a validade das instruções normativas (atos normativos secundários) pressupõe a estrita observância dos limites impostos pelos atos normativos primários a que se subordinam (leis, tratados, convenções internacionais, etc.), sendo certo que, se vierem a positivar em seu texto uma exegese que possa irromper a hierarquia normativa sobrejacente, viciar-se-ão de ilegalidade",[4] entendimento que se espera prevaleça.

8. Do art. 6º da Lei 9.363/1996 – Melhor interpretação

Cabe destacar que o art. 6º da Lei 9.363/1996 não pode ser interpretado como texto isolado do sistema jurídico pátrio e do "micro" sistema no qual está inserido.

Assim, ao interpretá-lo não se poderia olvidar de aferir seu alcance diante do disposto e limites no art. 110 do CTN e das disposições dos primeiros artigos, notadamente os arts. 1º, 2º e 3º, da Lei da qual o mesmo faz parte.

De tal cotejo, resulta que o artigo em referência não pode frustrar o benefício tratado ao longo da própria Lei 9.363/1996, fixando novos conceitos em violação a esta, de forma a inviabilizá-la, quando interpretado de tal sorte a permitir que o Ministro de Estado da Fazenda possa expedir instruções normativas contrárias ao próprio objetivo criado pela lei que é o de tornar competitivas as empresas nacionais que exportem.

Importante ter presente a redação do art. 6º da Lei 9.363/1996 para realizar a análise por compreensão e sistemática interpretação e a partir daí extrair o seu real sentido, significado e alcance, sob pena de que do texto se extraia pretexto sem contexto.

Considerando que o benefício da Lei 9.363/1996 atinge as exportações diretas e indiretas (aquelas realizadas para o fim específico de exportação), ao teor do art. 1º da Lei 9.363/1996, necessário que a Administração tributária, no caso o Ministro de Estado da Fazenda, expedisse as instruções.

Daí a redação do art. 6º da Lei 9.363/1996. Ou seja, entre outros, a expressão "a definição de receita de exportação e aos documentos fiscais comprobatórios dos lançamentos, a esse título, efetuados pelo produtor exportador".

O sentido desta redação, s.m.j., está para as atividades de mensuração, quantificação, contabilização das receitas de exportação, considerando que elas poderão ter dois nascedouros, ou seja: a) exportações diretas – aquelas que decorrem das operações diretas com o cliente no exterior e; b) exportações indiretas – aquelas que o exportador comercializa com empresa no território nacional, todavia, com o fim específico de exportação.

Em consequência destes dois nascedouros de Receita de Exportação é que havia a necessidade de expedir normas para a "definição da receita de exportação", até porque o conceito em si já está previsto no art. 3º da própria lei e obviamente que não se poderia admitir incongruências.

4. REsp 993.164-MG, rel. Ministro Luiz Fux, 1ª Seção, j. 13.12.2010, *DJe* 17.12.2010.

Importante destacar que todos os demais elementos necessários à quantificação do crédito já constam da Lei 9.363/1996 (fato gerador, base de cálculo, alíquota ou fator). Entretanto, havia a necessidade de normatizar as operações, emergindo então as instruções acerca dos comprovantes da efetiva exportação (memorando de exportação, relatório de exportação, despachos aduaneiros). É para isto a autorização, ou seja, regulamentar. Jamais mudar conceitos de direito privado, o que é vedado pelo CTN, art. 110.

Ao se interpretar isoladamente o art. 6º da Lei 9.363/1996, viola-se não só a necessária interpretação sistêmica da legislação, como o benefício em especial.

Até porque, não podendo o direito tributário alterar conceitos do direito privado, não se poderia crer que se criasse um conceito de receita de exportação para Contribuição Social, outro para ICMS e assim por diante, sob pena de violação ao art. 110 do CTN, como ocorre *in casu*.

Nos recentes precedentes do E. STJ nos Recursos Especiais ns. 1.232.360[5] e 1.231.755,[6] ambos originários do Estado do Paraná e que foram julgados pela 2ª Turma, parece não se ter analisado o caso concreto com a necessária e esperável interpretação sistêmica e à luz do primado da transparência, pois a manutenção do entendimento implica autorizar que direitos instituídos em lei sejam suprimidos por atos administrativos, violando a segurança jurídica e a transparência. Os precedentes, aliás, se opõem ao entendimento sinalizado pela Seção em feito submetido ao regime dos repetitivos.[7]

Logo, não há necessidade e nem espaço, na estrita legalidade, para que o Ministro de Estado da Fazenda ou o Secretário da Receita Federal do Brasil, estabeleça conceitos que possam irromper a ordem legal, positivando uma exegese nova, que comprometa a hierarquia normativa e os fins visados pela Lei.

9. Da isonomia

Ao se tentar alterar o conceito de receita de exportação de forma a excluir da base de cálculo o estímulo os produtos exportados que não são tributados pelo IPI é imprimir tratamento desigual para empresas que se encontram em situação igual.

Como visto, o crédito é pela exportação e não ao produto; é crédito presumido para ressarcir a carga tributária a título de PIS e COFINS e não de IPI.

Assim, a linha de raciocínio defendida pela União implica em violação ao primado Constitucional da Isonomia, pois empresas igualmente exportadoras, apenas por terem seus produtos não tributados pelo IPI não fruiriam do mesmo benefício instituído para todas as exportadoras.

Empresas igualmente exportadoras não usufruiriam do benefício instituído para estimular as exportações e para ***todas as empresas produtoras que exportem***, como forma de ressarcimento do PIS e COFINS pelo fato de seus produtos não serem classificados como tributados pelo Regulamento do IPI o qual é elemento totalmente estranho para o acesso ao benefício.

É o caso de todas as empresas que produzem e exportam grão de soja, milho, café e mesmo algodão, entre outros. É o caso de cooperativas e agroindústria que produzem e exportam e que contribuem grandemente para o desenvolvimento do país, mas que perdem competitividade internacional pela carga tributária sobre elas internamente, em face do PIS e da COFINS.

Raciocinar em sentido contrário implica em violação ao primado da isonomia, previsto no art. 5º, *caput*, e no art. 150, inciso II, da CF/1988.

Eis que se impõe restrições ao direito a parcela de contribuintes não previstas na

5. REsp 1.232.360-PR, rel. Ministro Mauro Campbell Marques, 2ª T., j. 20.10.2011, *DJe* 27.10.2011.

6. REsp 1.231.755-PR, rel. Ministro Mauro Campbell Marques, 2ª T., j. 22.3.2011, *DJe* 31.3.2011.

7. REsp 993.164-MG, rel. Ministro Luiz Fux, 1ª Seção, j. 13.12.2010, *DJe* 17.12.2010.

legislação infraconstitucional, muito menos na Constituição Federal.

A violação ao primado da isonomia é manifesta, pois não caberia às Instruções Normativas criar tratamento desigual entre contribuintes que se encontram em idêntica situação.

Eis que não se pode restringir o direito ao crédito presumido em função da classificação fiscal do produto exportado ou da qualidade do fornecedor.

Raciocinar em sentido contrário significa que contribuintes que se encontram na mesma situação – exportadores de produtos nacionais – terão tratamento distinto tão só em função da classificação fiscal do produto exportado ou da qualidade de seus fornecedores.

Vale dizer, as empresas produtoras e exportadoras, teriam seu crédito mitigado tão só por tais aspectos, enquanto outras empresas, igualmente exportadoras de produtos nacionais, teriam acesso ao crédito e em maiores proporções pelo simples fato de que a classificação fiscal dos produtos exportados não ser NT.

Desta forma, os créditos apurados dos produtos não tributados devem ter tratamento idêntico aos demais créditos, ou seja, foram gerados em função do crédito presumido de IPI (Leis 9.363 e 10.276).

Com efeito, estar-se-ia frustrando a própria isonomia, pois o simples fato de exportar produtos que são classificados na TIPI como não tributados a colocaria na incômoda condição de não se creditar e muito menos de se ressarcir, enquanto que os outros contribuintes e ela própria quando tratar de outros produtos que não sejam classificados na TIPI como NT poderia se creditar e ressarcir.

O mesmo raciocínio, aliás, vale para o crédito originado de fornecedores pessoas físicas, tema já bem resolvido pelo E. STJ.

10. Conclusão

O objetivo do presente não é exaurir o assunto que poder ser abordado por outros ângulos também. Mas algumas conclusões se pode tirar:

1. Para o crédito presumido que tratam as Leis 9.363/1996 e 10.276/2001, todos os elementos necessários ao crédito tributário estão definidos nas respectivas leis.

2. Certo também que pelas disposições contidas no CTN e Constituição Federal, somente nova lei poderia alterar estes elementos, sob pena de violação ao primado da transparência, segurança jurídica e coerência legislativa e reserva de competência.

3. Logo, não há espaço para que Instruções Normativas modifiquem o Conceito de Receita de Exportação, restringindo o benefício das Leis 9.363 e 10.276, tão somente para a Indústria de Produtos industrializados tributados pelo IPI.

4. Definitivamente, quis o Legislador estimular o ato de exportar mercadorias nacionais, atividade esta tão necessária para o equilíbrio das Contas Públicas. E o fez, desonerando o produtor exportador, dos custos indiretos das Contribuições de PIS e COFINS que incidem em cascata ao longo do Processo Produtivo.

5. A interpretação isolada do art. 6º da Lei 9.363/1995, ignorando a necessária interpretação sistêmica e teleológica da Lei implica em violação ao próprio benefício, pelo que, s.m.j., não pode prevalecer.

ESTUDOS & COMENTÁRIOS

A JURISDIÇÃO NO PROCESSO ADMINISTRATIVO TRIBUTÁRIO

LUCIANO DE ALMEIDA PEREIRA

Mestre em Direito Tributário pela PUC/SP. Especialista em Direito Tributário e em Teoria Geral do Direito pelo IBET. Conselheiro Julgador Efetivo da 3ª Câmara Julgadora do Conselho Municipal de Tributos de São Paulo – CMT (Secretaria de Finanças do Município de São Paulo). Ex-Conselheiro Julgador do Conselho de Tributos e Multas de São Bernardo do Campo – CTM (Secretaria de Finanças) (2006-2010). Ex-Membro Efetivo da Extinta Comissão de Direito Tributário da OAB/SP. Professor de Direito Tributário do Curso de Pós-Graduação *Lato Senso* da PUC/SP, do Curso de Pós-Graduação *Lato Senso* do IBET. Professor de Direito Tributário e Constitucional da Universidade Guarulhos – UnG. Professor de Teoria Geral do Estado da Faculdade das Américas – FAM. Advogado Tributarista em São Paulo.

Introdução. 1. Da etimologia do signo "jurisdição". 2. Aspectos gerais. 3. Dos princípios atinentes a jurisdição. 4. A jurisdição e suas funções. 5. Conclusão.

Introdução

O tema "jurisdição no âmbito do processo administrativo tributário" tem sustentado debates deveras palpitantes. Opiniões várias apontam para a assertiva de que os tribunais administrativos não gozam de tal prerrogativa; outras, no entanto, admitem a jurisdição na esfera em comento, sob a argumentação de que, ao julgar, estão exercendo a denominada função atípica dos poderes.

Buscando contribuir para as aquilatadas discussões que envolvem o tema, buscaremos expor nossa opinião ainda que de forma singela. Ei-la:

1. Da etimologia do signo "jurisdição"

O vocábulo "jurisdição" é difluente do latim "*jurisdictio*", resultado da junção das expressões "*juris*" (direito) e "*dicere*" (dizer). Daí emerge, então, a propalação de que jurisdição é, em verdade, ato de dizer o direito.

Por outros torneios, quando determinada pessoa entender que seus direitos foram agredidos ou estiverem na iminência de os serem, buscará a tutela estatal por intermédio do direito de petição esculpida no art. 5º, inciso XXXV, do Diploma Excelso.[1]

Resta claro, pois, que de qualquer sorte compete ao Estado à incumbência de, na efetivação da tutela preconizada no enunciado prescritivo supra, dizer o direito, ou seja, exercer a jurisdição.

Com efeito, a divergência se instala, cremos, porquanto o inciso constitucional

1. "XXXV – a lei não excluirá da apreciação do Poder Judiciário lesão ou ameaça a direito."

alhures citado grafa que as referidas agressões ou ameaças destas a direitos quaisquer dos cidadãos, não serão excluídas da apreciação do Poder Judiciário.

Olhando a questão de forma apressada, dá, de fato, a impressão de que, na divisão dos poderes, a jurisdição é poder-dever exclusivo do Poder Judiciário.

Descendo às minudências, contudo, nota-se que conferir jurisdição apenas ao Poder Judiciário é, *permissa maxima venia*, fruto de uma ligeireza interpretativa que, no mais das vezes, prejudica a mais abalizada ideia sobre o tema.

É o que pretendemos demonstrar doravante.

2. Aspectos gerais

Palmilhando o *Codex* Processual Civil pátrio, nota-se que em seu art. 1º[2] o legislador prescrevera que a jurisdição civil será contenciosa ou voluntária e exercida por magistrados em todo o território nacional. Entretanto, uma série de observações haverão de serem trazidas à colação.

Propedeuticamente, como outrora dito, jurisdição é, num breve resumo, o poder-dever do Estado de dizer o direito. Observando de forma mais detida, todavia, notamos que durante certo tempo entendeu-se que jurisdição era aplicação e, de certa forma, realização do direito de forma imperativa.

Jurisdição era entendida, então, como poder-dever de tutelar os direitos e interesses dos utentes, aplicando a lei ao caso concreto. Hoje, porém, se entende que a jurisdição há de versar, de igual feita, sobre direitos subjetivos, sem prejuízo das características de outrora.

Destarte, jurisdição abarca, hodiernamente, o entendimento de que na sua efetivação além da aplicação do direito há, também, de tutelar as prerrogativas subjetivas dos cidadãos.

O indivíduo investido da função jurisdicional tem, então, função inapelavelmente ativa porquanto diz e aplica efetivamente o direito ao caso concreto. Daí por que asseverar que as decisões aplicadas em processos judiciais e administrativos são veículos introdutores de norma individual e concreta.

Os argumentos até aqui explicitados não trazem, de fato, o arrimo necessário para asseverar que a jurisdição não é exercida com exclusividade pelo Poder Judiciário.

Vasta gama de acrisolados propedeutas propalam assertivas de que a jurisdição dar-se-á apenas na esfera do Poder Judiciário. Paulo Cesar Conrado,[3] por exemplo, é categórico em dizer que "*Jurisdição é dever estatal, predominantemente cometido ao Poder Judiciário, que objetiva a composição de conflitos de interesse*" (grifos postos).

Com efeito, também com sustentáculo no art. 1º da Lei processual pátria alhures ressaltada, sobressai à noção de unidade da jurisdição. Implica dizer que a jurisdição é una e indissociável porquanto uno e indivisível é, também, o poder estatal que lhe é conferido; não é possível, pois, se falar retaliação da jurisdição sob pena de, assim agindo, admitir a mitigação da soberania do poder estatal.

Neste esteio, inclusive, é o magistério de Luiz Guilherme Marinoni e Daniel Mitidiero:[4] "*A jurisdição é uma, porque igualmente uno é o poder do Estado de que se serve*" (grifos postos).

Mais adiante, tecem a seguinte observação:[5] "*O poder jurisdicional não é fracionável. O que se reparte é a competência...*" (grifos postos).

Como visto o que se divide, então, é a competência e não a jurisdição. O que ocor-

2. "Art. 1º. A jurisdição civil, contenciosa e voluntária, é exercida pelos juízes, em todo o território nacional, conforme as disposições que este Código estabelece."

3. Paulo Cesar Conrado, *Processo Tributário*, 1ª ed., Quartier Latin, p. 35.

4. Luiz Guilherme Marinoni e Daniel Mitidiero, *Código de Processo Civil Comentado Artigo por Artigo*, 1ª ed., Ed. RT, p. 95.

5. Idem acima.

re, por outro giro, é a divisão da investidura (*poder conferido a determinado sujeito para que exerça a jurisdição*) e não jurisdição em si (*poder-dever estatal de dizer o direito*) por conta das razões acima explicitadas.

Por evidente, a impossibilidade de fracionamento, provocando o instituto da competência para sua dinamização, justifica o exercício da jurisdição pelos Poderes Executivo e Legislativo em suas funções atípicas. Em casos deste jaez tanto o Poder Executivo quanto o Poder Legislativo é investido de jurisdição, ainda que numa competência limitada julgando, de igual sorte, matérias igualmente delimitadas. Daí a dizer que em razão disso tais seguimentos do poder não detém jurisdição vai uma abissal diferença.

No compasso deste raciocínio, mister se faz atentar os ensinamentos de Vicente Greco Filho[6] que, predicamente, aduz:

"*A jurisdição atua por meio de um instrumento que é o processo, e aos interessados a ordem jurídica outorga o direto de ação, isto é, o direito de pleitear em juízo a prevenção ou a reparação das violações dos direitos*" (grifos postos).

Apesar de o aquilatado professor valer-se do termo "*pleitear em juízo*", somos resolutos em asseverar que a amplitude do termo "*juízo*", *in casu*, não se restringe ao Poder Judiciário.

Aliás, o próprio sistema jurídico positivo pátrio dá indícios de que a jurisdição é corrente noutros poderes que não o Poder Judiciário somente. Se por um lado o inciso XXXV, do art. 5º da Constituição Federal aponta o Poder Judiciário como detentor da jurisdição como alhures destacado, de outra banda o inciso LV do mesmo artigo enuncia que "*aos litigantes, em processo judicial ou administrativo, e aos acusados em geral são assegurados o contraditório e ampla defesa, com os meios e recursos a ela inerentes*" (grifos postos).

6. Vicente Greco Filho, *Direito Processual Civil Brasileiro*, vol. 1, 22ª ed., Saraiva, p. 58.

Ao conferir direito de ampla defesa e do contraditório não só aos litigantes em processo judicial, mas, de igual sorte, àqueles que figuram no polo passivo de uma demanda administrativa, está, o constituinte, admitindo a existência e a efetividade de um processo de índole administrativa. Se assim, nos parece, ainda que subjetivamente, admitir o exercício de jurisdição por outros poderes que não o Poder Judiciário porquanto nos soa um absoluto contrassenso falar e aceitar processo administrativo refutando, pois, jurisdição por este exercida.

Neste ritmo, inclusive, seguem as profícuas palavras de Eduardo Domingos Bottallo,[7] que assevera: "*Percebe-se, pois, só pela leitura do art. 5º de nossa Lei Maior, preceitos de aplicação imediata que, como anteriormente já antecipado, puseram, no mesmo plano de solenidade constitucional, o processo administrativo e o judicial. De modo expresso e inequívoco, podemos destacar o que a ambos garante, em igualdade de condições, as garantias do contraditório e da ampla defesa, com os meios e recursos a ela inerentes, a proibição do uso de provas obtidas por meios ilícitos e garantia da razoável tramitação acrescida e à utilização de meios que garantam a celeridade da tramitação dos processos*" (grifos postos).

Malgrado, o *Codex* Tributário pátrio em seus arts. 151, inciso III e 156, inciso IX, de igual sorte indica nas entrelinhas a jurisdição exercida fora do Poder Judiciário, senão vejamos:

"Art. 151. *Suspendem a exigibilidade do crédito tributário*:

"(...).

"III – *as reclamações e os recursos, nos termos das leis reguladoras do processo tributário administrativo*;

"(...).

7. Eduardo Domingos Bottallo, "Natureza do processo administrativo tributário", in *Coletânea do VIII Congresso Nacional de Estudos Tributos – Derivação e Positivação no Direito Tributário*, Noeses, 2011, p. 349.

"Art. 156. *Extinguem o crédito tributário*:

"(...).

"IX – *a decisão administrativa irreformável, assim entendida a definitiva na órbita administrativa, que não mais possa ser objeto de ação anulatória*;

"(...)."

Havemos de convir que na medida em que se suspende a exigibilidade do crédito tributário com a tramitação de reclamações e recursos que, como se vê, são atinentes ao que o legislador nominara com hialina clareza de "*processo tributário administrativo*", claro está que em casos deste naipe, o direito será dito, consubstanciando, pois, a etimologia própria do signo "*jurisdição*".

Afora isto, tal assertiva é corroborada quando o legislador dita que decisões administrativas irreformáveis, assim entendidas as exaradas na esfera administrativa, têm o condão de extinguir o crédito tributário.

Se há decisão administrativa irreformável, é porque, depois de exercido o direito de ação e da ampla defesa e do contraditório garantidos na Lei Supina, obedecendo aos ditames da lei, o direito fora dito e, notemos, fora da órbita judicial.

De outro modo implica dizer que outro órgão do Poder que não o Judiciário, no uso de suas atribuições, dissera o direito em um determinado caso concreto efetivando, irrefragavelmente, o que se conhece como jurisdição.

De mais a mais, o inciso XXXIV do art. 5º da Constituição Federal é claro ao dizer:

"XXXIV – *são a todos assegurados, independentemente do pagamento de taxas*:

"a) *o direito de petição aos Poderes Públicos em defesa de direitos ou contra ilegalidade ou abuso de poder*;"

O constituinte utiliza-se do plural e diz que a todos é assegurado ***direito de petição aos "Poderes Públicos"*** em defesa de seus direitos.

Fala em "*Poderes*" justamente porque o órgão que detém a função típica de julgar é o Poder Judiciário, mas não exclui dos demais "Poderes", no entanto, a função atípica de exercer jurisdição.

3. Dos princípios atinentes a jurisdição

Vários são os princípios que gravitam no derredor da jurisdição. Destaquemos alguns a guisa de exemplo:

a) *Princípio da investidura*: concerne à pessoa natural que deve ser investida de poder jurisdicional para exercer a famigerada jurisdição.

b) *Princípio de aderência ao território*: trata-se da limitação territorial donde o Poder Jurisdicional pode ser exercido.

c) *Princípio da indelegabilidade*: o julgador age, sempre, em nome do Estado e nunca em nome próprio. Daí por que não pode delegar a jurisdição da qual fora investido.

d) *Princípio da inevitabilidade*: diz respeito à imperatividade das decisões difluentes dos órgãos julgadores. Soberanos que são, impõem suas decisões de sorte que os jurisdicionados se colocam, inevitavelmente, na condição de sujeição.

e) *Princípio da inafastabilidade*: encontra guarida no art. 5º da Constituição Federal na medida em que este, em seu inciso XXXV, assevera que "*a lei não excluirá da apreciação do Poder Judiciário lesão ou ameaça a direito*". Havemos, contudo, de ler o referido enunciado prescritivo com a devida parcimônia. A locução que indica que a lei não excluirá da apreciação do ***Poder Judiciário*** lesões ou ameaça de lesões a direitos há de ser vista com a devida amplitude semântica. Se como vimos, tanto o constituinte quanto o legislador ordinário acenam para a admissão de jurisdição nos demais órgãos exercendo, *in casu*, função atípica, devemos, a nosso ver, entender que não será excluída do ***Estado*** apreciação deste quilate, a depender do caso e respeitando a jurisdição que lhe fora conferida. Não bastasse este enunciado prescritivo de índole constitucional, o art. 126 do *Codex* Processual Civil pátrio assevera que "*O juiz* *não se exime de sentenciar ou despachar alegando lacuna ou obscuridade da lei. No julgamento da lide caber-lhe-á aplicar as normas legais; não as havendo, recorrerá à analogia, aos costumes e aos princípios gerais de direito*". Mas uma vez a atenção à semântica que recais sobre o fraseado a de se sobressair. Juiz é cargo exercido pelos magistrados; pelos julgadores investidos de jurisdição no Poder Judiciário. De se destacar, entretanto, que na órbita administrativa, além dos Juízes do TIT – *julgadores administrativos na esfera do Estado de São Paulo que, por sinal, recebem o mesmo nome daqueloutros* – temos os Conselheiros na esfera administrativa municipal e na esfera administrativa federal – *recebem o mesmo nome, portanto* – que também emitem suas decisões e delas não podem se esquivar, justamente porquanto sejam regidos pelo primado em apreço.

f) *Princípio da inércia*: como sabido, os órgãos dotados de jurisdição são inertes de sorte que, para dizerem o direito e o aplicarem ao caso concreto, dependem da provocação dos interessados.

Como dito, princípios outros poderiam ser chamados a lume, porquanto praticamente inesgotáveis na medida em que os vários ramos do direito com seus postulados e supra-princípios naturalmente se imbricam. Entretanto, entendemos que os primados acima colacionados mostram-se suficientes para construção da ideia que buscamos fixar no presente trabalho.

4. A jurisdição e suas funções

Dizer o direito, que, de final, é o que se faz ao exercer jurisdição tem funções definidas: *compor litígios, efetivar a pacificação social* e *efetivar a realização da justiça*.

A composição dos litígios reclama uma prévia pretensão resistida. Nesse compasso, para que a jurisdição seja efetiva e instale uma solução adequada para um caso concreto, o Estado – *in casu, por intermédio do Poder Judiciário na sua função típica, ao dirimir problemas atinentes aos processos judiciais ou o Poder Executivo ao decidir questões constantes em processos administrativos* – se põe no lugar das partes com o fito de compor a lide, indicando, pois, quem assiste razão naquele caso concreto.

A efetivação da paz social que, em verdade, pertine ao escopo jurídico da atuação do direito, esclarece que o direito tem a função precípua de regrar as relações de intersubjetividade e, com isso, promover de forma eficaz a justiça e a paz social.

São sobrevalores – *posto que são valores sociais* – que por isso se sobrepõem ao interesse particular.

Destarte, de se notar que a jurisdição aplicada persegue valores de supina importância, valores sociais. Quando valores de índole social se amarram com interesses particulares, tem-se a instrumentalização das regras de direito material.

E ao consubstanciar os elementos acima destacados, temos a concretização da jurisdição, redundando, insofismavelmente, na realização da justiça.

Quiçá em razão disto Ada Pelegrini Grinover, Antônio Carlos de Araújo Cintra e Cândido Rangel Dinamarco[8] utilizem três elementos que definem jurisdição: *Poder* (Poder de impor decisões), *função* (promover a paz social e instalar a justiça) e *atividade* (atos processuais que viabilizam a prestação jurisdicional).

5. Conclusão

Consoante ao que vimos discorrendo ao longo deste texto, há de se notar que somos certos em asseverar que os órgãos julgadores de processo administrativo tributário exercem jurisdição.

Tal tomada de posição não é fruto de argumentos falaciosos esculpidos em

8. Antônio Carlos de Araújo Cintra, Ada Pellegrini Grinover e Cândido Rangel Dinamarco, *Teoria Geral do Processo*, 13ª ed., Malheiros Editores, p. 130.

base titubeante. Certamente que não. Os argumentos são albergados por uma série de premissas que encontra nascedouro desde a nomenclatura empregada ao referido instituto em debate.

Como visto a etimologia do signo "*jurisdição*" implica "*dizer o direito*". Nada mais. É resultado de uma promessa estatal que vem sido propagada desde o movimento constitucionalista donde se verifica que o Estado, no afã de garantir proteção à dignidade dos utentes enquanto pessoa lança mão da tutela estatal toda vez que seu direito for agredido ou estiver na iminência de o ser.

É o que se tem como o magno direito de petição garantido no art. 5º, inciso XXXIV do Texto Excelso que, como já dito, prescreve que "... *o direito de petição aos Poderes Públicos em defesa de direitos ou contra ilegalidade ou abuso de poder*".

Desta sorte, o indivíduo que, por motivos quaisquer, perceber afronta aos seus direitos ou que esteja prestes a vê-los afrontados pode socorrer-se da tutela estatal. Atentemos, por oportuno, que a referida promessa de proteção emana do próprio Estado no seu mais acentuado rol de garantias. Daí surge, então, a locução de que "*jurisdição*", dentre tantas outras formas de se referir ao vocábulo, *é o poder-dever de dizer o direito*; poder-dever, no entanto, do Estado assim entendido como um todo e não uma de suas vertentes resultantes da tripartição de poderes sugerida por Aristóteles e Charles-Louis de Secondatt, mormente conhecido por *Charles de Montesquieu*, senhor de *La Brède*.

O principal argumento dos que defendem que o Poder Judiciário é o único a exercer jurisdição é de que, para que esta se efetive, a decisão emanada há de ser definitiva.

Entretanto, o *Codex* Processual Civil pátrio que, como sabemos, trata do assunto em seus arts. 1º e 2º é claro ao dizer:

"Art. 1º. *A jurisdição civil, contenciosa e voluntária, é exercida pelos juízes, em todo o território nacional, conforme as disposições que este Código estabelece.*

"Art. 2º. *Nenhum juiz prestará a tutela jurisdicional senão quando a parte ou o interessado a requerer, nos casos e forma legais.*"

De se notar, o legislador, em momento algum, elenca a definitividade das decisões como elemento essencial e inarredável da jurisdição. Donde, pois, exsurge tal conclusão? Critério legal que lhe dê sustentáculo, como visto, não há. Portanto, havemos de afastar tal pseudocritério porquanto sustentá-lo e, ainda assim, permanecer afirmando que a jurisdição é atividade exclusiva do Poder Judiciário é, indubitavelmente, contradizer-se em termos na medida em que, como sabemos, as câmaras arbitrais proferem decisões que gozam de definitividade e não fazem parte do Poder Judiciário. Aliás, frisemos, sequer são listadas no quadro das pessoas jurídicas que compõem a Administração Indireta.

De mais a mais, como também dissemos em tópicos predecessores, o Código Tributário Nacional em seu art. 156, inciso IX reconhece definitividade às decisões administrativas tributárias emitidas por órgãos colegiados da administração.

Outro ponto a ser destacado concerne aos princípios que perfazem o supedâneo jurisdicional. Uma gama destes, ainda que, como já dito, mostram-se infindáveis, fora destacada.

Neste particular, imperioso notar que todos os primados a que nos referimos, classificados pela doutrina processual clássica como axiomas que envolvem a jurisdição, são irrefutavelmente encontrados na jurisdição exercida pelos órgãos administrativos.

Os princípios da *investidura, aderência ao território, indelegabilidade, inevitabilidade, inafastabilidade e inércia* estão, indiscutivelmente presentes nos julgamentos exercidos pelos órgãos competentes para proferir decisões administrativas tributárias.

Evidente. O julgador administrativo há de ser empossado e, com isso, adquire investidura dentro de um determinado território (*princípio da aderência ao território*), repisando que tal prerrogativa é intransferível (*princípio da indelegabilidade*).

De igual feita, não pode se escusar de julgar processos a ele atribuídos e suas decisões são inevitáveis (*presentes, portanto, os princípios da inevitabilidade e da inafastabilidade*).

Assim como os demais órgãos que exercem jurisdição, há de esperar sua provocação, chamando à colação, pois, o *princípio da inércia*.

Por derradeiro, havemos de destacar as funções da jurisdição. Como se viu *in suma*, as funções abarcadas pela jurisdição são: *compor litígios, efetivar a pacificação social* e *efetivar a realização da justiça*.

Como se sabe, litígio significa *contenda*, *disputa*, portanto pressupões interesses antagônicos se entrechocando. Inegável que num processo administrativo há contenda, disputa, entrechoque de interesses entre Fisco e contribuintes, *in suma*, litígio.

Ao emanar uma decisão, há uma tomada de decisão que, inexoravelmente, comporá, de uma maneira ou de outra, o litígio que lhe fora apresentado. E por consequência lógica, traz, naquela matéria, naquele entrevero específico, uma fração da paz social outrora prometida.

Nesse compasso, na medida em que busca dirimir conflitos, ao passo que persegue a concretização da paz social instala irrefragavelmente, a justiça aqui entendida com a consubstanciação da jurisdição.

Desta sorte, entendemos irrefutável a ilação de que os órgãos administrativos exercem jurisdição de modo que, evidentemente, nos processos administrativos tributários, de igual feita, as prolações de suas decisões trazem consigo a efetivação da jurisdição administrativa tributária.

ESTUDOS & COMENTÁRIOS

A COMPENSAÇÃO DE OFÍCIO E O DEVIDO PROCESSO LEGAL

LUIZ ROGÉRIO SAWAYA BATISTA

Mestre em Direito Tributário pela Universidade Presbiteriana Mackenzie.
Especialista em Direito Tributário pela PUC/COGEAE. Especialista em Direito Comercial pela Universidade Presbiteriana Mackenzie. Especialista em Direito Societária com ênfase em *Merger & Acquisitions* pelo IBMEC/SP (atual Insper). Conselheiro Efetivo do Conselho de Contribuintes do Município de São Paulo.

I. A compensação de ofício na Instrução Normativa n. 900/2008 da Receita Federal do Brasil. II. A compensação de ofício no Decreto-lei n. 2.287, de 23.7.1986 e o art. 73 da Lei n. 9.430, de 27.12.1996. III. A compensação de ofício no Decreto n. 2.138, de 29.1.1997 e o princípio da legalidade. IV. Crédito tributário e Lei Complementar. V. Do poder regulamentar. VI. Do devido processo legal. Retenção indevida. VII. Dos débitos definitivos e com a exigibilidade suspensa. VIII. Resumo conclusivo.

I. A compensação de ofício na Instrução Normativa 900/2008 da Receita Federal do Brasil

A RFB consignou a disciplina interna da compensação de ofício no art. 49 e ss. da Instrução Normativa ("IN") n. 900/2008, estabelecendo paradigma de atuação a todas as autoridades fazendárias a ela vinculadas nos seguintes termos:

"Art. 49. A autoridade competente da RFB, antes de proceder à restituição e ao ressarcimento de tributo, deverá verificar a existência de débito em nome do sujeito passivo no âmbito da RFB e da PGFN.

"§ 1º. Verificada a existência de débito, ainda que consolidado em qualquer modalidade de parcelamento, inclusive de débito já encaminhado para inscrição em Dívida Ativa, de natureza tributária ou não, o valor da restituição ou do ressarcimento deverá ser utilizado para quitá-lo, mediante compensação em procedimento de ofício.

"§ 2º. Previamente à compensação de ofício, deverá ser solicitado ao sujeito passivo que se manifeste quanto ao procedimento no prazo de 15 (quinze) dias, contados do recebimento de comunicação formal enviada pela RFB, sendo o seu silêncio considerado como aquiescência.

"§ 3º. Na hipótese de o sujeito passivo discordar da compensação de ofício, a autoridade da RFB competente para efetuar a compensação reterá o valor da restituição ou do ressarcimento até que o débito seja liquidado.

"§ 4º. Havendo concordância do sujeito passivo, expressa ou tácita, quanto à compensação, esta será efetuada.

"§ 5º. O crédito em favor do sujeito passivo que remanescer do procedimento de ofício de que trata o § 4º ser-lhe-á restituído ou ressarcido.

"(...)."

O art. 49 da IN RFB n. 900/2008 ilustra com clareza a compensação de ofício, que deve ser obrigatoriamente realizada no âmbito da RFB sempre que o sujeito passivo, titular de crédito tributário líquido e certo, pleiteando a restituição ou ressarcimento, possua também débitos perante a União, tanto aqueles constantes nos registros da RFB como na Procuradoria-Geral da Fazenda Nacional, hipótese de débitos inscritos em dívida ativa.

De igual modo, em conformidade com o art. 49 da IN RFB n. 900/2008, caso o contribuinte discorde da compensação de ofício, a RFB deverá reter os seus créditos até que os débitos sejam devidamente pagos.

Da leitura do art. 49 da IN RFB n. 900/2008 pode-se concluir que se trata efetivamente de aplicação ampla da compensação de ofício, que chega inclusive a modificar indiretamente a regra de restituição e compensação no âmbito da RFB, eis que essas apenas serão realizadas de maneira regular caso o contribuinte que requereu a restituição/ressarcimento não possua débitos fiscais perante a União Federal.

Em outras palavras, no raciocínio adotado pela regra do art. 49 da IN RFB n. 900/2008, a restituição/restituição somente está acessível aos sujeitos passivos que não possuam débitos perante a União Federal; caso contrário, os sujeitos passivos com quaisquer débitos deverão se sujeitar ao procedimento da compensação de ofício, ficando à mercê da retenção de seus créditos líquidos e certos em caso de discordância.

É matéria, pois, que envolve o direito de propriedade dos contribuintes, ou melhor, do sujeito passivo na relação jurídico-tributária, e que assume maior relevância ao se verificar que a IN RFB n. 900/2008 não diferencia se o débito do sujeito passivo que induz a compensação de ofício é apenas aquele cuja exigibilidade não esteja suspensa ou, pelo contrário, seria todo e qualquer débito, inscrito ou não, do sujeito passivo, inclusive aqueles objetos de parcelamento.

O *caput* do art. 50, que dispõe sobre contribuições previdenciárias, e o art. 54 da IN RFB n. 900/2008, ao se referirem a débitos vincendos objeto de parcelamento, nos levam a crer que, infelizmente, a não distinção, pela mencionada IN, se deu de forma deliberada para incluir todo e qualquer débito do sujeito passivo, inclusive, por incrível que pareça, aqueles que estejam com exigibilidade suspensa.

Ora, tais conclusões fazem com que qualquer operador do direito acenda, por assim dizer, a luz vermelha de seu sistema de alerta, passando a analisar a compensação de ofício com olhos de desconfiança, senão quanto ao próprio procedimento da compensação forçada ao menos quanto à exagerada amplitude atribuída pela IN RFB n. 900/2008 à compensação de ofício.

II. A compensação de ofício no Decreto-lei 2.287, e 23.7.1986 e o art. 73 da Lei n. 9.430, de 27.12.1996

Daí porque imperiosa a investigação dos fundamentos legais que preveem a compensação de ofício. Nesse sentido, não podemos deixar de ressaltar, inicialmente, que o art. 7º do Decreto-lei n. 2.287/1986, na redação dada pela Lei n. 11.196, de 21 de novembro de 2005, abaixo transcrito, dispõe sobre a compensação:

"Art. 7º. A Receita Federal do Brasil, antes de proceder à restituição ou ao ressarcimento de tributos, deverá verificar se o contribuinte é devedor à Fazenda Nacional.

"§ 1º. Existindo débito em nome do contribuinte, o valor da restituição ou ressarcimento será compensado, total ou parcialmente, com o valor do débito.

"(...).

"§ 3º. Ato conjunto dos Ministérios da Fazenda e da Previdência Social estabelecerá as normas e procedimentos necessários à aplicação do disposto neste artigo."

Mencionado dispositivo, de redação genérica, dispõe que antes de proceder à restituição ou ressarcimento de tributos a RFB deverá verificar se o contribuinte é devedor da Fazenda Nacional, sendo que em caso positivo o valor da restituição ou ressarcimento será compensado, total ou parcialmente, com o valor do débito, conforme procedimento a ser estabelecido.

Importante ressaltar que enxergamos racionalidade em suposta regra legal que condiciona a restituição de crédito líquido e certo do sujeito passivo ao pagamento de seus débitos em aberto, desde que observados os pressupostos formais e materiais para que tal importante norma seja aplicada em nosso sistema jurídico!

O art. 7º do Decreto-lei n. 2.287/1986 não dispõe sobre a compensação de ofício e nem sobre a retenção de créditos do sujeito passivo, limitando-se a dispor que em situações em que o sujeito passivo for titular de créditos líquidos e certos perante a Fazenda Nacional e estiver em situação devedora perante a Fazenda Nacional, o valor da restituição será compensado total ou parcialmente com os seus débitos.

De igual maneira, o art. 73 da Lei n. 9.430, de 27 de dezembro de 1996, não introduz nenhuma inovação à compensação de ofício, mas tão somente faz referência ao art. 7º do Decreto-lei n. 2.287/1986 para estabelecer que a utilização dos créditos do contribuinte e a quitação (*sic*) de seus débitos serão efetuadas em procedimentos internos da Secretaria da Receita Federal:

"Art. 73. Para efeito do disposto no art. 7º do Decreto-lei n. 2,287, de 23 de julho de 1986, a utilização dos créditos do contribuinte e a quitação de seus débitos serão efetuadas em procedimentos internos à Secretaria da Receita Federal, observado o seguinte:

"I – o valor bruto da restituição ou do ressarcimento será debitado à conta do tributo ou da contribuição a que se referir;

"II – a parcela utilizada para a quitação de débitos do contribuinte ou responsável será creditada à conta do respectivo tributo ou da respectiva contribuição."

O art. 73 da Lei n. 9.430/1996 determina que no procedimento de utilização dos créditos para pagamento dos débitos do contribuinte a RFB deverá debitar o valor bruto da restituição/ressarcimento à conta do tributo a que se referir e creditar a parcela utilizada para pagamento na conta do respectivo tributo (ou contribuição).

III. A compensação de ofício no Decreto 2.138, de 29.1.1997 e o princípio da legalidade

Na realidade, a denominada compensação de ofício não encontra previsão legal específica, sendo apenas veiculada pelo art. 6º do Decreto n. 2.138/1997, que em seu § 3º, inovando a ordem jurídica, como se tal fosse possível, estabelece suposto comando acerca da retenção de crédito do contribuinte:

"Art. 6º. A compensação poderá ser efetuada de ofício, nos termos do art. 7º do Decreto-lei n. 2.287, de 23 de julho de 1986, sempre que a Secretaria da Receita Federal verificar que o titular do direito à restituição ou ao ressarcimento tem débito vencido relativo a qualquer tributo ou contribuição sob sua administração.

"§ 1º. A compensação de ofício será precedida de notificação ao sujeito passivo para que se manifeste sobre o procedimento, no prazo de quinze dias, sendo o seu silêncio considerado como aquiescência.

"§ 2º. Havendo concordância do sujeito passivo, expressa ou tácita, a Unidade da Secretaria da Receita Federal efetuará a compensação, com observância do procedimento estabelecido no art. 5º.

"§ 3º. No caso de discordância do sujeito passivo, a Unidade da Secretaria da Receita

Federal reterá o valor da restituição ou do ressarcimento até que o débito seja liquidado."

Verifica-se, portanto, que o art. 49 da IN RFB n. 900/2008 não encontra fundamento na Lei n. 9.430/1996 nem no anterior Decreto-lei n. 2.287/1986, que possui redação por demais genérica, não dispondo sobre compensação de ofício nem sobre retenção de créditos do sujeito passivo, mas sim no órfão Decreto n. 2.138/1997.

Dessa forma, podemos concluir que a denominada compensação de ofício, na forma veiculada, ressaltamos, pelo Decreto n. 2.138/1997 e no art. 49 da IN RFB n. 900/2008 não possui fundamento legal, apenas se assemelhando ao ideal perseguido pelo Decreto-lei n. 2.287/1986, segundo o qual a Fazenda, antes de realizar a restituição/ressarcimento de crédito líquido e certo a contribuinte deve verificar se esse mesmo contribuinte não possui débitos perante a própria Fazenda.

Como dito anteriormente, trata-se, sem sombra de dúvida, de um objetivo digno, em conformidade com o Princípio de Justiça, mas que acabou por ser completamente desvirtuado pelo Decreto n. 2.138/1997 e pelo art. 49 da IN RFB n. 900/2008, eis que o único débito do sujeito passivo passível de compensação (de ofício) seria o débito definitivo, não passível de questionamento administrativo e sequer objeto de discussão judicial levada a efeito pelo sujeito passivo.

IV. Crédito tributário e Lei Complementar

Por dispor sobre forma de extinção do crédito tributário o tema compensação de ofício/retenção do crédito do contribuinte, nunca poderia figurar de forma solitária no art. 6º do Decreto n. 2.138/1997, que, por sua vez, procura buscar fundamento no art. 7º do Decreto-lei n. 2.287/1986, em razão do disposto na alínea "b", do art. 146 da Constituição Federal:

"Art. 146. Cabe à lei complementar:

"I – dispor sobre conflitos de competência, em matéria tributária, entre a União, os Estados, o Distrito Federal e os Municípios;

"II – regular as limitações constitucionais ao poder de tributar;

"III – estabelecer normas gerais em matéria de legislação tributária, especialmente sobre:

"a) definição de tributos e de suas espécies, bem como, em relação aos impostos discriminados nesta Constituição, a dos respectivos fatos geradores, bases de cálculo e contribuintes;

"b) obrigação, lançamento, crédito, prescrição e decadência tributários;

"(...)."

Referido comando constitucional estabelece de forma clara a necessidade de Lei Complementar para estabelecer as denominadas normas gerais em matéria de legislação tributária, especialmente sobre crédito tributário, matéria que é objeto da regra constante no art. 6º do Decreto n. 2.138/1997.

Desse modo, para que a regra que determina a compensação de ofício e a retenção de créditos do contribuinte pudesse ter validade em nosso ordenamento jurídico e ser aplicada pela RFB ela necessariamente deveria estar revestida de Lei Complementar e não somente contida no art. 6º do Decreto n. 2.138/1997!!!

V. Do poder regulamentar

Aliás, sem esforço de raciocínio, pode-se concluir que a determinação contida no Decreto n. 2.138/1997 resulta ainda em ofensa direta ao Princípio da Legalidade, previsto no inciso II, do art. 5º e reforçado, no âmbito tributário, pelo inciso I, do art. 150 da Constituição Federal, abaixo relacionados:

"Art. 5º. Todos são iguais perante a lei, sem distinção de qualquer natureza, garantindo-se aos brasileiros e aos estrangeiros residentes no País a inviolabilidade do direito à vida, à liberdade, à igualdade, à segurança e à propriedade, nos termos seguintes:

"(...).

"II – ninguém será obrigado a fazer ou deixar de fazer alguma coisa senão em virtude de lei;"

"Art. 150. Sem prejuízo de outras garantias asseguradas ao contribuinte, é vedado à União, aos Estados, ao Distrito Federal e aos Municípios:

"I – exigir ou aumentar tributo sem lei que o estabeleça;"

Não pretendemos nos alongar em matéria tão comezinha, mas o fato é que no âmbito da Administração Pública, em que se insere a RFB, a atividade apenas pode ser exercida nos exatos termos de anterior autorização prevista em Lei, nos termos do *caput* do art. 37 da Constituição Federal:

"Art. 37. A administração pública direta e indireta de qualquer dos Poderes da União, dos Estados, do Distrito Federal e dos Municípios obedecerá aos princípios de legalidade, impessoalidade, moralidade, publicidade e eficiência e, também, ao seguinte:

"(...)."

Ao discorrer sobre o Princípio da Legalidade, Celso Antônio Bandeira de Mello[1] assim asseverou: "A atividade administrativa deve não apenas ser exercida sem contraste com a lei, mas, inclusive, só pode ser exercida nos termos de autorização contida no sistema legal. A legalidade na Administração não se resume à ausência de oposição à lei, mas pressupõe autorização dela, como condição de sua ação".

E continua o mencionado Autor,[2] mais adiante, ao discorrer sobre a função regulamentar no Direito brasileiro ante o Princípio da Legalidade, aplicável a presente hipótese, a pontificar o seguinte:

"Com efeito, os dispositivos constitucionais caracterizadores do princípio da legalidade no Brasil impõe ao regulamento o caráter que se lhe assinalou, qual seja, o de ato estritamente subordinado, isto é, meramente subalterno e, ademais, dependente de lei".

Dessa forma, ante o disposto no art. 146 da Constituição Federal e em decorrência do Princípio da Legalidade, para que a Receita Federal pudesse legalmente reter o crédito líquido e certo do sujeito passivo a singela regra vazada no art. 6º do Decreto n. 2.138/1997 deveria não apenas estar contida em Lei, no sentido formal, mas sim ter sido veiculada por Lei Complementar!

É, portanto, completamente ilegal o procedimento adotado pela Receita Federal, eis que nem o art. 73 da Lei n. 9.430/1996 e muito menos o anterior Decreto-lei n. 2.287/1986, que não possuem *status* de Lei Complementar, tratam de compensação de ofício e de retenção de crédito de sujeito passivo.

Por meio da ementa do Recurso Especial n. 938.097, então relatado pelo Ministro José Delgado, consta posicionamento que reconhece a ausência de autorização legal em nosso ordenamento jurídico para a retenção de créditos do contribuinte. Porém, o Recurso Especial não chegou a ser conhecido:

"Tributário. Compensação. Direito do contribuinte. Impossibilidade do Fisco realizá-la de ofício. Retenção de créditos tributários. Impossibilidade. Princípio da legalidade.

"1. Inexiste dispositivo legal autorizando a Fazenda Nacional a proceder compensação tributária de ofício e, em caso de não concordância do contribuinte com os valores encontrados, proceder a retenção dos respectivos créditos.

"2. O Decreto 2.138, de 29.1.1997, em seu art. 6º, extrapolou a sua função regulamentadora.

"3. A compensação é regida por dispositivos que consagram ser um direito do contribuinte, a quem lhe é outorgado a opção de realizá-la ou não.

"4. A homenagem ao princípio da legalidade tributária não autoriza a prática de

1. Celso Antônio Bandeira de Mello, *Curso de Direito Administrativo*, 21ª ed., São Paulo, Malheiros Editores, 2006, p. 73.

2. Ob. cit., p. 375.

compensação de ofício pelo fisco e a retenção de créditos do contribuinte.

5. Recurso especial não conhecido" (STJ, 1ª T., rel. Min. José Delgado, REsp 938.097-PR, *DJU* 16.4.2008).

A ementa acima transcrita, que indica claramente o posicionamento do Ministro José Delgado, reconhece que o art. 6º do Decreto n. 2.138/1997 extrapolou por completo a sua função regulamentar e que, por essa mesma razão, inexiste em nosso ordenamento jurídico dispositivo legal que autorize a Fazenda a realizar a compensação de ofício do contribuinte e a reter indevidamente seu crédito líquido e certo.

Contudo, recentemente o tema foi levado à 1ª Seção do Superior Tribunal de Justiça, que uniformizou o seu entendimento, decidindo que a Compensação de Ofício apenas seria ilegal no ponto em que versa sobre débitos com a exigibilidade suspensa, tema que será objeto de comentários adiante, conforme se verifica na ementa abaixo transcrita:

"Processual Civil. Tributário. Recurso especial representativo da controvérsia (art. 543-C, do CPC). Art. 535, do CPC, ausência de violação. Compensação de ofício prevista no art. 73, da Lei n. 9.430/1996 e no art. 7º, do Decreto-lei n. 2.287/1986. Concordância tácita e retenção de valor a ser restituído ou ressarcido pela Secretaria da Receita Federal. Legalidade do art. 6º e §§ do Decreto n. 2.138/1997. Ilegalidade do procedimento apenas quando o crédito tributário a ser liquidado se encontrar com exigibilidade suspensa (art. 151, do CTN).

"(...).

"2. O art. 6º e §§, do Decreto n. 2.138/1997, bem como as instruções normativas da Secretaria da Receita Federal que regulamentam a compensação de ofício no âmbito da Administração Tributária Federal (arts. 6º, 8º e 12, da IN SRF 21/1997; art. 24, da IN SRF 210/2002; art. 34, da IN SRF 460/2004; art. 34, da IN SRF 600/2005; e art. 49, da IN SRF 900/2008), extrapolaram o art. 7º, do Decreto-lei n. 2.287/1986, tanto em sua redação original quanto na redação atual dada pelo art. 114, da Lei n. 11.196, de 2005, *somente* no que diz respeito à imposição da compensação de ofício aos débitos do sujeito passivo que se encontram com exigibilidade suspensa, na forma do art. 151, do CTN (*v.g.* débitos inclusos no REFIS, PAES, PAEX, etc.).

"*Fora dos casos previstos no art. 151, do CTN, a compensação de ofício é ato vinculado da Fazenda Pública Federal a que deve se submeter o sujeito passivo, inclusive sendo lícitos os procedimentos de concordância tácita e retenção previstos nos §§ 1º e 3º, do art. 6º, do Decreto n. 2.138/1997.* Precedentes: REsp 542.938-RS, 1ª T., rel. Min. Francisco Falcão, j. 18.8.2005; REsp 665.953-RS, 2ª T., rel. Min. João Otávio de Noronha, j. 5.12.2006; REsp 1.167.820-SC, 2ª T., rel. Min. Mauro Campbell Marques, j. 5.8.2010; REsp 997.397-RS, 1ª T., rel. Min. José Delgado, j. 4.3.2008; REsp 873.799-RS, 2ª T., rel. Min. Mauro Campbell Marques, j. 12.8.2008; REsp 491.342-PR, 2ª T., rel. Min. João Otávio de Noronha, j. 18.5.2006; REsp 1.130.680-RS, 1ª T., rel. Min. Luiz Fux, j. 19.10.2010.

"3. No caso concreto, trata-se de restituição de valores indevidamente pagos a título de Imposto de Renda da Pessoa Jurídica – IRPJ com a imputação de ofício em débitos do mesmo sujeito passivo para os quais não há informação de suspensão na forma do art. 151, do CTN. Impõe-se a obediência ao art. 6º e §§ do Decreto n. 2.138/1997 e normativos próprios.

"(...)" (REsp 1.213.082-PR, rel. Ministro Mauro Campbell Marques).

Pelas razões acima descritas não temos como compartilhar com o posicionamento do Superior Tribunal de Justiça, notadamente quanto à decisão acerca do fundamento legal do Decreto n. 2.138/1997 e da IN n. 99/2008.

Em verdade, creditamos a decisão do Superior Tribunal de Justiça ao apego à tese, anteriormente mencionada, que condiciona a restituição de crédito líquido e certo do sujeito passivo ao pagamento de seus débitos em aberto, e também à própria análise infraconstitucional que orienta a competência da aludida Corte.

Exatamente por essa razão que, em nosso pensar, o Ministro Relator menciona expressamente que o Decreto n. 2.138/1997 teria criado uma verdadeira liberalidade ao dispor sobre a notificação prévia do devedor para a realização da Compensação de Ofício, dando-lhe, nesse raciocínio, oportunidade de escolher os débitos que pretende sejam objeto da contraposição entre créditos e débitos pela Receita Federal, *in verbis*:

"(...).

"Com efeito, o Decreto n. 2.138/1997, ao determinar a notificação prévia do contribuinte para se manifestar a respeito do procedimento de compensação de ofício, criou uma verdadeira liberalidade, um benefício ao devedor, já que a legislação em vigor aqui examinada jamais condicionou a compensação de ofício a qualquer notificação prévia, muito menos à concordância do sujeito passivo, pois a compensação de ofício se trata de comando impositivo da lei à Administração Tributária Federal sempre que não houver compensação voluntária pelo sujeito passivo.

"Nessa linha, relevante observar que o objetivo do Decreto n. 2.138/1997, ao estabelecer a obrigatoriedade da notificação prévia, foi o de direcionar situações que ensejariam a compensação de ofício para o caminho da compensação voluntária, oportunizando ao devedor indicar os débitos que tem preferência por liquidar.

"Outrossim, tal procedimento de notificação é salutar, pois traz o benefício de prevenir litígios administrativos e judiciais que naturalmente adviriam de uma compensação efetuada com o desconhecimento do contribuinte. À toda evidência, podem existir créditos tributários que o contribuinte entende por ilegítimos e que pretende discutir administrativamente ou judicialmente. Nesse contexto, a intenção do ato normativo foi a de que o contribuinte tomasse o rumo proposto pelo art. 74, da Lei n. 9.430/1996, em sua redação original, que lhe permitia efetuar requerimento a fim de escolher os débitos a serem quitados.

"(...)."

Muito embora não esteja no escopo de nosso estudo a demonstração específica de nossa contrariedade ao julgado aludido, não podemos deixar de ressaltar que a mencionada liberalidade do Decreto n. 2.138/1997 não se harmoniza com o direito de propriedade do contribuinte e sequer com o contraditório e a ampla defesa aguardados em procedimento, nos termo do Acórdão, relegado ao exclusivo arbítrio da Receita Federal do Brasil.

Sob outro prisma, sob o ponto de vista lógico, se estamos lidando com um poder-dever da Fiscalização, legalmente discutível seria o favor outorgado aos contribuintes, falecendo sentido o propósito da indicação dos débitos ser realizada pelo contribuinte com o intuito da Compensação de Ofício se tornar compensação voluntária!

Nesse aspecto, na forma em que a matéria encontra-se atualmente regulada, não acreditamos que ela terá o mesmo destino decisório quando, finalmente, for levada à análise constitucional do Supremo Tribunal Federal.

VI. Do devido processo legal. Retenção indevida

Com efeito, não se pode perder de vista que a Fazenda Nacional possui à sua disposição todo um aparato legislativo próprio para a cobrança de créditos tributários, dentre os quais calha mencionar a Lei n. 6.830, de 22 de setembro de 1980, e a regra constante no art. 185-A do Código Tributário Nacional, que inclusive permite o bloqueio de contas correntes nas condições especificadas, *in verbis*:

"Art. 185-A. Na hipótese de o devedor tributário, devidamente citado, não pagar nem apresentar bens à penhora no prazo legal e não forem encontrados bens penhoráveis, o juiz determinará a indisponibilidade de seus bens e direitos, comunicando a decisão, preferencialmente por meio eletrônico, aos órgãos e entidades que promovem registros de transferência de bens, especialmente ao registro público de imóveis e às autoridades supervisoras do mercado bancário e do mercado de capitais, a fim de que, no âmbito de suas atribuições, façam cumprir a ordem judicial.

"(...)."

"Art. 1º. A execução judicial para cobrança da Dívida Ativa da União, dos Estados, do Distrito Federal, dos Municípios e respectivas autarquias será regida por esta Lei e, subsidiariamente, pelo Código de Processo Civil."

Tais dispositivos nada mais são do que um reflexo não apenas do Princípio da Legalidade, mas também do Princípio do Devido Processo Legal, que fundamenta o Estado Democrático de Direito, previsto no inciso LIV do art. 5º da Constituição Federal:

"Art. 5º. (...).

"LIV – ninguém será privado da liberdade ou de seus bens sem o devido processo legal;"

Daí porque toda a nossa surpresa com o conteúdo do voto do Ministro Relator no Acórdão acima mencionado, que corajosamente decidiu que a Compensação de Ofício seria um poder-dever da Fiscalização, constituindo uma liberalidade a prévia notificação do sujeito passivo acerca de sua realização.

André Ramos Tavares,[3] ao tratar sobre o Princípio do Devido Processo Legal, expõe as facetas desse relevante Princípio tanto em seu aspecto material, como sob o ponto de vista formal:

"Assim, considera-se que o termo 'devido' assume o sentido de algo 'previsto', 'tipificado'. Mas não é só. Também requer que seja justo.

"'Processo', na expressão consagrada constitucionalmente, refere-se aos trâmites, formalidades, procedimentos, garantias. São as práticas do mundo jurídico em geral.

"'Legal', aqui, assume conotação ampla, significando tanto a Constituição como a legislação.

"Reunindo, nesses termos, os componentes, tem-se: 'garantias previstas juridicamente'. Esse, sucintamente, o significado da expressão 'devido processo legal'.

"(...).

"O princípio do devido processo legal biparte-se, contudo, passando a ser agregado um aspecto material (substancial).

"O devido processo legal, no âmbito processual, significa a garantia concedida à parte processual para utilizar-se da plenitude dos meios jurídicos existentes. Seu conteúdo identifica-se com a exigência de 'paridade total de condições com o Estado persecutor e plenitude de defesa'.

"(...).

"Já o devido processo legal aplicado no âmbito material diz respeito à necessidade de observar o critério de proporcionalidade, resguardando a vida, a liberdade e a propriedade."

Na mesma linha de raciocínio, válidas são as lições de Celso Antônio Bandeira de Mello, que assim se manifestou:

"Note-se que 'privar' da liberdade ou da propriedade não é apenas simplesmente elidi-las, mas também o é suspender ou sacrificar quaisquer atributos legítimos inerentes a uma ou a outra; vale dizer: a privação não precisa ser completa para caracterizar-se como tal.

"Assim, para desencadear consequência desta ordem, a Administração terá que obedecer a um processo regular (o devido processo legal), o qual, evidentemente, como resulta do inciso LV do art. 5º, demanda contraditório e ampla defesa.

"(...).

"Tal enquadramento da conduta estatal em pautas balizadoras, como se disse é uni-

3. André Ramos Tavares, *Curso de Direito Constitucional*, 7ª ed., São Paulo, Saraiva, 2009, pp. 703-704.

versalmente sabido, concerne tanto a aspectos *materiais* – pelo atrelamento do Estado a determinados fins antecipadamente propostos como os validamente perseguíveis – quanto a aspectos *formais*, ou seja, relativos ao preestabelecimento dos meios eleitos como as vias idôneas a serem percorridas para que, através delas – e somente através delas –, possa o Poder Público exprimir suas decisões. Estes últimos dizem com a prévia definição dos processos que canalizarão as manifestações estatais. A indicação das *formas adequadas* para aportar nos fins buscados define o *modus procedendi* obrigatório para o Poder Público, com o quê sua atuação fica inserida na intimidade de uma trilha cujo percurso correto é a maior garantia para o cumprimento dos bens jurídicos que o Estado de Direito visa a resguardar."

Da leitura das abalizadas opiniões acima colacionadas pode-se divisar claramente a amplitude do Princípio do Devido Processo Legal, que denota a garantia de ampla defesa e do contraditório para a privação de bens do contribuinte (ou da própria liberdade), assim como a necessidade de observância do critério de proporcionalidade, resguardando a propriedade.

Mas não é só! Pode-se depreender que o devido processo legal, seja no seu aspecto material, seja no formal, requer que a Administração Pública obrigatoriamente observe os procedimentos legais necessários, dentre eles o contraditório e a ampla defesa – e a própria garantia do processo – para privar bens do particular, sobretudo do sujeito passivo de tributos.

O Supremo Tribunal Federal, no julgamento da Ação Direta de Inconstitucionalidade n. 173-DF, ora trazida à colação a título ilustrativo, reafirmou sua tradicional[4] jurisprudência de respeito ao Princípio do Devido Processo Legal, afastando, no caso concreto, dispositivo que condicionava a prática de atos de vida civil e empresarial à quitação de créditos tributários, conforme se verifica no seguinte trecho de ementa:

"Ementa: Constitucional. Direito fundamental de acesso ao Judiciário. Direito de petição. Tributário e política fiscal. Regularidade fiscal. Normas que condicionam a prática de atos da vida civil e empresarial à quitação de créditos tributários. Caracterização específica como sanção política. Ação conhecida quanto à Lei Federal 7.711/1988, art. 1º, I, III e IV, §§ 1º a 3º, e art. 2º.

"(...).

"3. Esta Corte tem historicamente confirmado e garantido a proibição constitucional às sanções políticas, invocando, para tanto, o direito ao exercício de atividades econômicas e profissionais lícitas (art. 170, parágrafo único, da Constituição), a violação do devido processo legal substantivo (falta de proporcionalidade e razoabilidade de medidas gravosas que se predispõem a substituir os mecanismos de cobrança de créditos tributários) e a violação do devido processo legal manifestado no direito de acesso aos órgãos do Executivo ou do Judiciário tanto para controle da validade dos créditos tributários, cuja inadimplência pretensamente justifica a nefasta penalidade, quanto para controle do próprio ato que culmina na restrição.

"É inequívoco, contudo, que a orientação firmada pelo Supremo Tribunal Federal não serve de escusa ao deliberado e temerário desrespeito à legislação tributária. Não há que se falar em sanção política se as restrições à prática de atividade econômica objetivam combater estruturas empresariais que têm na

4. As Súmulas abaixo relacionadas, do STF, demonstram que a Excelsa Corte tem por hábito arraigado respeitar o devido processo legal, afastando qualquer tentativa de restrição do direito de defesa do contribuinte:

Súmula n. 70: "É inadmissível a interdição de estabelecimento como meio coercitivo para a cobrança de tributos".

Súmula n. 323: "É inadmissível a apreensão de mercadorias como meio coercitivo para pagamento de tributos".

Súmula n. 547: "Não é lícito à autoridade proibir que o contribuinte em débito adquira estampilhas, despache mercadorias nas alfândegas e exerça suas atividades profissionais".

inadimplência tributária sistemática e consciente sua maior vantagem concorrencial. Para ser tida como inconstitucional, a restrição ao exercício de atividade econômica deve ser desproporcional e não razoável.

"(...).

"Ações Diretas de Inconstitucionalidade parcialmente conhecidas e, na parte conhecida, julgadas procedentes" (Plenário, rel. Ministro Joaquim Barbosa, *DJe* 19.3.2009).

No julgado acima descrito o Supremo Tribunal Federal decidiu o conteúdo semântico de "regularidade fiscal" ante a exigência de certidão negativa de débitos fiscais como condição para a prática de determinados atos, como a participação em processos de licitação, conforme previsto na Lei n. 7.711, de 22 de dezembro de 1988.

Mais especificamente, o Supremo Tribunal Federal reconheceu, à luz do princípio da livre atividade e do devido processo legal formal e substantivo, que a exigência de certidão negativa de débitos fiscais, por parte do Erário, como requisito para o exercício de determinados atos empresariais constitui sanção política que não se harmoniza com o sistema constitucional.

Dessa forma, a garantia constitucional do Devido Processo Legal constitui obstáculo à aplicação ampla da compensação de ofício, na forma prevista no Decreto n. 2.138/1997, que endereça regra ao Estado segundo a qual os créditos líquidos e certos de sujeitos passivos poderiam ser retidos até compensação de ofício com quaisquer débitos do mesmo sujeito passivo.

Ora, chega a ser ditatorial o procedimento denominado compensação de ofício constante no art. 49 da IN RFB n. 900/2008, pois ele outorga à Receita Federal do Brasil o suposto direito de se recusar a restituir crédito líquido e certo de sujeito passivo, por ela expressamente reconhecido, condicionando a restituição ao prévio pagamento de débitos em aberto, uma vez que é dever da Administração Pública cobrar os débitos em aberto em estrita observância aos trâmites legais.

A Administração Pública tem o dever de realizar a cobrança dos alegados débitos em aberto em estrita observância à Lei, franqueando ao sujeito passivo todas as garantias previstas constitucionalmente na defesa de seus direitos, de modo que ele apenas venha a ser privada de sua propriedade (bens e direitos, incluindo o crédito fiscal) após o oferecimento do devido processo legal.

Trata-se, na realidade, de um dos pilares do Estado Democrático de Direito!

Nesse aspecto, não podemos deixar de trazer à colação contribuição da Professora Regina Helena Costa,[5] Desembargadora do Tribunal Regional Federal da 3ª Região, a respeito da praticabilidade e justiça tributária, eis que a compensação de ofício se enquadra perfeitamente nesse tipo de discussão:

"Vale referir, por derradeiro, a relação entre a praticabilidade e o princípio que batizamos de princípio da não obstância do exercício de direitos fundamentais por via de tributação.

"Esse princípio, que se encontra implícito no texto constitucional, é extraído das normas que afirmam que os diversos direitos e liberdades nele contemplados devem conviver harmonicamente com a atividade tributante do Estado.

"Em outras palavras, se a Lei Maior assegura o exercício de determinados direitos, que qualifica como fundamentais, não pode tolerar que a tributação, também constitucionalmente disciplinada, seja desempenhada em desapreço a esses mesmos direitos.

"E uma das maneiras pelas quais, indesejavelmente, pode o exercício de direitos vir a ser amesquinhado é por intermédio da tributação, porquanto o tributo, necessariamente, interfere com o direito de liberdade e o direito de propriedade dos cidadãos."

Trata-se efetivamente de uma discussão atual, pois embora a Compensação de Ofício

5. Regina Helena Costa, *Praticabilidade e Justiça Tributária. Exequibilidade da Lei Tributária e Direitos do Contribuinte*, São Paulo, Malheiros Editores, 2007, p. 155.

seja um procedimento que qualificamos como prático, rápido, de simples exequibilidade, ante os atuais ditames tecnológicos, voltada para os interesses da fiscalização, na forma descrita pelo Decreto n. 2.138/1997 ela claramente ofende garantias constitucionais dos contribuintes como o devido processo legal.

Isso significa dizer que a Fazenda está obrigada a utilizar todo o aparato legislativo à sua disposição, de maneira a cobrar dos contribuintes os créditos tributários inscritos em dívida ativa, garantindo-lhes obrigatoriamente o direito ao contraditório e à ampla defesa, e se abstendo da prática de atos que constituam ofensa aos direitos e garantias dos contribuintes, como a retenção de seus créditos ou a compensação de seus créditos líquidos e certos com débitos seus que podem ser desafiados no Judiciário.

Ou seja, por mais atrativa que seja a Compensação de Ofício, se apresentando como meio simples e prático a evitar discussões judiciais, atendendo os interesses da Administração Tributária, ela não resiste ao confronto com os Princípios da Legalidade e do Devido Processo Legal, incidindo ainda em ofensa ao Direito de Propriedade dos contribuintes.

Talvez por essa razão que o legislador ordinário e a própria Receita Federal do Brasil sejam tão generosos em se tratando da compensação de ofício, pois toda a rigidez formal e material aplicável à compensação administrativa, mesmo após a criação da Super Receita, não se fazem presentes nessa forma de compensação.

Temos como exemplo a possibilidade única de compensação de ofício entre créditos líquidos e certos dos contribuintes relativos a tributos administrados pela Receita Federal do Brasil e débitos de Contribuições Previdenciárias, nos termos do *caput* dos arts. 50 e 51 da IN RFB n. 900/2008:

"Art. 50. Na hipótese de restituição das contribuições de que tratam os incisos I e II do parágrafo único do art. 1º, a compensação de ofício será realizada em 1º (primeiro) lugar com débitos dessas contribuições, observando-se a seguinte ordem:

"(...).

"Art. 51. Na hipótese de restituição ou ressarcimento dos demais créditos ou do saldo remanescente de que trata o parágrafo único do art. 50, existindo no âmbito da RFB e da PGFN débitos tributários vencidos e exigíveis do sujeito passivo, exceto débitos de contribuições de que tratam os incisos I e II do parágrafo único do art. 1º, observar-se-á, na compensação de ofício, sucessivamente:

"(...)."

No mesmo sentido, a recente possibilidade do exercício da compensação de ofício mediante o confronto de créditos decorrentes de precatórios federais e quaisquer débitos dos contribuintes, conforme previsto no art. 30 da Lei n. 12.431, de 27 de junho de 2011:

"Art. 30. A compensação de débitos perante a Fazenda Pública Federal com créditos provenientes de precatórios, na forma prevista nos §§ 9º e 10 do art. 100 da Constituição Federal, observará o disposto nesta Lei.

"§ 1º. Para efeitos da compensação de que trata o *caput*, serão considerados os débitos líquidos e certos, inscritos ou não em dívida ativa da União, incluídos os débitos parcelados."

Tais dispositivos, em nosso pensar, constituem um norte complementar de interpretação da Compensação de Ofício, eis que ela apenas deveria se aplicar extraordinariamente, com base no exclusivo arbítrio dos contribuintes, quando a compensação administrativa ou judicial não se apresentar como passível de exercício, o que atualmente ocorre na compensação entre tributos federais e contribuições previdenciárias e com os créditos constantes em precatório.

VII. Dos débitos definitivos e com a exigibilidade suspensa

De igual modo, com base no raciocínio acima traçado, a Compensação de Ofício apenas e tão somente seria exercitável sem o risco de ofensa aos direitos e garantias individuais dos contribuintes nas situações descritas no item acima ou quando se tratar de débito fiscal inscrito em dívida ativa sobre o qual já não caiba mais nenhuma discussão, seja pela ausência de exceção de discussão por parte do contribuinte, seja pelo trânsito em julgado das medidas por ele adotadas.

Nessa linha, débitos com a exigibilidade suspensa, em uma das modalidades previstas no art. 151 do Código Tributário Nacional, não podem, de nenhuma forma, figurar no rol da Compensação de Ofício, pois tais débitos não são nem definitivos e sequer encontram-se em aberto:

"Art. 151. Suspendem a exigibilidade do crédito tributário:

"I – moratória;

"II – o depósito do seu montante integral;

"III – as reclamações e os recursos, nos termos das leis reguladoras do processo tributário administrativo;

"IV – a concessão de medida liminar em mandado de segurança.

"V – a concessão de medida liminar ou de tutela antecipada, em outras espécies de ação judicial;

"VI – o parcelamento.

"Parágrafo único. O disposto neste artigo não dispensa o cumprimento das obrigações assessórias dependentes da obrigação principal cujo crédito seja suspenso, ou dela consequentes."

Sob o ponto de vista prático, caso o contribuinte detenha certidão negativa de débitos fiscais ou, ainda, certidão positiva com efeitos de negativa ou tenha em sua conta corrente perante a Receita Federal do Brasil apontamentos cuja exigibilidade esteja suspensa, ele não poderá ser destinatário da odiosa Compensação de Ofício, que se inicia com uma intimação para que o contribuinte se manifeste sobre o expediente que a Receita pretende realizar (seguido da retenção indevida de seus créditos).

É curioso notar, nesse ponto, que o § 2º, do art. 30, da Lei n. 12.431/2011, que trata da compensação de precatórios com débitos, inscritos ou não, dispõe expressamente sobre a impossibilidade de eleição de débitos que estejam com a exigibilidade suspensa:

"Art. 30. A compensação de débitos perante a Fazenda Pública Federal com créditos provenientes de precatórios, na forma prevista nos §§ 9º e 10 do art. 100 da Constituição Federal, observará o disposto nesta Lei.

"§ 1º. Para efeitos da compensação de que trata o *caput*, serão considerados os débitos líquidos e certos, inscritos ou não em dívida ativa da União, incluídos os débitos parcelados.

"§ 2º. ***O disposto no § 1º não se aplica a débitos cuja exigibilidade esteja suspensa***, ressalvado o parcelamento, ou cuja execução esteja suspensa em virtude do recebimento de embargos do devedor com efeito suspensivo, ou em virtude de outra espécie de contestação judicial que confira efeito suspensivo à execução" (negritos nossos).

Assim, em nosso sistema jurídico a Compensação de Ofício apenas poderá vicejar sem violar direitos constitucionais dos contribuintes nas hipóteses acima mencionadas, que albergam o débito inscrito em dívida ativa, sobre o qual não caiba nenhum tipo de discussão por parte do contribuinte, seja pelo trânsito em julgado de decisão proferida em sede de embargos (ou em ação anulatória), seja pela ausência de apresentação de exceção de pré-executividade ou embargos pelo contribuinte.

Corroborando o nosso raciocínio, o Superior Tribunal de Justiça vem decidindo que a retenção, anteriormente reproduzida no art. 34 da Instrução Normativa n. 600, de 28 de dezembro de 2005 – revogada pela Instrução Normativa n. 900, de 30 de dezembro de 2008 –, seria ilegal e não aplicável a débitos com exigibilidade suspensa:

"Tributário. Agravo Regimental. Recurso Especial. Tributário. Ressarcimento e restituição. Não obrigatoriedade de prévia compensação de ofício com débito parcelado. Ilegalidade do art. 34, § 1º, da Instrução Normativa SRF n. 600/2005.

"1. O art. 7º, do Decreto-lei n. 2.287/1986, não diz que os débitos *parcelados* devem necessariamente ser objeto de compensação de ofício com valores a serem objeto de restituição ou ressarcimento.

"2. Na compreensão desta Corte, se há a suspensão da exigibilidade na forma do art. 151, do CTN, não há previsão legal para impor a compensação de ofício ao contribuinte. Essa imposição somente abrange os débitos exigíveis. Sendo assim, o procedimento previsto no art. 34, § 1º, da Instrução Normativa SRF n. 600/2005, que condiciona o ressarcimento à quitação do débito parcelado mediante compensação de ofício, transborda o disposto no art. 73, da Lei n. 9.430/1996, art. 7º, do Decreto-lei n. 2.287/1986, e art. 6º, do Decreto n. 2.138/1997, apresentando-se ilegal.

"(...) (STJ, 2ª T., rel. Ministro José Delgado, REsp 1.167.820-SC, *DJU* 1.9.2010).

"Processual Civil. Agravo Regimental. Recurso Especial. Tributário. Ressarcimento e restituição. Não obrigatoriedade de prévia compensação de ofício com débito parcelado. Ilegalidade do art. 34, § 1º, da Instrução Normativa SRF n. 600/2005.

"1. O art. 7º, do Decreto-lei n. 2.287/1986, não diz que os débitos parcelados devem necessariamente ser objeto de compensação de ofício com valores a serem objeto de restituição ou ressarcimento.

"2. Na compreensão desta Corte, se há a suspensão da exigibilidade na forma do art. 151, do CTN, não há previsão legal para impor a compensação de ofício ao contribuinte. Essa imposição somente abrange os débitos exigíveis. Sendo assim, o procedimento previsto no art. 34, § 1º, da Instrução Normativa SRF n. 600/2005, que condiciona o ressarcimento à quitação do débito parcelado mediante compensação de ofício, transborda o disposto no art. 73, da Lei n. 9.430/1996, art. 7º, do Decreto-lei n. 2.287/1986, e art. 6º, do Decreto n. 2.138/1997, apresentando-se ilegal.

"(...)" (STJ, 2ª T., rel. Ministro Mauro Campbell Marques, AgRg no REsp 1.047.760-RS, *DJU* 21.5.2010).

Não podemos deixar de ressaltar que o primeiro julgado trata expressamente de débitos objeto de parcelamento que, portanto, estavam com a exigibilidade suspensa, e que ambas as decisões reconheceram ilegalidade no procedimento da Compensação de Ofício, na vigência da IN SRF n. 600/2005, por ausência de embasamento legal.

Como observado anteriormente, em recente julgamento no REsp 1.213.082-PR, a 1ª Seção do Superior Tribunal de Justiça uniformizou o seu posicionamento, decidindo que apenas haveria ilegalidade na Compensação de Ofício quando realizada sobre débitos que estejam com a exigibilidade suspensa, o que corrobora as nossas assertivas quanto a este aspecto.

VIII. Resumo conclusivo

Ante o exposto, podemos concluir que a Compensação de Ofício não resiste às verificações descritas no presente estudo, visto que decorre de mero procedimento interno da Receita Federal do Brasil, consignado nos arts. 49 e ss. da IN n. 900/2008, que não possui anterior embasamento em Lei.

De igual modo, a Compensação de Ofício e a retenção de créditos do sujeito passivo, por parte da Receita Federal, é medida de cunho ditatorial, que ofende direitos e garantias individuais dos contribuintes, sobretudo o Princípio do Devido Processo Legal, que obriga a Fazenda Pública a utilizar todo o aparato legislativo colocado à sua disposição para cobrar o crédito tributário, garantindo, por outro lado, o contraditório e a ampla defesa aos contribuintes.

A Compensação de Ofício e a retenção indevida de créditos constituem, na realidade, odiosa sanção política proposta no sentido de substituir, de forma completamente ilegal e inconstitucional, os mecanismos instituídos de cobrança de crédito tributário.

Para que a Compensação de Ofício pudesse subsistir em nosso sistema jurídico ela apenas poderia ser realizada, em nosso pensar, sobre débitos definitivos do contribuinte, quais sejam, aqueles débitos inscritos em dívida ativa que não caibam nenhum tipo de discussão por parte do contribuinte e nos casos de trânsito em julgado das respectivas discussões.

No julgamento do REsp 1.213.082-PR, a 1ª Seção do Superior Tribunal de Justiça decidiu que a Compensação de Ofício constante no Decreto n. 2.138/1997 e IN n. 900/2008 da RFB teria embasamento legal, que apenas não fundamentaria a Compensação de Ofício realizada sobre débitos com a exigibilidade suspensa, em quaisquer das formas relacionadas no art. 151 do Código Tributário Nacional, pois tais débitos não são, por determinação legal, exigíveis.

De qualquer maneira, acreditamos, pelas razões acima mencionadas, que o destino decisório da Compensação de Ofício será diverso quando ela for levada à verificação constitucional pelo Supremo Tribunal Federal, especialmente se mantida a atual legislação sobre o tema.

ESTUDOS & COMENTÁRIOS

OS BENEFÍCIOS DO ICMS-IMPORTAÇÃO NO ESTADO DE SANTA CATARINA: (IN)CONSTITUCIONALIDADE E FRAUDE À JURISDIÇÃO

MELINA DE SOUZA ROCHA LUKIC

Professora e Pesquisadora em Direito Tributário da FGV Direito-Rio.
Doutoranda e Mestre pela *Université de la Sorbonne Nouvelle* (Paris 3).

1. Da concessão de benefícios no ICMS. 2. Dos benefícios do ICMS-Importação concedidos pelo Estado de Santa Catarina. 3. Diferimento ou benefício fiscal? 4. Da fraude à jurisdição. 5. Conclusão.

Resumo

Trata-se de trabalho em que se pretende analisar a natureza e a constitucionalidade de benefícios fiscais do ICMS-Importação concedidos pelo Estado de Santa Catarina.

A Constituição Federal de 1988 prevê no art. 155, § 2º, XII, *g*, que para a concessão de incentivos e benefícios ficais relativos ao ICMS necessário se faz a deliberação dos Estados e Distrito Federal. A LC 24/1975 regula a matéria determinando que isenções, benefícios e incentivos fiscais serão concedidos ou revogados através de convênios celebrados e ratificados em reuniões com a presença de representantes dos Estados e Distrito Federal. A Constituição ainda prevê no art. 155, § 2º, VI, que as alíquotas internas não poderão ser inferiores às interestaduais estabelecidas em Resolução do Senado e o art. 150, § 6º, que benefícios fiscais deverão estar previstas em leis especificas que regulem exclusivamente a matéria.

Diante deste panorama constitucional, o Estado de Santa Catarina, ao instituir o Programa Pró-Emprego através da Lei 13.992/2007, concedeu benefícios fiscais relativos ao ICMS-Importação sem a autorização de prévio convênio estabelecido por meio do CONFAZ. O regime favorecido de tributação, apesar de prever o "diferimento" do imposto, na verdade concede verdadeiro benefício fiscal, diminuindo o valor a ser recolhido à alíquota de 3%, dentre outras vantagens.

A violação constitucional do programa em questão foi contestada por meio de três Ações Diretas de Inconstitucionalidade perante o STF. Ao considerar a sua provável perda nas ações em questão, o Estado de Santa Catarina fez aprovar lei revogando expressamente os dispositivos nelas questionados. Ocorre que, apesar da sua revogação expressa, os benefícios concedidos continuam com os efeitos garantidos por meio de outras normas criadas pelo Estado. Assim, diante desta manobra do Estado, discute-se a aplicação da teoria de fraude à jurisdição aplicada pelo STF em casos semelhantes.

A guerra fiscal costuma ser encarada como uma disputa entre os Estados feita por meio da concessão de benefícios fiscais relativos ao ICMS a fim de atrair investimentos e negócios para o seu território, em detrimento dos demais entes. Prevendo tal situação, a Constituição Federal de 1988 fez do ICMS o imposto mais bem regulado e com mais limitações ao exercício de sua competência por parte dos Estados.

Apesar de todos os entraves constitucionais, recentemente tem sido prática reiterada de alguns Estados conceder benefícios fiscais relativos ao ICMS-Importação em afronta às previsões constitucionais sobre a matéria.

Nesta linha, o objeto do presente trabalho será analisar a natureza e constitucionalidade da concessão de benefícios fiscais no ICMS-Importação pelo Estado de Santa Catarina, bem como as estratégias processuais utilizadas por este para driblar eventuais declarações de inconstitucionalidade por parte do Supremo Tribunal Federal.

1. Da concessão de benefícios no ICMS

A Constituição Federal de 1988, ao conceder a competência para a instituição do ICMS aos Estados, prescreve em seu art. 155, § 2º, XII, *g*, que cabe "a lei complementar regular a forma, como, mediante deliberação dos Estados e do Distrito Federal, isenções, incentivos e benefícios fiscais serão concedidos e revogados".

Ao comentar o dispositivo, Roque Antonio Carrazza[1] afirma que, ao contrário dos demais impostos, a isenção, incentivos e benefícios fiscais no ICMS não podem ser concedidos unilateralmente, nem mesmo por lei ordinária, pelos Estados ou Distrito Federal.

A regulamentação da matéria é feita pela Lei Complementar n. 24/1975 da seguinte maneira:

"Art. 1º. As isenções do imposto sobre operações relativas à circulação de mercadorias serão concedidas ou revogadas nos termos de convênios celebrados e ratificados pelos Estados e pelo Distrito Federal, segundo esta Lei.

"Parágrafo único. O disposto neste artigo também se aplica:

"I – à redução da base de cálculo;

"II – à devolução total ou parcial, direta ou indireta, condicionada ou não, do tributo, ao contribuinte, a responsável ou a terceiros;

"III – à concessão de créditos presumidos;

"IV – a quaisquer outros incentivos ou favores fiscais ou financeiro-fiscais, concedidos com base no imposto de circulação de mercadorias, dos quais resulte redução ou eliminação, direta ou indireta, do respectivo ônus;

"V – Às prorrogações e às extensões das isenções vigentes nesta data."

O art. 2º desta mesma Lei Complementar estabelece a forma pela qual os convênios serão celebrados:

"Art. 2º. Os convênios a que alude o art. 1º, serão celebrados em reuniões para as quais tenham sido convocados representantes de todos os Estados e do Distrito Federal, sob a presidência de representantes do Governo Federal.

"§ 1º. As reuniões se realizarão com a presença de representantes da maioria das Unidades da Federação.

"§ 2º. A concessão de benefícios dependerá sempre de decisão unânime dos Estados representados; a sua revogação total ou parcial dependerá de aprovação de quatro quintos, pelo menos, dos representantes presentes."

Assim, os Estados e o Distrito Federal, para concederem incentivos ou benefícios fiscais dentro de seus respectivos territórios, devem antes firmar acordo sobre a matéria com os demais, através de convênios estabelecidos para este fim. Estes convênios são celebrados perante o CONFAZ – Conselho Nacional de Política Fazendária – que conta

1. Roque Antonio Carrazza, *ICMS*, São Paulo, Malheiros Editores, 2009, p. 516.

com a participação de representantes de cada Estado brasileiro.

Carrazza chama a atenção ao fato de que os convênios celebrados perante o CONFAZ, por si só, não dão força normativa às deliberações tomadas, devendo ser eles aprovados pelos respectivos poderes legislativos e transformados em decretos legislativos para poderem integrar o ordenamento jurídico do Estado.[2]

Além disso, a Constituição Federal de 1988 dispõe em seu art. 155, § 2º, VI, com relação às alíquotas internas do ICMS, que "salvo deliberação em contrário dos Estados e do Distrito Federal, nos termos do disposto no inciso XII, *g*, as alíquotas internas, nas operações relativas à circulação de mercadorias e nas prestações de serviços, não poderão ser inferiores às previstas para as operações interestaduais" (Resolução 22/1989 do Senado Federal).

Por fim, o art. 150, § 6º, da CF/1988 exige que qualquer "subsídio ou isenção, redução de base de cálculo, concessão de crédito presumido, anistia ou remissão, relativos a impostos, taxas ou contribuições, só poderá ser concedido mediante lei específica, federal, estadual ou municipal, que regule exclusivamente as matérias acima enumeradas ou o correspondente tributo ou contribuição, sem prejuízo do disposto no art. 155, § 2º, XII, *g*".

Com relação ao posicionamento do STF sobre o tema, recentemente este Tribunal ratificou decisões anteriores, ao julgar 14 ações contra leis de 5 Estados e do Distrito Federal que concediam benefícios e isenções fiscais sem que houvesse convênios para este fim. Uma destas decisões teve a seguinte ementa:

"Constitucional. Tributário. Imposto sobre operação de circulação de mercadorias e serviços. ICMS. Benefícios fiscais. Necessidade de amparo em convênio interestadual. Art. 155, XII, *g*, da Constituição. Nos termos da orientação consolidada por esta Corte, a concessão de benefícios fiscais do ICMS depende de prévia aprovação em convênio interestadual, como forma de evitar o que se convencionou chamar de guerra fiscal. Interpretação do art. 155, XII, *g*, da Constituição. São inconstitucionais os arts. 6º, no que se refere a 'benefícios fiscais' e 'financeiros-fiscais', 7º e 8º da Lei Complementar estadual 93/2001, por permitirem a concessão de incentivos e benefícios atrelados ao ICMS sem amparo em convênio interestadual. Ação direta de inconstitucionalidade julgada parcialmente procedente" (Tribunal Pleno, rel. Ministro Joaquim Barbosa, ADI 3.794, j. 1.6.2011, *DJe*-146 divulg. 29.7.2011, public. 1.8.2011, ement. vol. 02556-01, p. 14).

É praticamente pacífica, assim, a posição do STF no que diz respeito à necessidade de convênio interestadual para a concessão de benefícios fiscais de ICMS pelos Estados, tendo sido declaradas inconstitucionais por este Tribunal as leis que não cumpriram tal requisito.

2. Dos benefícios do ICMS-Importação concedidos pelo Estado de Santa Catarina

Conforme exposto no item anterior, os benefícios e incentivos fiscais do ICMS só poderão ser concedidos por convênio fruto de deliberação unânime dos representantes dos Estados e do Distrito Federal. Por consequência, sem o respectivo convênio entre os Estados, as alíquotas internas relativas às operações de circulação de mercadorias não poderão ser inferiores às alíquotas interestaduais. Além disso, o art. 150, § 6º, da CF/1988 estabelece que a concessão de qualquer benefício deve ser feita por meio de lei específica, que regule exclusivamente tal matéria.

Esta não é, porém, a opção que tem sido escolhida por inúmeros Estados no que se refere à concessão de benefícios no ICMS-Importação, dentre os quais se encontra o Estado de Santa Catarina.

Desde 2004, o governo de Santa Catarina tem reiteradamente concedido generosos

2. Idem, p. 519.

benefícios fiscais no ICMS-Importação, o que fez com o que o Estado aumentasse em 633% o volume de suas importações.[3] Segundo a Secretaria de Comércio Exterior (SECEX) do Ministério de Desenvolvimento, Indústria e Comércio Exterior, em 2003 o valor das importações catarinenses foi de 993 milhões de Dólares, enquanto que em 2010 atingiu a marca de quase 12 bilhões de Dólares americanos.[4]

Segundo dados da Secretaria da Fazenda do Estado de Santa Catarina, somente o Programa Pró-Emprego, criado em 2007, beneficiou 721 empresas que investiram R$15 bilhões no Estado.[5] O interessante é que cerca de 45% das empresas beneficiadas são empresas denominadas "*tradings*", ou seja, companhias que prestam serviços em comércio exterior. Em 2010, nove das dez maiores importadoras de Santa Catarina eram *tradings*,[6] enquanto que em 2007, entre os dez maiores importadores do Estado, quatro eram indústrias ou agroindústrias e somente seis eram *tradings*.[7]

O benefício teve início em 2004, através do Decreto 1.721 que instituiu o "Programa de Modernização e Desenvolvimento Econômico, Tecnológico e Social de Santa Catarina – COMPEX", com o objetivo de "promover o incremento da geração de emprego e renda e o desenvolvimento tecnológico mediante o apoio à implantação, à reativação, à expansão, à modernização tecnológica e à consolidação e ampliação das exportações realizadas por empreendimentos localizados ou que venham a estabelecer-se no Estado, priorizando-se os projetos que atendam aos interesses catarinenses e que favoreçam o desenvolvimento estadual" (art. 1º).

O programa oferecia vários benefícios fiscais, dentre os quais: regime especial para cumprimento de obrigações tributárias; utilização de crédito acumulado de ICMS para pagamento do imposto devido na importação através de portos e aeroportos catarinenses, ou para transferência a outros estabelecimentos de empresas catarinenses; diferimento do recolhimento do ICMS devido na importação de bens destinados ao uso ou consumo do estabelecimento; diferimento do recolhimento do ICMS devido na importação de mercadorias destinadas à produção ou comercialização; incidência do ICMS à alíquota de 3% sobre operações com mercadorias importadas; apropriação do crédito de ICMS referente ao bem do ativo imobilizado à razão de 1/10 (um décimo) por mês; dilação do prazo de recolhimento do ICMS em até 30 (trinta) meses e aquisição de mercadorias de outras empresas catarinenses com diferimento do ICMS.

Este primeiro benefício teve vida curta, em virtude de uma operação da Polícia Federal ter apontado, em 2006, esquema de fraude envolvendo o COMPEX, que resultou no ajuizamento de uma ação penal[8] contra o então subsecretário da Secretaria da Fazenda do Estado de Santa Catarina. Na época apurou-se uma sonegação estimada em 500 milhões de Reais. Na ação penal ajuizada pelo Ministério Público de Santa Catarina, havia indícios que os benefícios fiscais do COMPEX estavam sendo destinados a empresas que os obtinham através de cobrança de propina, independentemente de preencherem ou não os requisitos legais.

Após este escândalo, o benefício recebeu nova roupagem pela Medida Provisória Estadual n. 130/2006, convertida na Lei n. 13.992, de 15 de fevereiro de 2007, que instituiu o *Programa PRÓ-EMPREGO*. O programa tinha por objetivo "promover o incremento da geração de emprego e renda no território catarinense, por meio de tratamento tributário diferenciado do Imposto sobre Ope-

3. "Importação sobe até 633% onde o ICMS foi reduzido", *Valor Econômico*, 14.10.2010.

4. *www.mdic.gov.br.*

5. "SC muda o incentivo à importação para evitar punição no Supremo", *Valor Econômico*, 17.5.2011.

6. *www.sef.gov.br.*

7. "Importação sobe até 633% onde o ICMS foi reduzido", *Valor Econômico*, 14.10.2010.

8. Ação Penal n. 2006.72.08.003560-4.

rações Relativas à Circulação de Mercadorias e sobre Prestações de Serviços de Transporte Interestadual e Intermunicipal e de Comunicação – ICMS" (art. 1º) e destinava-se a "incentivar empreendimentos considerados de relevante interesse socioeconômico situados em território catarinense ou que nele venham instalar-se" (art. 2º).

Os benefícios previstos anteriormente foram confirmados com a instituição do Programa Pró-Emprego, dentre os quais, destaca-se o "diferimento" do ICMS, previsto no art. 8º da lei,[9] na importação das seguintes mercadorias: I – insumos para agricultura ou pecuária; II – matéria-prima para indústria; III – para comercialização; IV – ativo permanente para o próprio importador sem similar catarinense, desde que a importação ocorresse através de portos, aeroportos e pontos de fronteira alfandegados no Estado de Santa Catarina. De acordo com o *caput* do art. 8º, o ICMS devido no desembaraço aduaneiro das mercadorias seria diferido "para a etapa seguinte de circulação à da entrada no estabelecimento importador".

9. "Art. 8º. Poderá ser diferido para a etapa seguinte de circulação à da entrada no estabelecimento importador, o ICMS devido por ocasião do desembaraço aduaneiro, na importação realizada por intermédio de portos, aeroportos ou pontos de fronteira alfandegados, situados neste Estado, de:

"I – mercadorias destinadas à utilização como insumo na agricultura ou pecuária, pelo próprio importador, cooperativa de produtores, central de cooperativa de produtores ou comerciante atacadista;

"II – mercadorias destinadas à utilização como matéria-prima, material intermediário ou material secundário em processo de industrialização em território catarinense, pelo próprio importador;

"III – mercadorias destinadas à comercialização por empresa importadora estabelecida neste Estado;

"IV – bens destinados à integração ao ativo permanente do importador, adquiridos diretamente do exterior, sem similar produzido no Estado, considerando-se encerrada a fase do diferimento na data da sua baixa do ativo permanente por qualquer razão; e

"V – (*vetado*).

"§ 1º. O imposto diferido nos termos dos incisos I, II e III do *caput* será devido somente na hipótese de:

"I – o importador não promover nova operação com a mercadoria ou produto resultante de sua transformação ou industrialização;

"II – o importador promover nova operação com a mercadoria ou produto resultante de sua transformação ou industrialização sob o regime de isenção, não incidência ou redução de base de cálculo, salvo quanto às operações cuja legislação expressamente assegure a manutenção integral dos créditos ou quando o ato concedente do benefício assim o dispuser; ou

"III – ocorrer qualquer evento que impossibilite a ocorrência do fato gerador subsequente do imposto.

"§ 2º. O imposto devido:

"I – na forma do § 1º, I, deste artigo, deverá ser recolhido com os acréscimos legais, calculados desde a data em que realizado o desembaraço aduaneiro da mercadoria importada; e

"II – na forma do § 1º, II, deste artigo:

"a) deverá ser recolhido no mesmo prazo fixado em regulamento para recolhimento do imposto relativo ao período de apuração em que ocorrer a saída da mercadoria; e

"b) será calculado proporcionalmente à parcela não tributada, no caso de operação subsequente beneficiada por redução da base de cálculo do imposto.

"§ 3º. O tratamento previsto no inciso I do *caput* poderá ser aplicado também, nos termos do regulamento, à importação realizada por estabelecimento industrial, desde que o produto resultante da industrialização destine-se a uso na agricultura ou na pecuária.

"§ 4º. O disposto no inciso III do *caput* e no § 5º, II, poderá ser aplicado inclusive às mercadorias importadas que venham a ser submetidas a processo de industrialização, pelo próprio importador, neste Estado, desde que o processo de industrialização não altere a funcionalidade do produto importado, nem sua classificação fiscal. (NR)

"§ 5º. Na hipótese do inciso III do *caput*:

"I – o pagamento do imposto devido poderá ser diferido, total ou parcialmente, para o momento da saída interna subsequente à entrada da mercadoria importada, nos termos do regulamento;

"II – poderá ser apropriado crédito em conta gráfica, por ocasião da saída subsequente à entrada da mercadoria importada, de modo a resultar em uma tributação equivalente a três por cento do valor da operação própria; e

"III – terão o mesmo tratamento dado à comercialização, as saídas em transferência para outras unidades da Federação.

"§ 6º. A comprovação de não similaridade prevista no inciso IV, do *caput*, poderá ser:

"I – feita, em até cento e vinte dias, após a realização da operação; e

"II – suprida com a apresentação do atendimento de idêntica condição perante à Receita Federal.

"§ 7º. O tratamento previsto no inciso IV do *caput*, nos termos do regulamento, poderá alcançar as operações de arrendamento mercantil.

"§ 8º. O diferimento de que trata este artigo:

Além disso, o § 1º do art. 8º da Lei n. 13.992/2007, dispunha ainda que o ICMS diferido nos termos dos incisos I, II e III do *caput* do art. 8º seria devido somente nas hipóteses de o importador não promover nova operação com a mercadoria ou produto resultante de sua transformação ou industrialização; no caso de promover nova operação com a mercadoria ou produto resultante de sua transformação ou industrialização sob o regime de isenção, não incidência ou redução de base de cálculo, salvo algumas exceções; ou ainda se ocorrer qualquer evento que impossibilite a ocorrência do fato gerador subsequente do imposto.

No mais, o inciso II, do § 5º, do art. 8º previa a possibilidade de apropriação de crédito em conta gráfica, por ocasião da saída subsequente à entrada da mercadoria importada, de modo a resultar em uma tributação equivalente a três por cento do valor da operação própria. Tal previsão aplicava-se, inclusive, nas saídas para outras unidades da Federação.

O § 9º do art. 8º previa ainda a possibilidade de substituição deste tratamento tributário diferenciado pela dilação do prazo do pagamento do imposto em até 24 meses.

"I – aplica-se também, salvo disposição em regulamento que estabeleça de modo diverso, à importação de mercadoria originária de países membros ou associados ao Mercosul, cuja entrada no território nacional ocorra por outra unidade da Federação, desde que realizada exclusivamente por via terrestre; e

"II – não se aplica:

"a) às importações realizadas por empresas enquadradas no regime de que trata a Lei n. 11.398, de 8 de maio de 2000 (SIMPLES-SC); ou

"b) à importação de materiais para uso e consumo do próprio estabelecimento ou à aquisição de bens para o ativo permanente para a produção de mercadorias e serviços beneficiadas com isenção total ou parcial do ICMS, ou para prestação de serviços sujeitos ao Imposto Sobre Serviços de competência dos Municípios.

"§ 9º. Em substituição ao tratamento tributário previsto no § 5º, II, deste artigo, poderá ser concedida dilação de prazo de pagamento do imposto a recolher, em até vinte e quatro meses, sem juros, a contar do período de referência subsequente ao da ocorrência do fato gerador, nos termos do regulamento.

"§ 10. A concessão do tratamento diferenciado previsto nos §§ 5º e 9º deste artigo poderá ser condicionada à apresentação de garantia, real ou fidejussória, nos termos do regulamento.

"§ 11. O disposto nos §§ 1º e 2º deste artigo aplica-se também, salvo disposição em contrário da legislação de regência ou do ato concessório específico, às demais operações em que a legislação tributária autorize o diferimento do ICMS devido por ocasião da importação de mercadorias adquiridas para os fins previstos nos incisos I a III do *caput*.

"§ 12. As disposições do § 11 deste artigo alcançam inclusive as operações realizadas até a publicação desta Lei.

"§ 13. As disposições constantes do inciso I do § 8º aplicam-se também às importações realizadas até a data de publicação desta Lei, de conformidade com o nele estabelecido observada as condições estabelecidas no ato concessório do benefício.

"§ 14. O diferimento do pagamento do imposto previsto na legislação do ICMS, aplicável às operações e prestações com mercadorias destinadas ao ativo permanente ou para uso e consumo do estabelecimento adquirente, tem sua fase encerrada, observado o que estabelece especificamente o dispositivo instituidor do tratamento, somente na hipótese expressamente nele previsto, aplicando-se o disposto neste parágrafo inclusive em relação às operações e prestações realizadas até a publicação desta Lei.

"§ 15. Visando à proteção dos interesses da economia catarinense, o Chefe do Poder Executivo poderá, mediante ato próprio, estabelecer que a importação de determinadas mercadorias ou bens não sejam contempladas com:

"I – o diferimento do pagamento do imposto devido no desembaraço aduaneiro;

"II – o benefício previsto § 5º, II. (NR)

"(...).

"Art. 17. Na hipótese dos arts. 8º, IV, 9º, II, 10, 15, II, e 16 desta Lei, o recolhimento do imposto diferido somente será obrigatório se o bem vier a ser alienado ou transferido para estabelecimento do mesmo titular situado em outra unidade da Federação antes de decorridos quatro anos de sua entrada no estabelecimento, nos seguintes percentuais:

"a) cem por cento do valor do imposto diferido, se a alienação ou a transferência ocorrer antes de decorrido um ano;

"b) setenta e cinco por cento do valor do imposto diferido, se a alienação ou a transferência ocorrer após um ano e até dois anos;

"c) cinquenta por cento do valor do imposto diferido, se a alienação ou a transferência ocorrer após dois anos e até três anos; ou

"d) vinte e cinco por cento do valor do imposto diferido, se a alienação ou a transferência ocorrer após três anos e até quatro anos."

Curiosamente a lei ainda traz, no seu art. 27,[10] autorização ao Chefe do Poder Executivo para "conceder outros benefícios relacionados ao ICMS, como forma de compensar a concessão ou o compromisso de concessão, por outras unidades da Federação, de benefícios fiscais ou financeiros em desacordo com a lei complementar de que trata o art. 155, § 2º, XII, *g*, da Constituição Federal".

Por fim, o art. 28[11] autoriza o Secretário de Estado da Fazenda a conceder Regime Especial a empresas que produzam no território catarinense, produto idêntico ao importado, como forma de lhes garantir o mesmo tratamento tributário.

Contra o Programa Pró-Emprego do Estado de Santa Catarina foram interpostas três ações diretas de inconstitucionalidade perante o Supremo Tribunal Federal. A primeira ADI (4.383) foi movida em fevereiro de 2010 pela Associação Brasileira da Indústria Química, a segunda – ADI 4.479 – foi apresentada pela Confederação Nacional da Indústria, e a terceira – ADI 4.494 – pela Confederação Nacional dos Trabalhadores Metalúrgicos – CNTM. Todas ainda estão pendentes de julgamento.

10. "Art. 27. Fica o Chefe do Poder Executivo autorizado a conceder outros benefícios relacionados ao ICMS, como forma de compensar a concessão ou o compromisso de concessão, por outras unidades da Federação, de benefícios fiscais ou financeiros em desacordo com a lei complementar de que trata o art. 155, § 2º, XII, *g*, da Constituição Federal.

"§ 1º. O disposto no *caput* somente se aplica se a empresa interessada em instalar-se em território catarinense ou ampliar suas atividades neste Estado:

"I – apresentar o correspondente projeto de instalação ou ampliação; e

"II – comprovar, mediante apresentação dos documentos ou da legislação da outra unidade federada, as vantagens oferecidas por essa unidade.

"§ 2º. O pedido de enquadramento no Programa sujeitar-se-á às regras aplicáveis aos demais pedidos."

11. "Art. 28. Fica o Secretário de Estado da Fazenda, a vista de parecer emitido pelo Grupo Gestor, autorizado a conceder Regime Especial a empresa que produzir em território catarinense, produto idêntico ao importado, de modo a resultar tratamento tributário equivalente ao concedido em Regime Especial de Importação."

3. Diferimento ou benefício fiscal?

O Estado de Santa Catarina defende que o Programa Pró-Emprego utiliza-se do instituto do *diferimento*, que consiste numa simples alteração do momento e da forma de tributação, não se caracterizando, por isso, um benefício fiscal a ser submetido a convênio entre os Estados, nos moldes do art. 155, § 2º, XII, *g*, da CF/1988.

Ora, o diferimento, também conhecido como substituição tributária "para trás", trata-se de técnica de arrecadação em que o recolhimento do imposto fica postergado para a próxima etapa da circulação da mercadoria, imputando-se a responsabilidade para o pagamento a terceiro.

O diferimento, por si só, não pode ser enquadrado como benefício, incentivo ou isenção fiscal, pois não há efetivamente nenhuma redução do tributo a ser pago, mas somente uma postergação e mudança de responsável pelo seu recolhimento.

O STF já se posicionou no sentido de que o simples diferimento do ICMS não se configura um benefício fiscal:

"Ação Direta de Inconstitucionalidade. Arts. 9º a 11 e 22 da Lei n. 1.963, de 1999, do Estado do Mato Grosso do Sul. 2. Criação do Fundo de Desenvolvimento do Sistema Rodoviário do Estado de Mato Grosso do Sul – FUNDERSUL. Diferimento do ICMS em operações internas com produtos agropecuários. 3. A contribuição criada pela lei estadual não possui natureza tributária, pois está despida do elemento essencial da compulsoriedade. Assim, não se submete aos limites constitucionais ao poder de tributar. 4. O diferimento, pelo qual se transfere o momento do recolhimento do tributo cujo fato gerador já ocorreu, não pode ser confundido com a isenção ou com a imunidade e, dessa forma, pode ser disciplinado por lei estadual sem a prévia celebração de convênio. 5. Precedentes. 6. Ação que se julga improcedente" (Tribunal Pleno, rel. Ministro Gilmar Mendes, ADI 2.056, j. 30.5.2007, *DJe*-082 divulg.

16.8.2007, public. 17.8.2007, *DJ* 17.8.2007, p. 22, ement. vol. 02285-02, p. 365, *RTFP* vol. 15, n. 76, 2007, pp. 331-337).

Ocorre que, apesar de utilizar o termo diferimento no seu texto legal, cumpre analisar se os benefícios concedidos pelo Programa Pró-Emprego do Estado de Santa Catarina realmente se tratam desta mera técnica de arrecadação. Conforme exposto no item anterior, uma análise mais detida do conjunto dos dispositivos presentes na lei do Programa nos leva à conclusão que, a despeito do termo utilizado ser diferimento, trata-se de verdadeiro *benefício fiscal*, já que o art. 8º da Lei n. 13.992/2007 possibilitava a apropriação de crédito em conta gráfica na saída subsequente à entrada da mercadoria importada, de modo a resultar em uma tributação equivalente 3% do valor da operação própria.

Tal alíquota encontra-se abaixo das alíquotas interestaduais estabelecidas pela Resolução n. 22/1989 do Senado Federal. Ora, a redução da alíquota faz com que o valor do imposto a ser recolhido seja abaixo do valor normalmente pago em operações de circulação de mercadorias.

Assim, o dispositivo em questão, enquadra-se perfeitamente no parágrafo único do art. 1º da Lei Complementar n. 24/1975, que exige o estabelecimento de convênio para "quaisquer outros incentivos ou favores fiscais ou financeiro-fiscais, concedidos com base no imposto de circulação de mercadorias, dos quais resulte redução ou eliminação, direta ou indireta, do respectivo ônus".

4. Da fraude à jurisdição

Diante da iminência de decisão em uma das ADIs apresentadas perante o Supremo, o governo estadual de Santa Catarina suspendeu o benefício e apresentou o Projeto de Lei n. 143/2011 para revogar os dispositivos questionados. O projeto de lei tramitou em regime de urgência perante a Assembleia do Estado, sendo transformado na Lei n. 15.499, de 20.6.2011.

Em pronunciamentos a jornais locais, o então Secretário da Fazenda, Ubiratan Rezende, manifestou-se no sentido de que a suspensão e o pedido de revogação dos artigos de lei questionados seriam "uma manobra jurídica para manter o programa de benefícios à importação em funcionamento, com ajustes e uma nova roupagem, e afastá-lo de novas ações".[12]

O relatório do PL 143/2011 aprovado na Comissão de Constituição e Justiça da Assembleia Legislativa do Estado de Santa Catarina afirma que o objetivo é se buscar "uma solução para a questão pendente da ADI 4.383 que tramita no STF buscando a revogação dos itens aqui citados", acrescentando que "ao aprovar esta proposição, a ADI perderá seu objeto". Já o relatório da Comissão de Finanças e Tributação da Assembleia Legislativa chegou a apresentar alternativas à revogação dos dispositivos específicos da lei do Pró-Emprego, através da regulação dos benefícios por outras normas:

"O benefício do inciso IV do art. 8º da Lei 13.992/2007 (bens destinados ao ativo permanente do importador) pode, por exemplo, ser inserido no art. 10, do Anexo 3, do Regulamento do ICMS. (...) Além disso, o ICMS devido na importação de bens destinados à integração ao ativo permanente poderá ser creditado em conta gráfica, nos termos do art. 53 do RICMS/SC (...). O art. 15, II, da Lei 13.992/2007 versa sobre importação de bens destinados à instalação, modernização ou ampliação de terminal portuário. Como o benefício da importação de bens do ativo permanente está sendo revogado (art. 8º, IV), este dispositivo perde o objeto. Pode também ser inserido tal benefício no RICMS."

Apesar de os dispositivos relativos aos benefícios do Programa Pró-Emprego terem sido revogados por meio da Lei n. 15.499/2011, a Assembleia Legislativa do Estado de Santa Catarina havia publicado, meses antes, a Lei Complementar n. 534,

12. "SC muda o incentivo à importação para evitar punição no Supremo", *Valor Econômico*, 17.5.2011.

de 20 de abril de 2011, com o objetivo de promover uma reforma administrativa no Estado. Esta Lei Complementar traz em seu bojo a previsão de manutenção, até 31.12.2011, dos benefícios tributários concedidos anteriormente e que estivessem em vigência entre 1º de janeiro de 2011 e a data da publicação da referida Lei Complementar, conforme art. 79:

"Art. 79. Enquanto não for realizada a avaliação a que se refere o § 2º do art. 58 da Lei Complementar n. 381, de 2007, ficam mantidos até 31 de dezembro de 2011 os tratamentos tributários diferenciados cuja fruição dependa de prévia autorização da Secretaria de Estado da Fazenda e estejam vigentes entre 1º de janeiro de 2011 e a data de publicação desta Lei Complementar."

A LC n. 534/2011 também acrescentou ao art. 58 da LC n. 381/2007, a letra *f* do inciso IV e o § 2º, que dispõem sobre competências relativas a tratamento tributário diferenciado:

"Art. 58. À Secretaria de Estado da Fazenda, como órgão central dos Sistemas de Planejamento e Orçamento, de Administração Financeira e de Controle Interno, compete:

"(...).

"IV – (...).

"f) gestão, revisão e adequação de tratamentos tributários diferenciados;

"(...).

"§ 2º. Para fins do disposto no inciso IV deste artigo, a Secretaria de Estado da Fazenda deverá, até 31 de dezembro de cada ano, conforme regulamento, promover a avaliação da funcionalidade dos tratamentos tributários diferenciados, expedindo os atos administrativos destinados a proceder à concessões, alterações ou revogações, totais ou parciais, observada a legislação tributária."

Os dispositivos trazidos pela LC 534/2011 levam à conclusão, portanto, que apesar de os benefícios do Programa Pró-Emprego terem sido expressamente revogados pela Lei n. 15.499/11, os seus efeitos ainda estão vigente até pelo menos 31 de dezembro de 2011.

Não bastasse isso, em 18.5.2011, 13 dias após apresentar o Projeto de Lei revogando os dispositivos contestados do Pró-Emprego, o Estado de Santa Catarina apresentou o PL n. 179/2011, que propunha instituir o "Programa Catarinense de Revigoramento Econômico – REVIGORAR III". O Projeto foi transformado na Lei 15.510/2011 que em seus arts. 12 e 15 tratam da matéria revogada pela Lei 15.499/2011, nos seguintes termos:

"Art. 12. O diferimento do ICMS devido por ocasião do desembaraço de mercadoria importada até 28 de fevereiro de 2011, destinada à indústria produtora de bens e serviços de informática, concedido por intermédio de tratamento tributário diferenciado, não implica vedação ao uso de benefício fiscal incidente na saída de mercadoria produzida pelo estabelecimento de cuja composição faça parte a mercadoria importada."

"Art. 15. Até o limite previsto em regulamento, aplica-se o tratamento tributário diferenciado, relacionado à importação de mercadorias cuja fruição esteja condicionada à utilização de portos, aeroportos ou pontos de fronteira alfandegados situados neste Estado, às importações realizadas por intermédio dessas estruturas localizadas em outras unidades da Federação, desde que o desembaraço ocorra neste Estado.

"Parágrafo único. Enquanto não definido o limite pelo regulamento, fica autorizada a aplicação de tratamento tributário diferenciado às importações realizadas por intermédio de estruturas localizadas em outras unidades da Federação, até o limite de 2% (dois por cento) do valor aduaneiro total das importações realizadas pelo estabelecimento a cada ano-calendário, consideradas para fins de aplicação do limite somente as importações alcançadas pelo benefício."

O art. 12 da Lei 15.510/2011, acima transcrito, prevê a continuidade dos benefícios às mercadorias destinadas à indústria produtora de bens e serviços de informática. Já o art. 15, prevê a aplicação de benefícios à importação de mercadorias cuja fruição esteja condicionada à utilização de portos, aeroportos ou pontos de fronteira alfandegados situados no Estado. Seu parágrafo único determina, por fim, a aplicação da alíquota de até 2% às importações realizadas por intermédio de estruturas localizadas em outras unidades da Federação.

Assim, o intuito de revogar expressamente os dispositivos reguladores do Pró-Emprego presentes na Lei 13.992/2007, teve como objetivo não a extinção dos benefícios em questão, mas unicamente a perda do objeto das ADIs em tramitação. As normas acima transcritas demonstram que a continuidade dos benefícios passou a ser prevista por outros dispositivos legais. Ou seja, os benefícios questionados nas ADIs, apesar de não estarem mais previstos pelos artigos das leis questionadas perante o STF – eis que expressamente revogadas – encontram-se previstos em outras normas estaduais. Este artifício utilizado denota que o Estado de Santa Catarina frauda a jurisdição, ao revogar as leis questionadas, sem, no entanto, extinguir os benefícios de seu ordenamento jurídico.

Sobre a questão da fraude processual, o STF assim se pronunciou em ADI que discutia a constitucionalidade de resoluções da Câmara do Distrito Federal que foram revogadas no decorrer do processo:

"Ação Direta de Inconstitucionalidade. Resoluções da Câmara Legislativa do Distrito Federal que dispõem sobre o reajuste da remuneração de seus servidores. Reserva de Lei. I. Preliminar. Revogação de atos normativos impugnados após a propositura da ação direta. Fraude processual. Continuidade do julgamento. Superveniência de Lei Distrital que convalidaria as resoluções atacadas. Sucessivas leis distritais que tentaram revogar os atos normativos impugnados. Posterior edição da Lei Distrital n. 4.342, de 22 de junho de 2009, a qual instituiu novo Plano de Cargos, Carreira e Remuneração dos servidores e revogou tacitamente as Resoluções 197/2003, 201/2003, 202/2003 e 204/2003, por ter regulado inteiramente a matéria por elas tratadas, e expressamente as Resoluções ns. 202/2003 e 204/2003. Fatos que não caracterizaram o prejuízo da ação. Quadro fático que sugere a intenção de burlar a jurisdição constitucional da Corte. Configurada a fraude processual com a revogação dos atos normativos impugnados na ação direta, o curso procedimental e o julgamento final da ação não ficam prejudicados. Precedente: ADI 3.232-TO, rel. Ministro Cezar Peluso, *DJ* 3.10.2008. (...) III. Ação Direta de Inconstitucionalidade julgada procedente" (Tribunal Pleno, rel. Ministro Gilmar Mendes, ADI 3.306, j. 17.3.2011, *DJe*-108 divulg. 6.6.2011, public. 7.6.2011, ement. vol. 02538-01, p. 9).

No seu voto, o relator Ministro Gilmar Mendes afirma que "configurada a fraude processual com a revogação dos atos normativos impugnados na ação direta, o curso procedimental e o julgamento final da ação não ficam prejudicados".

Assim, além de incorrer em inconstitucionalidade ao prever e manter os benefícios fiscais a despeito de convênio do CONFAZ, o Estado de Santa Catarina utilizou-se de manobras processuais a fim de fazer com que as ADIs interpostas perdessem os seus objetos, o que segundo o entendimento do STF pode se configurar como uma fraude à jurisdição.

5. Conclusão

Conforme visto no presente trabalho, o Estado de Santa Catarina, apesar de pretensamente criar um diferimento do ICMS-Importação, na verdade estabeleceu verdadeiro benefício fiscal, reduzindo o valor a ser cobrado do contribuinte à alíquota de 3%, dentre outros benefícios. Ocorre que tal redução do imposto ocorreu em afronta a regras constitucionais sobre o tema, dentre as quais o art. 155, § 2º, XII, *g*, por não ter sido submetido à deliberação dos demais Estados e Distrito Federal através de convênio. Ainda, desrespeitou o art. 155, § 2º, VI que determina que as alíquotas internas não poderão ser inferiores às interestaduais estabelecidas em Resolução do Senado e o art. 150, § 6º, que prevê que benefícios fiscais deverão estar previstas em leis especificas que regulem exclusivamente a matéria.

Por outro lado, a revogação expressa dos dispositivos que originalmente regulavam o benefício – com a finalidade de fazer com que as ADIs em trâmite perdessem o objeto – com a concomitante criação de novas normas garantindo a continuação dos mesmos benefícios, pode ser enquadrada como fraude à jurisdição, segundo interpretação similar ao caso já feita pelo STF.

Conclusões

1. O Programa Pró-Emprego não é um simples diferimento de tributo, mas trata-se de verdadeiro benefício fiscal concedido pelo Estado de Santa Catarina através da redução da alíquota efetiva devida a titulo de ICMS-Importação, além de outras vantagens ao contribuinte.

2. Este benefício foi concedido em afronta aos art. 155, § 2º, XII, *g*, e LC 24/1975, tendo em vista que não foi precedido de deliberação e convênio entre os Estados e Distrito Federal.

3. O Programa também fere o art. 155, § 2º, VI, ao prever uma alíquota interna menor às alíquotas interestaduais previstas em Resolução do Senado e, novamente, sem a devida deliberação do art. 155, § 2º, XII, *g*.

4. O Estado de Santa Catarina age em fraude à jurisdição ao revogar dispositivos discutidos em ADI que contestam os benefícios da lei que instituiu o Programa Pró-Emprego e, ao mesmo tempo, prever em outros dispositivos a continuidade de tais benefícios.

ANÁLISE DA SOLUÇÃO DE CONSULTA EDITADA PELA COORDENAÇÃO-GERAL DO SISTEMA DE TRIBUTAÇÃO INTERNA N. 15/2011 – OPÇÃO PELO REGIME DE CAIXA OU COMPETÊNCIA

THIAGO FERREIRA CATUNDA

Mestrando em Direito Tributário na Pontifícia Universidade Católica de São Paulo (PUC/SP).
Pós-Graduado em Direito Tributário pelo Instituto Brasileiro de Estudos Tributários (IBET) e em Direito Tributário Internacional pelo Instituto Brasileiro de Direito Tributário (IBDT).
Membro do Instituto Brasileiro de Direito Tributário – IBDT.
Professor Tutor no Curso de Especialização do IBET e da Direito GV. Advogado.

1. Introdução. 2. Erro, prova e contraprova na opção pelo regime de apuração do IRPJ, da CSLL, do PIS e da COFINS. 3. A legislação analisada na SC-COSIT Interna n. 15/2011: a possibilidade de retificação da DCTF da opção do regime de tributação quando há erro e há prova suficiente do erro. 4. Conclusão.

1. Introdução

Em função da relevância do tema tratado na Solução de Consulta da Coordenação-Geral do Sistema de Tributação (SC-COSIT) Interna n. 15/2011, com data de 13.9.2011, especificamente a questão relativa ao momento em que o contribuinte opta pelo regime de caixa ou competência para apurar o Imposto sobre a Renda da Pessoa Jurídica (IRPJ), a Contribuição Social sobre o Lucro Líquido (CSLL), a Contribuição para o Programa de Integração Social (PIS) e a Contribuição para o Financiamento da Seguridade Social (COFINS) sobre variações cambiais, justifica-se o interesse na elaboração do presente trabalho.

Neste artigo serão tecidos comentários acerca do (des)acerto de suas conclusões sobre a possibilidade, ou não, de ser produzida prova em contrário quando da opção feita pelo contribuinte pelo regime de apuração do IRPJ, CSLL, PIS e COFINS sobre suas variações cambiais.

Com efeito, a questão relativa à opção do regime de apuração dos referidos tributos foi examinada pela SC-COSIT em dois momentos distintos, antes e depois da Lei Federal n. 12.249/2010, que alterou o art. 30 da Medida Provisória n. 2.158-35/2001. O objeto deste texto, portanto, consiste em avaliar a premissa que ensejou a conclusão da SC-COSIT de que é definitiva a opção do contribuinte pelo regime de caixa ou competência, após a vigência da Lei Federal n. 12.249/2010. Confira-se a ementa da conclusão a que nos referimos:

"*Assunto*: Imposto sobre a Renda de Pessoa Jurídica – IRPJ

"*Ementa*:

"Até 31 de dezembro de 2010, o contribuinte podia alterar durante o período de apuração a opção do regime de tributação das variações cambiais (caixa *x* competência), desde que seus efeitos fossem aplicados a todo o ano-calendário.

"A partir de 1º de janeiro de 2011, com a nova redação dada ao art. 30 da Medida Provisória n. 2.158-35, de 2001, pela Lei n. 12.249, de 2010, a opção pelo regime de tributação das variações cambiais (caixa e competência) deve ser exercida em janeiro do ano-calendário ou no mês do início de atividades, sendo irretratável, salvo em situação de elevada oscilação da taxa de câmbio.

"Dispositivos legais: Decreto n. 3.000, de 26 de março de 1999 (Regulamento do Imposto de Renda – RIR/1999), art. 832, Medida Provisória n. 2.158-35, de 24 de agosto de 2001, art. 30, Lei n. 12.249, de 11 de junho de 2010, art. 137, Instrução Normativa RFB n. 1.079, de 3 de novembro de 2010."

O motivo da nossa inquietação a respeito do tema não decorre da conclusão a que chegou a SC-COSIT, mas a premissa da qual partiu para poder concluir pela impossibilidade de retratação do regime jurídico adotado pelo contribuinte, qual seja:

"14.6 Considerando que a alteração de regime (caixa *x* competência) para consideração de variações cambiais na base de cálculo de tributos não se subsumiria ao conceito de erro, mas de alteração de uma faculdade deferida pela lei, não caberia a retificação de declaração para efetuar essa alteração".

Feita a delimitação do objeto de estudo, passemos às nossas considerações.

2. Erro, prova e contraprova na opção pelo regime de apuração do IRPJ, da CSLL, do PIS e da COFINS

Preliminarmente, é importante "transitar" pelos conceitos de erro, prova e contraprova para bem compreender o propósito deste trabalho. Não temos a pretensão de definir ou conceituar erro, prova e contraprova, porque definir ou conceituar está além do objeto que "recortamos". Propõe-se utilizar os conceitos já fixados pela melhor doutrina para que as ideias a serem apresentadas aqui estejam em porto seguro a fim de manter consistente o raciocínio desenvolvido.

Importante destacar que, por opção metodológica, adotamos como premissa que o Direito Positivo é um corpo de linguagem que depende de interferência humana para ferir as condutas intersubjetivas, no caso, a do Fisco e/ou a do contribuinte. Reputamos não haver incidência imediata e infalível quando ocorre no mundo social a previsão normativa, deveras, a incidência da regra jurídica pressupõe a atuação humana a quem compete produzir a linguagem constitutiva do fato jurídico e da respectiva relação jurídica.

Paulo de Barros Carvalho leciona,[1] que o erro[2] consiste em um vício intranormativo resultante de um engano na constituição do fato jurídico, o qual pode ser apurado por meio de exame minucioso da respectiva prova: "Com efeito, visto o fato na sua contextura de linguagem, o 'erro de fato' diria respeito à utilização inadequada das técnicas linguísticas de certificação dos eventos, isto é, dos modos cabíveis de relatar-se juridicamente um acontecimento do mundo real. Seria um problema relativo às provas. Constituído juridicamente o fato, observa-se, logo em seguida, que houve engano com relação aos recursos de linguagem utilizados para a sua tipificação. Lidas as provas com mais cuidado, percebe-se que apontam para nova situação jurídica, que não aquela primeira. A conclusão será imediata: houve erro de fato".

1. In *Fundamentos Jurídicos da Incidência Tributária*, 6ª ed., São Paulo, Saraiva, 2008, p. 113.

2. Estamos cientes da distinção entre erro de fato e erro de direito. Neste trabalho, empregaremos o vocábulo erro para nos referir exclusivamente ao que o Professor denomina erro de fato.

Portanto, o equívoco na constituição do fato jurídico,[3] seja ele cometido pelo contribuinte ou pela autoridade fiscal, deve ser qualificado como erro.

Sobre o conceito de prova, recorremos às lições de Fabiana Del Padre Tomé e optamos por utilizar o termo prova,[4] dentre as acepções por ela sugeridas, no sentido de enunciado que descreve fato jurídico pretérito, porque é este conceito, dentre todos os outros que ela indica, o que se coaduna com a realidade jurídica tratada na SC-COSIT ao concluir que feita a opção pelo regime de tributação não pode o contribuinte produzir prova para alterá-lo.

Em alusão ao trabalho de Susy Gomes Hoffmann, a citada Professora explica que "a prova não passa de uma conjectura, um enunciado que não é verdadeiro ou falso, sendo susceptível de refutações e podendo sobreviver ou não. Enquanto a conjectura resistir às refutações, permanecerá no ordenamento, ostentando qualidade de prova jurídica".

Não menos importante, para o contexto do presente trabalho, é a menção à contraprova[5] ou prova contrária, que apresenta caráter desconstitutivo, prestando-se à oposição de outra prova constituída. Vê-se, portanto, que para desconstituir a prova é necessário constituir a contraprova, valendo-se de um conjunto de enunciados hábeis para tanto. Em outras palavras, produz-se linguagem para constituir o fato jurídico e para desconstituí-lo.

Pelo exposto, pode-se concluir que:

(i) erro é engano na constituição do fato jurídico;

(ii) prova é o enunciado que descreve fato pretérito; e

(iii) contraprova é a prova que se opõe a fato constituído por meio de outra prova.

Feitas essas breves considerações a respeito de erro, prova e contraprova, que são as premissas sobre as quais nosso trabalho pautar-se-á, passemos ao exame da legislação objeto da SC-COSIT.

3. A legislação analisada na SC-COSIT Interna n. 15/2011: a possibilidade de retificação da DCTF da opção do regime de tributação quando há erro e há prova suficiente do erro

O *caput* do art. 30[6] da Medida Provisória n. 2.158-35/2001 determina que as variações

3. Fabiana Del Padre Tomé, *A Prova no Direito Tributário*, 1ª ed., São Paulo, Noeses, 2005, p. 71: "Tomando-se a prova no sentido de enunciado, esta se apresenta como fato jurídico em sentido amplo: (i) fato, pro relatar acontecimento pretérito; (ii) jurídico, por integrar o sistema do direito; e (iii) em sentido amplo, por ser apenas um dos elementos de convicção que, conjugado a outros, propiciará a constituição do fato jurídico em sentido estrito, constante do antecedente da norma individual e concreta veiculada pelo ato de lançamento, de aplicação de penalidade ou de decisão administrativa ou judicial".

4. *A Prova no Direito Tributário*, p. 71.

5. *A Prova no Direito Tributário*, p. 83.

6. "Art. 30. A partir de 1º de janeiro de 2000, as variações monetárias dos direitos de crédito e das obrigações do contribuinte, em função da taxa de câmbio, serão consideradas, para efeito de determinação da base de cálculo do imposto de renda, da contribuição social sobre o lucro líquido, da contribuição para o PIS/PASEP e COFINS, bem assim da determinação do lucro da exploração, quando da liquidação da correspondente operação.

"§ 1º. À opção da pessoa jurídica, as variações monetárias poderão ser consideradas na determinação da base de cálculo de todos os tributos e contribuições referidos no *caput* deste artigo, segundo o regime de competência.

"§ 2º. A opção prevista no § 1º aplicar-se-á a todo o ano-calendário.

"§ 3º. No caso de alteração do critério de reconhecimento das variações monetárias, em anos-calendário subsequentes, para efeito de determinação da base de cálculo dos tributos e das contribuições, serão observadas as normas expedidas pela Secretaria da Receita Federal.

"§ 4º. A partir do ano-calendário de 2011: *(Incluído pela Lei n. 12.249, de 2010)*

"I – o direito de efetuar a opção pelo regime de competência de que trata o § 1º somente poderá ser exercido no mês de janeiro; e *(Incluído pela Lei n. 12.249, de 2010)*

"II – o direito de alterar o regime adotado na forma do inciso I, no decorrer do ano-calendário, é restrito aos casos em que ocorra elevada oscilação da taxa de câmbio. *(Incluído pela Lei n. 12.249, de 2010)* cambiais positivas e negativas, desde janeiro de 2000, sejam reconhecidas quando da liquidação da respectiva operação, ou seja, pelo regime de caixa. Esta é a regra.

Excepcionalmente, o contribuinte pode optar pelo regime de competência, segundo o qual as variações cambiais positivas e negativas devem ser reconhecidas mensalmente, ainda que as respectivas operações não tenham sido liquidadas. Feita sua opção, ela deve ser observada até o fim do respectivo ano calendário.

A Lei Federal n. 12.249/2010, dentre as diversas alterações em nosso ordenamento jurídico, inseriu os §§ 4º, 5º, 6º e 7º no art. 30 da Medida Provisória n. 2.158-35/2001, prescrevendo que a partir de 2011 a opção pelo regime de tributação da variação cambial deve ser realizada e comunicada à Receita Federal do Brasil (RFB) em janeiro de cada ano-calendário, e outorgando a regulamentação desses dispositivos para a RFB.

Em novembro de 2010 a RFB publicou a Instrução Normativa RFB n. 1.079/2010, regulamentando a forma como o contribuinte deveria informar ao Fisco a sua opção pelo regime de tributação da variação cambial decorrente de suas operações.

Referido ato infralegal elegeu a Declaração de Débitos e Créditos Tributários Federais (DCTF) como instrumento hábil para o contribuinte constituir o fato jurídico – "opção do regime de tributação" – da variação cambial, regime de caixa ou regime de competência, dos tributos já citados.

Ademais, tal Instrução Normativa estabeleceu a impossibilidade do contribuinte retificar sua DCTF (em data posterior ao seu prazo de entrega) para alterar sua opção pelo regime de caixa ou de competência:

"Art. 3º. À opção da pessoa jurídica, as variações monetárias poderão ser consideradas na determinação da base de cálculo dos tributos referidos no art. 2º, segundo o regime de competência.

"§ 1º. A opção prevista no *caput* aplicar-se-á, de forma simultânea, a todo o ano-calendário e a todos os tributos referidos no art. 2º.

"§ 2º. A partir do ano-calendário de 2011, o direito de optar pelo regime de competência de que trata o *caput* somente poderá ser exercido no mês de janeiro ou no mês do início de atividades.

"Art. 4º. A partir do ano-calendário de 2011, a *opção pelo regime de competência* deverá ser comunicada à Secretaria da Receita Federal do Brasil (RFB) por intermédio da Declaração de Débitos e Créditos Tributários Federais (DCTF) relativa ao mês de adoção do regime.

"Parágrafo único. *Não será admitida DCTF retificadora, fora do prazo de sua entrega, para a comunicação de que trata o 'caput'*.

"Art. 5º. Adotada a opção pelo regime de competência, nos termos do art. 3º, o direito de sua alteração para o regime de caixa, no decorrer do ano-calendário, é restrito aos casos em que ocorra elevada oscilação da taxa de câmbio comunicada mediante a edição de Portaria do Ministro de Estado da Fazenda.

"Parágrafo único. A alteração de que trata o *caput* deverá ser informada à RFB por intermédio da DCTF relativa ao mês subsequente ao da publicação da Portaria Ministerial que comunicar a oscilação da taxa de câmbio" (grifamos).

Da leitura do art. 4º acima transcrito, sem muito esforço, é constatada a impossibi-

"§ 5º. Considera-se elevada oscilação da taxa de câmbio, para efeito de aplicação do inciso II do § 4º, aquela superior a percentual determinado pelo Poder Executivo. *(Incluído pela Lei n. 12.249, de 2010)*

"§ 6º. A opção ou sua alteração, efetuada na forma do § 4º, deverá ser comunicada à Secretaria da Receita Federal do Brasil: *(Incluído pela Lei n. 12.249, de 2010)*

"I – no mês de janeiro de cada ano-calendário, no caso do inciso I do § 4º; ou *(Incluído pela Lei n. 12.249, de 2010)*

"II – no mês posterior ao de sua ocorrência, no caso do inciso II do § 4º. *(Incluído pela Lei n. 12.249, de 2010)*

"§ 7º. A Secretaria da Receita Federal do Brasil disciplinará o disposto no § 6º. *(Incluído pela Lei n. 12.249, de 2010)*."

lidade de o contribuinte retificar a sua DCTF para alterar a opção pelo regime de caixa ou competência que fora comunicada ao Fisco quando da transmissão dessa declaração no mês de janeiro de cada ano-calendário, isto é, feita a escolha pelo contribuinte, que deve se dar impreterivelmente promovida por meio da DCTF de janeiro de cada ano-calendário (à luz do § 2º do art. 3º da referida Instrução Normativa), salvo na hipótese de início das atividades em que é esse o momento reputado para a escolha, ela não pode ser alterada.

Consoante a Lei Complementar n. 95/1998, que estabelece as regras sobre a produção de texto normativo, art. 11,[7] a função dos parágrafos é complementar ou excepcionar o enunciado do *caput*, aspecto esse que foi respeitado na elaboração do art. 4º da Instrução Normativa RFB n. 1.079/2010, referindo o seu parágrafo único (não admissão de retificação da DCTF) ao conteúdo do *caput* (DCTF como instrumento formal de opção do regime de tributação).

Assim, a regulamentação estabelecida pela RFB, impossibilitando que o contribuinte altere sem motivo sua escolha por um dos regimes de tributação (regime de caixa ou competência) não é de todo absurda, porque é sua obrigação planejar, optar e arcar com os efeitos tributários da escolha que fez no mês de janeiro de cada ano-calendário.

Entretanto, o que incomodou e ensejou a produção deste trabalho foi a interpretação que foi dada ao teor desse dispositivo infralegal pela SC-COSIT: irretratabilidade da opção feita pelo contribuinte.

Causa estranheza o entendimento manifestado na SC-COSIT ao estabelecer a impossibilidade de o contribuinte retificar sua DCTF para corrigir um erro na constituição do fato jurídico – "opção por um dos regimes" – erro esse demonstrável por meio de contraprova, que pode ser exigida pelo Fisco a qualquer tempo.

Cabe esclarecer que não se está referindo à situação em que o contribuinte aguarda o encerramento do ano calendário para verificar qual o regime que lhe é mais favorável, o de caixa ou competência, para daí, então, afirmar que errou na opção que fez no começo do ano; a essa situação a regra a ser aplicável é a da irretratabilidade.

Refere-se àquela hipótese em que de fato o contribuinte errou e por meio de sua escrituração financeira demonstra o equívoco na opção da constituição do fato jurídico por um ou outro regime de tributação.

Imaginemos uma situação ficta em que o contribuinte pode facilmente demonstrar que houve erro na constituição do fato jurídico: o contribuinte apurou IRPJ e CSLL com base no regime de caixa (referentes a janeiro de 2011), efetuou os respectivos recolhimentos em 28.2.2011 (IRPJ – R$ 76.000,00 e CSLL – R$ 36.000,00) e transmitiu sua DCTF no dia 21.3.2011, informando, equivocadamente, que optou pelo regime de competência. Verificado o equívoco por ele cometido, consoante a orientação do SC-COSIT em comento, esse contribuinte não pode corrigi-lo, nem tampouco tem a possibilidade de apresentar às autoridades fiscais provas de que o fez com erro, tendo em vista o que está previsto no parágrafo único do art. 4º da Instrução Normativa RFB n. 1.079/2010.

O balancete analítico de janeiro de 2011, as apurações do IRPJ e de CSLL do mesmo mês e os respectivos DARFs são documentos suficientes (contraprova) para demonstrar o erro cometido por esse contribuinte na constituição do fato jurídico. Isto porque, o prazo para o pagamento do tributo por ele devido (IRPJ e CSLL referentes a janeiro) de acordo com o regime que de fato ele contribuinte optou é anterior ao prazo para transmissão da respectiva DCTF.

Dando continuidade ao procedimento adotado pelo contribuinte em nosso exem-

7. "Art. 11. As disposições normativas serão redigidas com clareza, precisão e ordem lógica, observadas, para esse propósito, as seguintes normas: (...); III – para a obtenção de ordem lógica: (...); c) expressar por meio dos parágrafos os aspectos complementares à norma enunciada no *caput* do artigo e as exceções à regra por este estabelecida."

plo, após verificar que havia errado e que os efeitos desse erro eram catastróficos,[8] ele tentou transmitir a DCTF retificadora, a fim de corrigir o seu erro informando ao Fisco a opção correta, isto é, aquela que de fato deu suporte ao cálculo do IRPJ e da CSLL por ele devidos. Para sua surpresa o programa da RFB emitiu a seguinte mensagem:

"*ERRO! Validador DCTF*

"*A TRANSMISSÃO NÃO FOI CONCLUÍDA*.

"Não será admitida DCTF retificadora, fora do prazo de entrega da DCTF original, para alteração do critério de reconhecimento das variações monetárias dos direitos de crédito e das obrigações do contribuinte, em função da taxa de câmbio."

No exemplo relatado, vê-se claramente que o contribuinte não pretende alterar sua opção, mas corrigir o erro na constituição do respectivo fato jurídico. Não age o contribuinte além dos contornos semânticos da disposição da referida Instrução Normativa, já que há prova contundente e evidente do erro cometido pelo contribuinte.

Com base nesse exemplo fictício, forçoso reconhecer que há que se distinguir o erro do contribuinte cometido quando do preenchimento da declaração em que informou a sua opção, da simples alteração da opção não fundada em erro passível de prova.

A regra da Instrução Normativa somente pode alcançar aqueles contribuintes que busquem a alteração do regime de tributação das variações cambiais (caixa ou competência) pura e simplesmente porque um deles lhe é economicamente mais favorável. Mas, jamais os contribuintes que podem provar que a opção decorreu de um erro no momento da constituição do fato jurídico da opção.

Tratando-se de constituição de fato jurídico tributário não se admite presunção absoluta, sob pena de se ferir a garantia constitucional do contribuinte ao princípio do *due process of law* insculpido no art. 5º, inciso LV, da Constituição Federal, assegurado na hipótese de constituição da relação jurídica pelo contribuinte por meio da retificação de declarações que não se coadunam com os eventos ocorridos no mundo fenomênico.

Uma coisa é a alteração do regime de tributação da variação cambial simplesmente porque a "nova" opção enseja recolhimento menor do tributo em relação àquela feita no mês de janeiro do ano calendário, o que justamente pretende-se evitar com a regra da Instrução Normativa, outra, bem diferente, é impedir que o contribuinte altere a opção que fez quando existem provas evidentes e suficientes do erro que cometeu, quando da escolha do regime de tributação, de modo que não podem receber o mesmo tratamento; o que desditosamente fez a SC-COSIT.

Situação semelhante à analisada pela SC-COSIT em comento já havia sido considerada pela RFB, entretanto, para a hipótese de retificação da declaração de Imposto de Renda das Pessoas Físicas, oportunidade em que a conclusão foi pela possibilidade de retificação da declaração quando resta demonstrado cabalmente pelo contribuinte a ocorrência de erro. Veja-se:

"Imposto de Renda das Pessoas Físicas – Retificação da declaração de rendimentos – Declara, em caráter normativo, as Superintendências Regionais da Receita Federal, as Delegacias da Receita Federal de Julgamento e aos demais interessados, que *não é permitida a retificação da declaração de rendimentos da pessoa física visando a troca de formulário, quando esse procedimento caracterizar uma mudança de opção e não erro cometido na declaração*" (Ato Declaratório Normativo COSIT n. 24/1996 – grifamos).

No âmbito do antigo Conselho de Contribuintes (atual Conselho Administrativo de Recursos Fiscais – CARF), órgão da Administração Pública Federal competente para solucionar conflito de interesses entre Fisco e contribuinte, a orientação é exatamente a preconizada neste trabalho: havendo erro de fato na opção do regime de tributação feita pelo contribuinte e prova suficiente para

8. Efeitos decorrentes do erro.

demonstrá-lo, tem ele o legítimo direito de retificar sua declaração. Confira-se alguns julgados nesse sentido:

"Assunto: Imposto sobre a Renda Retido na Fonte – IRRF – Ano calendário: 2002 – Ementa: Pedido de restituição – Adesão indevida a parcelamento de débitos – A adesão ao parcelamento de que trata o art. 17 da Lei 9.779/1999 é irretratável, configurando-se confissão de dívida; desde que a contribuinte seja devedora do imposto parcelado. Todavia, *haverá erro na opção, cujos efeitos devem ser escoimados, se confirmada a alegação de que, à época dos fatos geradores, não era contribuinte do imposto*, por força de decisão judicial transitada em julgado. O *comprovado exercício indevido de opção deve ser tratado como erro de fato, passível de retificação, dentro do prazo legal*" (2ª Câmara do 1º Conselho de Contribuintes, Acórdão n. 102-47.965, j. 18.10.2006 – grifamos).

"Obrigações acessórias – Retificação de declarações – Ausência de erro de fato – *É imprescindível a comprovação de erro de fato para que seja deferida solicitação de verificação de declaração de rendimentos. É vedada a retificação que vise a mudança de regime de tributação e supressão de tributo confessado, uma vez que a opção espontânea não caracteriza erro material.*

"(...).

"Como ambas declarações tratam de retificação de valores devidos, *somente se poderia deferir o pedido mediante apresentação de prova da ocorrência de erro de fato. O interessado não comprova ter havido erro material nos valores declarados, logo, não se pode autorizar as requeridas modificações*" (5ª Câmara do 1º Conselho de Contribuintes, Acórdão n. 105-15.357, j. 20.10.2005 – grifamos).

"IRPF – Declaração retificadora – Erro comprovado – Alteração de formulário admitida – *A vedação de troca de formulário não pode prosperar na espécie, diante do evidente erro cometido pela Recorrente ao não incluir em sua declaração de ajuste originária parte dos rendimentos tributáveis*. Presentes rendimentos superiores aos originariamente declarados, a utilização pela Recorrente das despesas dedutíveis e a consequente apresentação de declaração retificadora no formulário completo, antes dispensável, tornou-se imperiosa, sob pena de vir a sofrer ônus mais gravoso ao exigido por lei" (2ª Câmara do 1º Conselho de Contribuintes, Acórdão n. 102-44.730, j. 18.4.2001 – grifamos).

"IRPF – Declaração de rendimentos – Erro no preenchimento – Prova – Efeito – *A lei não proíbe o ser humano de errar. Todo erro ou equívoco deve ser reparado tanto quanto possível de forma menos injusta tanto para o fisco quanto para o contribuinte.* O regulamento do Imposto de Renda não inibe a correção de erros ou as retificações necessárias, comprovadamente devidas, mormente aquelas relacionadas com a definição do conteúdo material e quantitativos do fato gerador do Imposto de Renda e a determinação da sua base de cálculo. *Tendo o contribuinte retificado sua declaração antes de notificado improcede a cobrança do imposto suplementar, uma vez que esclarecido o erro de fato*" (2ª Câmara do 1º Conselho de Contribuintes, Acórdão n. 102-44.105, j. 28.1.2000 – grifamos).

Pela análise desses precedentes, verifica-se que ao contribuinte foi reconhecido o direito de retificar sua declaração quando faz prova de que cometeu erro no momento da opção do regime de tributação, confirmando que não tem o menor cabimento a conclusão da SC-COSIT que, interpretando a Instrução Normativa n. 1.079/2010, estatuiu uma presunção absoluta em relação à opção pelo regime de tributação da variação cambial.

4. Conclusão

Havendo prova de que no momento da opção pelo regime de tributação da variação cambial o contribuinte cometeu erro de fato deve a ele ser assegurado o direito de retificar sua DCTF para que o fato jurídico que constituiu seja condizente com a verdade material, consoante as premissas fixadas neste trabalho e confirmadas pela orientação do Tribunal Administrativo Federal.

Assim, de todo exposto, concluímos que a SC-COSIT Interna n. 15/2011 não deu a melhor interpretação ao direito, pois se utiliza de uma presunção absoluta na tributação, o que não se admite no ordenamento jurídico, pois ao contribuinte é assegurado o direito de produzir a contraprova para desconstituir o fato jurídico – "opção pelo regime de tributação" – quando o constitui com erro.

ESTUDOS & COMENTÁRIOS

VALIDADE E DIREITOS *ANTIDUMPING*

LEONCIO OGANDO DACAL

Procurador do Estado da Bahia. Mestrando em Direito Tributário pela PUC/SP. Advogado.

Introdução. 1 Validade jurídica e premissas: 1.1 Caráter relacional da definição; 1.2 Condicionantes sistêmicas; 1.3 Natureza comunicacional do sistema: atos de fala e programação da gênese normativa; 1.4 Presunção de validade e as formas de reação; 1.5 A relevância da publicidade. 2. Aplicação das premissas na análise dos direitos "antidumping": 2.1 Direitos "antidumping" e a competência para instituição; 2.2 Vício de competência; 2.3 Vício de publicidade; 2.4 Impossibilidade de convalidação. 3. Conclusão. Bibliografia.

Introdução

A proposta do presente estudo é aplicar os conceitos de validade de normas jurídicas às regras que veiculam a exigência de direitos *antidumping*.

Partindo da natureza relacional do conceito de validade, o objetivo é analisar especificamente as condicionantes sistêmicas que conformam o ato de gênese das unidades normativas (critérios de reconhecimento de norma válida no sistema), ou seja, identificar a relevância/qualificação/pertinencialidade jurídica do fato referido pelo antecedente da norma que introduz enunciados inaugurais no sistema. Se tal fato jurídico merecer a pecha da invalidade, os enunciados introduzidos não poderão servir de fundamento à produção de normas ulteriores, visto que o sistema regula a introdução, permanência e expulsão de seus elementos constitutivos.

Ademais, ganha relevo a natureza comunicacional do sistema jurídico (e os decorrentes elementos de todo ato comunicacional) que evidencia o inter-relacionamento das unidades normativas, bem como a relevância da competência material do sujeito e a necessidade de publicação dos enunciados como condição de validade para poder se falar em norma jurídica.

Isto tudo sem que se olvide que o reconhecimento sistêmico da invalidade da unidade normativa demanda novo ato de fala (igualmente regrado pelo sistema) que terá como antecedente o fato de tal mácula e no consequente a aplicação das medidas de reação referidas pelo ordenamento.

1. Validade jurídica e premissas

1.1 Caráter relacional da definição

Lê-se com frequência nos textos produzidos pela doutrina que validade é conceito fundante para o estudo do Direito. Justifica-se tal assertiva tendo em conta as relevantes consequências que derivam a partir da definição do conceito de validade.

Com efeito, identificar norma válida (a partir dos critérios fornecidos pelo respectivo conceito) implica em apontar os fatos que ostentam relevância jurídica, importa em delimitar o objeto de estudo da Ciência do Direito, circunscrevendo sua zona de interesse (com a consequente adoção das adequadas ferramentas que potencializem seu estudo), além de tratar-se de assunto com íntima relação com outros temas relevantes, a exemplo de teoria das provas, competência, fontes do Direito, fato jurídico, etc.

Reconhecer que o sistema jurídico opera através de normas que apontam em seu antecedente a ocorrência de um fato que, ao ser qualificado como jurídico, autoriza a constituição de relação jurídica que visa disciplinar as condutas intersubjetivas (objetivo último do sistema) torna evidente a importância do tema.

Nas normas gerais e abstratas temos os critérios conotativos de identificação de um fato de futura ocorrência, ao passo em que nas normas individuais e concretas o antecedente projeta-se para o passado, denotando os critérios da norma geral e abstrata, constituindo o fato jurídico (que passa a integrar o sistema) e realizando a incidência por intermédio das operações lógicas de subsunção e implicação.

Neste contexto, importa reconhecer que validade é critério essencialmente relacional: só pode ser definida mediante a consideração de um determinado sistema, pelo que inexistiria um conceito absoluto (atributo da norma isoladamente considerada). A norma só é jurídica (assim como o fato só ostenta idêntica qualificação), quando contrastada com um determinado sistema (que lhe reconhece como tal, mediante mecanismos próprios). Se sua produção é conforme as condicionantes de um específico sistema, conclui-se pela validade do produto. Daí a doutrina de Amadeo Conte, citado por Tárek Moysés Moussallem (2005, pp. 136-137):

"A validade é o específico modo de existir de uma norma; mas o especifico modo de existir de uma norma é a existência específica em um ordenamento (é a existência em um ordenamento, é a pertinência a um ordenamento); é o existir por um ordenamento, onde a preposição 'por' significa seja 'em relação a', seja 'em virtude de'".

No mesmo sentido, as lições de Paulo de Barros Carvalho (2006, p. 57):

"A validade não deve ser tida como predicado monádico, como propriedade ou como atributo que qualifica a norma jurídica. Tem status de relação: é o vínculo que se estabelece entre a proposição normativa, considerada na sua inteireza lógico-sintática e o sistema de direito posto, de tal sorte que ao dizermos que u'a norma 'n' é válida, estaremos expressando que ela pertence ao sistema 'S'. Ser norma é pertencer ao sistema, o 'existir jurídico específico' a que alude Kelsen. (...) Seja como for, ingressando no ordenamento pela satisfação dos requisitos que se fizerem necessários, identificamos a validade da norma jurídica, que assim se manterá até que deixe de pertencer ao sistema".

1.2 Condicionantes sistêmicas

Na hipótese particular que será objeto de análise mais adiante, importa identificar os critérios de reconhecimento de norma válida no sistema. É dizer: identificar a relevância/qualificação/pertinencialidade jurídica do fato referido pelo antecedente da norma que introduz enunciados inaugurais no sistema. Se tal fato jurídico merecer a pecha da invalidade, não se poderá falar em efeitos válidos, pelo que os enunciados introduzidos não poderão servir de fundamento à produção de normas ulteriores. É a mácula do processo contaminando o produto e as construções de significação nele fundadas, conforme adverte Tárek Moysés Moussallem (2005, p. 136), referindo-se aos subsistemas idealizados por Paulo de Barros Carvalho:

"A validade do enunciado prescritivo é condição suficiente e necessária para a validade das proposições isoladas e das normas jurídicas. Pode haver validade do enunciado sem que haja validade das proposições isoladas e das normas jurídicas, mas não pode haver validade destas duas últimas sem a validade do primeiro".

Neste contexto, importa fixar algumas premissas que emprestarão sustento às conclusões vindouras.

A primeira delas é a de que o sistema do direito positivo regula sua própria dinâmica, estabelecendo *normas que ditam o ingresso, permanência e expulsão de seus elementos*. Assim, analisar o conceito de validade importa em investigar o processo de gênese das unidades normativas (sejam elas gerais e abstratas ou individuais e concretas). Se a produção normativa se deu conforme as condicionantes do sistema, o produto pode ostentar a adjetivação de válido.

Vê-se, pois, que eficácia (seja ela jurídica ou social), não é critério para se aferir validade. Em verdade, a análise da eficácia tem por premissa a existência de norma válida. Norma inválida (uma vez reconhecida adequadamente pelo sistema) não gera efeitos.

1.3 Natureza comunicacional do sistema: atos de fala e programação da gênese normativa

Importa reconhecer, ademais, a natureza comunicacional do sistema de direito positivo (na forma preconizada pelo Professor Gregorio Robles Morchón). Com efeito, admitir que o sistema opera mediante comandos/ordens/mensagens relacionados de forma escalonada/hierarquizada abre porta para uma análise hermenêutica e analítica das mensagens legisladas, mediante as ferramentas de investigação dos atos de fala. Com efeito, as mensagens legisladas não se encontram estanques/autônomas/independentes. Muito pelo contrário: se relacionam intimamente e a natureza da relação que mantém com as outras unidades do sistema (subordinação/derivação/coordenação) é de extrema relevância para sua admissão, prevalência, alteração ou expulsão.

Tal qual ocorre nos jogos, no sistema jurídico nem todos podem dizer tudo a qualquer sujeito, em qualquer momento e em qualquer lugar. Existem regras que ditam este tipo de comunicação específica, cuja inobservância acarreta a irrelevância da comunicação realizada defeituosamente. Daí se falar que sem norma prévia não há fato e sem fato não há a relação jurídica (a ele imputada pelo ato de poder em que se expressa a causalidade jurídica).

De tais regras, avulta a relevância de três delas: *1*) as regras são formuladas pelos próprios participantes do jogo, através da eleição de representantes democraticamente eleitos, pelo que contam com a concordância deles; *2*) portanto, não se pode alegar ignorância/desconhecimento dos enunciado que cumpriram com as condicionantes de ingresso no sistema; *3*) como forma de impor o cumprimento de tais regras, o sistema prevê/garante que as normas terminais válidas (após serem submetidas ao processo de depuração igualmente regrado) serão coercitivamente cumpridas mediantes aparatos próprios (tal garantia afasta a tendência à infinitude do processo de atribuição de conteúdos de significação à mensagem legislada, mediante a atribuição de competência a órgão específico, encarregado de dar a última palavra acerca da matéria, encerrando o processo de depuração antes referido).

Ademais, além de identificar os elementos de todo ato comunicacional em geral (emissor, destinatário, mensagem, canal, código e contato), importa reconhecer que o sistema é mais que revestimento linguístico: é uso de uma específica linguagem competente rigidamente condicionada. Se os fatos exteriores não forem traduzidos de acordo com as imposições do sistema, não terão eles qualquer relevância interna, dada a clausura operacional e a abertura cognitiva que operam mediante código próprio de filtragem/tradução das informações extrassistêmicas.

Por isso, se diz que as mensagens legisladas encontram-se vinculadas através de específicas programações que ditam a produção das unidades normativas: sujeito específico, conteúdo específico, destinatário específico, local e tempo específicos. Neste diapasão, as lições de Tácio Lacerda Gama (2012, p. 53), que assim especifica os elementos da norma de competência que dita a gênese dos enunciados normativos:

"(...) i) qualificação do sujeito que pode criar normas; ii) indicação do processo de criação das normas, sugerindo todos os atos que devem ser preordenados para o alcance desse fim; iii) indicação das coordenadas de espaço em que a ação de criar normas deve se realizar; iv) indicação das condições de tempo em que esta ação deve ser desempenhada; v) estabelecimento do vínculo que existe entre quem cria a norma e quem deve se sujeitar à sua prescrição, segundo as condições estabelecidas pelo próprio direito; vi) modalização da conduta de criar outra norma se obrigatória, permitida ou proibida; e vii) estabelecimento da programação material da norma inferior que é feita segundo quatro variáveis – sujeito, espaço, tempo e comportamento".

Na mesma toada, o Professor Gregorio Robles Morchón, que, embora adotando como premissa uma concepção heterogênea que identifica espécies diversas de normas integrantes do sistema (em aberta discordância com a concepção kelseniana que admite apenas a existência de regras deônticas veiculadoras de deveres), assim conclui:

"As regras ônticas estabelecem os elementos necessários do âmbito de caráter estático, isto é, *o espaço, o tempo, os sujeitos e as competências*. As regras técnico-convencionais criam a ação pertencente ao âmbito, isto é, *o procedimento genérico que constitui a ação*. Por último, as deônticas são aquelas que constituem os deveres. (...) Estas, por sua vez, são válidas porque resultam de decisões intra-sistemáticas válidas, as quais têm a qualidade de validade porque foram adotadas de acordo com as regras ônticas e técnico-convencionais correspondentes, tal como se expôs" (Morchón, 2005, pp. 102, 108 – grifamos).

Trata-se de considerar o sistema em movimentos contínuos de expansão e retração, analisando sua dinâmica, em oposição a uma visão estática.

1.4 Presunção de validade e as formas de reação

Ademais, não se ignora que o sistema convive harmonicamente com a presunção de validade dos atos que introduzem novos enunciados. Isto se dá, porque o controle da validade do processo ocorre após a introdução do enunciado (produto) no ordenamento: é, portanto, controle que se realiza *a posteriori*, mediante o cotejo da produção normativa com as normas que fundamentam sua validade. Com efeito, as condicionantes de validade do sistema não têm o poder de interromper a produção normativa no curso de sua gênese, impedindo, de forma preventiva, a introdução de enunciados decorrentes de processo desconforme com o sistema.

Produzido o enunciado, ficam nele registradas referências que permitem a reconstrução do seu processo de gênese: a exemplo da autoridade que levou a cabo o processo de produção normativa, o local e momento em que se deu a gênese do enunciado, bem como os destinatários da mensagem legislada. São tais referências que servirão de amparo para o cotejo de tal atividade com as ditas regras de estrutura, que disciplinam conduta específica: a produção normativa. Se tal cotejo implicar em conformidade entre a norma de produção normativa e o produto de tal atividade, o sistema reconhece (mediante novo ato de fala próprio) o enunciado como validamente introduzido. Caso contrário, prevê meios de reação à atividade desconforme, aplicando consequências sancionatórias ao produto ilegítimo. Nesta linha de intelecção, assim conclui Tácio Lacerda Gama (2012, p. 334) acerca das consequências da norma que tem por pressuposto o defeito de produção que macula a norma inválida:

"(...) a aplicação dessa norma sancionatória pode ensejar reconhecimento da invalidade e com ela a suspensão da vigência e, ainda, da eficácia, quando a decisão for geral, de forma plena (*ex tunc*) ou parcial (*ex nunc*)".

Enquanto não reconhecida tal desconformidade (mediante nova mensagem produzida de acordo com as condicionantes do sistema), o produto ilegítimo opera efeitos, ancorado na presunção de validade antes referida. Neste sentido, o escólio do Professor Lourival Vilanova (2001, pp. 307-308):

"O processo de geração de normas é sempre este: norma geratriz incidindo na subjetividade de um ato, cujo sentido objetivo (em virtude de norma incidente) é outra norma válida. *Se ocorrer defeituosidade no percurso procedimental, a norma gerada não nasce nula, na espécie do inexistente. É anulável, o que requer outro procedimento, normativamente estruturado, para desconstituir a norma impugnável*. (...) Substancialmente, o mesmo ocorre com a norma inconstitucional que violar o processo de produção (o *Eurzeuguns-prozess*) de normas. A norma inconstitucional é válida, enquanto não desconstituída pelo órgão de competência para tal'" (grifamos).

No mesmo sentido, conclui Tárek Moysés Moussallem (2005, p. 142), analisando, também, a hipótese de contradição entre normas válidas:

"Por isso, *é falsa a afirmação de que a norma N1 seja inválida antes que ela seja retirada do sistema do direito positivo por outra norma N2*. (...) Antes, pelo contrário, no caso de duas normas contraditórias, tem-se a validade simultânea de ambas as normas oriundas de respectivas enunciações felizes. É o sistema do direito positivo, por meio das regras constitutivas, que vai decidir pela permanência de uma das duas normas conflitantes. Enquanto não decidir; ambas permanecem no sistema normativo" (grifamos).

1.5 A relevância da publicidade

Por fim, tais considerações levam a uma última premissa que interessa mais especialmente ao presente estudo: operando o sistema mediante atos de fala específicos, evidente a relevância do ato de comunicação de tal mensagem ao destinatário do enunciado. Sem que tal transmissão da mensagem legislada ocorra (mediante ato igualmente revestido de formalidade) não se pode reputar como implementada a dinâmica comunicacional do sistema. Portanto, o ato de publicação encarta-se no ponto terminal da produção normativa, mas nem por isso deixa de apresentar relevância, visto que seu descumprimento macula a validade do processo e do respectivo produto. Acerca de tal matéria, assim leciona Eurico Marcos Diniz de Santi, que, embora se reportando especificamente ao ato-norma do lançamento tributário, tece considerações aplicáveis a todo e qualquer procedimento de gênese normativa:

"A publicidade é, pois, requisito ontológico do ato-norma administrativo. Ela é o último e mais importante pressuposto da série procedimental. Sem a publicidade o enunciado do ato-norma não ganha juridicidade para elevar-se à categoria de norma jurídica. Sem publicidade, não há norma jurídica. Destarte, não abraçamos a tese de que a publicidade é 'conteúdo' de ato-norma administrativo autônomo. Ao contrário, entendemos que integra a série procedimental como o último ato-fato, delineador de fato jurídico integrante do correspectivo suporte fáctico do fato jurídico suficiente para produção do ato-norma administrativo. Portanto a publicidade confere validade, e não 'mera' eficácia ao ato-norma administrativo como aventa respeitável parcela da doutrina" (Santi, 2001, pp. 107-108).

2. Aplicação das premissas na análise dos direitos "antidumping"

2.1 Direitos "antidumping" e a competência para instituição

Munidos das premissas antes referidas, passemos à análise do objeto específico.

A exigência em questão (de vigência necessariamente provisória) tem por objetivo eliminar ou neutralizar as práticas de *dumping* e a concessão de subsídios que estejam causando dano à economia nacional.

Em apertada síntese, verificada a ocorrência de *dumping* (caracterizado quando os preços dos produtos estrangeiros são inferiores ao preço normal, assim entendido como o preço efetivamente praticado para o produto similar nas operações mercantis normais, que o destinem a consumo interno no país exportador), exige-se do importador brasileiro montante em dinheiro, igual ou inferior à margem de *dumping* apurada em processo administrativo específico, com o fim exclusivo de neutralizar os efeitos danosos das importações objeto de *dumping*, calculado mediante a aplicação de alíquotas *ad valorem* ou específicas, ou pela conjugação de ambas. Acerca da matéria em relevo, somente pode legislar a União Federal, conforme preceito constante do art. 22, VIII, da CF/1988.

Arrimada em tal competência, foi editada a Lei n. 9.019/1995, que, em seu art. 6º, assim preceitua:

"Art. 6º. *Compete à CAMEX fixar* os direitos provisórios ou definitivos, bem como decidir sobre a suspensão da exigibilidade dos direitos provisórios, a que se refere o art. 3º desta Lei" *(Redação dada pela Medida Provisória n. 2.158-35, de 2001)* (grifamos).

Por sua vez, a Lei n. 9.649/1998 assim dispôs:

"Art. 20-B. É criada a CAMEX – Câmara de Comércio Exterior, com a competência para deliberar sobre matéria relativa a comércio exterior. *(Incluído pela Medida Provisória n. 2.216-37, de 2001)*

"§ 1º. *O Poder Executivo disporá sobre as competências, a organização e o funcionamento da CAMEX*" *(Incluído pela Medida Provisória n. 2.216-37, de 2001)* (grifamos).

Por fim, a Lei 10.683/2003 assim ratifica a dita atribuição de competência:

"Art. 29. Integram a estrutura básica:

"(...).

"§ 5º. *A Câmara de Comércio Exterior*, de que trata o art. 20B da Lei n. 9.649, de 27 de maio de 1998, com a redação dada pela Medida Provisória n. 2.216-37, de 31 de outubro de 2001, *terá sua vinculação definida por ato do Poder Executivo*."

Valendo-se de tal prerrogativa, o Decreto 4.732/2003 estruturou a CAMEX, merecendo destaque as seguintes disposições:

"Art. 2º. Compete à CAMEX, dentre outros atos necessários à consecução dos objetivos da política de comércio exterior:

"(...).

"XV – fixar direitos *antidumping* e compensatórios, provisórios ou definitivos, e salvaguardas;

"(...).

"Art. 4º. A CAMEX terá como *órgão de deliberação superior e final um Conselho de Ministros* composto pelos seguintes Ministros de Estado:

"(...).

"§ 2º. *O Conselho de Ministros deliberará mediante resoluções, com a presença de todos os seus membros* ou, excepcionalmente, com indicação formal de representante, cabendo ao Presidente o voto de qualidade.

"(...).

"Art. 5º. Integrarão a CAMEX, o Comitê Executivo de Gestão – GECEX, a Secretaria-Executiva, o Conselho Consultivo do Setor Privado – CONEX e o Comitê de Financiamento e Garantia das Exportações – COFIG. *(Redação dada pelo Decreto n. 4.993, de 2004)*

"(...).

"§ 3º. O Presidente do Conselho de Ministros da CAMEX poderá praticar os atos previstos nos arts. 2º e 3º, *ad referendum* do Conselho de Ministros, consultados previamente os membros do Comitê Executivo de Gestão" (grifamos).

Por derradeiro, o Regimento Interno do órgão – Resolução n. 11/2005 – ratifica as atribuições de competência acima listadas em seus arts. 5º, XV (competência do Conselho de Ministros para impor direitos *antidumping*) e 7º, V (competência precária do Presidente do Conselho de Ministros).

Deliberada acerca da instituição da exigência, efetiva-se a publicação de Resolução CAMEX, conforme arts. 39 e 40 do referido Regimento Interno.

2.2 Vício de competência

Da leitura dos referidos dispositivos verifica-se que a competência para instituição da exação em testilha é conferida exclusivamente a órgão colegiado, sendo precária (visto que necessariamente objeto de ratificação posterior), a atribuição de Poder deferida ao Presidente do Conselho de Ministros. Note-se que a norma antes transcrita não delega – de forma irrestrita – competência ao Presidente do Conselho de Ministros, mas, preservando a competência no âmbito do órgão colegiado, exige a apreciação/ratificação posterior como condição para validade da novel exigência.

Assim, embora o Presidente do órgão possa atuar precariamente (autorizando efeitos imediatos), exige-se a ratificação do ato pelo órgão colegiado para permanência da exigência no sistema. Dito de outra forma: exigência pautada exclusivamente em ato do Presidente do Conselho de Ministros não atende à programação de competência fixada pela regra de produção normativa.

Portanto, decorrido prazo sem que a exigência dos direitos *antidumping* seja regularmente submetida ao crivo do Conselho de Ministros (órgão colegiado), justifica-se o reconhecimento da invalidade da norma fundante da exação, uma vez que desconforme com condicionantes do sistema. O cotejo entre as regras de produção normativa e o procedimento de gênese do enunciado veiculador do direito *antidumping* (cuja reconstrução pode ser feita a partir das referências constantes do documento legal – a exemplo da autoridade responsável pela criação da regra) autoriza a conclusão antes formulada.

Portanto, uma vez reconhecida a invalidade da norma inaugural não pode ela arrimar a produção subsequente de normas individuais e concretas dentro do processo de positivação/concreção do ordenamento.

Conforme dito linhas atrás, no sistema jurídico nem todos podem dizer tudo a qualquer sujeito, em qualquer momento e em qualquer lugar. Existem regras que ditam este tipo de comunicação específica, cuja inobservância acarreta a irrelevância da comunicação realizada defeituosamente.

Portanto, o sistema não reconhece como relevante juridicamente a gênese normativa realizada em desconformidade com suas programações de competência. Desrespeitadas tais condicionantes, as ocorrências permanecem fora do sistema, visto que não corroboradas pelos filtros que impõe uma tradução linguística específica.

2.3 Vício de publicidade

Ademais, admitindo-se tenha ocorrido a ratificação do ato do Presidente pelo Conselho de Ministros, a publicidade de tal ato do órgão colegiado (via publicação da ata da reunião ou nova Resolução CAMEX) é requisito indispensável para que se possa falar em instituição válida de direitos *antidumping*.

Com efeito, em um sistema de natureza comunicacional, impensável a exigência de novas obrigações, sem que o comando (regularmente introduzido) seja levado ao conhecimento do destinatário. Atenta contra a natureza do sistema jurídico a instituição de deveres arrimados em atos secretos.

É condição inarredável de ingresso da norma no sistema (que a reconhece como tal) sua publicidade.

Relembre-se o escólio de Eurico de Santi (2001, pp. 107-108):

"A publicidade é, pois, requisito ontológico do ato-norma administrativo (...). Sem a publicidade o enunciado do ato-norma não ganha juridicidade para elevar-se à categoria de norma jurídica. Sem publicidade, não há norma jurídica. (...) Portanto a publicidade confere validade, e não 'mera' eficácia ao ato-norma administrativo (...)".

Enquanto não publicada a ratificação validamente exercida pelo órgão colegiado (Conselho de Ministros), permanece a mácula competencial referida no item precedente.

2.4 Impossibilidade de convalidação

Por derradeiro, note-se que diante de vício que fulmina elemento estruturante do enunciado introduzido (qual seja, sua publicidade), trata-se de hipótese de nulidade do ato, que não admite convalidação posterior, conforme ensina, mais uma vez, Eurico de Santi (2001, pp. 113, 116):

"Os atos anuláveis e nulos são atos administrativos válidos passíveis de invalidação em sentido estrito. (...) Cinge-se, entretanto, o legislador a limites ontológicos do próprio direito, às regras deontológicas que regram sua estrutura normativa: não se pode convalidar ato-norma administrativo em que se verifique falta de qualquer dos elementos de sua estrutura. (...) Convalidação é o suprimento da invalidade de um ato com efeitos retroativos. Infere-se disto a impossibilidade de convalidação dos atos que apresentem vício em sua estrutura. Como vimos, *a alteração de qualquer dos elementos do ato resulta na modificação de sua identidade, o que equivale à produção de um novo ato; barreira esta, incontornável à legitimação da irradiação de efeitos pretéritos do ato convalidador*" (grifamos).

Assim sendo publicação tardia do ato de ratificação do Conselho de Ministros não tem o condão de operar retroativamente, apagando a pecha que maculou as exigências de direitos *antidumping* em período pretérito.

Dito de outra forma: publicada a norma regularmente produzida pelo órgão competente após decorrido prazo razoável em que a exigência esteve amparada exclusivamente em norma produzida por órgão destituído de competência plena, sua eficácia será *ex nunc*, visto que não tem ela o poder de afastar o vício originário antes apontado.

Embora a norma que defere competência precária ao Presidente de Conselho de Ministros não aponte prazo a ser observado para ratificação do ato pelo órgão colegiado, a periodicidade mensal das reuniões ordinárias do Conselho de Ministros (prevista no art. 4º, § 4º, do Decreto 4.732/2003), aliada a relevância e premência de se deliberar acerca de atos praticados precariamente, deve ser usada como critério para aferir a tempestividade da dita ratificação.

Conclusão

Ante tais considerações, notadamente levando em conta as condicionantes sistêmicas que conformam o ato de gênese das unidades normativas (critérios de reconhecimento de norma válida no sistema, dentre as quais ganham relevo a competência do sujeito e publicidade do enunciado produzido), conclui-se pela invalidade de norma que obrigue o pagamento de direitos *antidumping* produzida exclusivamente pelo Presidente do Conselho de Ministros, sem que a mesma tenha sido submetida à apreciação/ratificação do órgão colegiado em sessão ordinária imediatamente posterior.

Portanto, não publicado o ato ratificador produzido neste interregno, a mácula que contamina o ato singular não pode ser afastada por ratificação intempestiva, operando efeitos meramente prospectivos.

Bibliografia

CARVALHO, Paulo de Barros (2006). *Direito Tributário: Fundamentos Jurídicos da Incidência*. 5ª ed. São Paulo: Saraiva.

GAMA, Tácio Lacerda (2012). *Competência Tributária: Fundamentos para uma Teoria da Nulidade*. 2ª ed. São Paulo: Noeses.

MORCHÓN, Gregorio Robles (2005). *O Direito como texto. Quatro Estudos de Teoria Comunicacional do Direito*. São Paulo: Manole.

MOUSSALLEM, Tárek Moysés (2005). *Revogação em Matéria Tributária*. São Paulo: Noeses.

SANTI, Eurico Marcos Diniz de (2001). *Lançamento Tributário*. 2ª ed., 2ª tir. São Paulo: Max Limonad.

VILANOVA, Lourival (2001). *Causalidade de Relação no Direito*. 4ª ed. São Paulo: Ed. RT.

ESTUDOS & COMENTÁRIOS

A INTERPRETAÇÃO DO DIREITO, AS PRETENSAS LEIS INTERPRETATIVAS, A LEI COMPLEMENTAR 118/2005 E A SOLUÇÃO ADOTADA PELOS TRIBUNAIS SUPERIORES

HENRIQUE CAVALHEIRO RICCI

Graduado em Direito pela Universidade Estadual de Maringá (UEM).
Especialista em Direito Empresarial com ênfase
em Direito Tributário pela Pontifícia Universidade Católica do Paraná (PUC/PR).
Mestrando em Direito Econômico e Socioambiental pela Pontifícia Universidade Católica do Paraná (PUC/PR).
Professor de Direito Tributário e de Direito Falimentar na PUC/PR, Campus Maringá.
Advogado no Paraná.

1. Introdução. 2. A interpretação do Direito e o constructivismo lógico-semântico. 3. As chamadas leis interpretativas em matéria tributária: 3.1 Considerações gerais; 3.2 A interpretação do Direito e a (im)possibilidade de se ter lei interpretativa. Leis que, em verdade, têm pretensão interpretativa; 3.3 O conteúdo normativo das pretensas leis interpretativas e o dilema: ou a lei interpretativa inova ou é inócua; 3.4 A função legislativa e a vontade do legislador. 4. A Lei Complementar 118/2005, seu pretenso caráter interpretativo e a solução adotada pelo STJ e pelo STF. 5. Conclusões. Referências bibliográficas.

1. Introdução

Não há vida humana consciente sem interpretação. Fazemos isso a todo instante, sem que, em muitas vezes, tenhamos sequer a consciência de que estamos a interpretar. Interpretamos fisionomias, palavras, gestos, a entonação da voz alheia, assim como o clima, sons produzidos no trânsito...

Enfim, nada fica imune ao crivo interpretativo do sujeito cognoscente, interpretamos até o ato de interpretar! Com o Direito não é diferente, daí a importância da hermenêutica jurídica.

No estudo do Direito Tributário, em especial do Código Tributário Nacional, o intérprete (como não poderia deixar de ser!) se depara com aquilo que o código chama de "lei interpretativa".

O que seriam, então, as leis interpretativas? Seria possível a lei se autointerpretar? Fazendo isso, todos os problemas do exegeta estariam resolvidos? A lei interpretativa estaria livre de interpretação, ou prescindiria de nova lei interpretativa para "dizer o que ela quis dizer"? De fato, o tema interpretação, e, em particular, a interpretação do Direito, é algo que suscita inúmeras dúvidas e discussões.

Valendo-se da possibilidade de criar "leis interpretativas", foi editada a Lei Complementar 118/2005 que, dentre outras coisas, "interpretando" o art. 168 do Código Tributário Nacional, "disse" ser cinco anos o prazo de prescrição da demanda de repetição de indébito tributário dos tributos sujeitos ao lançamento por homologação.

Porém, à época, estava consolidada a jurisprudência do Superior Tribunal de Justiça no sentido de ser de 10 anos o prazo de prescrição dos tributos sujeitos ao pagamento antecipado (era a chamada tese dos *cinco mais cinco*).

Em complemento às indagações acima, questiona-se: pode a Lei Complementar 118/2005 ser considerada interpretativa? Violou ela preceito constitucional? Qual a solução adotada pelos tribunais superiores?

Essas são algumas das questões que o presente texto pretende atacar.

2. A interpretação do Direito e o constructivismo lógico-semântico

Tradicionalmente a interpretação está ligada ao ato de *extração* de conteúdo dos objetos cognitivos. Carlos Maximiliano,[1] um dos expoentes desta concepção, logo no início do seu clássico *Hermenêutica e Aplicação do Direito*, a respeito da interpretação e aplicação do Direito, escreve:

"As leis positivas são formuladas em termos gerais; fixam regras, consolidam princípios, estabelecem normas, em linguagem clara e precisa, porém ampla, sem descer a minúcias. É tarefa primordial do executor a pesquisa da relação entre o texto abstrato e o caso concreto, entre a norma jurídica e o fato social, isto é, aplicar o Direito. Para conseguir, se faz mister um trabalho preliminar: descobrir e fixar o sentido verdadeiro da regra positiva; e, logo depois, o respectivo alcance, a sua extensão. Em resumo, o executor extrai da norma tudo o que na mesma se contém: é o que se chama interpretar, isto é, *determinar o sentido e o alcance das expressões do Direito*".[2]

Sob essa perspectiva, portanto, o intérprete *descobre* o conteúdo dos objetos, como se esses fossem dotados de um conteúdo ontológico a espera do intérprete que, no processo[3] interpretativo, trabalharia como um investigador em busca do conteúdo recôndito no objeto.

A linguagem, e principalmente a maneira como o cientista a concebe, tem papel de destaque no processo interpretativo, pois, neste contexto, ela pode ser meio de acesso à realidade (instrumento, portanto) ou pode ser a própria realidade em si (linguagem constituidora da realidade).

Antes de avançar é interessante deixar clara a distinção existente entre linguagem, língua e fala que, a despeito de serem noções correlatas e indissociáveis, não se confundem.

Língua é um instrumento de comunicação, trata-se de um sistema artificial de signos,[4] criado por uma determinada

1. Carlos Maximiliano, *Hermenêutica e Aplicação do Direito*, 19ª ed., 14ª tir., Rio de Janeiro, Forense, 2009, p. 1.

2. Na mesma linha, Vicente Ráo, também em obra clássica na doutrina nacional, fala em interpretação como sendo esta o processo *apuração* do conteúdo: "A *Hermenêutica* tem por objeto investigar e coordenar por modo sistemático os princípios científicos e leis decorrentes, que disciplinam a apuração do conteúdo, do sentido e dos fins das normas jurídicas e a restauração do conceito orgânico do direito, para o efeito de sua aplicação; a *Interpretação*, por meio de regras e processos especiais, procura realizar, praticamente, estes princípios e estas leis científicas (...)" (*O Direito e a Vida dos Direitos*, 5ª ed. anot. e atual. por Ovídio Rocha Barros Sandoval, São Paulo, Ed. RT, 1999, p. 456).

3. A ambiguidade da expressão "interpretação" (do tipo, processo/produto) não passou despercebida por Paulo de Barros Carvalho, que anotou: "Antes, porém, de tocar nesses dois pontos, axiomas que são de todo e qualquer empenho interpretativo, creio que se ajeita aqui uma advertência, que faço utilizando-me de um meneio de Rui Barbosa: o vocábulo 'interpretação' padece, como tantos outros, da ambiguidade processo/produto, uma vez que alude à atividade de construção de sentido, por uma lado, e da própria compreensão, de outro" (Paulo de Barros Carvalho, *Direito Tributário, Linguagem e Método*, 2ª ed., São Paulo, Noeses, 2008, p. 193).

4. Signo, por sua vez, em um sentido absolutamente amplo, pode ser concebido como tudo aquilo que

comunidade de discurso, cuja finalidade é a comunicação.

Fala é a língua em uso. Como escreve Aurora Tomazini de Carvalho[5] "é um ato de seleção e atualização da língua, dependente da vontade do homem e diz respeito às combinações pelas quais ela realiza o código da língua com o propósito de constituir seu pensamento".

Linguagem, por sua vez, é a língua mais a fala. Para Paulo de Barros Carvalho[6] é "a capacidade do ser humano para comunicar-se por intermédio de signos cujo conjunto sistematizado é a língua". Conforme destaca a Aurora Tomazini de Carvalho:[7]

"A linguagem é o produto da fala, é o resultado da utilização da língua por um sujeito. (...) Nesse sentido, língua, fala e linguagem são conceitos conexos, tão interligados que por vezes utilizamos o termo 'linguagem' para referirmo-nos tanto à língua quanto à fala. Mas, por apreço à diferenciação, em termos mais simples, sintetiza-se que a língua é a linguagem sem a fala e a fala é a linguagem sem a língua".

O constructivismo lógico-semântico aparece como o método hermenêutico, pautado no rigor do discurso, visando a redução das ambiguidades e vaguidades, tendo como premissa a função construtivista da linguagem.

Com efeito, a par das premissas adotadas pelo constructivismo lógico-semântico, infere-se que interpretar não é um processo de busca, procura ou extração do conteúdo de um dado objeto de pesquisa.

Fabiana Del Padre Tomé,[8] explica o papel do constructivismo lógico-semântico no trabalho do exegeta:

"O constructivismo lógico-semântico configura método de trabalho hermenêutico orientado a cercar os termos do discurso do direito positivo e da Ciência do Direito para outorgar-lhes firmeza, reduzindo as ambiguidades e vaguidades, tendo em vista a coerência e o rigor da mensagem comunicativa.

"(...).

"O termo *constructivismo* é empregado para denominar teorias que defendem a ideia de que já sempre intervenção do sujeito na formação do objeto. É palavra ligada ao contexto epistemológico. Contrapõe-se à corrente descritivista, que concebe o conhecimento ao modo aristotélico, como um processo de assimilação das formas.

"Para o constructivismo, o mundo é uma entidade cuja morfologia não aparece independente dos sujeitos que formam parte dele."

Para o constructivismo lógico-semântico a linguagem não figura como coadjuvante no processo de interpretação, não é mero instrumento entre sujeito e objeto, pelo contrário, a linguagem é constituidora do conhecimento[9] e da realidade.

representa algo para um sujeito cognoscente. Trata-se o signo de uma relação triádica entre os elementos componentes do triângulo semiótico (suporte físico/significado/significação). O signo apresenta *status* de relação. Ele está no lugar de algo que pretende representar, porém não o representa integralmente. Há uma associação, portanto, de um suporte físico a um significado e a uma significação. Tácio Lacerda Gama define: "O signo, porém, é uma relação entre símbolos e objetos simbolizados, mediado pelo usuário que, ao tomar contato com um, projeta subjetivamente o outro" (in Tácio Lacerda Gama, *Competência Tributária: Fundamentos para uma Teoria da Nulidade*, São Paulo, Noeses, 2009, p. 175).

5. Aurora Tomazini de Carvalho, *Curso de Teoria Geral do Direito: o Constructivismo Lógico-Semântico*, São Paulo, Noeses, 2009, pp. 17-18.

6. Paulo de Barros Carvalho, *Direito Tributário, Linguagem e Método*, 2ª ed., cit., p. 32.

7. Aurora Tomazini de Carvalho, *Curso de Teoria Geral do Direito: o Constructivismo Lógico-Semântico*, cit., p. 151.

8. Fabiana Del Padre Tomé, "Vilém Flusser e o constructivismo lógico-semântico", in Florence Haret e Jerson Carneiro (Coords.), *Vilém Flusser e Juristas: Comemoração dos 25 Anos do Grupo de Estudos Paulo de Barros Carvalho*, São Paulo, Noeses, 2009, p. 323.

9. Novamente, na lição de Fabiana Del Padre Tomé: "Com base na filosofia da consciência, via-se a linguagem como instrumento que ligava o sujeito ao objeto do conhecimento, sendo a *verdade* resultado da correspondência entre a proposição linguística e o objeto referido. Na linha do constructivismo lógico-semântico, de modo diverso, entendemos haver inevitável interde-

Não por outra razão, Vilém Flusser afirmou que a língua é, cria, forma e propaga a realidade. Nas palavras de Vilém Flusser[10] "a matéria-prima do intelecto, a *realidade*, portanto, consiste de palavras e de *dados brutos* a serem transformados em palavras para serem apreendidos e compreendidos". Gustavo Bernardo,[11] no prefácio da obra de Vilém Flusser (*Língua e Realidade*), assevera:

"A língua não só produz realidade como propaga realidade, dificultando a compreensão de sua origem. A natureza existe: pedras, estrelas, chuva, árvore, fome, são fenômenos reais exatamente porque são palavras. As relações entre esses fenômenos e nós também são reais, porque formam frases. A realidade só pode ser real para nós se a soletramos primeiro: antes disso, apenas se balbuciam terrores inominados".

Mediante este sutil confronto se infere que as bases teóricas ofertadas pelo constructivismo lógico-semântico conduzem a conclusões distintas das apontadas pela doutrina hermenêutica tradicional.

Para os adeptos do constructivismo lógico-semântico, a linguagem tem papel de destaque, pois o sentido é construído pelo intérprete mediante o seu emprego.[12] Não se trata tão somente de maior rigor e acuidade com o discurso.[13]

O giro linguístico rompeu com a visão tradicional, onde as significações estariam contidas no objeto, sendo papel do cientista sua identificação (como se os objetos cognoscentes fossem embebidos de sua essência, essa – sua essência – a espera do sujeito). Com a mudança de paradigma, o suporte físico deixou de ser algo do qual, por si só, *fluía* sua significação, do contrário, a significação passou a ser vista como o resultado de construção do intérprete.

A respeito da ruptura com o antigo paradigma, Aurora Tomazini de Carvalho[14] escreve:

"Durante muitos anos a tradição hermenêutica associou o termo 'interpretação' à ideia de revelação do conteúdo contido no texto. Interpretar era mostrar o verdadeiro sentido de uma expressão, extrair da frase ou sentença tudo que nela se contivesse. Tal ideia justificava-se na tradição anterior ao giro linguístico, de que as coisas tinham um significado ontológico e que as palavras denotavam tal significado, de modo que, existia um conteúdo próprio a cada termo. Assim, o trabalho do intérprete resumia-se em encontrar a significação preexistente no texto, extraindo o sentido que ali existia.

"(...).

pendência entre sujeito e objeto: o sujeito só é sujeito perante um objeto e o objeto só é objeto em face de um sujeito. (...) Assim, a linguagem deixou de ser um meio entre ser cognoscente e realidade, convertendo-se em um léxico capaz de criar tanto o ser cognoscente como a realidade" (Fabiana Del Padre Tomé, "Vilém Flusser e o constructivismo lógico-semântico", in Florence Haret e Jerson Carneiro (Coords.), *Vilém Flusser e Juristas: Comemoração dos 25 Anos do Grupo de Estudos Paulo de Barros Carvalho*, cit., pp. 328-329).

10. Vilém Flusser, *Língua e Realidade*, 3ª ed., São Paulo, Annablume, 2007, pp. 45-46.

11. Idem, p. 20.

12. Novamente valendo das lições de Vilém Flusser, conhecimento, realidade e verdade são aspectos da língua: "Descobriremos mesmo que o conhecimento absoluto, a realidade fundamental e a verdade imediata não passam de conceitos não somente ocos, e que, neste sentido, as objeções podem ser aceitas. (...) O objetivo deste trabalho é contribuir para a tentativa de tornar consciente a estrutura desse cosmos restrito. Será proposta a afirmação de que essa estrutura se identifica com a língua. Que *conhecimento*, *realidade* e *verdade* são aspectos da língua" (Vilém Flusser, *Língua e Realidade*, 3ª ed., cit., pp. 33-34).

13. Aliás, a busca pelo rigor do discurso científico foi uma bandeira levantada pela escola do neopositivismo lógico (que tomava a linguagem como instrumento do conhecimento), conforme se nota pela obra de Paulo de Barros Carvalho: "perceberam os neopositivistas lógicos que a linguagem natural, com os defeitos que lhe são imanentes, como por exemplo, a ambiguidade, jamais traduziria adequadamente os anseios cognoscitivos do ser humano, donde a necessidade de partir-se para a elaboração de linguagens artificiais, em que os termos imprecisos fossem substituídos por vocábulos novos, criados estipulativamente, ou se submetessem àquilo que Rudolf Carnap chamou de 'processo de elucidação'" (Paulo de Barros Carvalho, *Direito Tributário, Linguagem e Método*, 2ª ed., cit., pp. 21-22).

14. Aurora Tomazini de Carvalho, *Curso de Teoria Geral do Direito: o Constructivismo Lógico-Semântico*, cit., p. 210.

"Com a mudança de paradigma da filosofia do conhecimento, as palavras deixam de ter um significado ontológico (atrelado às coisas), vez que é a própria linguagem que cria o objeto. Sob essa nova perspectiva, o conteúdo dos textos deixa de ser algo dado, preexistente, para ser algo construído e vinculado aos referenciais do intérprete."

Isto se evidencia na medida em que cada intérprete pode fazer uma construção absolutamente distinta do outro, levando em consideração o seu juízo valorativo,[15] o seu entendimento do contexto no qual está inserido o objeto, ficando limitado pela sua capacidade de produzir linguagem sobre ele.

Interpretar, portanto, é atribuir valor a um determinado objeto. Como já afirmado, tradicionalmente ela é tida como o processo pelo qual o intérprete *extrai* do objeto o seu conteúdo. Entretanto, os objetos não são detentores de um sentido ontológico (não contém uma essência, em si), pois, se assim o fosse, não haveria interpretações dissonantes.

Assim, em verdade, o intérprete constrói o sentido do objeto, através de um exercício (processo) intelectual. Sendo assim, não se pode falar em sentido sem interpretação (para a construção do conteúdo, é imprescindível o processo de interpretação).

Já é possível perceber, então, que o conteúdo está no intérprete (sujeito cognoscente) e não no objeto interpretado. Se o conteúdo estivesse no objeto, repita-se, não existiriam interpretações dissonantes.

Como anota Aurora Tomazini de Carvalho:[16] "O intérprete constrói o conteúdo textual. O texto (em sentido estrito) é significativo, mas não contêm, em si mesmo, significações (seu conteúdo). Ele serve como estímulo para a produção do sentido. As significações são construídas na mente daquele que interpreta o suporte físico, por este motivo requerem, indispensavelmente, a presença do homem. Assim sendo, não existe conteúdo sem o ser humano. O conteúdo está no homem, apenas é atribuído ao texto".

Em suma: interpretar é atribuir valor à coisa e esse processo é realizado pelo homem, que constrói o conteúdo através do suporte físico que, em si mesmo, não tem conteúdo algum, pois ele (conteúdo) está no homem.

Evidentemente, não se trata de algo ilimitado. O processo de construção de sentido está limitado pelo sistema de referência do sujeito e pelos seus horizontes culturais. O próprio processo comunicacional funciona como um limitador do intérprete, pois não se pode atribuir ao vocábulo sentido diverso daquele atribuído pelo contexto comunicacional no qual está inserido, sob pena de inviabilizar-se a comunicação entre os sujeitos.

O que se está a defender é que a alteração do sistema de referência pode conduzir a alteração da realidade e da própria verdade, daí porque se conceber a verdade como valor relativo. A verdade, assim, muda conforme se altera o sistema de referência.

Não há dúvida que essas premissas filosóficas repercutem sobremaneira na interpretação do direito. Sob a perspectiva tradicional soam expressões como: *diz o artigo...*; *é da essência da lei...*; *esse é o espírito da lei*. Como se dispositivos legais dissessem algo, ou como se a lei contivesse em suas entranhas uma essência a ser descoberta, ou ainda, como se o direito fosse um objeto metafísico. Artigo

15. A propósito, interpretar é atribuir valor ao símbolo, conforme anota Paulo de Barros Carvalho: "Já observamos que, dentre os muitos traços que lhes são peculiares, o direito oferece o dado da linguagem como seu integrante constitutivo. A linguagem não só fala do objeto (Ciência do Direito). Como participa de sua constituição (direito positivo). Se é verdade que não há fenômeno jurídico sem prescrições escritas ou não escritas; também é certo que não podemos cogitar de manifestação do direito sem uma linguagem, idiomática ou não, que lhe sirva de veículo de expressão. Mantenho presente a concepção pela qual *interpretar* é atribuir valores aos símbolos, isto é, adjudicar-lhes significações e, por meio dessas, referências a objetos" (Paulo de Barros Carvalho, *Direito Tributário, Linguagem e Método*, 2ª ed., cit., p. 180).

16. Aurora Tomazini de Carvalho, *Curso de Teoria Geral do Direito: o Constructivismo Lógico-Semântico*, cit., p. 211.

nada fala, é o intérprete quem "diz" o que ele "diz"; tampouco é dotado de essência, se assim o fosse a interpretação seria sempre uníssona. Muito menos há que se falar em *espírito da lei*, pois, neste caso, o direito seria objeto de crença, algo metafísico.

A propósito, adota-se aqui, a concepção de que o Direito é o conjunto de normas jurídicas vigentes em um determinado tempo e espaço, e, como objeto do conhecimento humano – objeto cultural –, para ser conhecido, igualmente, precisa ser interpretado e este processo também é um processo de construção de sentido, desta vez, partindo da linguagem dos textos do direito positivo.

Paulo de Barros Carvalho[17] estabelece os quatro planos (S1, S2, S3 e S4) pelos quais percorre o intérprete do direito em busca da compreensão dos textos jurídicos, da construção da norma jurídica e do próprio sistema jurídico.

Os planos S1 (plano dos enunciados prescritivos), S2 (plano das proposições isoladas), S3 (plano das normas jurídicas – significações deonticamente estruturadas) e S4 (plano da sistematização – normas jurídicas estruturadas em relações de coordenação e subordinação) descrevem o processo interpretativo, na medida em que demonstram o percurso gerador de sentido dos textos jurídicos.

O primeiro passo no processo de construção dos sentidos é o contato com os textos (que se encontram no plano S1), para, a partir deles, construir significações, que são proposições que ainda não se apresentam deonticamente estruturadas (plano S2). Com a estruturação de tais proposições (na forma implicacional: $H \rightarrow C$) o intérprete constrói a norma jurídica (plano S3). Por fim, é preciso sistematizar, de acordo com critérios de subordinação e coordenação, as normas jurídicas (plano S4).

Tanto as proposições isoladas como as normas jurídicas e o sistema jurídico são construções do intérprete. Porém, novamente é bom que se advirta não tratar-se de um processo ilimitado, pois o sujeito está condicionado ao texto, ao sistema de referência e aos seus horizontes culturais.

Como visto, a tomada de posição a respeito de tais bases filosóficas refletem no processo de interpretação do Direito. Não há mais como conceber a interpretação como um processo de descoberta, pois é ela um labor construtivo do sentido dos textos de Direito Positivo.

3. As chamadas leis interpretativas em matéria tributária

3.1 Considerações gerais

Segundo o Código Tributário Nacional a lei tributária, *em qualquer caso*, poderá retroagir quando for expressamente interpretativa, desde que não seja para impor penalidade à infração dos dispositivos interpretados (art. 106, I[18]).

De início questiona-se: afinal, o que é lei interpretativa?

Hugo de Brito Machado[19] escreve: "Lei interpretativa é aquela que não inova, limitando-se a esclarecer dúvida surgida com o dispositivo anterior. Se dúvida havia, e tanto havia que o próprio legislador resolveu fazer outra lei para espancar as obscuridades ou ambiguidades existentes no texto anterior, não é justo que se venha punir quem se comportou de uma ou de outra forma dentre aquelas que se podiam admitir como corretas, em face do texto antigo. Daí a exclusão de penalidades".

17. Paulo de Barros Carvalho, *Direito Tributário, Linguagem e Método*, 2ª ed., cit., pp. 181-186.

18. "Art. 106. A lei aplica-se a ato ou fato pretérito: I – em qualquer caso, quando seja expressamente interpretativa, excluída a aplicação de penalidade à infração dos dispositivos interpretados."

19. Hugo de Brito Machado, *Curso de Direito Tributário*, 21ª ed., São Paulo, Malheiros Editores, 2002, p. 91.

Para Celso Ribeiro Bastos[20] "por leis interpretativas entendem-se aquelas que visam elucidar a mensagem obscura de outra lei, não possuindo mensagem inovadora".

Paulo de Barros Carvalho[21] leciona: "As leis interpretativas exibem um traço bem peculiar, na medida em que não visam à criação de novas regras de conduta para a sociedade, circunscrevendo seus objetivos ao esclarecimento de dúvidas levantadas pelos termos da linguagem da lei interpretada. Encaradas sob esse ângulo, despem-se da natureza inovadora que acompanha a atividade legislativa, retroagindo ao início da vigência da lei interpretada, explicando com fórmulas elucidativas sua mensagem antes obscura".

Para arrematar, destaca-se a lição de Sacha Calmon Navarro Coêlho:[22] "A lei interpretativa (interpretação autêntica, feita pelo órgão que a gerou com ambiguidade) *traduz e esclarece* a lei interpretada, mas da interpretação fica excluída a aplicação de penalidade às supostas infrações dos dispositivos interpretados".

Lei interpretativa, portanto, seria aquela que assim se autoproclama e cuja missão é *aclarar*, *esclarecer*, *elucidar* o sentido da lei anterior (objeto, no caso, da interpretação realizada pela nova lei).

3.2 A interpretação do Direito e a (im)possibilidade de se ter lei interpretativa. Leis que, em verdade, têm pretensão interpretativa

Antes de mais nada, é bom que se diga que não há lei interpretativa. Interpretar é atribuir valor ao objeto, tarefa a ser desempenhada pelo ser humano, sujeito cognoscente. Lei, portanto, é, e sempre será, objeto de interpretação. Ela, por si só, nada interpreta, pois interpretar é atividade desenvolvida pelo sujeito cognoscente.

Assim, a lei será, no máximo, pretensamente interpretativa, cuja função supostamente é *auxiliar* a tarefa do intérprete. Tratar-se-ia de enunciado com a aspiração de reduzir ambiguidades e vaguidades, inerentes à linguagem jurídica.

As chamadas leis interpretativas, portanto, são textos cuja missão é "auxiliar" o intérprete na tarefa de construção de sentido dos textos jurídicos. Pautado nas premissas adotadas pelo constructivismo lógico-semântico é impossível concebê-la como intérprete de si mesma, já que a interpretação é sempre desenvolvida pelo sujeito cognoscente.

Novamente com base nas premissas adotadas pelo constructivismo lógico-semântico não há como admitir que uma lei só admita uma única interpretação. Não há lei suficientemente clara que não admita mais de uma interpretação. Neste sentido, como inúmeras são as possibilidades de interpretação, toda lei careceria de uma nova lei interpretativa que cuidasse de eliminar suas ambiguidades e vaguezas.

Ambiguidade e vagueza são ruídos da comunicação impossíveis de serem completamente eliminados, como adverte Tárek Moysés Moussallem.[23] Assim, além de ser impossível uma lei interpretar a si própria, vê-se que se trata de uma tarefa absolutamente utópica, pois tais ruídos nunca serão por completo eliminados. Desta forma, sempre ficaria o intérprete a espera de uma nova lei interpretativa que *desvendasse* a anterior.

20. Celso Ribeiro Bastos, *Curso de Direito Financeiro e Tributário*, 9ª ed., São Paulo, Celso Bastos Editor, 2002, p. 269.

21. Paulo de Barros Carvalho, *Curso de Direito Tributário*, 18ª ed., São Paulo, Saraiva, 2007, p. 94.

22. Sacha Calmon Navarro Coêlho, *Curso de Direito Tributário Brasileiro*, 5ª ed., Rio de Janeiro, Forense, 2000, p. 566.

23. "Insistimos: essas imperfeições são muito comuns na linguagem ordinária, cabendo ao cientista (linguagem científica), a todo momento, tentar eliminá-las. Utilizamos a expressão 'tentar eliminá-las', visto que só se torna impossível expurgá-las definitivamente. Funciona mais ou menos da seguinte forma: já que não conseguimos vencer nosso inimigo (ambiguidade, vaguidade e carga emotiva), procuramos conviver com ele pacificamente, caso contrário, viver (em um mundo linguístico), habitar uma linguagem, tornar-se-ia insuportável" (Tárek Moysés Moussallem, *Fontes do Direito Tributário*, 2ª ed., São Paulo, Noeses, 2006, p. 32).

A interpretação é variável de acordo com o contexto, com o sistema de referência e com os horizontes culturais do intérprete, por mais que o seu conteúdo possa parecer óbvio. Frise-se, aliás, que o conteúdo é atribuído pelo intérprete e não *dado* pelo objeto cognoscente.

Sendo assim, antes mesmo de se discutir qualquer impropriedade jurídica das leis interpretativas, percebe-se que elas não suportam o confronto com a própria definição do ato de interpretar. Isso sem contar a inviabilidade do ponto de vista lógico-jurídico, pois, como visto, uma lei pretensamente interpretativa estará sempre, em última análise, a depender de uma outra que a *aclare*.

O legislador do Código Tributário Nacional se olvidou que a lei dita interpretativa também será objeto de interpretação e, por via de consequência, estará sujeita a diversas interpretações, pois cada intérprete poderá a ela (lei interpretativa) atribuir um sentido diferente. Neste caso, editaria o legislador uma nova lei interpretativa, cujo objeto fosse a lei interpretativa anteriormente editada?

Obviamente a resposta é negativa, já que uma situação como essa geraria um círculo vicioso. Por isso, não se admite lei interpretativa, pois não é dado a ela interpretar a si própria (a propósito, trata-se de tarefa impossível, como visto).

Contudo, mesmo que se admita que o equívoco está na nomenclatura adotada e que a lei não seria interpretativa propriamente dita, mas sim de pretensões interpretativas, tendo por função auxiliar o labor exegético, estaria ela por cumprir missão visivelmente utópica, já que sempre restará ambiguidade e vagueza a ser eliminada, conduzindo inexoravelmente ao já citado círculo vicioso.

Se as leis ditas interpretativas tivessem realmente a função de apaziguar questionamentos acerca da aplicabilidade da lei interpretada, certamente o trabalho do aplicador seria facilitado e reduzido com a simples edição das assim chamadas leis interpretativas. Nestes termos, o intérprete estaria sempre a espera de uma lei interpretativa que saneasse eventuais, e muitas vezes naturais, dissídios interpretativos.

A pragmática tem mostrado, contudo, que, em verdade, as leis interpretativas geram ainda mais dúvida e questionamento a respeito de sua aplicação e da aplicação da lei supostamente interpretada.

3.3 O conteúdo normativo das pretensas leis interpretativas e o dilema: ou a lei interpretativa inova ou é inócua

Da lei de caráter interpretativo cria-se norma jurídica cujo comando está voltado ao intérprete (até aqui, nenhuma novidade, pois todo enunciado prescritivo volta-se, em última análise, a um sujeito[24]), que tem reduzido o âmbito de construção de sentido da lei interpretada (objeto da lei pretensamente interpretativa).

Todo texto admite uma multiplicidade de interpretações, aliás, inesgotabilidade é um dos axiomas da interpretação.[25] Assim, não há lei que admita uma única interpretação, estando absolutamente superada a ideia na qual lei clara prescinde interpretação (*in claris cessat interpretatio*[26]).

24. Mesmo as chamadas regras de estrutura têm, em última análise, comando voltado à conduta humana de criar enunciados prescritivos de conduta. Dessa forma, normas que disciplinam competência, igualmente, têm a conduta humana como objeto final.

25. Paulo de Barros Carvalho, *Direito Tributário, Linguagem e Método*, 2ª ed., cit., p. 197.

26. Raimundo Bezerra Falcão faz uma crítica à expressão na qual "se a lei for clara, não se faz necessário interpretá-la" que vale ser transcrita: "o presente brocardo padece de três deficiências. Uma delas é de ordem lógica. Como saber-se se a lei é 'clara' sem que ela seja previamente entendida? Ora, mas no exato momento em que alguém entende uma lei e, ao lado disso, chega inclusive a ajuizá-la de estar encerrando clareza, é porque já lhe captou o sentido. Interpretou-a, pois. A outra deficiência consiste em que o dito mencionado desconhece a relatividade da ideia de clareza. O que é claro para um ser humano poderá não o ser para outro. A terceira deficiência que apontamos no brocardo acima se refere ao conservadorismo de que se impregna. Posiciona-se

Com isso, fica claro ser inadmissível lei interpretativa, pois ela sempre inovará, perdendo a pretensa função interpretativa. Ela inovará, pois irremediavelmente terá por objeto: *é proibido interpretar de forma diversa da ora prescrita* (mas, enfim, qual a forma prescrita? Para saber é preciso interpretar, e aí, caímos no já falado círculo vicioso). Exclui com isso interpretações até então possíveis (fora a instabilidade e insegurança gerada, pois o comando acima irremediavelmente será objeto de discussões interpretativas).

Luciano Amaro[27] afirma que ou a lei interpretativa inovará, perdendo, portanto, seu *status* interpretativo, ou será inócua:

"Com efeito, a dita 'lei interpretativa' não consegue escapar do dilema: ou ela *inova* o direito anterior (e, por isso, é *retroativa*, com as consequências daí decorrentes), ou ela se limita a *repetir* o que já dizia a lei anterior (e, nesse caso, nenhum fundamento lógico haveria nem para a retroação da lei nem, em rigor, para sua edição)".

Mais a frente, o autor[28] finaliza: "Por isso, quer se olhe a lei interpretativa como uma substituição retroativa do preceito 'obscuro' da lei velha pelo preceito 'aclarado' da lei nova, quer seja ela encarada como uma determinação ao juiz ou ao aplicador da lei para que julgue ou aplique a lei velha em tal ou qual sentido, estaremos sempre diante de uma lei nova que pretende regrar o passado, sendo, pois, aplicáveis todas as restrições oponíveis às leis retroativas".

Lei interpretativa, portanto, sempre inovará, na medida em que será sempre prescritiva de conduta, do contrário, estará fora do campo jurídico. Inovando, por via de consequência, sujeitar-se-á a todas as limitações inerentes a qualquer lei em matéria tributária que, via de regra, vedam a retroatividade.

Assim, caso a lei interpretada admita mais de uma interpretação (lembrando, não há como conceber texto que não possibilite interpretações dissonantes, pois o conteúdo não está na lei e sim no sujeito que a interpreta – variabilidade segundo sistema de referência e horizontes culturais) estará por introduzir o modal deôntico *proibido*, inovando, sem sombra de dúvida, o ordenamento jurídico.

O cenário piora, ainda mais, quando a lei interpretativa pretende veicular interpretação diversa da já consolidada. Neste caso, fica ainda mais nítido o caráter inovador das chamadas leis interpretativas.

Mesmo a doutrina que admite as leis interpretativas rechaça tal possibilidade: "d) somente subsistirá o preceito supostamente retroativo se a interpretação que der à lei anterior coincidir com a interpretação que lhe der o Judiciário; e) do contrário, havendo qualquer agravação na situação do contribuinte, será considerada ofensiva ao princípio da irretroatividade das leis, merecendo atenção, ainda, o princípio da anterioridade comum ou especial no que diz respeito à criação e majoração de tributos".[29]

Dessa forma, caso preveja tratamento mais benéfico, estará retroagindo favoravelmente ao sujeito passivo, tendo natureza, portanto, de lei remissiva do crédito tributário (e eventualmente, anistiará as infrações que haviam, igualmente, incidido). Neste caso, ela se sujeitará, inclusive, aos ditames da Lei de Responsabilidade Fiscal.

De outra banda, caso a suposta lei interpretativa preveja tratamento mais oneroso ao sujeito passivo da obrigação tributária, será ela flagrantemente inconstitucional, já que a Constituição veda a retroatividade para agra-

como se o mundo e os homens fossem imutáveis. Aquilo que, agora, pode ser 'claro' perante as circunstâncias atuais do intérprete ou os reclamos sociais do momento talvez não mais o seja após algumas voltas no moinho da evolução infinital. Tal brocardo, em decorrência, não passa de uma erronia, devendo ser expurgado dos paramos hermenêuticos" (in Raimundo Bezerra Falcão, *Hermenêutica*, 2ª ed., São Paulo, Malheiros Editores, 2010, p. 263).

27. Luciano Amaro, *Direito Tributário Brasileiro*, 13ª ed., São Paulo, Saraiva, 2007, p. 201.

28. Idem, p. 202.

29. Leandro Paulsen, *Direito Tributário: Constituição e Código Tributário à Luz da Doutrina e da Jurisprudência*, 10ª ed., Porto Alegre, Livraria do Advogado Ed., 2008, p. 848.

var o regime jurídico anteriormente previsto (art. 150, II).

Por fim, admitindo-se que a lei interpretativa viesse a ter por objeto lei que somente prevê uma forma de interpretação (o que, diante dos pressupostos adotados pelo constructivismo lógico-semântico, não se sustenta) estar-se-ia diante de um sem sentido deôntico, já que ela estaria a prever conduta necessária, caindo na absoluta inocuidade.

É óbvio que caso o pretenso conteúdo "interpretativo" inove, o adjetivo *interpretativa* não terá o condão de, por si só, tirar-lhe a validade. A questão é que tal lei não terá, a bem da verdade, aplicabilidade retroativa, a não ser que seja nas hipóteses em que se admite a retroatividade da lei tributária.

Ou seja, ou legislador pode até pretender veicular lei com a pecha de interpretativa, contudo, assim o fazendo: *i*) inovará, sujeitando-se aos limites inerentes às regras retroativas; *ii*) veiculará regra inócua (isso para a hipótese, para nós descartada, de se admitir lei que contemple uma única interpretação possível).

3.4 A função legislativa e a vontade do legislador

Outro argumento que parece ser inadmissível é o de que a lei interpretativa estaria por *revelar* a intenção do legislador ao editar a lei interpretada. Neste caso, a lei interpretativa passaria a ser um instrumento por meio do qual o legislador veicularia, mediante nova lei, a sua vontade que pretensamente não fora devidamente inserta no texto supostamente interpretado.

Poder-se-ia até dizer que, em verdade, não é a nova lei que interpreta a anterior, mas sim é o legislador que "volta" ao cenário para dizer do conteúdo da lei interpretada, porém, neste caso, redundaríamos na questão acerca da vontade do legislador. Isso porque, o legislador quando identificasse lei de interpretação duvidosa faria editar nova lei com o papel de esclarecer o conteúdo da lei tida por controvertida (revelando, assim, a sua vontade).

Como visto, é impossível que se admitam as leis interpretativas. Não se trata sequer de uma limitação jurídica, como a falta de competência do Legislativo para tal papel; a limitação está na própria ideia do que seja interpretar.

Assim, ao que parece, tais leis teriam a função de auxiliar na tarefa interpretativa. Seria, então, o Legislativo um órgão consultivo? Seria possível formular consulta ao Legislativo, para que, no caso de dúvida, este "desmestificasse" o verdadeiro sentido de seu produto (no caso, a lei)?

Em última análise, estaria o legislador veiculando lei onde pretensamente explicita sua vontade. Fazendo isso ele incorrerá nas possíveis atitudes já anteriormente destacadas: ou inovará ou esbarrará na inocuidade do texto produzido. Isso sem contar que a lei interpretativa, tanto quanto a lei interpretada, também será objeto de interpretação pelo aplicador, o que igualmente pode gerar controvérsia, redundando no círculo vicioso descrito acima.

O poder estatal é uno e indivisível, contudo prevalece a orientação de que este está dividido em três funções: função legislativa, função executiva e função jurisdicional.

Mesmo que a lei interpretativa cumpra com o mister de elucidar a lei interpretada, estará, no mínimo, proibindo interpretações que outrora eram possíveis, tanto que ela veio para dizer que tais interpretações não devem prevalecer.

Com isso, o dilema anteriormente descrito fica ainda mais evidente: ou inovará (trazendo conteúdo novo ou vedando interpretação possível) ou será inócua.

Além disso, não se pode olvidar que aquilo que interessa ao exegeta é a *mens legis* e não a *mens legislatoris*, pois esta é absolutamente inalcançável.[30]

30. Sergio Feltrin Corrêa, no *Código Tributário Nacional Comentado*, coordenado por Vladimir Passos de Freitas, escreve: "Portanto, como lei interpretativa compreende-se aquela que surge em dado momento com a finalidade de proclamar que o exato sentido do

O fato de parte da doutrina justificar suas conclusões com base na "vontade do legislador" não passou despercebido por Tathiane dos Santos Piscitelli:[31]

"Parte da dogmática jurídica ainda permanece alheia à virada linguística ocorrida na filosofia e tratada no item 1.1.1, razão pela qual segue defendendo a possibilidade de se encontrar, no texto da lei, a 'intenção do legislador'. Essa doutrina baseia-se na necessidade de se *buscar* o sentido das normas jurídicas como forma de descobrir a vontade e intenção do legislador no processo de introdução de normas no sistema. O intérprete teria por objetivo enunciar o *verdadeiro* sentido da norma, que corresponderia ao pensamento do legislador expresso no texto da lei (interpretação autêntica)".

Mais a frente a autora[32] destaca a impossibilidade de ser alcançada a *mens legislatoris*: "Seguindo as premissas estabelecidas neste trabalho, a interpretação das normas jurídicas tributárias mediante a busca do 'verdadeiro sentido da norma', que pode ser expresso pela 'vontade do legislador', está de todo superada, ante o pressuposto de que a linguagem é dado constitutivo da realidade e, assim, também o direito positivo. O texto da lei, uma vez emitido, desprende-se da vontade do órgão emissor, nele restando apenas marcas do processo de elaboração legislativa desprovidas de sentido *per se*. A busca pela intenção do legislador é infrutífera, por ser inatingível".

Hugo de Brito Machado[33] inicia chamando a atenção sobre a impossibilidade de ser descoberta a intenção dos deputados e senadores que aprovam a lei, afirmando que "na verdade ninguém pode afirmar, segura e sinceramente, que conhece a intenção dos deputados e senadores que a aprovaram", concluindo mais a frente:

"Realmente no estágio atual da Ciência do Direito já não merece respeito o argumento da vontade do legislador quando se defende determinada interpretação da lei. O jurista atual sabe que a lei é apenas uma peça do sistema normativo no qual se encarta, e que o seu significado depende do sistema ao qual pertence. E entre nós sabe que o Supremo Tribunal Federal já consagrou o entendimento segundo o qual o intérprete, e especialmente o aplicador das leis, deve atribuir a elas, sempre que possível, o significado que as coloca em harmonia com a Constituição".

Para acrescentar ao que foi escrito por Hugo de Brito Machado questiona-se: O Código Comercial de 1850 tem dispositivos que até hoje estão vigentes, seria relevante, para a sua interpretação, a "investigação" da intenção do legislador à época da edição da referida lei? O legislador de hoje (mais de um século e meio após a edição do referido diploma) estaria legitimado a externar a "vontade" do legislador de 1850? Aliás, seria isso possível? Em caso positivo, como isso seria possível? Utilizar-se-ia para tanto recursos jurídicos ou sobrenaturais?

Além disso, se o legislador tem a legitimidade para editar lei explanando a *lens legislatoris*, toda vez que isso ocorresse, seria perfeitamente viável a revisão da coisa julgada mediante a ação rescisória, com base na violação "literal" de lei; isso na hipótese de a coisa julgada ter sido formada com base na interpretação "errônea" da lei.

comando posto em lei anterior, que aquela precisamente identifica, deverá ser entendido em conformidade com o que, agora, vem a lei nova estabelecer. Embora formalmente considerada uma lei surgida para inovar, destina-se mais propriamente a eliminar dúvidas em relação à lei que a antecede, a esta não substituindo ou modificando. (...) Na ordem jurídica brasileira não seria possível uma tal lei, porque quem interpreta a lei, em caráter definitivo, é o Poder Judiciário. O legislador não interpreta a lei definitivamente, mesmo porque, promulga a lei, o que vale é a *mens legis*. A *mens legislatoris* é de pouca valia" (in *Código Tributário Nacional Comentado*, coord. Vladimir Passos de Freitas, 3ª ed., Ed. RT, 2005, p. 530).

31. Tathiane dos Santos Piscitelli, *Os Limites à Interpretação das Normas Tributárias*, São Paulo, Quartier Latin, 2007, p. 43.

32. Idem, pp. 46-47.

33. Hugo de Brito Machado, "A questão da lei interpretativa na Lei Complementar n. 118/2005: prazo para repetição do indébito", *Revista Dialética de Direito Tributário* 116/53-54, São Paulo, Dialética, 2005.

É óbvio, portanto, que a intenção do legislador não é apenas irrelevante como também é inacessível, por isso, não se admite que as chamadas leis interpretativas estariam por veicular a "vontade do legislador".

4. A Lei Complementar 118/2005, seu pretenso caráter interpretativo e a solução adotada pelo STJ e pelo STF

Visivelmente na tentativa de superar consolidada orientação jurisprudencial do Superior Tribunal de Justiça, que previa que a repetição de indébito dos tributos sujeitos ao lançamento por homologação seria de dez anos,[34] editou-se a Lei Complementar 118/2005 que determinou "para efeito de interpretação do inciso I do art. 168 da Lei no 5.172, de 25 de outubro de 1966 – Código Tributário Nacional, a extinção do crédito tributário ocorre, no caso de tributo sujeito a lançamento por homologação, no momento do pagamento antecipado de que trata o § 1º do art. 150 da referida Lei".

Partindo das premissas acima fixadas, o debate fica sobremaneira curto, pois sequer há que se admitir a existência das ditas leis interpretativas. Contudo, mesmo se considerássemos possível a edição de leis interpretativas, não seria possível atribuir à Lei Complementar 118/2005 referido rótulo.

Em suma, os autores que admitem as leis interpretativas o fazem desde que as tais leis não inovem no ordenamento jurídico, neste caso a lei interpretativa estaria a veicular qual seria a "correta" interpretação dentre aquelas levantadas pelos intérpretes.

Paulo de Barros Carvalho[35] escreve: "lei interpretativa há de ser limitada à sua função específica de esclarecer e suprimir o que foi legislado, sem introduzir novo significado, mais oneroso para o cidadão. Lei que interpreta outra há de ser retroativa apenas se destinada a eliminar as obscuridades e ambiguidades. (...) Pelo que se expôs, fica evidente a circunstância de que, a despeito do disposto no art. 106, I, do CTN, não basta que a lei seja *expressamente* interpretativa: é preciso que esta se caracterize, *materialmente*, como interpretativa, objetivando tão somente esclarecer controvérsias existentes, sem que isso implique restrições a direitos e garantias constitucionais conferidos aos destinatários".

Indiscutivelmente a Lei Complementar 118/2005 não obedece a estes requisitos, pois introduziu novos comandos no sistema jurídico, ao veicular enunciado que não tinha o condão de eliminar obscuridades e ambiguidades dirimindo eventuais teses conflitantes.

Isso porque, não havia obscuridade, vagueza ou ambiguidade que necessitasse da edição de lei apta a "aclarar" seu conteúdo, pelo contrário, legislou-se em sentido diametralmente oposto ao que já estava absolutamente pacificado perante a jurisprudência do Superior Tribunal de Justiça.

Não bastasse, a suposta lei interpretativa foi editada quase 40 anos após a edição do dispositivo pretensamente interpretado. Ademais de tudo aquilo que aqui já foi dito, acrescenta-se: estaria o legislador complementar de 2005 apto e legitimado a falar o "real sentido" de uma lei de 1966, sem que isso represente uma inovação no campo do direito?

34. Essa era a chamada tese dos *cinco mais cinco* absolutamente pacificada perante o Superior Tribunal de Justiça, conforme se observa: "Regimental. Tributário. Imposto de Renda sobre férias e licença-prêmio. Termo inicial. Restituição de indébito. Prescrição quinquenal. Inocorrência. Adoção do cinco mais cinco. 'Na repetição de exação indevida de imposto de renda, o prazo prescricional começa a fluir decorridos 5 (cinco) anos, contados a partir da ocorrência do fato gerador, acrescidos de mais 5 (cinco) anos, computados desde o termo final do prazo atribuído ao Fisco para verificar o *quantum* devido a título de tributo' (EREsp 289.031, rel. Min. Humberto Gomes de Barroa). É necessário, pois, que adotemos decisão uniforme e definitiva, capaz de livrar os tribunais locais, da confusão em que mergulhamos, carregando-os em nossa esteira" (STJ, 1ª T., AgRg no Ag 406.265-DF, rel. Min. Humberto Gomes de Barros, j. 8.4.2003, *DJ* 12.5.2003, p. 215).

35. Paulo de Barros Carvalho, "O art. 3º da Lei Complementar 118/2005, princípio da irretroatividade e lei interpretativa", *Revista de Direito Tributário* 93/15, São Paulo, Malheiros Editores.

Instado a se manifestar, o Superior Tribunal de Justiça[36] não reconheceu o caráter interpretativo da Lei Complementar 118/2005, já que a despeito dela se autoproclamar interpretativa, sem dúvida apresentou enunciado que inovou no ordenamento jurídico. Vale lembrar a lição de Paulo de Barros Carvalho, que sustenta não ser suficiente que a lei se intitule ser interpretativa, deve ela ser materialmente interpretativa.

Deixando de lado eventuais discussões a respeito da validade da Lei Complementar 118/2005, bem como o acerto ou não da tese dos "cinco mais cinco", por extrapolar os limites do presente artigo, só é possível concebê-la como uma lei que alterou o regime jurídico da repetição de indébito dos tributos submetidos ao lançamento por homologação. Sendo assim, sua aplicação não pode retroagir para colher eventos anteriores ao início de sua vigência.

Deveria, então, a Lei Complementar 118/2005, que reduziu o prazo prescricional da demanda de repetição de indébito dos tributos sujeitos ao "autolançamento", ser aplicável tão somente aos pagamentos indevidos ocorridos após a sua entrada em vigor.

Segundo o Superior Tribunal de Justiça, os recolhimentos efetuados antes da entrada em vigor da Lei Complementar 118/2005, deveriam submeter-se ao regime jurídico anterior, ou seja, a tese dos "cinco mais cinco". Contudo, relativamente ao período a salvo da incidência da Lei Complementar 118/2005, determinou o Superior Tribunal de Justiça a aplicação do art. 2.028, do Código Civil:

"Processual Civil. Recurso Especial representativo de controvérsia. Art. 543-C, do CPC. Tributário. Auxílio condução. Imposto de Renda. Tributo sujeito a lançamento por homologação. Prescrição. Termo inicial. Pagamento indevido. Art. 4º, da LC 118/2005. Determinação de aplicação retroativa. Declaração de inconstitucionalidade. Controle difuso. Corte Especial. Reserva de Plenário.

"1. O princípio da irretroatividade impõe a aplicação da LC 118, de 9 de fevereiro de 2005, aos pagamentos indevidos realizados após a sua vigência e não às ações propostas posteriormente ao referido diploma legal, posto norma referente à extinção da obrigação e não ao aspecto processual da ação correspectiva.

"2. O advento da LC 118/2005 e suas consequências sobre a prescrição, do ponto de vista prático, implica dever a mesma ser contada da seguinte forma: relativamente aos pagamentos efetuados a partir da sua vigência (que ocorreu em 9.6.2005), o prazo para a repetição do indébito é de cinco a contar da data do pagamento; e relativamente aos pagamentos anteriores, a prescrição obedece ao regime previsto no sistema anterior, limitada, porém, ao prazo máximo de cinco anos a contar da vigência da lei nova.

"3. Isto porque a Corte Especial declarou a inconstitucionalidade da expressão 'observado, quanto ao art. 3º, o disposto no art. 106, I, da Lei n. 5.172, de 25 de outubro de 1966 – Código Tributário Nacional', constante do art. 4º, segunda parte, da Lei Complementar 118/2005 (AI nos ERESP 644.736-PE, rel. Ministro Teori Albino Zavascki, j. 6.6.2007).

"4. Deveras, a norma inserta no art. 3º, da lei complementar em tela, indubitavelmente, cria direito novo, não configurando lei meramente interpretativa, cuja retroação é permitida (...).

"5. Consectariamente, em se tratando de pagamentos indevidos efetuados antes da entrada em vigor da LC 118/2005 (9.6.2005), o prazo prescricional para o contribuinte pleitear a restituição do indébito, nos casos dos tributos sujeitos a lançamento por homologação, continua observando a cognominada tese dos cinco mais cinco, desde que, na data da vigência da novel lei complementar, sobejem, no máximo, cinco anos da contagem do lapso temporal (regra que se coaduna com o

36. "A norma inserta no art. 3º, da lei complementar em tela, indubitavelmente, cria direito novo, não configurando lei meramente interpretativa, cuja retroação é permitida" (STJ, 1ª T., AgRg no Ag 1.009.258-DF, rel. Min. Luiz Fux, j. 14.12.2010, *DJe* 17.12.2010).

disposto no art. 2.028, do Código Civil de 2002, segundo o qual: 'Serão os da lei anterior os prazos, quando reduzidos por este Código, e se, na data de sua entrada em vigor, já houver transcorrido mais da metade do tempo estabelecido na lei revogada').

"6. Desta sorte, ocorrido o pagamento antecipado do tributo após a vigência da aludida norma jurídica, o *dies a quo* do prazo prescricional para a repetição/compensação é a data do recolhimento indevido.

"7. *In casu*, insurge-se o recorrente contra a prescrição quinquenal determinada pelo Tribunal *a quo*, pleiteando a reforma da decisão para que seja determinada a prescrição decenal, sendo certo que não houve menção, nas instâncias ordinárias, acerca da data em que se efetivaram os recolhimentos indevidos, mercê de a propositura da ação ter ocorrido em 27.11.2002, razão pela qual forçoso concluir que os recolhimentos indevidos ocorreram antes do advento da LC 118/2005, por isso que a tese aplicável é a que considera os 5 anos de decadência da homologação para a constituição do crédito tributário acrescidos de mais 5 anos referentes à prescrição da ação.

"(...) Acórdão submetido ao regime do art. 543-C do CPC e da Resolução STJ 08/2008" (STJ, 1ª S., REsp 1.002.932-SP, rel. Min. Luiz Fux, j. 25.11.2009, *DJe* 18.12.2009).

Com isso, às demandas ajuizadas a partir do dia 9.6.2005 contar-se-ia[37] exclusivamente o novo prazo prescricional, criado por ocasião da edição da Lei Complementar 118/2005, isso porque, os recolhimentos anteriores a 9.6.2005, sofreram a limitação do já citado art. 2.028, do Código Civil.

Em relação ao entendimento do Superior Tribunal de Justiça, duas ressalvas.

Primeiro, tal orientação é inconstitucional, já que impõe a aplicação retroativa da Lei Complementar 118/2005, colhendo eventos ocorridos antes de sua entrada em vigor.

Roque Antonio Carrazza, em seu *Reflexões sobre a Obrigação Tributária*,[38] escreve: "A prescrição é a perda da ação inerente ao direito e de toda sua capacidade defensiva, por seu não exercício, durante certo lapso de tempo (cf. Clóvis Beviláqua, Carpenter, Washington de Barros Monteiro, Caio Mário da Silva Pereira, Câmara Leal, etc.). Portanto, é o decurso do *tempus*, fixado no direito positivo, que determina a ocorrência deste fenômeno jurídico".

Assim, se a prescrição é perda do direito de demandar em virtude da inércia por certo lapso temporal, pergunta-se: quando nasce a pretensão à repetição de indébito? Creio não haver dúvida que nasce ela no instante da ocorrência do pagamento. Assim, efetuado o pagamento, a maior, por exemplo, nasce neste momento a pretensão à repetição de tal indébito.

Em suma, para se falar em prescrição é preciso que já tenha nascido o direito subjetivo à pretensão, que será fulminado pela inércia em um dado transcurso de tempo, sendo assim, efetuado o pagamento indevido surge com ele a pretensão à repetição.

A interpretação do Superior Tribunal de Justiça é violadora do princípio constitucional da irretroatividade, justamente porque colhe evento ocorrido antes do advento da nova legislação.

Se isso não bastasse, a solução dada pelo Superior Tribunal de Justiça peca por outra

37. Entendimento posteriormente revisto, em virtude da decisão do STF, mais adiante citada, conforme se infere: "Tendo a jurisprudência deste STJ sido construída em interpretação de princípios constitucionais, urge inclinar-se esta Casa ao decidido pela Corte Suprema competente para dar a palavra final em temas de tal jaez, notadamente em havendo julgamento de mérito em repercussão geral (arts. 543-A e 543-B, do CPC). Desse modo, para as ações ajuizadas a partir de 9.6.2005, aplica-se o art. 3º, da Lei Complementar 118/2005, contando-se o prazo prescricional dos tributos sujeitos a lançamento por homologação em cinco anos a partir do pagamento antecipado de que trata o art. 150, § 1º, do CTN. Superado o recurso representativo da controvérsia REsp 1.002.932-SP, 1ª Seção, rel. Min. Luiz Fux, j. 25.11.2009" (STJ, 1ª S., REsp [repetitivo] 1.269.570-MG, rel. Min. Mauro Campbell Marques, j. 23.5.2012).

38. Roque Antonio Carrazza, *Reflexões sobre a Obrigação Tributária*, São Paulo, Noeses, 2010, p. 348.

razão. Pertencendo a prescrição ao conjunto das normas gerais de direito tributário, só pode ela ser regulada através de lei complementar, conforme o enunciado do art. 146, III, "b", da Constituição.

Dessa forma, não poderia o Superior Tribunal de Justiça aplicar o art. 2.028, do Código Civil à alteração da sistemática da prescrição da demanda de repetição de indébito tributário, pois o Código Civil foi veiculado através de lei ordinária. Aliás, esse posicionamento se contrapõe ao que já foi decidido pelo próprio Superior Tribunal de Justiça, que entendeu, corretamente, que lei ordinária não pode tratar da prescrição no direito tributário.[39]

Ademais, ainda que assim não fosse, o dispositivo em questão, foi criado para resolver questões afetas aos prazos prescricionais alterados pelo então novo Código Civil. Tirando a questão da duvidosa constitucionalidade da alteração da prescrição em curso (não se olvidando do enunciado da Súmula 445, do Supremo Tribunal Federal,[40] que não se sustenta frente a ordem constitucional em vigor), por violadora dos princípios da segurança jurídica e da irretroatividade, o art. 2.028 é aplicável, como dito, aos novos prazos instituídos pela Lei 10.406/2002, inserido, inclusive, no Livro Complementar "Das Disposições Finais e Transitórias".

Assim, por mais que o Superior Tribunal de Justiça não tenha admitido o pretenso caráter interpretativo da Lei Complementar 118/2005, acabou por impor aplicabilidade retroativa ao referido diploma, além disso, aplicou indevidamente ao caso o art. 2.028, do Código Civil. Isso sem contar o uso do indigitado dispositivo por analogia, em uma hipótese onde não há "lacuna" a ser superada e, ainda pior, para restringir direito.

A questão a respeito da natureza da Lei Complementar 118/2005 também bateu às portas do Supremo Tribunal Federal, ao julgar o Recurso Extraordinário 566.621, assim ementado:

"Direito Tributário – Lei interpretativa – Aplicação retroativa da Lei Complementar 118/2005 – Descabimento – Violação à segurança jurídica – Necessidade de observância da *vacacio legis* – Aplicação do prazo reduzido para repetição ou compensação de indébitos aos processos ajuizados a partir de 9 de junho de 2005. Quando do advento da LC 118/2005, estava consolidada a orientação da 1ª Seção do STJ no sentido de que, para os tributos sujeitos a lançamento por homologação, o prazo para repetição ou compensação de indébito era de 10 anos contados do seu fato gerador, tendo em conta a aplicação combinada dos arts. 150, § 4º, 156, VII, e 168, I, do CTN. A LC 118/2005, embora tenha se autoproclamado interpretativa, implicou inovação normativa, tendo reduzido o prazo de 10 anos contados do fato gerador para 5 anos contados do pagamento indevido. Lei supostamente interpretativa que, em verdade, inova no mundo jurídico deve ser considerada como lei nova. Inocorrência de violação à autonomia e independência dos Poderes, porquanto a lei expressamente interpretativa também se submete, como qualquer outra, ao controle judicial quanto à sua natureza, validade e aplicação. A aplicação retroativa de novo e reduzido prazo para a repetição ou compensação de indébito tributário estipulado por lei nova, fulminando, de imediato,

39. "Constitucional, Processual Civil e Tributário. Incidente de inconstitucionalidade do art. 45 da Lei 8.212, de 1991. Ofensa ao art. 146, III, *b*, da Constituição. 1. As contribuições sociais, inclusive as destinadas a financiar a seguridade social (CF, art. 195), têm, no regime da Constituição de 1988, natureza tributária. Por isso mesmo, aplica-se também a elas o disposto no art. 146, III, *b*, da Constituição, segundo o qual cabe à lei complementar dispor sobre normas gerais em matéria de prescrição e decadência tributárias, compreendida nessa cláusula inclusive a fixação dos respectivos prazos. Consequentemente, padece de inconstitucionalidade formal o art. 45 da Lei 8.212, de 1991, que fixou em dez anos o prazo de decadência para o lançamento das contribuições sociais devidas à Previdência Social. Arguição de inconstitucionalidade julgada procedente" (STJ, Corte Especial, AI no REsp 616.348-MG, rel. Min. Teori Albino Zavascki, j. 15.8.2007, *DJ* 15.10.2007).

40. "A Lei n. 2.437, de 7.3.1955, que reduz o prazo prescricional, é aplicável às pretensões em curso na data de sua vigência (1º.1.1956), salvo quanto aos processos então pendentes."

pretensões deduzidas tempestivamente à luz do prazo então aplicável, bem como a aplicação imediata às pretensões pendentes de ajuizamento quando da publicação da lei, sem resguardo de nenhuma regra de transição, implicam ofensa ao princípio da segurança jurídica em seus conteúdos de proteção da confiança e de garantia do acesso à Justiça. Afastando-se as aplicações inconstitucionais e resguardando-se, no mais, a eficácia da norma, permite-se a aplicação do prazo reduzido relativamente às ações ajuizadas após a *vacatio legis*, conforme entendimento consolidado por esta Corte no enunciado 445 da Súmula do Tribunal. O prazo de *vacatio legis* de 120 dias permitiu aos contribuintes não apenas que tomassem ciência do novo prazo, mas também que ajuizassem as ações necessárias à tutela dos seus direitos. Inaplicabilidade do art. 2.028 do Código Civil, pois, não havendo lacuna na LC 118, que pretendeu a aplicação do novo prazo na maior extensão possível, descabida sua aplicação por analogia. Além disso, não se trata de lei geral, tampouco impede iniciativa legislativa em contrário. Reconhecida a inconstitucionalidade art. 4º, segunda parte, da LC 118/2005, considerando-se válida a aplicação do novo prazo de 5 anos tão somente às ações ajuizadas após o decurso da *vacatio legis* de 120 dias, ou seja, a partir de 9 de junho de 2005. Aplicação do art. 543-B, § 3º, do CPC aos recursos sobrestados. Recurso extraordinário desprovido" (Tribunal Pleno, rela. Min. Ellen Gracie, RE 566.621, j. 4.8.2011, Repercussão Geral – Mérito, *DJe*-195 divulg. 10.10.2011, public. 11.10.2011, ement. vol. 02605-02, pp. 273).

Entendeu, portanto, o Supremo Tribunal Federal, que a Lei Complementar 118/2005, na parte em que alterou o prazo prescricional da demanda de repetição de indébito tributário, não é interpretativa, não podendo, assim, retroagir.

Além disso, segundo o voto da Ministra relatora, seguido pela maioria dos demais ministros que participaram do julgamento, o novo prazo prescricional deve ser aplicado às demandas aforadas a partir de 9 de junho de 2005 (data em que entrou em vigor a Lei Complementar 118/2005), em síntese, porque "não há direito adquirido a regime jurídico".

Se regime jurídico é o conjunto de normas que compõem um sistema, conforme lição de Celso Antônio Bandeira de Mello,[41] de fato, não há direito adquirido a manutenção de um dado regime jurídico em vigor, podendo ele ser alterado.

Assim, por exemplo, as regras referentes aos servidores públicos federais – seu regime jurídico –, podem ser alteradas, seja por lei ordinária, seja por emenda constitucional, a depender do que será alterado, já que há disposições constitucionais a respeito, o que impede que toda e qualquer alteração se dê por lei ordinária.

Porém, dizer que "não há direito adquirido a regime jurídico", não significa que a alteração ao regime jurídico possa retroagir. Assim, ainda que se permita o aumento de jornada dos servidores, é inegável que o período em que vigorou a jornada menor mantém-se incólume.

O raciocínio é exatamente o mesmo em relação ao tema aqui proposto. Respeitadas as cláusulas pétreas, é evidente que o regime tributário pode ser alterado, contudo, relações jurídicas consolidadas à luz de um determinado sistema devem ser respeitadas (a propósito, nunca é demais relembrar, irretroatividade também é cláusula pétrea).

O que se fez no indigitado julgamento pelo Supremo Tribunal Federal foi aplicar equivocadamente essa antiga orientação jurisprudencial, na qual "não há direito adquirido a regime jurídico".

O regime jurídico do pagamento é composto, dentre outras coisas, pelo prazo prescricional da pretensão à repetição (que nasce no instante em que o pagamento indevido foi realizado) e, indubitavelmente, pode

41. Celso Antônio Bandeira de Mello, *Curso de Direito Administrativo*, 19ª ed., rev. e atual. até a Emenda Constitucional 47, de 5.7.2005, São Paulo, Malheiros Editores, 2005, pp. 43-47.

ele ser alterado, contudo, respeitas as relações jurídicas nascidas e consolidadas à luz do regime alterado, caso contrário, seria possível lei nova alargar base de cálculo e exigir tal majoração em virtude dos eventos ocorridos antes de sua entrada em vigor, afinal, "não há direito adquirido a regime jurídico".

O raciocínio que prevaleceu no julgamento do Recurso Extraordinário 566.621 permite a alteração, por lei posterior, de toda e qualquer relação já consolidada. A regra-matriz de incidência de um determinado imposto, por exemplo, compõe o seu regime jurídico. Poderia ela ser alterada a ponto de fazer incidir a nova lei sobre fatos tributários já ocorridos?

Tanto quanto o entendimento adotado pelo Superior Tribunal de Justiça, mas por fundamentos diversos, igualmente, o Supremo Tribunal Federal, ainda que tenha reconhecido que a Lei Complementar 118/2005 não seja "interpretativa", fez com que ela retroaja, violando, assim, os princípios constitucionais da segurança jurídica e da irretroatividade.

5. *Conclusões*

"O Direito não é uma ciência exata". Difícil imaginar um estudioso do Direito que não tenha ouvido inúmeras vezes esta expressão, desde os tempos da graduação. Em verdade, a depender da premissa adotada, talvez seja impossível imaginar uma área do conhecimento que seja absolutamente exata. Basta mudar a perspectiva de abordagem do objeto estudado para que os resultados sejam distintos; o mesmo se diz em relação à alteração do método, do contexto histórico-social, do sistema de referência, dos horizontes culturais do cientista, etc. Tudo é relativo, portanto? Não nos parece que a resposta a tal indagação seja positiva, no entanto, de fato, a "verdade" é alterada (ou construída de forma distinta), segundo são alterados tais elementos (perspectiva de abordagem, contexto, sistema de referência...).

Partindo das premissas adotadas pelo constructivismo lógico-semântico que, além de exigir maior acuidade ao discurso científico, tem a linguagem como constituidora da realidade, infere-se que os objetos não são dotados de conteúdo ontológico e que a linguagem é a constituidora do sentido.

Assim, interpretar não é extrair do objeto tudo o que nele estiver contido, mas, sim, construir o sentido por meio da linguagem. Em vista disso, não há como conceber a existência de leis interpretativas. Primeiro, porque a lei não pode se autointerpretar, já que interpretação é uma atividade desenvolvida pelo sujeito cognoscente, segundo porque não há lei (interpretativa ou interpretada) suficientemente clara que dispense a interpretação. Isso sem contar que ambiguidade e vaguidade são ruídos impossíveis de serem eliminados – daí a utopia pretendida com as pretensas leis. A rigor, portanto, não há lei interpretativa.

Daí o dilema: ou lei interpretativa é inócua, por repetir o enunciado da lei interpretada, ou inexoravelmente inovadora do ordenamento jurídico, na medida em que, no mínimo, proibirá algumas possíveis interpretações do texto normativo interpretado.

A Lei Complementar 118/2005, nascida com a ambição de "interpretar" o art. 168, do Código Tributário Nacional, não foi inócua, pelo contrário, inseriu no sistema normativo alteração do regime jurídico da demanda de repetição de indébito tributário dos tributos sujeitos ao lançamento por homologação, já que a tese dos *cinco mais cinco* estava sedimentada perante a jurisprudência do Superior Tribunal de Justiça.

Tanto o Superior Tribunal de Justiça quanto o Supremo Tribunal Federal, igualmente, reconheceram não se tratar a Lei Complementar 118/2005 de lei interpretativa. O problema, a nosso ver, foi a solução adotada em relação à aplicabilidade da indigitada lei.

Como visto acima, os dois tribunais pecaram ao permitir que a nova sistemática do prazo de prescrição da demanda de repetição de indébito dos tributos sujeitos ao pagamento antecipado fosse aplicada aos pagamentos que ocorreram antes mesmo do início da vigência da Lei Complementar 118/2005.

O Superior Tribunal de Justiça aplicou indevidamente o art. 2.028, do Código Civil, e ambos, Superior Tribunal de Justiça e Supremo Tribunal Federal, acabaram por permitir a aplicação retroativa da citada lei complementar, violando, no mínimo, o princípio da segurança jurídica e da irretroatividade das normas.

Referências bibliográficas

AMARO, Luciano. *Direito Tributário Brasileiro*. 13ª ed. São Paulo: Saraiva, 2007.

BASTOS, Celso Ribeiro. *Curso de Direito Financeiro e Tributário*. 9ª ed. São Paulo: Celso Bastos Editor, 2002.

CARVALHO, Aurora Tomazini de. *Curso de Teoria Geral do Direito: o Constructivismo Lógico-Semântico*. São Paulo: Noeses. 2009.

CARVALHO, Paulo de Barros. *Direito Tributário, Linguagem e Método*. 2ª ed. São Paulo: Noeses, 2008.

______. *Curso de Direito Tributário*. 18ª ed. São Paulo: Saraiva, 2007.

______. "O art. 3º da Lei Complementar 118/2005, princípio da irretroatividade e lei interpretativa". *Revista de Direito Tributário* 93/9-23. São Paulo: Malheiros Editores.

CARRAZZA, Roque Antonio. *Reflexões sobre a Obrigação Tributária*. São Paulo: Noeses, 2010.

COÊLHO, Sacha Calmon Navarro. *Curso de Direito Tributário Brasileiro*. 5ª ed. Rio de Janeiro: Forense, 2000.

FALCÃO, Raimundo Bezerra. *Hermenêutica*. 2ª ed. São Paulo: Malheiros Editores, 2010.

FLUSSER, Vilém. *Língua e Realidade*. 3ª ed. São Paulo: Annablume, 2007.

FREITAS, Vladimir Passos de. *Código Tributário Nacional Comentado*. 3ª ed. São Paulo: Ed. RT, 2005 (parte comentada por Sergio Feltrin Corrêa).

GAMA, Tácio Lacerda. *Competência Tributária: Fundamentos para uma Teoria da Nulidade*. São Paulo: Noeses, 2009.

MACHADO, Hugo de Brito. *Curso de Direito Tributário*. 21ª ed. São Paulo: Malheiros Editores, 2002.

______. "A questão da lei interpretativa na Lei Complementar n. 118/2005: prazo para repetição do indébito", *Revista Dialética de Direito Tributário* 116/52-68. São Paulo: Dialética, 2005.

MAXIMILIANO, Carlos. *Hermenêutica e Aplicação do Direito*. 19ª ed., 14ª tir. Rio de Janeiro: Forense, 2009.

MELLO, Celso Antônio Bandeira de. *Curso de Direito Administrativo*. 19ª ed., rev. e atual. até a Emenda Constitucional 47, de 5.7.2005. São Paulo: Malheiros Editores, 2005.

MOUSSALLEM, Tárek Moysés. *Fontes do Direito Tributário*. 2ª ed. São Paulo: Noeses, 2006.

PAULSEN, Leandro. *Direito Tributário: Constituição e Código Tributário à Luz da Doutrina e da Jurisprudência*. 10ª ed. Porto Alegre: Livraria do Advogado Ed., 2008.

PISCITELLI, Tathiane dos Santos. *Os Limites à Interpretação das Normas Tributárias*. São Paulo: Quartier Latin, 2007.

RÁO, Vicente. *O Direito e a Vida dos Direitos*. 5ª ed. anot. e atual. por Ovídio Rocha Barros Sandoval. São Paulo: Ed. RT, 1999.

TOMÉ, Fabiana Del Padre. "Vilém Flusser e o constructivismo lógico-semântico", in HARET, Florence, e CARNEIRO, Jerson (Coords.). *Vilém Flusser e Juristas: Comemoração dos 25 Anos do Grupo de Estudos Paulo de Barros Carvalho*. São Paulo: Noeses, 2009, pp. 321-342.

RDT 118

CADERNOS DE DIREITO TRIBUTÁRIO: AS DECISÕES DO CARF E A EXTINÇÃO DO CRÉDITO TRIBUTÁRIO – PAULO DE BARROS CARVALHO • A EXTRAFISCALIDADE DA LEI 12.715/2012 E A CAPACIDADE CONTRIBUTIVA: A CONVIVÊNCIA DO LOBO E DO CORDEIRO? – JOSÉ ROBERTO VIEIRA • LA "AMNISTIA FISCAL" EN ESPAÑA. LA DECLARACIÓN TRIBUTARIA ESPECIAL DE 2012 – LUIS MANUEL ALONSO GONZÁLEZ • OPÇÃO DE COMPRA DE AÇÕES (*STOCK OPTIONS*), PARTICIPAÇÃO NOS LUCROS E RESULTADOS (PLR) E REMUNERAÇÃO DE EXECUTIVOS: ASPECTOS CONTROVERSOS – ELIDIE PALMA BIFANO • OS INSTITUTOS DA PRESCRIÇÃO E DECADÊNCIA DO DIREITO TRIBUTÁRIO NAS EXECUÇÕES DE CONTRIBUIÇÕES PREVIDENCIÁRIAS NA JUSTIÇA DO TRABALHO - ROBSON MAIA LINS • CRISE NA CLASSIFICAÇÃO DOS TRIBUTOS – FERNANDO GOMES FAVACHO • ***ESTUDOS E COMENTÁRIOS***: TAXA DE OCUPAÇÃO DE TERRENO DE MARINHA: UM IMPOSTO RESIDUAL – MICHEL HABER NETO e RODRIGO LEAL GRIZ • A RESPONSABILIDADE POR INFRAÇÕES NO CTN – MARIA ÂNGELA LOPES PAULINO • O DEVER INSTRUMENTAL INFORMATIZADO E A DENÚNCIA ESPONTÂNEA – ANDRÉIA FOGAÇA MARICATO • O PRINCÍPIO DA VINCULAÇÃO FÍSICA NO *DRAWBACK* SUSPENSÃO – BEATRIZ VERÍSSIMO DE SENA • COMPETÊNCIA TRIBUTÁRIA E SUAS IMPLICAÇÕES NA DELIMITAÇÃO DO PODER DE INSTITUIÇÃO DE DEVERES INSTRUMENTAIS TRIBUTÁRIOS – CAIO AUGUSTO TAKANO • REFLEXOS E EFEITOS DO PARÁGRAFO ÚNICO DO ART. 116 DO CTN NO SISTEMA JURÍDICO TRIBUTÁRIO BRASILEIRO – CAIO CESAR NADER QUINTELLA • O MODAL DEÔNTICO NA NORMA DE COMPETÊNCIA TRIBUTÁRIA – CARLOS AUGUSTO DANIEL NETO • O CHAMADO CRÉDITO PRESUMIDO DE IPI (PIS E COFINS) E AS ILEGÍTIMAS RESTRIÇÕES DO FISCO – EDILSON JAIR CASAGRANDE • A JURISDIÇÃO NO PROCESSO ADMINISTRATIVO TRIBUTÁRIO – LUCIANO DE ALMEIDA PEREIRA • A COMPENSAÇÃO DE OFÍCIO E O DEVIDO PROCESSO LEGAL – LUIZ ROGÉRIO SAWAYA BATISTA • OS BENEFÍCIOS DO ICMS-IMPORTAÇÃO NO ESTADO DE SC: (IN)CONSTITUCIONALIDADE E FRAUDE À JURISDIÇÃO – MELINA DE SOUZA ROCHA LUKIC • ANÁLISE DA SOLUÇÃO DE CONSULTA EDITADA PELA COORDENAÇÃO-GERAL DO SISTEMA DE TRIBUTAÇÃO INTERNA 15/2011 – OPÇÃO PELO REGIME DE CAIXA OU COMPETÊNCIA – THIAGO FERREIRA CATUNDA • VALIDADE E DIREITOS *ANTIDUMPING* – LEONCIO OGANDO DACAL • A INTERPRETAÇÃO DO DIREITO, AS PRETENSAS LEIS INTRPRETATIVAS, A LC 118/2005 E A SOLUÇÃO ADOTADA PELOS TRIBUNAIS SUPERIORES – HENRIQUE CAVALHEIRO RICCI

MALHEIROS EDITORES

Revista de Direito Tributário

121